旅行社经营管理

主 编 林艳珍 高仁华 刘慧贞

北京理工大学出版社
BEIJING INSTITUTE OF TECHNOLOGY PRESS

内容简介

本书围绕应用型高校旅游管理专业人才培养目标,基于旅行社运营的基本流程和业务,从旅行社管理者的角度,对旅行社经营管理的理论和实践进行介绍。教学内容包括旅行社概述、旅行社的设立与行业管理、旅行社产品的生产、旅行社计调业务、旅行社接待业务、旅行社市场定位及产品价格策略、旅行社市场推广策略、旅行社人力资源管理和旅行社财务管理等内容。

全书遵循理论性、实用性和创新性相结合的原则,突出应用,同时注重教材内容的完整性和系统性。为了增强教学效果,本书引入了大量来自旅行社一线工作的经典案例。本书可以作为旅游管理专业应用型本科学生教材用书,也可供旅行社管理人员及其他有关人员参考。

版权专有　侵权必究

图书在版编目(CIP)数据

旅行社经营管理 / 林艳珍,高仁华,刘慧贞主编．—北京:北京理工大学出版社,2019.5(2023.7 重印)

ISBN 978-7-5682-7001-4

Ⅰ. ①旅… Ⅱ. ①林… ②高… ③刘… Ⅲ. ①旅行社-企业经营管理-高等学校-教材 Ⅳ. ①F590.63

中国版本图书馆 CIP 数据核字(2019)第 082804 号

出版发行 / 北京理工大学出版社有限责任公司

社　　址 / 北京市海淀区中关村南大街 5 号

邮　　编 / 100081

电　　话 /（010）68914775（总编室）

　　　　　（010）82562903（教材售后服务热线）

　　　　　（010）68944723（其他图书服务热线）

网　　址 / http://www.bitpress.com.cn

经　　销 / 全国各地新华书店

印　　刷 / 三河市天利华印刷装订有限公司

开　　本 / 787 毫米 × 1092 毫米　1/16

印　　张 / 18.25　　　　　　　　　　　　　　　责任编辑 / 王晓莉

字　　数 / 430 千字　　　　　　　　　　　　　　文案编辑 / 王晓莉

版　　次 / 2019 年 5 月第 1 版　2023 年 7 月第 3 次印刷　　责任校对 / 周瑞红

定　　价 / 52.00 元　　　　　　　　　　　　　　责任印制 / 李志强

图书出现印装质量问题,请拨打售后服务热线,本社负责调换

前 言

从 20 世纪 60 年代以来，全球旅游经济增速总体高于全球经济增速，旅游业逐渐发展成为全球最大的新兴产业，成为经济第一大产业。而旅行社是旅游活动的组织者，是旅游产业链的关键环节，在整个旅游业中居于主导地位，因此被称为旅游业的"龙头"，正因如此，社会对应用型旅游管理专业人才的需求日益增多。

旅行社经营管理是旅游管理专业的核心课程之一，在旅游管理专业课程体系中占有重要地位。为此，本书围绕应用型高校旅游管理专业人才培养目标，基于旅行社运营的基本流程和业务模式，从旅行社管理者的角度，对旅行社经营管理的理论和实践进行介绍。本书是为旅游管理专业应用型本科生编写的，因此，在编写过程中注重理论与实践相结合，并遵循以下三个原则：

第一，理论性原则。按照旅行社运营的基本流程和业务模式，阐述了旅行社概述、旅行社的设立与行业管理、旅行社产品的生产、旅行社计调业务、旅行社接待业务、旅行社市场定位及产品价格策略、旅行社市场推广策略、旅行社人力资源管理、旅行社财务管理等理论，让学生能及时了解和掌握旅行社行业动态，学会旅行社经营管理的基本理论，为毕业后进入旅行社成为合格的经营管理人才奠定基础。

第二，实用性原则。旅行社经营管理是一门应用学科，旅行社经营管理理论来源于实践，也是在经营管理实践中总结与提炼出来的。因而本书坚持理论联系实际的原则，除阐述旅行社经营管理理论之外，增加了案例，帮助高校旅游管理专业的学生更直观地了解实际的经营和管理技巧，降低学生学习的难度，激发其学习兴趣，提高学生独立处理实际问题的能力。

第三，创新性原则。本书借鉴了国内外旅行社经营管理研究的新观点、新成果，把最新的旅行社经营理念、政策法规、管理方法介绍给学生。在旅行社的实际经营中，各个部门、各个环节是同时开展工作的，为了方便教学，编者把旅行社经营管理的内容划分成不同的章节进行阐述。如"旅行社产品的生产"一章中，将旅游线路设计、中西方旅行社产品设计与生产放在一起，目的是要学生既掌握旅行社产品的设计，又借鉴好的经验，以发展自身的能力，提高竞争力。

本教材由林艳珍担任主编，负责框架、大纲设计和统稿工作。全书各章节撰写分工如下：林艳珍负责第一章、第二章、第三章、第四章、第五章；高仁华负责第六章、第七章；刘慧贞负责第八章、第九章。

  本书在写作过程中，参考和借鉴了很多专家、学者的相关教材、论文等研究成果，在此向所有的前辈表示感谢！本书同时使用了一些网站的素材，在此对相关作者表示感谢！由于编者水平所限，且资料不全，书中不妥甚至谬误之处实属难免。对于全书的体系、观点及具体展开的过程中可能存在的失误，真诚地希望同行专家和广大读者不吝赐教。

林艳珍

2018 年 8 月

目 录

第一章 旅行社概述 ·· (1)

  第一节 旅行社的产生与发展 ·· (2)

    一、旅行社产生的社会经济基础 ·· (2)

    二、国外旅行社的产生与发展 ·· (3)

    三、中国旅行社的产生与发展 ·· (4)

  第二节 旅行社的分类与业务 ·· (9)

    一、旅行社的定义 ·· (9)

    二、旅行社的分工体系与分类制度 ···································· (11)

    三、旅行社的基本业务 ·· (15)

    四、旅行社的地位与作用 ·· (16)

  第三节 旅行社的组织结构 ·· (18)

    一、旅行社的组织结构设计原则 ······································ (18)

    二、旅行社的部门及其职能 ·· (19)

    三、旅行社的组织结构模式 ·· (20)

    四、旅行社的虚拟经营趋势 ·· (23)

第二章 旅行社的设立与行业管理 ·· (26)

  第一节 旅行社的设立 ·· (27)

    一、旅行社的设立条件 ·· (27)

    二、设立旅行社的基本程序 ·· (28)

    三、旅行社分社和服务网点的设立条件与程序 ··················· (35)

    四、关于旅行社业务经营许可证的相关规定 ······················ (37)

  第二节 旅行社设立的影响因素、选址和企业组织形式 ············· (37)

    一、旅行社设立的影响因素 ·· (37)

    二、旅行社营业场所的选择 ·· (41)

    三、旅行社的企业组织形式 ·· (45)

第三节　旅行社行业管理 ……………………………………………………… (48)
　　　一、旅行社行业管理概述 ………………………………………………… (48)
　　　二、政府对旅行社的管理 ………………………………………………… (50)
　　　三、行业组织对旅行社的管理 …………………………………………… (59)

第三章　旅行社产品的生产 ……………………………………………………… (63)
　　第一节　旅行社产品概述 ………………………………………………………… (64)
　　　一、旅行社产品的定义和特点 …………………………………………… (64)
　　　二、旅行社产品的构成 …………………………………………………… (65)
　　　三、旅行社产品的分类 …………………………………………………… (67)
　　第二节　旅游线路设计 …………………………………………………………… (73)
　　　一、旅游线路设计的影响因素 …………………………………………… (73)
　　　二、旅游线路设计的基本原则 …………………………………………… (75)
　　　三、旅游线路类型 ………………………………………………………… (78)
　　　四、旅游线路设计的流程 ………………………………………………… (81)
　　第三节　旅行社产品设计与生产 ………………………………………………… (82)
　　　一、西方国家旅行社产品的设计与生产 ………………………………… (82)
　　　二、中国旅行社产品的设计与生产 ……………………………………… (87)

第四章　旅行社计调业务 ………………………………………………………… (94)
　　第一节　旅行社计调业务简述 …………………………………………………… (95)
　　　一、旅行社计调的概念和重要性 ………………………………………… (95)
　　　二、计调工作的特点和基本业务 ………………………………………… (96)
　　　三、计调人员的分类和素质要求 ………………………………………… (100)
　　第二节　旅行社计调的业务流程 ………………………………………………… (102)
　　　一、组团社计调的业务流程 ……………………………………………… (103)
　　　二、地接社计调的业务流程 ……………………………………………… (109)
　　第三节　旅游服务采购 …………………………………………………………… (111)
　　　一、旅游服务采购的概念和原则 ………………………………………… (111)
　　　二、旅游服务采购的内容 ………………………………………………… (113)
　　　三、旅游服务采购的策略 ………………………………………………… (123)
　　　四、旅游服务采购的合同管理 …………………………………………… (125)
　　第四节　旅行社客户档案 ………………………………………………………… (126)
　　　一、旅行社客户的类型 …………………………………………………… (126)
　　　二、客户资料的评估和细分 ……………………………………………… (126)
　　　三、建立客户档案 ………………………………………………………… (128)
　　　四、客户档案的维护 ……………………………………………………… (129)

第五章　旅行社接待业务 ………………………………………………………… (132)
　　第一节　旅行社的团体旅游接待业务 …………………………………………… (133)
　　　一、团体旅游的类型 ……………………………………………………… (133)

二、团体旅游接待业务的原则 …………………………………………… (136)
　　三、团体旅游接待业务的程序 …………………………………………… (138)
　　四、团体旅游接待计划的变更 …………………………………………… (143)
第二节　旅行社的散客旅游接待业务 ………………………………………… (144)
　　一、散客旅游接待业务的特点和要求 …………………………………… (145)
　　二、散客旅游接待业务的类别 …………………………………………… (146)
　　三、散客旅游接待业务的程序 …………………………………………… (147)
第三节　导游接待服务 ………………………………………………………… (149)
　　一、导游接待服务的性质和作用 ………………………………………… (149)
　　二、导游接待服务的岗位要求 …………………………………………… (150)
　　三、导游接待服务的程序 ………………………………………………… (151)
第四节　旅游投诉处理 ………………………………………………………… (154)
　　一、旅行社投诉产生的原因 ……………………………………………… (155)
　　二、旅行社对投诉的处理 ………………………………………………… (157)

第六章　旅行社市场定位及产品价格策略 …………………………………… (161)

第一节　旅行社目标市场的选择与定位 ……………………………………… (162)
　　一、旅行社的市场细分 …………………………………………………… (162)
　　二、旅行社目标市场的选择 ……………………………………………… (168)
　　三、旅行社的市场定位 …………………………………………………… (173)
第二节　旅行社产品的价格策略 ……………………………………………… (175)
　　一、旅行社产品的价格分类 ……………………………………………… (176)
　　二、旅行社产品的定价目标和影响因素 ………………………………… (178)
　　三、旅行社产品的定价方法 ……………………………………………… (181)
　　四、旅行社产品的定价策略 ……………………………………………… (184)

第七章　旅行社市场推广策略 ………………………………………………… (189)

第一节　旅行社产品销售渠道 ………………………………………………… (190)
　　一、旅行社产品销售渠道的类型 ………………………………………… (190)
　　二、旅行社产品销售渠道的选择标准 …………………………………… (191)
　　三、旅行社产品间接销售渠道策略 ……………………………………… (193)
　　四、旅游中间商的管理 …………………………………………………… (195)
第二节　旅行社促销 …………………………………………………………… (198)
　　一、旅行社促销的概念、目的和作用 …………………………………… (198)
　　二、旅行社促销的方法 …………………………………………………… (200)
　　三、旅行社促销的步骤 …………………………………………………… (208)
第三节　旅行社门市接待业务 ………………………………………………… (210)
　　一、旅行社门市接待的作用 ……………………………………………… (210)
　　二、旅行社门市接待的岗位职责和业务流程 …………………………… (211)
　　三、旅行社门市的布置 …………………………………………………… (214)

四、旅行社门市接待人员的素质 …………………………………………… (216)
　　五、旅行社门市接待人员销售的一般技巧 …………………………………… (217)

第八章　旅行社人力资源管理 ……………………………………………… (223)

第一节　旅行社人力资源管理概述 ……………………………………… (224)
　　一、旅行社人力资源概述 ………………………………………………… (224)
　　二、旅行社人力资源管理的概念、意义和内容 …………………………… (227)
　　三、中国旅行社人力资源管理的现状 ……………………………………… (229)

第二节　旅行社人力资源规划 …………………………………………… (230)
　　一、旅行社人力资源规划的概念、类型 …………………………………… (230)
　　二、旅行社人力资源规划的程序 ………………………………………… (231)

第三节　旅行社员工招聘和培训 ………………………………………… (234)
　　一、旅行社员工招聘 ……………………………………………………… (234)
　　二、旅行社员工培训 ……………………………………………………… (238)

第四节　旅行社激励机制 ………………………………………………… (243)
　　一、旅行社激励机制的含义和原则 ……………………………………… (243)
　　二、旅行社激励的方法 …………………………………………………… (245)

第九章　旅行社财务管理 …………………………………………………… (255)

第一节　旅行社的资产管理 ……………………………………………… (256)
　　一、旅行社财务管理的概念和任务 ……………………………………… (256)
　　二、旅行社流动资产管理 ………………………………………………… (257)
　　三、旅行社固定资产管理 ………………………………………………… (260)

第二节　旅行社成本费用管理 …………………………………………… (261)
　　一、旅行社成本费用的构成和分类 ……………………………………… (262)
　　二、旅行社成本费用的核算 ……………………………………………… (263)
　　三、旅行社成本费用的分析 ……………………………………………… (264)
　　四、旅行社成本费用的控制 ……………………………………………… (265)

第三节　旅行社营业收入与利润管理 …………………………………… (266)
　　一、旅行社营业收入管理 ………………………………………………… (267)
　　二、旅行社利润管理 ……………………………………………………… (268)

第四节　旅行社结算管理 ………………………………………………… (271)
　　一、旅行社一般情况的结算业务 ………………………………………… (271)
　　二、旅行社特殊情况的结算业务 ………………………………………… (274)

第五节　旅行社财务分析 ………………………………………………… (274)
　　一、旅行社的财务报表 …………………………………………………… (274)
　　二、旅行社的财务分析 …………………………………………………… (278)

参考文献 ……………………………………………………………………… (281)

第一章

旅行社概述

学习目标

通过本章的学习，了解中西方旅行社产生和发展的历程，掌握旅行社产生的社会经济基础；了解旅行社的地位和作用，掌握旅行社的概念、分类和基本业务；了解旅行社组织结构设计的原则，掌握旅行社的部门及其职能，理解旅行社的组织结构。

导入案例

托马斯·库克（Thomas Cook，1808—1892），英国旅行商，出生于英格兰的墨尔本镇。1841年7月5日，托马斯·库克包租了一列火车，将570位游行者从英国中部地区的莱斯特送往拉巴夫勒参加禁酒大会。这次活动往返行程11英里①，团体收费为每人一先令，免费提供带火腿肉的午餐及小吃，还有一个唱赞美诗的乐队跟随。托马斯·库克组织的这次活动是人类第一次利用火车组织的团体旅游，被公认为世界上第一次商业性旅游活动，是近代旅游活动的开端，他本人也成为旅行社代理业务的创始人。

1845年托马斯·库克开始从事具有商业性的旅游组团代理业务，成为世界上第一位专职的旅行代理商，同年创办了世界上第一家旅行社——托马斯·库克旅行社。

作为近代旅游业的开山鼻祖，他也组织了世界上第一例环球旅游团，编写并出版了世界上第一本面向团队游客的旅游指南——《利物浦之行指南》，创造性地推出了最早具有旅行支票雏形的代金券。1865年，为了进一步扩展旅行社业务，托马斯·库克与儿子约翰·梅森·库克（John Mason Cook）成立托马斯·库克旅游公司，到20世纪初，英国托马斯·库克旅游公司、美国运通公司、比利时铁路卧车公司成为世界旅行代理业的三大公司。

---

① 1英里=1.609 344千米。

第一节　旅行社的产生与发展

旅行社是社会经济发展到一定阶段的产物，是商品经济、科学技术和社会分工发展的必然结果。旅行社是旅游业的三大支柱之一，是为人们外出旅行提供专业服务的机构。

一、旅行社产生的社会经济基础

旅行社的产生和发展经历了一个比较长的过程，并不是与人们的旅游活动同时产生的，是一定的经济和社会背景下的产物。旅行作为人类的一种活动自古有之，原始社会时期人类的迁徙活动是一种旅行，奴隶社会时期人们为了产品交换而进行的远近奔波也是一种旅行。在古代社会，由于生产方式和生产力的限制，人们很少远行。在当时的经济条件下，由于旅途中的安全问题和交通、住宿等设施的简陋与不健全，出外旅行是一件很艰苦的事情，甚至充满危险。在英语中，travel（旅行）一词就源自 travail（艰辛）这个词，那时候的旅行从严格意义上说与我们今天所探讨的旅游中所包含的旅行有一定的区别。

18世纪中叶，英国发生了工业革命，这一革命迅速波及法国、德国等欧洲国家和北美地区。19世纪中叶，工业革命在这些国家和地区取得了重大进展，并促使其经济结构和社会结构发生巨大变化，这为旅行社行业的出现提供了各种有利条件。

(一) 交通运输技术的大力发展，使人们集体出行成为可能

1769年英国人詹姆斯·瓦特发明蒸汽机，此技术很快应用于新的交通工具，至18世纪末，蒸汽机轮船问世。但对于近代旅游的诞生影响最大和最直接的还是铁路运输技术的发展，1825年，享有"铁路之父"之称的乔治·史蒂文森所建造的斯托克顿至达林顿的铁路正式投入运营。此后各地的铁路开始建设起来，并向更远的地区延伸。

(二) 收入水平普遍提高，人们具备了外出旅游的经济条件

工业革命以前，只有地主和贵族才有金钱从事非经济目的的消遣旅游活动。工业革命使得财富大量流向新兴的工业资产阶级，他们也具有了从事旅游的经济条件，这就扩大了外出旅游的规模。

(三) 城市化进程的加快使人们生活方式发生变化，旅游成为一种社会需求

随着大量人口涌入城市，原先随农时变化而忙闲有致的多样性农业劳动开始被枯燥、重复的单一性大机器工业劳动取代。这一变化导致人们有了适时逃避节奏紧张的城市生活和拥挤嘈杂的环境压力的需求，产生了回归自由、回归大自然的追求，使人们产生了度假要求。

(四) 旅游相关服务行业的发展，为人们外出旅行提供了更多的便利

工业革命之后，欧美国家的主要城镇、交通枢纽和铁路沿线建立了许多旅馆、餐馆、酒吧等，甚至还修建了娱乐设施。这些服务机构的出现极大地方便了人们外出旅行，刺激了旅游需求，使大众化旅游成为可能。

二、国外旅行社的产生与发展

正是在上述背景下,托马斯·库克在1845年创办了世界第一家旅行社托马斯·库克旅行社,从此国外旅行社开始蓬勃发展起来。

从托马斯·库克创办第一家商业旅行社开始,为了适应人们不断增长的旅游需求,旅行社在世界各地迅速发展。国外旅行社的发展大致经历了以下三个阶段。

(一)起步阶段(1845年—第二次世界大战前)

从1845年至1914年第一次世界大战前,旅行社主要经营以轮船、火车为主要交通工具的国内旅行和短途国际旅行。这一阶段成立的旅行社有1850年美国运通公司、1890年法德分别成立的观光俱乐部、1893年日本成立的喜宾会。到20世纪初,美国运通、英国托马斯·库克、比利时铁路卧车公司成为当时的三大巨头。1917年第一次世界大战后到1937年第二次世界大战前,旅行社推出的旅游产品有了一定的更新,除观光旅行外,还有探险旅游等新品种,人们可以选择火车、轮船旅行,还可以乘坐大型汽车上路,出行范围也同时扩大。总的来说,这一阶段旅行社的特点为数量少、规模较小、产品品种少等。

(二)成长阶段(第二次世界大战后—20世纪80年代后期)

第二次世界大战结束后,随着各国经济的恢复和发展,人们的经济收入尤其是可自由支配收入大幅度增加,拥有了前所未有的旅行支付能力。20世纪60年代以后,西方经济发达国家及一些经济发展比较迅速的发展中国家和地区普遍实行了带薪假期,从而使人们有了更多的闲暇时间,能够进行较长时间的旅游活动。另外,科学技术的发展和应用,尤其是交通工具的改善和预订网络的建立,极大地方便了人们的外出旅行。旅行环境的改善,也刺激了社会化大众旅游需求。而旅游需求的大量产生又反过来推动旅行社行业的迅速成长。在第二次世界大战结束后至20世纪80年代初的40年里,旅行社的业务经营范围不断扩大,管理水平和服务质量明显提高,产业规模和营业额大幅度增长。1987年,世界旅行社协会联合会拥有83个国家的旅行社协会成员,代表30 000多家旅行社和旅游企业。这一阶段旅行社的特点为旅行社数量和营业额大幅增加,产品更加丰富。

(三)成熟阶段(20世纪90年代初期至今)

20世纪90年代初期以来,以欧美地区经济发达国家为代表的国外旅行社行业开始从成长阶段走向成熟阶段,其显著标志是旅行社产业的集中化趋势不断加强。一些发达国家的旅行社行业正在从过去以私人企业为主体、以国家为界限的分散市场,逐步向以少数大企业集团为主体的国际化大市场发展,并通过价值链进行整合。同时,以美国、德国、英国等的大型旅行社为主导的企业兼并、收购与战略联盟,使得发达国家旅行社的所有权发生了极大的变化,形成了一批能够对整个市场产生重要影响的旅行社行业巨头。2017年6月,《2017年BrandZ全球最具价值品牌百强榜》公布,美国运通公司以241.50亿美元的品牌价值在百强榜中排名第36位。2018年7月19日《财富》公布的世界500强企业,美国运通公司是唯一上榜的旅行社企业,排名327位,2018年营业收入355.83亿美元,利润27.36亿美元。

知识拓展 1-1

  美国运通公司是美国最大的旅行社，也是世界上最大的旅行社。该公司于 1850 年在美国的纽约州包法罗市建立，起初经营货物、贵重物品和现金的快递业务。1882 年，美国运通公司推出自己的汇票，并且立即获得成功。1891 年，美国运通公司推出第一张旅行支票，公司以良好的信誉为其所发行的旅行支票做担保，并且保证使用这种支票的人不会蒙受任何损失，如支票被盗或是支票上的签名被人仿冒，公司保证承担损失。美国运通公司不是靠发行旅行支票的手续费盈利，而是通过对每年数十亿美元的浮存进行投资获利。同年，美国运通公司建立欧洲部，并于 1895 年在巴黎建立了第一家分公司，随后又先后在伦敦、利物浦、南开普敦、汉堡、不来梅等城市建立了分公司。很快，美国运通公司的办事处和分公司遍布整个欧洲。

  在旅游市场巨大发展潜力的推动下，美国运通公司于 1915 年设立了旅行部。1916 年，旅行部组织了很多旅游团，其中包括前往远东地区和阿拉斯加的旅游客轮、前往尼亚加拉大瀑布和加拿大的包价旅游团。1922 年，美国运通公司开始经营通过巴拿马运河的环球客轮旅游。在整个 20 世纪 30 年代，美国运通公司实施大规模的国内旅游业务计划，公司创办著名的乘火车前往美国西部地区旅游的"旗帜旅行团"，项目包括交通、住宿、游览观光和餐饮等内容。

  第二次世界大战结束后，美国运通公司获得了巨大发展，现已成为世界上最大的旅行和金融集团。除了旅行部和旅行支票部之外，美国运通公司还设有银行部、投资部和保险部。另外，美国运通公司发行的信用卡还是国际上普遍使用的主要信用卡之一。

  美国运通公司在中国发展迅速，1979 年美国运通公司在北京成立了第一个代表处，此后分别在上海、广州和厦门开设了代表处，并由遍布全国各地的中国国际旅行社（国旅）办事处作为其旅游代理。2002 年 1 月，美国运通公司与中国国际旅行社总社（国旅总社）一起创建了国旅运通旅行社有限公司，这是首家中美合资的商务旅行社。第二家及第三家合资旅行社分别为国旅运通航空服务有限公司及国旅运通华南航空服务有限公司。美国运通公司与国旅总社的旅行代理处为美国运通持卡会员和客户提供休闲旅游服务。2004 年 3 月，美国运通公司与中国工商银行签署了信用卡合作协议，在中国发行首张带有美国运通标志的信用卡——牡丹运通卡。牡丹运通卡包括普通卡和金卡两种，可以使用人民币和美元进行消费，并能在国内中国工商银行商户、中国银联商户以及美国运通在全球 200 多个国家和地区的数以百万的特约商户使用。

三、中国旅行社的产生与发展

  中国是世界上旅行游览活动兴起最早的国家之一，远在周代就已经有了旅行游览活动。《诗经》中的"游于北园，四马既闲"及"驾言出游，以写我忧"都是对出游的描述，车、船、马等是当时主要的出行工具。中国古代社会各个阶层的游行、游览活动非常频繁，主要表现为帝王巡游、官吏宦游、买卖商游、文人漫游、宗教云游和佳节庆游。1840 年鸦片战争后，中国开始进入半封建半殖民地社会，各领域发生了深刻的变化。西方列强在我国开辟通商口岸，办工厂、建铁路、修马路，客观上为我国近代旅游业的发展和旅行社的产生提供了一定的基础条件。

（一）中国近代旅行社业的产生与发展（1949年10月以前）

20世纪20年代，中国开始进入早期资本主义化进程，交通运输业和新式旅馆等设施也随之发展，为人们的出行提供了便利条件。经济的发展必然促进因为各种目的外出人群的流动，客观上需要专门的旅行机构为其提供服务，中国近代旅行社业就是在这样的背景下产生和发展起来的。

当时的中国已有几家"洋商"开办的旅行服务机构，包括英国的通济隆、美国的运通公司等，专门为"洋人"和少数上层华人服务，缺少专门为中国普通民众服务的民族资本旅行社。爱国民族资本家、上海商业储蓄银行创始人陈光甫先生因在外资旅行代理机构购买船票受到冷遇，因而立志创办一家中国人自己的旅行服务机构。除了爱国和维护民族尊严之外，陈光甫创办旅行社的目的还在于让国人及外国人士了解中国古老悠久的文化和名胜古迹，辅助工商和服务社会。1923年8月15日，我国第一家民族旅行社——上海商业储蓄银行旅行部正式成立。1927年年初，旅行部与银行分立，改组为中国旅行社，成为独立的旅行商业机构。其经营范围从1923年旅行部设立之初的代售国内外火车、轮船客票及旅行咨询，逐步扩大到车站、码头接送和转送，提取、代运行李，发行旅行支票，为国人办理出国及留学事宜和观光游览等业务。中国旅行社还创办了深具影响力的旅游刊物《旅行杂志》。1927年至1937年，中国旅行社在客运服务的基础上又开辟了货运服务和招待所业务，分社增加到49处，形成了覆盖全国并延伸到境外的服务网络。

1937年至1945年，中国旅行社虽自身资产和业务遭受巨大损失，但本着爱国和服务社会的经营宗旨，将协助民众把战时流动和物资转移作为其主要职能。抗战结束后，中国旅行社的业务虽然一度有所恢复，可随着国内战争的影响，旅行社的经营最终未能完全恢复正常。上海解放后，陈光甫离开内地去香港，中国旅行社的重心也随之转移到香港。1954年7月1日，陈光甫以香港中国旅行社为名重新注册，后发展成为香港中旅集团公司。

中国旅行社的产生和发展，对我国近代旅行社业的发展具有极大的带动和示范作用，各地相继出现了一些地方旅行社及类似的旅游组织，但均因规模较小，在历史上没有留下太大影响，大多在战乱中消亡了。只有中国旅行社作为我国近代旅行社业的典型代表，以其不凡的经营理念和管理思想，为我国旅行社业的发展提供了宝贵的经验和借鉴。

（二）中华人民共和国成立后旅行社的发展（1949年10月之后）

中华人民共和国成立之前，由于战乱和落后的经济，中国的旅游业规模较小、发展缓慢，旅行社寥寥无几。改革开放后，旅游业被纳入国民经济发展计划，旅行社也得以迅猛发展。

1. 行政事业导向的中国旅行社业（1949年10月—1978年）

中华人民共和国成立后，为了接待海外侨胞和外国友人，我国在政府主导下设立了中国旅行社和中国国际旅行社两大旅行社系统，负责组织相应的工作。

1949年10月18日，福建厦门中国旅行社成立，这是中华人民共和国成立后第一家旅行社。同年11月和1951年12月，福建厦门华侨服务社和泉州华侨服务社分别成立。随着华侨来访人数的增加，广东、天津、杭州等地的华侨旅行社也相继成立。1957年4月22

日，经国务院批准，中国华侨旅行服务社总社在北京成立，并明确其主要任务是为华侨等回国探亲、访友、参观、旅游提供方便，做好接待服务。1963年，国务院又将港澳同胞纳入华侨服务社接待范畴。1974年1月3日，经国务院批准，中国旅行社成立，与华侨旅行社合署办公，统称中国旅行社。

1954年4月15日，中国国际旅行社在北京正式成立，其主要任务是负责访华外宾的食、住、行、游等事务，发售国际铁路联运客票。之后，在直辖市、省会以及其他重要城市和口岸城市陆续设立了分社、支社。1958年1月9日，国务院发布《关于开展国外自费来华者接待工作和加强国际旅行社工作的通知》，决定将中国国际旅行社划归国务院直属，由国务院外事办公室领导，各地分社、支社归当地省市人民委员会直接领导，且必须接受中国国际旅行社分配的接待外宾的任务，并在接待业务上接受指导。1964年3月17日，中共中央决定，改组和扩大中国国际旅行社为旅游事业管理局，负责对外国自费旅行者在华旅行游览的管理工作，领导各有关地区的国际旅行社和直属服务机构的业务，并在7月22日第二届全国人大代表常务委员会第124次会议上，批准设立中国旅行游览事业管理局，直属国务院领导，对外仍保留中国国际旅行社的名称，局、社合署办公。中国旅行游览事业管理局本部机构，经国务院确定为行政单位。

中国旅行社和中国国际旅行社作为我国两大旅行社系统，在之后的二十多年中，垄断了我国的全部旅游业务。虽然这两大系统为我国旅行社业发展积累了一定的经验，培养了相当数量的旅游业务人才，但旅行社是直属政府的行政或事业单位，其业务以政治接待为主，从而导致我国旅行社行业没有得到充分发展，与国外旅行社行业相比，其产业规模和经营业务的范围相对狭小，经营效益和管理水平也相对落后。

这一阶段旅行社业的发展，是典型的政府主导下的行政事业导向，具体体现在：第一，旅行社的经营业务核心是外事接待，政治色彩浓厚，主要任务是"宣传社会主义建设成就，扩大政治影响，增进中国与世界各国人民了解和友谊，为国家吸收自由外汇"；第二，旅行社不仅仅是事业单位（对外可称为企业单位），还是政府机构，行使着行政管理职能，处于典型的"政企合一"状态。

2. 市场化与开放化进程中的中国旅行社业（1978—2009年）

（1）旅行社单位性质从机关到企业（1978—1983年）。

1979年11月16日，全国青年旅游部成立。在此基础上，中国青年旅行社（简称青旅）于1980年6月27日成立。根据国家旅游局的规定，此时全国只有国旅、中旅和青旅三家总社拥有旅游外联的权利，其中国旅主要接待外国来华的旅游者，中旅主要接待港澳台同胞和来华旅游的海外华侨和华人，青旅则主要接待来华的海外青年旅游者。三家旅行社通过在全国各地建立各自的分（支）社，形成了三个相互独立的旅行社系统，并形成了当时中国旅行社行业的寡头垄断局面。

这个时期我国进入改革开放的历史新时期，旅游业也开始了从外事接待部门向经济产业的转变。转变的起点是1978年3月中共中央批转了《关于发展旅游事业的请示报告》，建议"将目前的中国旅行游览事业管理局改为直属国务院的中国旅行游览事业管理总局"，这意味着新成立的中国旅行游览事业管理总局不再隶属于外交部，也不再是准外交行政管理机构，而是旅游经济的管理部门。1978年至1980年，我国入境旅游人数高速增长，以国旅和中旅为核心的旅游部门的接待能力远远不能满足市场的需求。1980年6月27日，国务院批复共青团中央，同意成立中国青年旅行社，其接待对象是各国青年旅游者。此时的国旅、中旅、青旅三大旅行社系统仍然归政府部门直接管理，事实上仍然是统一领导、统一经营、领导经营一体化的管理体制，无法实现自主经营和自主决策，无法满足日益旺盛的市场需求。1981年3月，中共中央书记处和国务院提出了旅游管理体制改革的重要指导思想，其中一项就是中国旅行游览事业管理总局作为旅游管理机构，必须和国旅实行政企分开，国旅总社统一经营外国旅游者来华的旅游业务。1982年7月17日，中国旅行游览事业管理总局和国旅总社正式分家，这是我国旅游管理中政企分开的第一步，从此，中国才诞生了真正意义上的旅游企业和旅游行政管理机构，旅游业向着统一领导、分散经营、政企分开的管理体制迈进。

(2) 我国旅行社业寡头垄断阶段结束（1984—1996年）

1984—1996年，旅游外联权下放是我国旅行社业打破垄断的标志性事件。1981年以前，全国具有外联权的旅行社只有国旅总社和中旅总社两家。但是1978年至1984年，入境旅游人数的激增和对旅游需求的多样化，使外联体制改革必须被提上日程。集中而统一的外联体制显然远远不能应对市场的变化，即使是国旅总社和中旅总社与其分社之间也因为外联和接待的利益分配问题而产生争议。1984年，中共中央办公厅和国务院办公厅转发的《关于开创旅游工作新局面几个问题的报告》指出，旅行社业务要打破独家垄断的思想，允许国旅、中旅和青旅等单位开展竞争。之后，青旅被正式批准获得外联权和签证通知权。

随着我国改革开放的不断深入，1985年至1988年是外联权充分下放的一个时期。1985年5月，国务院颁布《旅行社管理暂行条例》，将全国的旅行社划分为第一类旅行社（简称一类社）、第二类旅行社（简称二类社）和第三类旅行社（简称三类社）三大类型。1985年，我国旅行社数量为450家，至1988年年底增至1 573家，其中一类社共61家。至此，我国旅行社业的垄断局面被彻底打破，国旅、中旅、青旅三家旅行社接待人数占全国有组织接待人数的比例，从1980年的近80%下降到1988年的40%左右，结束了三家旅行社在我国的寡头垄断时代，旅行社行业由寡头垄断向垄断竞争过渡。

到了20世纪80年代中后期，我国的国内旅行社异军突起。1984年我国批准了中国公民自费赴港澳地区的探亲旅游，1990年把范围扩展到新加坡、马来西亚和泰国3个国家，并规定此项业务归中国国际旅行社总社等9家旅行社经营。1992年，中国公民出境总人数为292.87万人次，其中，因私出境人数为119.3万人次，经旅行社组织的出境旅游人数为86万人次。我国旅行社业已全面进入入境、出境、国内三大旅游领域。

1991年至1996年，中国旅行社业又面临着另一个难题，即一类社和二类社之间行使外联权的界限模糊问题。很多二类社看到外联社业务的高利润、高回报，在缺乏足够的商誉和能力的情况下，通过由当地一类社代办签证通知的方式获得了事实上的外联权。多头外联在某种程度上满足了当时各地方旺盛和日渐多元化的旅游需求，但是也带来了削价竞争、互相拆台、拖欠款等市场秩序混乱的问题。1992年国家旅游工作会议研究的重点之一，就是控制旅行社总量和调整类别结构，将一部分有条件的二类社升为一类社。1996年10月15日，《旅行社管理条例》出台，进一步将旅行社类别调整为国际旅行社和国内旅行社两类，取消了一类社和二类社的界限，至此，外联权得以充分下放。

1984年至1996年也是我国旅行社行业管理从起步迈向法制化的过程。1985年5月11日颁布的《旅行社管理暂行条例》，是我国旅游业第一部全国性的、正式的旅游行政法规，是我国政府将旅游业纳入法制化管理轨道的重要标志。进入20世纪90年代中期，我国旅行业运行环境风云突变，供求关系由供不应求转向供过于求。旅行社数量的持续上升，进一步加剧了相互间的竞争。旅行社经营中暴露的问题，如非法经营、恶性削价、违规、违约操作等，一度成为旅游行业关注的焦点，因此，规范旅行社市场运作的法规条例陆续出台。1991年国家旅游局建立的旅行社年检年审制度，以及1995年1月1日颁布与实施的《旅行社质量保证金暂行规定》，标志着我国旅行社行业管理的重心由追求企业数量增长向质量增长的转变。1996年《旅行社管理条例》的出台，更是体现出我国旅行社行业管理的进一步法制化和成熟化。

（3）进一步开放中的中国旅行社业（1997—2009年）。

1997年7月1日，国务院批准的《中国公民自费出国旅游管理暂行办法》由国家旅游局、公安部发布，标志着中国旅行社业所面临的旅游市场开始从入境和国内的二元市场转向出境、入境和国内游的三元市场，1999年国务院颁布《导游人员管理条例》，这些旅游法规的颁布和实施，既保障了旅游者的合法权益，也为旅行社的经营和行业发展提供了良好的旅游法治环境。旅游市场的蓬勃发展，1996年《旅行社管理条例》对于投资主体性质的放宽，大大刺激了多种投资主体进入旅行社行业的热情，我国旅行社的数量迅速增长，从1997年的4 986家发展到2009年的21 649家，12年间增长了3.3倍，年平均增长率约13%。市场主体快速增加直接导致了市场竞争趋向完全化，甚至是过度竞争。在这种市场结构下，我国旅行社体现出行业集中度低、企业规模小、恶性价格竞争、市场秩序混乱和行业长期利润水平低下等特点，行业的净利润率从1990年的10.04%下降到2009年的0.64%。为适应我国旅游业对外开放的需要，2009年颁布和实施《旅行社条例》，就是为了"加强对旅行社的管理，保障旅游者和旅行社的合法权益，维护旅游市场秩序，促进旅游业的健康发展"。

20世纪90年代中后期以来，我国国民经济进入快速发展的阶段，城镇和乡村居民的收入水平明显提高，并产生了强烈的旅游需求。国家实行的双休日制度和较长的节假日使人们拥有了较多的闲暇时间，能够进行较长距离的外出旅游活动。民航部门增加班机和包机、铁路部门数次提速、全国高速公路网的建设以及大量新型旅游客车的生产等都为人们外出旅行提供了更大的便利。这一切都推动了旅游市场的发展和繁荣，为旅行社提供了大量的客源。

1997年至2009年，我国旅行社业进一步向国际市场开放。我国早在1993年就允许在国家旅游度假区内开办中外合资旅行社，1998年发布的《中外合资旅行社试点暂行规定》，不再限定合资试点的地域范围。同年，云南力天旅行社作为我国第一家合资旅行社宣告成立。2001年我国加入世界贸易组织，并在2003年提前兑现了允许设立独资旅行社的承诺，2007年又提前取消对外商投资旅行社设立分支机构的限制，对外资旅行社的注册资本实行国民待遇。至2009年年末，获得国家旅游局批准的外商投资旅行社共计38家，其中外商独资旅行社21家，外商控股合资旅行社8家，中方控股合资旅行社9家。

1997年至2009年，也是我国在线旅行服务从萌芽走向成熟的发展阶段。1997年10月，全国首家旅游网站——华夏旅游网成立。同年，国家旅游局的中国旅游网、西安马可孛罗国际旅行社的英文网和桂林国旅的英文网开通。1999年，携程和艺龙相继成立，这两家公司的成立，标志着我国进入真正意义上的在线旅行服务业。2003年至2009年是我国在线旅行服务业的快速成长期，一些如今已经在不同细分市场居于垄断地位的企业陆续成立，如2004年的同程、遨游和穷游，2005年的去哪儿、芒果网和悠哉网，2006年的酷讯、蚂蜂窝和途牛，2008年的驴妈妈和2009年的欣欣等。在线旅行服务业的成长极为迅速，至2009年，我国在线旅游渗透率已达4.8%，携程已名列我国旅游集团20强的第5位。面临市场环境的巨大变化，传统业态旅行社的优势受到严峻挑战，众多旅行社都在"线上线下""何去何从"的问题上思考着自身的生存与发展空间。

（4）旅行社从旅行社业向旅行服务业的转变（2010年至今）。

2001年中国加入世界贸易组织，由此开启了中国旅行社业全面开放的进程。2002年7月12日中国正式允许符合条件的外商在中国设立控股或独资旅行社。2009年5月1日为适应中国旅行社业需要施行新的《旅行社条例》，2016年12月12日国家旅游局局长李金早发布国家旅游局第42号令《国家旅游局关于修改〈旅行社条例实施细则〉和废止〈出境旅游领队人员管理办法〉的决定》，完善旅行社行业管理。

同时，2010年以来，我国旅行社业面临的市场环境有两个突出变化：一是由散客化带来的消费模式的变化；二是以移动互联、云计算和大数据为代表的信息技术的发展带来的旅行社商业模式的变化。整个行业呈现出逐步向旅行服务业转变的趋势，具体表现为：第一，服务对象由"旅游者"向"旅行者"扩展，其服务的人群已经从以旅游为目的的旅游者扩大到出于任何动机出游的旅行者；第二，经营主体的范围扩大和多元化，旅行社业务的经营主体除传统业态旅行社外，还包括各类在线旅游企业、俱乐部、留学机构等；第三，业务范围从纯粹的旅游业务延伸至异地化生活服务。面对这一发展趋势，传统业态旅行社如何走出一条"传统优势＋现代技术＋品质建设"的创新发展之路，是一个值得深思的问题。

从管理体制角度来说，旅行社业向旅行服务业的转变，要求我国旅游监管部门以简政放权为核心，逐步从政府主导型管理转向政府引导型管理，更多地用法律、法规和产业政策为旅行社业的发展指明战略方向。通过产业政策、竞争政策和监管政策，营造公平、开放、透明的市场环境，形成职责明晰、积极作为、协调有力的长效工作机制和创新治理体系，最终促进我国旅行社业的健康持续发展。

截至2016年年底，全国纳入统计范围的旅行社共有27 939家，旅行社资产总额1 277.9亿元，各类旅行社共实现营业收入4 643.1亿元，营业税金及附加10.4亿元。全国旅行社共招徕入境游客1 445.7万人次、6 020.5万人天，经旅行社接待的入境游客为1 942.9万人次、6 714.6万人天；全国旅行社共组织国内过夜游客15 604.9万人次、48 702.0万人天；经旅行社接待的国内过夜游客为17 088.6万人次、53 147.5万人天；经旅行社组织出境旅游的总人数为5 727.1万人次，其中，组织出国游4 498.4万人次，组织港澳游918.0万人次，组织台湾游310.8万人次。

第二节　旅行社的分类与业务

一、旅行社的定义

旅行社是为旅游者提供各种服务的专门机构，它在不同的国家和地区有不同的含义。

(一) 国外关于旅行社的定义

1. 世界旅游组织（UNWTO）的定义

世界旅游组织（UNWTO）分别为旅游经营商（Tour Operator）和旅游代理商（Travel Agent）两大类旅行社的性质进行定义。旅游经营商是一种销售性企业，它们在消费者提出要求之前事先准备好旅游活动和度假地，组织旅行交流，预订旅游目的地的各类客房，安排多种游览、娱乐活动，提供整套服务，并事先确定价格及出发和返回日期，这些事先准备好的旅游产品，由自己下属的销售处或者旅行代理商销售给团体或个体消费者。旅行代理商是服务性企业，它的职能是：①向公众提供有关旅行、住宿条件以及时间、费用和服务项目等信息，并出售产品；②受交通运输、酒店、餐馆及供应商的委托，以合同规定的价格向旅游者出售他们的产品，销售合同（票据等）表明购买者和销售者是两厢情愿的，旅行代理商只起中间人的作用；③代理商接受它所代表的供应商的酬劳，按售出旅游产品总金额的一定比例提取佣金。

2. 欧洲的权威定义

欧洲是现代意义的旅行社发源地。在欧洲人看来，旅行社是一个以持久营利为目标，为旅客和游客提供有关旅行及居留服务的企业。这些服务主要是出售或发放运输票证；租用公共车辆，如出租车、公共汽车；协助办理行李托运和车辆托运；提供旅馆服务，预订房间、发放旅馆凭证或牌证；组织参观游览，提供导游、翻译和陪同服务以及提供邮递服务。旅行社还提供租用剧场、影剧院服务；出售体育盛会、商业集会、艺术表演等活动的入场券；提供旅客在旅行逗留期间的保险服务；代表其他旅行社或旅游组织者提供服务。这是有关旅行社最为完整的、有法律依据的定义之一，并且在许多法律文件中都可以找到依据。

3. 日本《旅行业法》的定义

日本将旅行社称为"旅行业"。日本《旅行业法》将旅行社规定为收取报酬经营下列事业之一者（专门提供运输服务者除外）：①为旅客提供运输或住宿服务，代理签约、媒介或介绍之行为；②代理提供运输或住宿之服务业与旅客签约，提供服务或从事媒介之行为；③利用他人经营的运输机构或住宿设备，为旅客提供运输或住宿服务；④附随于前三款行为，为旅客提供运输及住宿以外的旅行有关服务，代理签约、媒介或介绍的行为；⑤附随于第一款至第三款的行为，代理提供运输及住宿以外的有关服务业，为旅客提供服务而代理签约或媒介的行为；⑥附随于第一款至第三款的行为，引导旅客，代办申领护照及其他手续，以及其他为旅客提供服务的行为；⑦有关旅行的一切咨询行为；⑧对于第一款至第六款所列的行为代理签约的行为。

(二) 中国关于旅行社的定义

国务院1996年10月颁布的《旅行社管理条例》中规定：旅行社是指以营利为目的，从事旅游业务的企业。2009年5月开始施行的《旅行社条例》对旅行社的性质做出了明确规定：旅行社是指从事招徕、组织、接待旅游者等活动，为旅游者提供相关旅游服务，开展国内旅游业务、入境旅游业务和出境旅游业务的企业法人。国内旅游业务，是指旅行社招徕、组织和接待中国内地居民在境内旅游的业务。入境旅游业务，是指旅行社招徕、组织、接待外国旅游者来我国旅游，香港特别行政区、澳门特别行政区旅游者来内地旅游，台湾地区居民来大陆旅游，以及招徕、组织、接待在中国内地的外国人，在内地的香港特别行政区、澳门特别行政区居民和在大陆的台湾地区居民在境内旅游的业务。出境旅游业务，是指旅行社招徕、组织、接待中国内地居民出国旅游，赴香港特别行政区、澳门特别行政区和台湾地区旅游，以及招徕、组织、接待在中国内地的外国人，在内地的香港特别行政区、澳门特别行政区居民和在大陆的台湾地区居民出境旅游的业务。

2013年4月25日第十二届全国人民代表大会常务委员会第二次会议通过的《中华人民共和国旅游法》（以下简要《旅游法》）对旅行社定义没有明确指出，但说明旅行社可以经营下列业务：境内旅游；出境旅游；边境旅游；入境旅游；其他旅游业务。

2016年12月12日国家旅游局令第42号公布施行的《国家旅游局关于修改〈旅行社条例实施细则〉和废止〈出境旅游领队人员管理办法〉的决定》中指出，旅行社负责招徕、组织、接待旅游者提供的相关旅游服务，主要包括：安排交通服务；安排住宿服务；安排餐饮服务；安排观光游览、休闲度假等服务；导游、领队服务；旅游咨询、旅游活动设计服务。旅行社还可以接受委托，提供下列旅游服务：接受旅游者的委托，代订交通客票、代订住宿和代办出境、入境、签证手续等；接受机关、事业单位和社会团体的委托，为其差旅、考察、会议、展览等公务活动，代办交通、住宿、餐饮、会务等事务；接受企业委托，为其各类商务活动、奖励旅游等，代办交通、住宿、餐饮、会务、观光游览、休闲度假等事务；其他旅游服务。

二、旅行社的分工体系与分类制度

（一）旅行社的分工体系

分工和专业化是经济活动中两个密切相关的概念，是生产分工和专业化生产的简要表述，是一个事物的两个方面。分工是专业化生产的基础。分工包括垂直分工和水平分工两种类型。垂直分工是指在时间上先后承接、具有互补关系的职能之间的分化；而水平分工则是在相同操作层次上、针对操作的不同特点进行的分工。

旅行社的分工经历了一个长期演变的过程。由于各国旅行社行业发展水平和经营环境的不同，世界各国旅行社行业分工的形成机制和具体分工状况存在着较大的差异。以美国为代表的旅游发达国家，旅行社行业的分工基本上是在旅行社的发展进程中自然形成的，在具体的生产分工方面采取以垂直分工为主的分工体系。而以中国为代表的后起的旅游发展中国家，旅行社行业的分工则主要是在政府的干预下以法律的形式确定下来的，在具体的生产分工方面采取的是以水平分工为主的分工体系。日本旅行社业作为一个例外，曾经在1983年至1996年间，在政府的干预下以法律的形式确定了垂直分工和水平分工并重的混合分工体系，即由以经营国际旅游业务为主的一般旅行业、以经营国内旅游业务为主的国内旅行业和专门从事零售代理业务的旅行业代理店构成日本旅行社业完整的服务体系。1996年4月1日起日本开始实施新的旅行业分类办法，但依然保留了浓厚的混合分工体系的痕迹。

1. 水平分工体系

旅行社的水平分工体系是指在政府行业管理力量的干预下，把旅行社分为若干等级和类别，原本统一的旅游服务市场也被分为入境旅游、国内旅游和出境旅游等若干子市场。这样，每个类别或等级的旅行社经营相应的子市场。一般地，水平分工体系由执行同职能的旅行社按照服务的市场和业务范围分化而成。我国过去的国内旅行社和国际旅行社的划分就是水平分工的结果，现在仍采用水平分工体系。中国、韩国以及其他一些发展中国家多采用此种分类体系。

2. 垂直分工体系

旅行社的垂直分工体系是指在市场经济社会里，依据旅游者的消费流程自然形成的，呈现出"旅游供应企业—经营批发—零售—旅游者"垂直状态的分工，也称自然分工体系。欧美的旅行社是典型的垂直分工体系，一般把旅行社分为旅游批发经营商和旅游零售商。旅游批发经营商专注于开发包价团体旅游产品，因价格低廉而节约了旅游者的开支，刺激了市场需求；旅游零售商专心代理销售产品，直接为旅游者服务。二者之间是合作和相互依赖的关系，避免了无谓的竞争，形成良性循环，既发挥了批发经营商的规模效应，又体现了旅游零售商服务直接的优势。

3. 混合分工体系

旅行社的混合分工体系是指在市场和政府的共同作用下，各旅行社仍被划分为不同的等级，并规定了各自的业务经营范围，但是不同类别的旅行社之间又根据垂直分工的原则进行分工，构建批发经营、零售代理体系。日本采用的就是混合分工体系。

一般来说，旅行社并不是单独采用一种分工体系，而是几种分工相互结合，各有兼顾。这种情况在欧美发达国家的旅行社业中表现得较为明显。它们采用的分工体系是，既存在以旅游批发经营商和旅游零售商为代表的，在实践上先后承接、具有互补关系的垂直分工；也存在旅游批发经营商和旅游代理商各自内部同一操作层次上、针对操作的不同特点进行的水平分工。由此形成了全球范围内具有一般代表意义的旅行社行业的垂直分工体系和水平分工体系。

（二）旅行社的分类制度

不同国家和地区在旅行社分工体系方面的差异，决定了旅行社分类制度的区别。

1. 欧美旅行社分类制度

由于以欧美为代表的西方发达国家的旅行社大都采用垂直分工体系，因此，欧美国家的旅行社一般分为旅游批发经营商和旅游零售商两大类型或旅游经营商、旅游批发商和旅游代理商三大类型，这是一种由执行不同职能的旅行社在经营活动的时间方面先后承接、在经营业务范围方面互相补充所形成的垂直分工体系。

（1）旅游经营商。

旅游经营商是指将其购买的各类旅游产品进行设计组合，并融入自身的服务内容，使之成为能满足旅游者整体性需要的旅游产品的旅行社。

在西方，旅游经营商以设计组合及批发旅游产品为主要业务，其主要利润来源为一定采购规模而形成的批零差价以及设计组合的垄断性创新利润。旅游经营商通常具有很强的经济实力和广泛的社会关系，按照预先设计的旅游产品，以优惠的价格向旅游供应企业批量购买，然后组合形成不同的旅游产品，通过旅游零售商销售给旅游者，或者通过自己的零售网点销售产品。旅游经营商的规模一般比较大，数量相对较少。

（2）旅游批发商。

旅游批发商是指主要经营批发业务的旅行社或旅游公司。所谓批发业务是指旅行社根据自己对市场需求的了解和预测，大批量地订购交通运输公司、酒店、旅游景点等有关旅游企业的产品和服务，然后将这些产品组合成为不同的包价旅游产品，最后交给旅游零售商向旅游者出售。

(3) 旅游零售商（代理商）。

旅游零售商是指主要经营零售业务的旅行社。旅游零售商一般不预订旅游供应企业的产品，也不组合旅游产品，而是通过签订契约向旅游者销售旅游经营商或旅游批发商的产品，或代理酒店、航空公司的产品。在西方，旅游零售商规模不大但分布广泛，拥有地理优势和便利条件，代理销售旅游经营商、旅游批发商或其他企业的产品。

2. 日本旅行业的分类制度

1996年4月1日以前，日本旅行业采取的是一般旅行业、国内旅行业和旅行业代理店的混合分工体系。1996年4月1日起，日本实施新的《旅行业法》，以旅行业是否从事主催旅行业务为主要标准，对日本旅行业的分类进行了调整，但新的分类办法依然保留了其传统的混合分工体系。

根据日本《旅行业法》的界定，主催旅行相当于我们所说的全包价旅游产品，即是指旅行业者事先确定的旅游目的地及日程、向旅游者提供的运送及住宿服务内容、旅游者应对旅行业者支付的代价等有关事项的旅游计划，通过广告或其他方法募集旅游者而实施的旅行。

日本新的《旅行业法》将日本的旅行业重新划分为第Ⅰ种旅行业、第Ⅱ种旅行业和第Ⅲ种旅行业。第Ⅰ种旅行业可以实施海外和国内主催旅行业务，第Ⅱ种旅行业只能实施国内主催旅行业务，第Ⅲ种旅行业则不实施主催旅行业务。

3. 中国旅行社分类制度

到目前为止，中国旅行社在分类方式上经历了三次变化。

(1) 三分法（1985—1995年）。

20世纪80年代，出于国家对旅游业宏观控制、确保旅游接待质量的目的，国务院在1985年5月颁布了《旅行社管理暂行条例》，按照旅行社经营范围、投资主体、业务职能的不同，将我国旅行社划分为第一类旅行社（一类社）、第二类旅行社（二类社）、第三类旅行社（三类社）。

(2) 二分法（1996—2005年）。

经过十几年的发展，原有的《旅行社管理暂行条例》中的相关规定已经不能适应时代的发展需要。国务院于1996年10月15日颁布了正式的《旅行社管理条例》，条例中规定旅行社分为两种类型：国内旅行社和国际旅行社（国际旅行社又分为有出境权和无出境权两种）。国际旅行社的经营范围包括：入境旅游业务、出境旅游业务和国内旅游业务。国内旅行社的经营范围包括：国内旅游业务。

(3) 无分类法（2006年至今）。

为了适应旅游发展新形势的需要，2009年5月开始施行的《旅行社条例》中取消了国内旅行社和国际旅行社的分类。《旅行社条例》虽然没有强调旅行社类别的划分，但是规定旅行社一经批准设立，即拥有国内旅游业务和入境旅游业务的经营权；旅行社取得经营旅行社业务许可满2年，且连续2年未因侵害旅游者合法权益受到行政机关罚款以上处罚的，可以申请出境旅游业务。因此还是可以依据是否拥有出境经营权将旅行社划分两类：一类是具有国内旅游经营权和入境旅游经营权的旅行社；另一类是具有国内旅游经营权、入境旅游经营权和出境旅游经营权的旅行社。

目前国内各地的旅行社从业务操作上按约定俗成分为组团旅行社、接待旅行社两类。组团旅行社（简称组团社）是指接受旅游团（者）或海外旅行社预定，制定和下达接待计划，并可提供全程陪同导游服务的旅行社，组团社要在出发地与客人签订旅游合同。接待旅行社（简称接待社或地接社）是指接受组团社的委托，按照接待计划委派地方陪同导游人员，负责组织安排旅游团（者）在当地参观游览等活动的旅行社，地接社在旅游目的地接待出发地组团社游客。在实际旅游接待中，需要由组团社和地接社共同配合，才能为游客提供完整服务。

旅行社从出资方的角度看，可以分为内资旅行社和外商投资旅行社两种。

旅行社按照其主营业务可以分为：专做出境游的、专做地接的、专做散拼团的（口岸或目的地旅行社）、专做入境接待的等。

（三）中国旅行社分工体系调整的目标模式

1. 大型旅行社向旅游批发商方向转化

首先要通过分工体系的调整培育大型旅游批发商。大型旅行社所要解决的中心问题是规模经济问题，因此我们应使规模较大的旅行社通过合并、兼并等方式向批发经营商转化，形成一定数量人、财、物一体化的紧密型旅行社集团。大型旅行社成为旅游批发商能在与旅游供应商谈判中占得先机，获得采购方面的优势，此外，在资金、人才、品牌和管理上可成为旅行社行业的"带头人"和"领头羊"。实现规模经济，也可以引导和稳定市场，缓解旅行社市场因过度分散和紊乱造成的问题。大型旅行社实现集团化后可以专注于标准产品的开发设计、促销及旅游接待业务，而销售及售后服务则可以由数量众多的中小型旅行社代理。这无疑会为大型旅行社腾出更多的时间、金钱和人力来主攻市场拓展、产品开发及旅游接待等业务，势必能够提高旅游产品的质量和自身实力。而对于整个旅行社行业来说，由于避免了所有旅行社做同样的工作，减少了重复投资，这就使缺乏创新机制的旅游市场重新充满活力。

在垂直分工体系构建之后，市场上会出现少数的旅游批发商和众多的旅游零售商，前者会控制客源，后者则成为前者的销售触角。而为了共同的利益，大型旅行社之间不会轻易发动价格战，旅行社业能够走上适度竞争的良性发展之路。

2. 中型旅行社向专业旅行社方向转化

在大型旅行社成为批发商之后，一些中等规模的旅行社应调整其经营方向，寻找细分市场，走专业化道路。为避免与大型旅行社在标准化产品方面的直接竞争，中型旅行社应发展为地区分销商或专业旅行商，也可以采用连锁等方式联合组成具有专业优势的连锁店，通过市场细分寻求合适的市场定位，对某些旅游产品进行深度开发，设计出符合市场需求的旅游产品。比如可以开发商务会议旅游市场、探险旅游市场、老年旅游市场等。

3. 小型旅行社向旅游零售商方向转化

国内市场的快速发展不仅为大型旅行社向批发商转化形成了条件，也为旅游零售商提供了利润支持，使其通过佣金获利成为可能，尤其是通过代理可以降低风险。在数量上占绝对优势的小型旅行社应改变自身的市场定位，可以通过内部改造成为大型旅行社的销售商或者成为专门为大型旅行社销售产品的零售点。这些旅游零售无须从事产品开发、旅游接待、市场拓展等工作，而专门销售旅游产品。小型旅行社广泛地分布在旅游客源市场，确保大型旅行社的销售触角到达市场的每个角落，由此整个旅行社行业实现专业化分工。

三、旅行社的基本业务

一般来说，旅行社的基本业务有产品设计与生产业务、产品促销业务、计调业务、旅游服务采购业务、产品销售业务、旅游接待业务和代理业务七种。

（一）产品设计与生产业务

旅行社的产品设计与生产业务包括产品设计、产品试产与试销、产品投放市场和产品效果检查评估四项内容。首先，旅行社在市场调查的基础上，根据对旅游市场需求的分析和预测，结合本旅行社的业务特点、经营实力及各种旅游服务供应的状况，设计出各种能够对旅游者产生较强吸引力的产品。其次，旅行社将设计出来的产品进行小批量的试产和试销，以考察产品的质量和旅游者对其喜爱的程度。再次，当产品试销成功后，旅行社应将产品批量投放市场，以便扩大销路，加速产品投资的回收和赚取经营利润。最后，旅行社应定期对投放市场的各种产品进行检查和评估，并根据检查与评估的结果对产品做出相应的完善和改进。

（二）产品促销业务

旅行社设计组合出旅游产品后，为使产品获得足够的市场份额，需要让自己的产品广为人知，因此必须进行产品促销。旅游者经常根据自己的旅游动机搜集相关的旅游信息，他们通过报纸、杂志、宣传手册等印刷媒介，电话、广播、电视、互联网等电子媒介，以及熟人介绍等方式来获得所需的相关信息。因而旅行社要尽可能提供最新、最全的旅游产品信息，以便旅游者选择。而现代社会众多的媒介，也让旅行社能够利用各种途径进行产品促销。

（三）计调业务

旅行社计调业务是指为旅游团安排各种旅游活动所提供的间接性服务，包括食、住、行、游、购、娱等事宜的安排，旅游合作伙伴的选择，旅游接待计划的制定和下发，旅游预算单的编制，导游人员的委派等业务。计调业务是旅行社完成地接、落实发团计划的总调度、总指挥、总设计，在旅行社的整体运作中发挥着极其重要的作用。这里说的是狭义的计调业务，广义的计调业务还包括旅游服务采购业务。

（四）旅游服务采购业务

旅游服务采购业务是指旅行社为了生产旅游产品而向有关旅游服务供应部门或企业购买各种旅游服务项目的业务活动。旅行社的旅游服务采购业务主要涉及交通、住宿、餐饮、景点游览、娱乐和保险等部门。另外，组团社还需要向旅游路线沿途的地接社采购接待服务。旅行社对外同旅游服务供应商建立广泛的协作网络，签订采购协议，保证提供游客所需的各种服务，并协同处理有关计划变更和突发事件的事项。

(五) 产品销售业务

旅行社产品销售业务包括制定产品销售计划、选择产品销售渠道、制定产品销售价格、门市销售等内容。首先，旅行社应对其所处的外部环境和企业内部条件进行认真分析，确定企业所面临的机会和挑战，并发现企业所拥有的优势及存在的弱点，在此基础上制定其产品销售计划。其次，旅行社根据所制定的产品销售计划和确定的目标市场选择适当的产品销售渠道。最后，旅行社根据产品成本、市场需求、竞争状况等因素制定产品的价格。

(六) 旅游接待业务

旅游接待业务主要包括旅游产品的咨询与预订服务、实地接待服务和售后服务等业务。旅游产品的咨询与预订服务是旅行社促销产品时的一项重要任务，旅行社可以通过门店、电话、网络等渠道向旅游者提供有效的咨询服务，帮助旅游者了解产品，并接受预定。实地接待服务即导游服务，是指旅行社委派取得导游证的导游人员，按照组团合同或约定的内容和标准为旅游者提供向导、讲解及相关的旅游服务。售后服务主要是指旅行社对旅游者的回访及投诉处理。

(七) 代理业务

旅行社的第七项基本业务是代理业务，也称委托代办业务或单项服务业务。旅行社主要提供以下代理业务：①办理旅行证件，如护照和签证；②代客购买或预订车、船和机票及各类联运票；③出售特种有价证券，如信用卡，旅游者持有这种证券便可在各游览地逗留期间得到食宿服务；④发行和汇总旅行支票、信贷券，组织兑换业务；⑤为旅游者办理旅行期间的各种保险等。这是一项以散客旅游者为目标市场的旅游服务业务。

案例 1-1

携程旅行网（www.ctrip.com）创立于1999年，总部设在中国上海，目前已在北京、广州、深圳、成都、杭州、厦门、青岛、南京、武汉、沈阳10个城市设立分公司，员工超过5 000人。携程旅行网于2003年12月9日在美国纳斯达克成功上市。作为中国领先的综合性旅行服务公司，携程旅行网向超过1 000万注册会员提供包括酒店预订、机票预订、度假预订、商旅管理、特惠商户以及旅游资讯在内的全方位旅行服务。参考此案例，请回答以下问题：

1. 请登录www.ctrip.com，了解携程旅行网的主要业务和产品。
2. 你认为，携程旅行网和传统旅行社的区别在哪里？

四、旅行社的地位与作用

(一) 旅行社的地位

旅行社行业属于第三产业中的旅游业，与旅游交通业和住宿业共同构成旅游业的三大支柱，旅行社在旅游业产业链中处于中枢地位，被称为中国旅游业的"龙头"。从旅游业内部构成而言，旅游业的发展有赖于饭店、交通和旅行社等组成要素的共同发展。旅行社在旅游业发展中的地位和作用是无可替代的，这主要体现在以下几个方面。

1. 旅行社作为桥梁，将其他旅游产品供应商和旅游者连接起来

旅行社通过与饭店、交通等部门签订协议来取得销售权，然后以低于市场的价格购买这些部门的产品，再根据旅游者的需要进行组装，出售给旅游者，这样不仅简化了旅游者的外出旅行手续，同时也为饭店、交通等其他旅游部门提供了方便。所以说，旅行社是把旅游者和旅游产品的提供者连接在一起的纽带。

2. 旅行社是连接各旅游服务供应部门的纽带

旅游者的旅游活动，需要交通、饭店、景区（点）、娱乐、购物等企业提供服务产品，而这些企业又归属于不同行业，它们之间的联系比较松散，旅行社通过从不同的旅游供应企业中采购所需的旅游产品，将原本相对松散的旅游产品供应企业聚集在旅行社的服务体系里。

在我国，旅行社在旅游者心目中的地位不高，按照中国人口的总量，借助旅行社进行外出旅行的人数占全部旅游者的比重远远少于发达国家。这主要有两个原因：一是中国的市场经济发育还不太完善，旅游业的发展程度不够高，旅游者的消费观念仍然不成熟；二是旅行社自身存在不足，一些小旅行社为了赚取利润，以旅游者的利益为代价，给游客留下了不好的印象，使整个旅行社业的信誉受到了损失。

（二）旅行社的作用

1. 旅行社是各种旅游产品的重要销售渠道

旅行社直接面对旅游者，了解旅游者的需求，因此可以为其他旅游服务供应部门提供信息，帮助它们解决产品销售方面的困难。旅行社一般拥有比较广泛的销售网络，可以为航空公司代售飞机票，也可以成为铁路、长途汽车公司、水上运输等交通部门以及酒店、景点、娱乐场所的销售渠道。事实上，许多旅游服务部门和企业把旅行社认定为最主要的销售渠道和收入来源，积极加强同旅行社的联系与合作。

2. 旅行社能为旅游者提供更方便、快捷的服务

个人外出旅行时，旅游者要为出行的各种事情操心，耗费大量的时间和精力，而旅行社可以发挥积极的作用，把旅游过程中的各种服务综合起来，批量采购后以优惠的价格出售给旅游者，从而极大地方便了旅游者。旅行社使旅游者得到省时省力和价廉物美的旅游服务。

3. 促进旅游目的地经济的发展

旅游业已成为并将继续成为世界最大的产业之一，世界旅游业理事会（World Travel & Tourism Council）发布的"2017年旅游业的经济影响"报告指出：旅游业是推动全球经济发展和就业的重要行业。2016年旅游业在全球直接创造了2.3万亿美元收入，提供1.09亿个就业机会。从更广泛的角度来看，2016年旅游业带来7.6万亿美元的经济贡献和2.92亿个就业岗位，相当于世界GDP的10.2%，就业岗位的1/10。另据世界旅游组织的资料显示，在全世界83%的国家中，旅游属于五大出口类别之一，特别是欧洲、中东和美洲国家，而且至少每三个国家就有一个国家的旅游业是其外汇收入的重要来源。

4. 增进旅游客源地与旅游目的地之间人民的了解

旅行社组织和接待本国或外国旅游者，能够增进旅游客源地与旅游目的地之间人民的了解，有助于人们减少或消除彼此之间的误解，从而促进不同国家和地区之间的文化、科学技术等的交流。

第三节 旅行社的组织结构

旅行社依据业务范围，组建业务部门和职能部门，选择适合自身发展的组织结构来开展经营管理活动。

一、旅行社的组织结构设计原则

旅行社组织结构的设置是否合理，将直接影响旅行社能否高效益地运作。著名管理学家、美国斯佩里公司总裁吉尔摩曾经说过，依据我在政府与企业工作四十年的经验，人们在精力与能力上的最大浪费是由组织不良产生的。因而要做好旅行社的人力资源管理工作，首先要科学地设计旅行社的组织结构。旅行社在组织结构设计过程中应遵循以下原则。

（一）目标原则

目标原则就是根据旅行社的经营目标来确定旅行社的组织结构。要求旅行社在进行组织设计时应该以事建机构，并明确职能、任务和工作量，再配置必需的人员，而不是因人设岗，因岗找事。

（二）分工协作原则

劳动分工的细化、专业化往往能产生比较高的劳动生产率。行业不同，管理的方法与重点就要有区别，组织结构也就有差别。例如旅游酒店的管理多侧重于企业内部，因而它更适合于集权式组织结构；而旅行社管理的重点在于市场，以对外销售为主，故更适合于分权式组织结构。当然并非分工越细越好，应根据旅行社的实际情况确定。

（三）责、权、利统一原则

旅行社要调动员工的积极性，就要将各岗位的责任、权力、利益明确规定，避免发生问题之后就事论事，一事一议。否则很容易使员工产生不公平的感觉，也会在一事当前时出现推诿等低效率现象。规定明确的职责范围、确定何事该由谁负责、完成了有何利益、不完成又有何惩罚的同时，要给予员工充分信任，赋予员工在完成工作时的充分权力，避免部门之间、人员之间的掣肘。

（四）集权与分权原则

旅行社组织权力的集中与分散，是通过统一领导与分级管理来实现的，集权与分权时注意职权与职责的统一。组织设计中，充分考虑到职权和职责的明确和配套，才能调动员工的积极性和工作热情。

职权是管理职位固有的发布命令和希望命令得到有效执行的一种权力；职责是与被授予的权力相应的责任。授权不授责只会给滥用职权提供机会，授责不授权只能束缚员工的创造力和工作的积极性。组织发挥影响力的源泉还来自权力的其他要素，如强制权力、奖赏权力、专家权力和感召权力等。

（五）管理跨度原则

管理跨度通常是指一个管理人员所拥有的直接下属的数量，它决定着组织的层次和管理人员的数目。管理跨度小，意味着直接下属少、工作量小、管理层次多，故工作效率低；管理跨度大，则意味着直接下属多、工作量大、管理层次小，故工作效率也就高。目前的发展趋势是越来越多的旅行社采用以大管理跨度设计的扁平结构的组织体系。

二、旅行社的部门及其职能

我国旅行社一直以来都把计调部、外联部、接待部和综合业务部作为旅行社四大业务部门。近年来四大业务部门的设置方式已经不再适应时代的发展变化，组织结构出现很多变化，四大业务部门的名称有的也不再存在，但四大业务部门的功能仍然在旅行社的组织结构中发挥着作用。下面对旅行社常见的部门及其基本职能做简单介绍。

（一）计调部及其职能

计调即计划、调度，是旅行社完成接待计划任务、落实接待计划的总调度。可以说"事无巨细，大权在握"，计调具有较强的专业性、自主性、灵活性。因此，计调部在旅行社各业务部门中处于核心和中枢地位，计调的好坏决定了整个旅行社的盈利多少。

计调部门主要工作职能一般包括：负责旅行社旅游工作的计划、协调、调配，其工作职能在于对内接待、安排旅游团，对外计划、协调、发团等；制定、修改和完善公司各常规线路的行程及具体安排，及时制定出符合客人要求的旅游线路及报价；安排公司带团出去的陪同人员，负责进行交代和安排工作计划，把所带团队的各方面具体情况及事项分别详细地告知全陪人员，以及全陪人员带团在外旅游过程中有可能出现的问题要做全方位的考虑，以防出现差错；加强同外联人员的联系，及时了解、掌握、分析反馈的信息，然后进行消化、吸收、落实；负责公司组团团队资料的整理及归档工作；负责公司旅游电子商务的建设和管理。

（二）外联部及其职能

外联部即市场部、销售部、市场营销部等，是旅行社中一个重要的经营性部门。外联业务在我国旅行社业务操作中，原本专指对海外旅行商的业务联络工作，现在多成为市场、销售业务。

外联部的职能主要是加强与顾客的沟通和联系，进行新产品的开发和促销；协调所属部门的各项工作，完成旅行社下达的各项经济指标；努力开发旅游资源、旅游产品，不断扩大业务范围及业务量；团队返回后，及时收集客人及导游的反馈信息。

（三）接待部及其职能

接待部即导游部，主要是指导游接待的部门。接待部是旅行社的一线部门，由不同语种的导游人员组成，负责接待来观光旅游的各旅游团体，组织本地区各旅游团体外出观光旅游；严格遵守《导游员管理条例》，提供规范的导游服务；负责旅游过程中同各地接待旅行社的联系、衔接、协调工作；按照旅游接待行程，安排好游客的交通、餐饮、住宿，保护游客的人身和财产安全；反映旅客的意见和要求，协助安排会见、座谈等活动；耐心解答游客的咨询，妥善处理旅游相关服务方面的协作关系以及旅途中发生的各类问题；广泛收集信息，完成旅行社下达的各项经济指标和工作任务。

（四）综合业务部及其职能

综合业务部是旅行社针对散客设置的部门，是旅行社多功能、具有拓展业务性质的综合性部门，包括散客接待、票务、行李业务、临时任务、VIP客人接待等。综合业务部是旅行社业务范围最广、服务项目最细的部门。目前，综合业务部在旅行社的组织设置中已不常见。

以上四大业务部门的职能涵盖了旅行社的主要业务，各部门业务有部分交叉与重叠。旅行社还有以下一些职能部门。

（五）办公室及其职能

办公室的主要职能是负责旅行社的行政管理和日常事务，协助领导搞好各部门之间的综合协调，加强对各项工作的督促和检查，建立并完善各项规章制度，促进公司各项工作的规范化管理；负责旅行社的公文整理和保管工作，沟通内外联系及上传下达工作；负责旅行社内外来往文电的处理和文书档案的管理工作，对会议、文件决定的事项进行跟踪、检查与落实；负责购置、保管、收发办公用品及旅游纪念品。

（六）财务部及其职能

财务部的主要职能是负责旅行社财务的直接管理，对于旅行社的经营活动起着至关重要的作用。会计对资金的供应、回收、监督和调节负主要责任；对团队接待各个环节的资金使用实施监督，把好报账结算关；采取预防措施，处理好欠款、坏账、呆账；做好成本管理、监督；督促业务部门对成本进行多层次控制，尤其对间接成本要做到心中有数；与银行、税务、工商、物价等部门建立健康和谐的关系；及时交纳税金、报表或提供所需数据，理顺债务管理的各个环节；财务人员应按财务管理制度管账，做到日清月结，账目清除，合理准确。

（七）人事部及其职能

人事部的主要职能是选拔业务管理人才、建立员工档案；培训业务人员，负责员工素质的提升；负责核定工资、加班费、出差费、奖金、罚款及保险等费用；负责审核休假、补假和有关假期及考勤等。

三、旅行社的组织结构模式

旅行社由于市场环境、战略目标、经营业务等不同，需要有不同的组织结构来匹配，才能获得长期竞争优势。旅行社在设计组织结构时要综合考虑多种因素，有以下几种组织结构模式可供参考。

（一）按照职能划分部门

按照职能划分部门的组织结构模式是直线制（见图1-1）和直线职能制（见图1-2），这是目前我国大部分旅行社采用的组织结构模式。这种模式的基本特征是权力高度集中统一，企业领导拥有全部权限，尤其是经营决策权与指挥权。各部门按事务集中方式划分，上下级实行单线从属形式管理。主要部门有：外联部、计调部、接待部、综合业务部、人事部、财务部、办公室等。由于各地旅行社发展进程不一，业务经营范围也不尽相同，所以按照职能划分的部门组织结构、部门名称和部门职责略有差异,但旅行社设立的主要业务部门和管理部门基本一致。这种组织结构比较适合小型旅行社和新开业的旅行社。

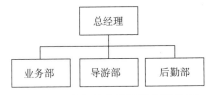

图1-1　旅行社直线制组织结构图

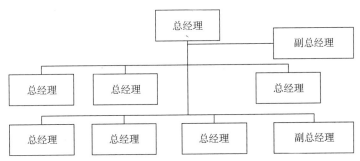

图1-2　旅行社直线职能制组织结构图

按照职能划分部门的组织结构模式具有许多优点。第一,部门之间分工明确。每个部门及每名员工的权限和责任很清晰,各司其职,各负其责。在这种组织机构中,业务部门如计调部、外联部、接待部、综合业务部被称作"一线部门",负责旅行社的经营活动;管理部门则涉及办公室、人事部、财务部等部门。由于分工明确,部门内部和部门之间相互推诿扯皮的现象少,工作效率高。第二,组织结构稳定,符合专业化协作原则。按照职能划分的组织结构具有高度的稳定性,不同部门之间的人员流动较少,有利于员工长期钻研某项业务,从而使他们能够成为该项业务的专家;在按照职能划分的组织结构里,每一个部门和岗位都配备具有该部门或岗位所需专业知识和专业特长的员工,能够充分发挥这些专业人员的知识和才能,有效使用旅行社所拥有的各种人力资源。第三,提高管理者的权威。在按照职能划分的组织结构里,实行上下级单线领导的管理方式,旅行社的经营决策权和管理决策权高度集中于旅行社的最高管理层。他们对旅行社经营的最终结果全权负责,责任非常明确,提高管理者的权威,可以保证旅行社制定的各种经营和管理决策得到充分的贯彻执行。第四,提高工作效率。由于对本岗位的业务熟悉,所以员工们在实际工作中能够最大限度地少犯错误,从而提高了工作效率。

按照职能划分部门的组织结构模式也有不足之处,主要表现在三个方面。第一,削弱旅行社实现整体目标的能力。不同职能部门的员工长期在某个部门工作,往往从本位出发考虑问题,难于明了旅行社整体的任务,不知其本身工作与整体任务的关系,因而形成本位主义,影响旅行社整体目标的实现。第二,增加各个职能部门之间协作的难度。在按照职能划分部门的组织结构里,各部门把自己部门的利益看得至高无上,有利益冲突时则牺牲其他部门的利益,甚至牺牲整个企业的利益,使旅行社内部冲突增加,难以协调。第三,组织结构缺乏弹性。按照职能划分部门的组织结构不够灵活,难以及时调整结构以适应瞬息万变的市场,不能从根本上激发员工接受新观念与新工作方式。

(二) 按照地区或语种划分部门

按照地区或语种划分部门的组织结构模式又称事业部制组织结构,是指将旅行社划分成与各个细分市场相关的部门。这是旅行社内对于具有独立的产品和市场、独立的责任和利益的部门实行分权管理的一种组织形态(见图1-3)。在这种组织结构中,旅行社实行政策管制集权化和业务营运分权化。旅行社的最高管理层是最高决策管理机构,以实行长期计划为最大的任务,集中力量研究和制定企业的总目标、总方针、总计划以及各项政策。旅行社的各个部门则具有外联、计调和接待功能,在不违背总目标、总方针、总计划的前提下,自行处理各项业务经营活动,是旅行社日常经营活动的中心。

为了使旅行社保持完整性,避免高层领导"大权旁落",并保证事业部不致于形成"各行其是""群雄割据"的局面,旅行社的最高管理层必须保持三方面的决策权。第一,事业发展的决策权。旅行社的最高管理层保持整个旅行社的经营方针、价格政策、竞争策略等基本原则的决策权。第二,资金分配权。由旅行社最高管理层控制旅行社的资金供应和资金分配。第三,人事安排权。各事业部重要的人事安排必须由旅行社最高管理层来决定。

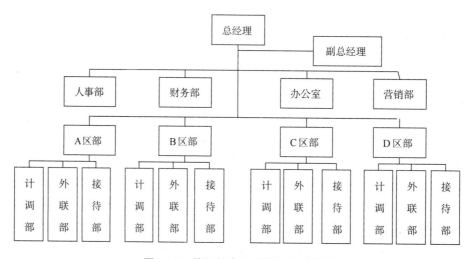

图1-3 旅行社事业部制组织结构图

按照地区或语种划分部门的组织结构模式具有许多显著的优点:第一,它能使最高管理部门摆脱日常行政事务,成为坚强有力的决策机构;第二,它有利于各个部门的业务衔接和利益分配,发挥经营管理的主动性;第三,它扩大了有效控制的跨度,使上级领导直接控制的下层单位增多;第四,它是培养管理人才的最好组织形式之一。除了不必操心财务资源的筹措之外,部门经理必须解决各种经营和发展问题,如市场、人力、技术等,从而得到充分的培养和锻炼,为在今后承担更重要的管理工作打下良好基础。

按照地区或语种划分部门的组织结构也有其相对不足的地方:第一,各部分自主经营、自负盈亏,容易导致各部门只考虑部门利益,从而影响整个企业的利益、部门之间的协调和沟通;第二,使管理费用增加,官僚作风严重;第三,集权与分权关系比较敏感,分权可能架空公司领导层,削弱对事业部的控制,同时各事业部之间竞争激烈,容易发生内耗,协调也比较困难。由于各事业部是旅行社的利润来源,因此在许多旅行社中,事业部经理都"拥兵自重",许多决策和改革贯彻不下去,形成了旅行社经营管理中特殊的"倒管理"现象。

从目前我国旅行社的经营实践来看,大、中型旅行社多采用按照地区或语种划分部门的组织结构模式。

(三) 按照产品划分部门

按照产品划分部门是指旅行社根据生产组合的不同产品类型来进行部门设置。按产品划分部门的组织结构模式与按地区或语种划分部门的组织结构模式类似,不同的是业务单位的划分,前者是以产品类型为标准,后者是以地区或语种为标准。这种组织结构模式同样设置了市场部,负责开拓新的产品类型,一旦新的旅游产品类型开拓成功,就会在新的产品下同样设置外联部、计调部和接待部三大业务板块。

按照产品划分部门的组织结构模式的优点有:第一,产品多样化经营可以降低旅行社的经营风险;第二,有利于使旅行社的产品结构日趋合理。

按照产品划分部门的组织结构模式也有其相对不足的地方:第一,部门主管要具备全面的管理能力,各个产品部门的独立性较强而整体性较弱;第二,由于各产品分布也需要保持职能部门或职能人员,所以部门重叠,管理费用增加。

此外,目前不少旅行社的业务部门都采取"一条龙"的操作模式,即从资源采购、产品包装、外联组团到接待服务,所有业务均在一个部门内部全过程操作。甚至在一些小旅行社中,一个人可以同时扮演采购者、组装者和销售者三种角色,负责外联、计调和接待的全过程。

有预测表示,未来的旅行社将在一种动荡的环境中经营,组织结构模式必须经受不断的变化和调整,从管理结构到管理方法都将是柔性的;组织规模日益扩大、日益复杂化,组织将需要采取主动适应型战略,通过动态自动调节过程而寻求新的状态;高学历、高层次的专业人员越来越多,职工队伍素质不断提高,对组织的影响将不断扩大;旅行社管理应将重点放在鼓励而不是强迫职工参与组织的职能工作。

四、旅行社的虚拟经营趋势

随着市场竞争日益加剧并伴随着信息化发展,一种以核心能力为形式的、对企业外部资源进行优化整合的虚拟旅行社将成为旅行社的现实选择。虚拟旅行社是网络时代的产物,是一种新的高度弹性的企业经营模式,它与旅行社经营的高度信息依赖性及产品的无形性和综合性是完全契合的。众所周知,旅行社的主要功能就是收集各种信息并加以整理组合形成产品,然后预售给旅游者。而虚拟企业则是建立在当今发达的信息网络基础上的。在虚拟企业的运行中,信息共享是关键,企业能够共享信息,协调行动降低风险,实现双赢。旅行社产品是包括食、住、行、游、购、娱等多项内容的综合产品,自然需要旅行社与其他众多企业合作。旅行社与具有不同经营优势的多家企业通过组建"虚拟企业",将各项优势集聚在一起,可以充分发挥集体效应,满足旅游者的需要和愿望,保证联盟目标的实现。因此,从经济学的成本收益角度分析,虚拟旅行社是低成本、高收益的企业经营模式,具有广阔的发展前景。

所谓虚拟企业，是指为实现对某种市场机会的快速反应，通过互联网技术将拥有相关资源的若干独立企业集结起来，以及时开发、生产、销售多样化与个性化的产品或服务，由此形成的网络化的临时性经济共同体。在这个虚拟企业经济共同体中，为了取得竞争中的最大优势，合作各方仅保留自身最关键的功能，而将其他的功能通过各种形式借助外界力量进行整合弥补，以最大的效率发挥协同优势。

由于虚拟旅行社是一种有关产品、业务、销售等方面的临时性经济共同体，因此，利益分配是其合作的纽带，相互间必须以共同利益的发展来保证合作各方的收益，一旦策略目标改变或利益受损就会解散或重新组合。为保证虚拟旅行社的有效运行，对于核心企业来说，应意识到与其他企业结盟的重要性，否则，市场机遇转瞬即逝，只能白白错过良好的时机。对于非核心企业来说，应该认识到，积极配合、认真负责地完成相应的任务是其自身生存和发展的基础。

为确保成员之间的相互信任，在虚拟旅行社中应尽可能制定出一份公平、合理、共赢的合同。由于成员均是独立的利益主体，在涉及投资额度、收益分配等问题时，需要通过共同协商来确定，让所有的成员企业在虚拟旅行社中彼此平等，并在相互理解的基础上，明确各自的责任、权力与利益，而不是核心企业独裁专断。

虚拟旅行社的形成常常导致多种企业文化的汇聚，因此，各成员企业应努力减少多种文化之间的摩擦，使之相互融合。虚拟经营以合作竞争为基础，给旅行社带来的好处是显而易见的。首先，增强实力。旅行社可以借助外部力量来改善自身较弱部门，使之与其他企业的优势相结合以提高自身的竞争力，避免因局部功能弱化而影响和阻碍企业的快速发展。其次，节约资源。虚拟经营是基于核心能力的企业外部资源整合，可以避免重复投资，能在短时间内形成较强的竞争能力，实现对旅游市场需求的敏捷响应。再次，协同竞争。虚拟经营是两个或者两个以上具有不同经营优势的企业以充分发挥集体竞争优势为目标，将各种优势整合在一起的经营方式。在这种经营方式下，组织成员之间是一种动态组合的关系。虽然也有竞争，但它们更注重于建立一种共赢的合作关系，相互之间以协同竞争为基础，资源和利益共享，风险共担。最后，提高应变能力。虚拟经营具有运作方式高度弹性化的特点，一旦市场发生变化，或者战略目标有所改变，就可以通过解散原有虚拟组织，组成新的虚拟企业，创造新的竞争优势。这对于提高企业的应变能力，促进产品快速扩张，发挥竞争优势，具有重要的作用。

虚拟经营以较低的费用、较短的时间，实现了超越空间约束的经营资源的功能整合，为旅行社创造了多、快、好、省的途径，因此，虚拟经营将成为旅行社企业发展的趋势。

本章小结

旅行社是指从事招徕、组织、接待旅游者活动，为旅游者提供相关的旅游服务，开展国内旅游业务、入境旅游业务和出境旅游业务的企业法人。旅行社的分工体系有水平分工体系、垂直分工体系和混合分工体系三种形式。旅行社还依据是否拥有出境经营权分为两类：一类是具有国内旅游经营权和入境旅游经营权的旅行社；另一类是具有国内旅游经营权、入境旅游经营权和出境旅游经营权的旅行社。旅行社的主要业务包括产品设计与生产业务、产品促销业务、计调业务、旅游服务采购业务、产品销售业务、旅游接待业务和代理业务七种。旅行社的组织机构设计应遵循目标原则，分工协作原则，责、权、利统一原则，集权与分权原则，管理跨度原则等。旅行社有计调部、外联部、接待部和综合业务部四大业务部门和办公室、财务部和人事部等职能部门。旅行社可以按照职能、地区或语种、产品划分部门，设置组织结构。

复习思考题

1. 旅行社产生的社会经济基础有哪些？
2. 世界最早的旅行社是哪一家？中国最早的民族旅行社是哪一家？
3. 简述国外旅行社的产生与发展历程。
4. 简述中国旅行社的产生与发展历程。
5. 旅行社的概念是什么？中国的旅行社是如何进行分类的？
6. 旅行社的主要业务有哪些？
7. 中国的旅行社分工体系调整的目标模式是什么？
8. 旅行社的组织结构设计原则有哪些？
9. 旅行社主要有哪些业务部门？
10. 旅行社组织结构设置有哪几种类型？

第二章

旅行社的设立与行业管理

学习目标

通过本章的学习,掌握我国旅行社、分社和服务网点设立的条件和程序;了解旅行社的组织形式,掌握影响旅行社设立的因素,理解旅行社如何正确地选址;了解旅行社行业协会的概念、性质和职能,掌握政府对旅行社的宏观管理和微观管理。

导入案例

上海春秋国际旅行社由王正华先生成立于1981年,在中山公园两平方米的铁皮棚子起家,现已拥有四千余名员工,年营业收入六十亿元,名列全国旅行社十强之首。上海春秋国际旅行社是国际大会与会议协会(ICCA)在中国旅行社中最早的会员,是世界旅游业理事会成员、国际航空运输协会成员;公司业务涉及旅游、航空、酒店、机票、会议、展览、商务、车队、体育赛事、城市旅游观光巴士等,拥有"贵族之旅""春之旅"等多种特色旅游产品。上海春秋国际旅行社是上海市旅行社中唯一著名商标企业,是中国第一家全资创办航空公司的旅行社。

上海春秋国际旅行社艰苦创业,从无到有、从小到大,在办社初期,经营并不顺利,为了改变这一状况,管理层决定选一个闹市区开办营业场所。王正华看中了繁华的西藏路上一家居住条件极差的临街住户的房子,他准备用两套新公房与户主交换,但遭到了方方面面的责难。王正华顶住了这些压力,最终完成了置换,在西藏路开设了春秋旅行社的营业门市。事后证明春秋旅行社的决策非常英明,为其发展奠定了一个很好的基础。不出几年,西藏路相继开设十几家旅行社,形成了上海旅游一条街。

思考题:1. 了解上海春秋国际旅行社的发展历程。
2. 上海春秋国际旅行社为什么选择繁华的西藏路上一家居住条件极差的临街住户的房子?
3. 分析现阶段国内旅行社门市一条街的利弊。

第一节　旅行社的设立

一、旅行社的设立条件

旅行社的设立是旅行经营管理的开始。"良好的开端是成功的一半",在中国,设立旅行社必须符合国家相关法律法规规定。

(一) 内资旅行社设立的条件

在中国,旅行社设立、经营和退出等行为通常受《旅游法》《旅行社条例》和《旅行社条例实施细则》的制约。《旅行社条例》对我国旅行社的经营范围进行划分:一是新成立的、经营未满 2 年的旅行社只具有国内旅游业务和入境旅游业务经营权;二是旅行社取得经营旅行社业务许可满 2 年,且连续 2 年未因侵害旅游者合法权益受到行政机关罚款以上处罚的,可以申请出境旅游业务。根据《旅行社条例》和《旅行社条例实施细则》的相关规定,在中国申请设立旅行社,经营国内旅游业务和入境旅游业务的,应当具备下列条件。

1. 有固定的营业场所

为了经营旅游业务,旅行社必须拥有与其旅游业务规模相适应的固定营业场所。所谓固定的营业场所是指在较长的一段时间里能够为旅行社所拥有或使用,而不是频繁变动的营业场所。固定的营业用房具体包括两点:

(1) 申请者拥有产权的营业用房,或者申请者租用的、租期不少于 1 年的营业用房;

(2) 营业用房应当满足申请者业务经营的需要。

旅行社营业场所的选址是旅行社可以自我控制的一个因素。虽说"酒香不怕巷子深",但是,对于一个新成立的旅行社来说,如果尚未"香"就处于"深巷",那么要在激烈的旅游市场竞争中站住脚就是很困难的。因此,旅行社的选址事关重大,关系到日后业务的发展。

2. 有必要的营业设施

设立旅行社的营业设施应当至少包括下列设施、设备:

(1) 两部以上的直线固定电话;

(2) 传真机、复印机;

(3) 具备与旅游行政管理部门及其他旅游经营者联网条件的计算机。

3. 有法定数额的注册资本和质量保证金

(1) 注册资本。

注册资本是指旅行社向政府主管部门登记注册时所填报的财产总额,是旅行社实有资产的总和,是旅行社承担债务的一般担保财产。注册资本的重要作用是保护旅行社的债权人利益,保护旅行社行业利益,提高旅行社的经营能力和经济实力。在中国申请设立旅行社,无论是经营国内旅游业务和入境旅游业务的旅行社,还是经营国内旅游业务、入境旅游业务和出境旅游业务的旅行社,一律交纳不少于 30 万元的注册资本,即注册资本最少为 30 万元。

(2) 质量保证金。

旅行社设立时,必须向规定的旅游行政管理部门交纳质量保证金。质量保证金是一种专用款项，用于赔偿在旅行社存续期间，因旅行社的过错或破产而造成的旅游者合法权益损失。我国对旅行社的质量保证金的交纳数额规定为：经营国内旅游业务和入境旅游业务的旅行社，应当存入质量保证金20万元；经营出境旅游业务的旅行社，应当增存质量保证金120万元，也就是说经营国内旅游业务、入境旅游业务和出境旅游业务的旅行社共需交纳质量保证金140万元。质量保证金的利息属于旅行社所有。旅行社应当自取得旅行社业务经营许可证之日起3个工作日内，在国务院旅游行政主管部门指定的银行开设专门的质量保证金账户，存入质量保证金，或者向做出许可的旅游行政管理部门提交依法取得的担保额度不低于相应质量保证金数额的银行担保。

如果旅行社违反旅游合同约定，侵害旅游者合法权益，经旅游行政管理部门查证属实；以及旅行社因解散、破产或者其他原因造成旅游者预交旅游费用损失的，旅游行政管理部门可以使用旅行社的质量保证金。

人民法院判决、裁定及其他生效法律文书认定旅行社损害旅游者合法权益，旅行社拒绝或者无力赔偿的，人民法院可以从旅行社的质量保证金账户上划拨赔偿款。

（二）外商投资旅行社

外商投资旅行社包括中外合资经营旅行社、中外合作经营旅行社和外资旅行社。外商投资旅行社设立的注册资本和质量保证金与内资旅行社采用相同标准，实行国民待遇。《旅行社条例》明确规定："外商投资旅行社不得经营中国内地居民出国旅游业务以及赴香港特别行政区、澳门特别行政区和台湾地区旅游的业务，但是国务院决定或者我国签署的自由贸易协定和内地与香港、澳门关于建立更紧密经贸关系的安排另有规定的除外。"如2015年北京外资旅行社中有三家旅行社获准试点经营出境旅行业务。

知识拓展2-1

1. 申办者的从业经验。美国要求旅行社申办者具有4年票务代理的经验；新加坡则要求旅行社的申办者具有3年旅行社管理经验。

2. 法定的注册资本。新加坡的《旅行社法》规定，旅行社必须具有10万新元以上的注册资本；日本的《旅行业法》规定，一般旅行业的注册资本为3 000万日元，国内旅行业的注册资本为300万日元，其他营业所为15万日元。

3. 营业保证金。中国台湾地区的《发展观光条例》规定，旅行业必须照章缴纳保证金，其金额为综合旅行业新台币600万元，每一分公司30万元；甲种旅行业150万元，每一分公司30万元；乙种旅行业60万元，每一分公司15万元。

4. 双重注册制度。即在工商行政管理部门注册之前，要先获得旅游行政主管部门的许可，如日本、泰国等。此外，有的国家和地区如英国、美国以及中国香港特别行政区还要求旅行社必须加入某个行业组织方可营业。

二、设立旅行社的基本程序

（一）准备设立旅行社所必需的相关文件

根据《旅行社条例》第七条、第八条和《旅行社条例实施细则》第八条、第十条规定，设立旅行社必须先经营国内旅游业务和入境旅游业务。申请设立旅行社，应当向省、自治区、直辖市旅游行政管理部门或者其委托的地市级旅游行政管理部门（简称省级旅游行政管理部门）提交下列文件：

1. 设立申请书

设立申请书内容包括申请设立的旅行社的中英文名称及英文缩写，设立地址，企业形式、出资人、出资额和出资方式，申请人、受理申请部门的全称、申请书名称和申请的时间。旅行社设立申请书如图 2-1 所示。

旅行社设立申请书
_____旅游局：
兹有_____
申请在（经营地址）_____
经营场所具体位置_____
设立一家　　□经营国内旅游业务和入境旅游业务的旅行社
□经营出境旅游业务的旅行社
□外商投资旅行社
旅行社中文名称为：_____
旅行社英文名称为：_____
旅行社形式为：_____
1. 出资人：_____ 出资额：_____万元 出资方式：_____
2. 出资人：_____ 出资额：_____万元 出资方式：_____
3. 出资人：_____ 出资额：_____万元 出资方式：_____
4. 出资人：_____ 出资额：_____万元 出资方式：_____
5. 出资人：_____ 出资额：_____万元 出资方式：_____
总出资额为_____万元人民币
特此申请，并保证本报告书及提交的其他材料真实有效，对其真实性、准确性承担责任，请按规定审批。
申请人签章：
年　月　日
要求：
1. 开始和结尾的申请人（单位）应当一致，多方共同投资的，可推举一方为申请人（单位），须提供授权委托书。
2. 旅行社名称应当符合旅游和工商部门的有关规定，原则上应由注册地、旅行社字号、行业名称（"旅行社"）和企业形式组成，如"××市××旅行社有限公司"；旅行社名称中含有"中国国际旅行社""中国旅行社""中国青年旅行社"等知名旅行社企业字号，但与该字号所有者没有投资关系的，应当提交该字号所有者同意使用的证明文书。
3. 设立方式指企业形式，根据《旅行社条例》第二条规定，必须具有企业法人资格。
4. 注册资金不得低于 30 万元。
5. 申请书所填申请时间应为提交符合规定数量、种类和其他要求的申请材料的时间。

图 2-1　旅行社设立申请书模板图

2. 法定代表人履历表及身份证明

法定代表人履历表及身份证明如表2-1、表2-2所示。

表2-1 法定代表人履历表

姓　　名		性　　别		出生年月		
民　　族		政治面貌		文化程度		近期免冠二寸照片
毕业院校			专业			
旅游管理经　　历	□有 □无	旅游相关证书名称及编号				
主要工作经历	起止年月		工作单位			职务

表2-2 法定代表人身份证明

身份证件名称		号码	
粘贴身份证复印件处 （注：身份证须复印并粘贴正反两面）			
联系电话 （移动电话）		本人签字	

申请书中每一个出资人也应上交身份证明。

3. 企业章程

企业章程应符合法律、法规的规定，内容包括旅行社的宗旨、经营范围和方式、经济性质、注册资金数额和来源、组织机构及职权、财务管理制度、劳动用工制度、对旅游者应承担的责任和其他应说明的问题。

××旅行社有限责任公司企业章程（节选）

第一部分　总则

第一条　本章程依照《中华人民共和国公司法》和有关法律、法规的有关规定，为保障公司股东和债权人的合法权益而制定。本章程是××旅行社有限责任公司的行为准则。

第二部分　公司名称和经营场所

第三部分　公司经营范围

第四部分　公司注册资本

第五部分　股东姓名或名称

第六部分　股东的权利和义务

第七部分　股东出资方式和出资额

第八部分　股东转让出资的条件

第九部分　股东的机构及其产生办法、职权、议事规则

第十部分　公司的法定代表人

第十一部分　财务会计和公司利润分配

第三十九条　公司的财务会计制度按照《中华人民共和国股份制企业会计制度》及国家其他法律、法规的有关规定办理。

第四十条　公司的会计年度采用公历年制，自公历每年一月一日起至十二月三十一日止为一个会计年度。

第四十一条　公司以人民币为记账本位币。公司一切凭证、账本、报表用中文填写。

第四十二条　公司财务报表按有关规定报送各有关部门。

第四十三条　公司依法向税务机关申报并交纳税款，税后利润按下列顺序分配：弥补亏损；提取法定盈余公积金；提取奖金；支付股利。

第四十四条　公司税后利润的分配比例为：

1. 法定盈余公积金提取比例为10%。

2. 提取10%用于奖励职工。奖励比例：一般职工、部门副职、部门正职、副总经理、总经理原则上按照 x、$1.3x$、$1.5x$、$1.95x$、$2.25x$ 分配；具体分配方案由总经理办公会决定，报董事会批准后执行。

3. 用于支付股利的比例为80%，其中20%为留存利润，用于股本增值，80%用于红利分配。以上具体分配比例由董事会根据公司状况和发展需要拟定，经股东大会通过后执行。

第四十五条　公司股利每年支付一次，按股份分配，在公司决算后进行。

第四十六条　公司分配形式采取下列形式：1. 现金；2. 股票。

第四十七条　公司实行内部审计制度，建立内部审计机构，在监事会领导下依据公司章程规定，对公司财务收支和经营活动进行内部审计监督。

第十二部分　公司的解散事由与清算办法

第四十八条　公司有下列情况之一时，可申请终止并进行清算：

1. 因不可抗力致使公司经营严重受损，无法继续经营；

2. 违反国家法律法规而被依法撤销；

3. 公司设立的宗旨业已实现；

4. 公司宣告破产；

5. 股东会决定解散。

第四十九条　公司宣告破产时参照《中华人民共和国企业破产法》有关规定执行。

第五十条　公司召开股东大会，成立清算组。清算组行使下职权：

1. 编制清算方案，治理公司财产，并编制资产表负债及财产清单；

2. 处理公司未了结业务；

3. 处理公司债权；

4. 偿还公司债务，解散公司从业人员；

5. 处理公司剩余财产；

6. 代表公司进行诉讼活动。

第五十一条　清算组在发现公司财产不足以清偿债务时，应立即停止清算，并向人民法院宣告破产。公司经人民法院裁定宣告破产后，由人民法院按照破产程序对公司进行处理，清算组应向其移交清算事务。

第五十二条　公司决定清算后，任何人未经清算组批准，不得处理公司财产。

第五十三条　公司财产优先拨付清算费用外，应按下列顺序进行清偿：

1. 自清算之日起前三年所欠公司职工工资和社会保险费用；

2. 所欠税款；

3. 银行贷款、公司债券及其他业务。

第五十四条　公司清偿后清算组应将剩余财产分配给各股东。清算结束后，向工商部门和税务机关办理注销登记，并公告公司终止。

4. 经营场所的证明

经营场所的证明可用经营场所基本情况表来表示，如表 2-3 所示。

表 2-3　经营场所基本情况表

_____旅行社					
地址				邮编	
面积	平方米	用房来源	□自有　□租赁	租期	年
要求： 1. 经营场所地址应与《旅行社设立申请书》中拟设旅行社经营地址保持一致； 2. 营业用房应当满足业务经营需要； 3. 营业用房如非自有产权，须提供营业用房租赁合同（租用方应为申请人或申请单位，租期应不少于一年）； 4. 提供营业用房的房产证明。					

为了保证经营场所是真实存在的，也为了降低成本（不到实地勘察），申请人同时需要提供旅行社门楣照片、旅行社临街照片、旅行社营业场所内部照片等。

5. 营业设施、设备的证明或者说明

营业设施、设备的证明或者说明可以用营业设施、设备情况表来体现（见表 2-4）。

表 2-4 营业设施、设备情况表

	设施设备名称	单位	数量	备 注	
必备经营设施、设备	直线固定电话	部		电话号码 1：	□投诉电话
				电话号码 2：	□投诉电话
				其他电话号码：	
	传真机	部		传真号码：	
	复印机	台			
	计算机	台		具备联网：□是　□否	
				接入方式：□光纤　□拨号	
其他经营设施、设备					

6. 工商行政管理部门出具的《企业法人营业执照》

我国旅行社是公司制企业，需要申请的是《企业法人营业执照》。《企业法人营业执照》是取得企业法人资格的合法凭证。工商行政管理部门对具备法人条件的国营或集体企业、企业集团、联营企业，核发《企业法人营业执照》。

2016 年 12 月 12 日实施的《旅行社条例实施细则》（修改后）中规定，申请设立旅行社，经营国内旅游业务和入境旅游业务的，不再提交工商行政管理部门出具的《企业名称预先核准通知书》，而是直接提交工商行政管理部门出具的《企业法人营业执照》。

这是为了适应新形势变化而做出的更改，各级政府加大改革创新力度，优化审批流程，简化办事程序，减少办事环节，大力推进互联网+政府服务，营业执照的取得已经可以快速取得。现在实行的"三证合一"，就是将企业依次申请的工商营业执照、组织机构代码证和税务登记证三证合为一证，提高市场准入效率；"一照一码"则是在此基础上更进一步，通过"一口受理、并联审批、信息共享、结果互认"，实现由一个部门核发加载统一社会信用代码的营业执照。2017 年 7 月 5 日，国务院办公厅发布了《关于加快推进"五证合一、一照一码"登记制度改革的通知》，在全面实施工商营业执照、组织机构代码证、税务登记证"三证合一"登记制度改革的基础上，再整合社会保险登记证和统计登记证，实现"五证合一、一照一码"。

（1）办理《企业法人营业执照》的步骤。

①工商行政管理部门出具的《企业名称预先核准通知书》。

到工商局去领取一张企业（字号）名称预先核准申请表，填写准备好的公司名称，登录工商行政管理局网站检索是否有重名，如果没有重名，就可以使用这个名称，工商行政管理部门就会核发一张企业（字号）名称预先核准通知书。

在地市级工商行政管理局办理名称预先核准登记，旅行社名称应当符合旅游和工商部门的有关规定，原则上要有"旅行社"或"旅游公司"字样，应由注册地、旅行社字号和行业名称组成。

②准备、上交相关材料。

到工商局领取公司设立登记的各种表格，包括设立登记申请表、股东（发起人）名单、董事经理监理情况、法人代表登记表、指定代表或委托代理人登记表。填好后，连同《企业名称预先核准通知书》、公司章程、房租合同、房产证复印件、验资报告等相关材料到当地的工商行政管理局窗口上交，符合条件的3个工作日后可领取执照。

(2)《企业法人营业执照》的经营范围。

申请人应当注意是申请设立经营国内旅游业务和入境旅游业务的旅行社，《企业法人营业执照》的经营范围不得包括边境旅游业务、出境旅游业务。

关于2009年5月3日原《旅行社条例实施细则》中设立旅行社必须提交依法设立的验资机构出具的验资证明的规定，现在申请设立旅行社的材料中已不再需要。但实际上，在申请《企业法人营业执照》的上交材料中已有该项证明，并在审核《企业法人营业执照》时录用在企业信用信息公示系统中。旅游行政管理部门审核材料时应当根据《旅行社条例》规定的最低注册资本30万元限额要求，通过查看企业章程、在企业信用信息公示系统查询等方式，对旅行社认缴的出资额进行审查。

在审核材料时，除了上述5项材料外，有的省市地方政府规定同时提交下列材料（全部或其中一部分）：旅行社可行性研究报告、指定代表或者共同委托代理人授权委托书、交纳旅行社质量保证金承诺书、管理人员备案表、旅行社工作人员照片、注册资金资信证明、旅行社内部管理制度（旅游安全管理制度、行前说明会制度和员工培训制度）等，各地的具体规定略有差异。

(二) 向旅游行政管理部门申请营业许可

1. 申请设立旅行社，经营国内旅游业务和入境旅游业务

申请设立旅行社，经营国内旅游业务和入境旅游业务的，应当向所在省、自治区、直辖市旅游行政管理部门或者其委托的设区的市级旅游行政管理部门提出申请，并提交必需的相关证明文件。受理申请的旅游行政管理部门应当自受理申请之日起20个工作日内做出许可或者不予许可的决定。予以许可的，向申请人颁发旅行社业务经营许可证；不予许可的，书面通知申请人并说明理由。

受理申请的旅游行政管理部门可以对申请人的经营场所、营业设施、设备进行现场检查，或者委托下级旅游行政管理部门检查。

2. 申请经营出境旅游业务

旅行社申请出境旅游业务的，应当向国务院旅游行政主管部门提交经营旅行社业务满两年、且连续两年未因侵害旅游者合法权益受到行政机关罚款以上处罚的承诺书和经工商行政管理部门变更经营范围的《企业法人营业执照》。受理申请的旅游行政管理部门应当自受理申请之日起20个工作日内做出许可或者不予许可的决定。予以许可的，向申请人换发旅行社业务经营许可证，旅行社应当持换发的旅行社业务经营许可证到工商行政管理部门办理变更登记；不予许可的，书面通知申请人并说明理由。

3. 外商投资旅行社

外商投资企业申请经营旅行社业务，应当向所在地省、自治区、直辖市旅游行政主管部门提出申请，并提交符合的相关证明文件。省、自治区、直辖市旅游行政主管部门应当自受理申请之日起30个工作日内审查完毕。予以许可的，颁发旅行社业务经营许可；不予许可的，书面通知申请人并说明理由。

三、旅行社分社和服务网点的设立条件与程序

（一）旅行社分社的设立条件与程序

旅行社分社（简称分社）是指旅行社设立的，不具有独立法人资格，以设立分社的旅行社（简称设立社）的名义开展旅游业务经营活动的分支机构。设立社与旅行社分社之间是设立与被设立的关系，设立社是依法批准设立的企业，具有法人资格，独立承担民事责任；而分社是设立社的分支机构，不具有法人资格，以设立社的名义从事《旅行社条例》规定的经营活动，其经营活动的责任和后果，由设立社承担。分社的经营范围应与设立社的经营范围一致，不得超过设立社的经营范围。

1. 设立条件

（1）营业场所。

申请者拥有产权的营业用房，或者申请者租用的、租期不少于1年的营业用房；营业用房应当满足申请者业务经营的需要。

（2）营业设施。

两部以上的直线固定电话；传真机、复印机；具备与旅游行政管理部门及其他旅游经营者联网条件的计算机。

（3）分社的名称。

分社的名称中应当包含设立社名称、分社所在地地名和"分社"或者"分公司"字样。

（4）增存质量保证金。

旅行社每设立一个经营国内旅游业务和入境旅游业务的分社，应当向其质量保证金账户增存5万元；每设立一个经营出境旅游业务的分社，应当向其质量保证金账户增存30万元（见表2-5）。

表2-5 设立旅行社需交纳注册资本和质量保证金情况表

旅行社业务范围	注册资本/万元		质量保证金/万元	
	旅行社	每增加一个分社	旅行社	每增加一个分社
国内和入境旅游业务	30	0	20	5
国内、入境和出境旅游业务	30	0	140	35

2. 旅行社分社的备案登记程序

设立社应当持旅行社业务经营证副本向分社所在地的工商管理部门办理分社设立登记。办理分社设立登记后,应当持下列文件向分社所在地与工商登记同级的旅游行政管理部门备案:

（1）分社的《营业执照》；

（2）分社经理的履历表和身份证明；

（3）增存质量保证金的证明文件。

备案时,如果没有同级的旅游行政管理部门的,向上一级旅游行政管理部门备案。

旅行社在各地设立分社的目的是扩大经营范围,依靠跨地区的经营和销售网络,发挥资源整合的优势,最终实现规模经济。

（二）旅行社服务网点的设立条件与程序

旅行社服务网点（简称服务网点）是指旅行社设立的,为旅行社招徕旅游者,并以旅行社的名义与旅游者签订旅游合同的门市部等机构。服务网点不具有法人资格,以设立服务网点的旅行社（也简称设立社）名义从事《旅行社条例》规定的经营活动,受设立社统一管理,不得从事招徕、咨询以外的活动,其经营活动的责任和后果,由设立社承担。设立社可以在其所在地的省、自治区、直辖市行政区划内设立服务网点。设立社在其所在地的省、自治区、直辖市行政区划外设立分社的,可以在该分社所在地设区的市的行政区划内设立服务网点。分社不得设立服务网点。设立社不得在上述规定的区域范围外,设立服务网点。

1. 设立条件

（1）服务网点应当设在方便旅游者认识和出入的公众场所；

（2）服务网点营业场所的营业面积和营业设施应当满足营业需要,具备必要的办公设备；

（3）服务网点的名称、标牌应当包括设立社名称、服务网点所在地地名、门市部等,不得含有使消费者误解为是旅行社或者分社的内容,也不得使用易使消费者误解的简称；

服务网点应当在设立社的经营范围内,招徕旅游者、提供旅游咨询服务。

2. 旅行社服务网点的备案登记程序

设立社向服务网点所在地工商行政管理部门办理服务网点设立登记后,应当在3个工作日内,持下列文件向服务网点所在地与工商登记同级的旅游行政管理部门备案:

（1）设立社的旅行社业务经营许可证副本和企业法人营业执照副本；

（2）服务网点的《营业执照》；

（3）服务网点经理的履历表和身份证明。

备案时,如果没有同级的旅游行政管理部门的,向上一级旅游行政管理部门备案。

旅行社设立服务网点的目的是为旅行社增加销售渠道,招徕更多的旅游者；为旅游者提供咨询服务,接受旅游者预订或购买旅行社产品；塑造品牌形象,形成产品认知。

分社、服务网点备案后,受理备案的旅游行政管理部门应当向旅行社颁发《旅行社分社备案登记证明》或者《旅行社服务网点备案登记证明》。

旅行社应当加强对分社和服务网点的监督与管理,对分社实行统一的人事管理、财务管理及招徕、接待制度等，对服务网点实行统一人事管理、统一财务管理、统一招徕、统一咨询服务规范等。

旅行社设立的办事处、代表处或者联络处等办事机构，不得从事旅行社业务经营活动。

四、关于旅行社业务经营许可证的相关规定

第一，旅行社及其分社、服务网点，应当将旅行社业务经营许可证、旅行社分社备案登记证明或者旅行社服务网点备案登记证明，与企业法人营业执照一起，悬挂在经营场所的显要位置。

第二，旅行社业务经营许可证不得转让、出租或者出借。旅行社的下列行为属于转让、出租或者出借旅行社业务经营许可证的行为：准许或者默许其他企业、团体或者个人，以自己的名义从事旅行社业务经营活动的；准许其他企业、团体或者个人，以部门或者个人承包、挂靠的形式经营旅行社业务的。

第三，旅行社以互联网形式经营旅行社业务的，除必须符合法律、法规规定外，其网站首页应当载明旅行社的名称、法定代表人、许可证编号和业务经营范围，以及原先颁发旅行社业务经营许可证的旅游行政管理部门的投诉电话。

第四，旅行社因业务经营需要，可以向原许可的旅游行政管理部门申请核发旅行社业务经营许可证副本。旅行社业务经营许可证及副本，由国务院旅游行政主管部门制定统一样式，国务院旅游行政主管部门和省级旅游行政管理部门分别印制。旅行社业务经营许可证及副本损毁或者遗失的，旅行社应当向原许可的旅游行政管理部门申请换发或者补发。申请补发旅行社业务经营许可证及副本的，旅行社应当通过本省、自治区、直辖市范围内公开发行的报刊，或者省级以上旅游行政管理部门网站，刊登损毁或者遗失作废声明。

案例2-1

某国际旅行社一个门市部将在自己门市部报名的游客35人组成一个旅游团，租了一辆40座的金龙旅游车，预订了旅途中的餐饮、住宿，借了一名导游帮忙带团前往景区旅游。由于这名导游是花了1 050元买的团，于是千方百计进店购物，3天时间总共进了大大小小7个店。按计划，第4天回程途中要游览都江堰，下午送游客返回成都。导游在第4天又将游客带进都江堰的2个购物点，只剩30分钟让游客游览都江堰。游客非常愤怒，回成都后集体去旅游局投诉某国际旅行社。

思考题：1. 该门市部的做法对不对？
　　　　2. 该导游带团进购物店、挤占游览时间的原因是什么？

第二节　旅行社设立的影响因素、选址和企业组织形式

一、旅行社设立的影响因素

旅行社设立的影响因素主要包括外部因素和内部因素。

（一）外部因素

所谓外部因素是指旅行社自身无法控制而又必须受其约束的因素。影响旅行社设立的外部因素主要有两个。

1. 行业环境因素

行业环境因素是指存在于旅行社行业内部的，影响、制约旅行社的存在与发展的因素。主要涉及旅游业的发展现状、行业内的竞争对手、潜在的竞争对手、旅游服务供应部门等。

（1）旅游业的发展现状。

世界旅游业、国家旅游业、地区旅游业的发展水平和发展趋势会对该地区旅行社的设立产生至关重要的影响。旅游业发展水平高，并且呈现可持续发展的趋势，旅游客源就有了较好的保障；同时与旅行社业务发展密切相关的各行业、各部门的快速增长也是设立旅行社必须考虑的要素。

（2）行业内的竞争对手。

行业内的竞争对手是指设立旅行社的地区从事旅行社经营业务的其他旅行社，包括现有旅行社的数量、规模、竞争的激烈程度等。一个地区旅行社数量有限、规模较小、竞争不激烈、获利较高时，一家新的旅行社较容易进入，不会引起过多的关注，这就为旅行社的发展赢得了机遇；反之就会对旅行社的设立带来重重困难。

（3）潜在的竞争对手。

潜在的竞争对手是指具备了从事旅行社业务，却尚未进入旅行社行业的企业或个人。申请设立旅行社时，这也是要重点考虑的一个要素。潜在对手少、实力弱，对一家新旅行社的进入不会构成大的威胁；反之，新设立的旅行社就会举步维艰。

（4）旅游服务供应部门。

旅游服务供应部门是指围绕旅行社的业务展开经营，为游客提供食、住、行、游、购、娱等服务的部门。旅游服务供应部门的数量、规模、经济实力、产品依赖性对旅行社的经营成本、盈利水平和发展潜力具有较大影响。旅游服务供应部门数量多、规模小、实力弱、依赖性强时，旅行社的发展潜力就非常大；反之，一家新的旅行社可能难以维持。

2. 宏观环境因素

宏观环境因素是指存在于旅行社行业之外的，却又对旅行社的存在与发展产生影响的各种因素。这些因素包括宏观经济环境、人口环境、科技环境、政治和法律环境、国际环境等。

（1）宏观经济环境。

宏观经济环境决定着一个国家、一个地区、一个行业的国民经济的发展状况。国民经济发展的状况又影响着这个国家、这个地区的旅行社行业的经济效益。反映宏观经济环境的主要经济指标是GDP、经济增长率、汇率、利率、通货膨胀率等。

（2）人口环境。

人口环境是指一个国家或地区的人口总量、构成等。人口总量越多，越有利于旅行社的发展。人口构成成分的变化会为旅行社的发展带来机遇。经济环境、生活条件越来越好的中国，在计划生育政策的影响下，人口平均寿命提高，老年人口的比例越来越大，"老年旅游团"也越来越多。这对为旅行社的发展提供了机遇。同时，由于控制了人口的出生率，在将来，旅行社的客源市场也会出现危机。

（3）科技环境。

旅行社行业的出现，是科学技术高速发展的产物。蒸汽机的发明、火车的出现，才诞生了旅行社。轮船的出现，使洲际旅游成为现实。飞机由军用变民用，使旅游活动的时间大大缩短。大型客机的不断更新，更是降低了飞行成本，同时也就降低了旅行成本，为大众旅游奠定了基础。航天技术的成熟，已经使太空旅游变成现实。现代计算机网络技术，为旅行社的经营管理提供了更加便利的办公条件，降低了旅行社的经营成本，让旅行社得到了更加广阔的营利空间。

（4）政治和法律环境。

设立旅行社，应该考虑旅行社所处的政治和法律环境。一个国家、一个地区的政治制度、法律法规都会对旅行社的发展产生巨大的影响和制约。和平稳定的政治环境、以人为本的法律环境为旅行社营造了一个宽松的发展空间。

（5）国际环境。

现代旅行社的发展已经没有了国家界限，国际旅游为旅行社带来了良好的效益。国际环境对旅行社来说是一把双刃剑，既能给旅行社带来机遇，也能给旅行社的发展带来威胁。

（二）内部因素

内部因素是指旅行社自身可以控制的因素，旅行社必须认真对待这些因素。影响旅行社设立的内部因素包括资金筹措、营业场所、协作网络、信用状况等。

1. 资金筹措

在外部条件合适的情况下，设立旅行社，开展旅游业务，首先遇到的是资金问题。申请开办旅行社、开展旅游业务等所需资金是旅行社创立者必须提供的。因此，筹措资金就成了旅行社内部自行控制的最主要和最为关键的因素。外部因素中的政治与法律环境因素所涉及的法律、法规，如《旅行社条例》就对设立旅行社所需资金有明确规定，指出设立旅行社所需的注册资本、质量保证金的最低限额。旅行社在日常工作中也需要相当数量的资金，要求根据自身业务量筹措相应资金。筹措资金的渠道一般为自有资金、合股资金和银行贷款等。

2. 营业场所

营业场所是影响旅行社设立的又一内部因素，主要是指旅行社的设立者依法拥有的开展旅行社业务工作所必需的经营场地。旅行社在选择营业场所时，应该依循有利于自身发展壮大的原则。

3. 协作网络

如今，旅游业越来越发达，联络相关行业、相关部门，使之成为合作伙伴，从而形成一张庞大的协作关系网络，是任何一家旅行社努力奋斗的目标。因此，协作网络是影响旅行社设立的内部因素，也是衡量旅行社实力的一个关键因素。

4. 信用状况

信用状况反映的是旅行社的借贷能力。旅行社在经营过程中都会存在负现金流量，有负现金流量仍能整体上保持安全的财务状况，说明该旅行社信用状况良好。良好的信用，可以使旅行社在经营过程中始终占有竞争优势。要做到这一点，一方面要保持较低的流动负债水平，另一方面要具有良好的发展前景。

案例2-2

下文是上海××旅行社有限公司的可行性报告。

国际化都市上海作为商业中心的同时，自有崇明岛等一系列旅游资源，邻有江南水乡的美景。商业与旅游业的相互促进作用在上海将更加凸显。在此宏观经济条件下，我们决定成立上海××旅行社有限公司，为上海旅游业贡献自己的力量。

一、设立旅行社的市场条件

（1）上海旅游资源丰富

上海旅游资源大体分为三个层面：第一，冠以"都市风光""都市文化""都市商业"为代名词的人民广场，浦江两岸外滩的城市观光、商务、购物旅游圈；第二，以公共活动和社区为中心的环城都市文化旅游圈；第三，以佘山、淀山湖、深水港、崇明岛等为重点的远郊休闲度假旅游圈。

（2）上海旅游产业产能增速巨大

2016年上海接待国际旅游入境者854.37万人次，比上年增长6.8%。其中，入境外国人659.83万人次，增长7.4%；港、澳、台同胞194.54万人次，增长4.9%。在国际旅游入境者中，过夜旅游者690.43万人次，增长5.6%。全年接待国内旅游者29 620.60万人次，增长7.4%，其中，外省市来沪旅游者14 679.73万人次，增长5.4%。全年入境旅游外汇收入65.30亿美元，增长9.6%；国内旅游收入3 443.93亿元，增长14.6%。

因此，设立上海××国际旅行社有限公司具有适合的市场条件。

二、设立旅行社的资金条件

上海××旅行社有限公司是经营国内旅游业务和入境旅游业务的旅行社，注册资金300万元人民币，全部货币出资，已经上海××会计师事务所验资，符合《旅行社条例》第六条关于申请设立国内旅游业务和入境旅游业务旅行社应当具备的资金条件。

三、设立旅行社的人员条件

上海××旅行社有限公司股东、法定代表人刘××女士具有丰富的旅行社管理经验，资信良好，深受客户乃至同行业的好评。

公司具有总经理1名、副总经理2名，均具有多年的旅行社管理经验。

公司具有专职财务人员2名，其中1名具有中级会计师职称。

公司具有导游人员3名，均持有国家旅游局颁发的导游证。

除以上人员外，公司还具有15名员工，分别在计调、销售、设计等岗位为公司的设立与发展而工作。

四、其他条件

（1）具有固定的经营场所

上海××旅行社有限公司的经营场所位于上海市静安区××××路×××号××大厦×××室。该办公间为公司股东刘××女士于2017年××月××日承租的营业用房，租期为5年，建筑面积为60平方米。该办公间地处商业区，交通便利，室内格局宽敞、装修平整、采光明亮,满足申请人业务经营的需要,符合《旅行社管理条例实施细则》第六条规定的设立旅行社所需的经营场所的条件。

(2) 具有必要的营业设施

上海××旅行社有限公司具有2辆业务用车、2部直线固定电话、1部传真机、2台复印机、10台电脑,其中任何一台电脑均具备与上海市旅游局、上海市静安区旅游局及其他旅行社联网的软、硬件条件,符合《旅行社条例实施细则》第七条规定的设立旅行社所需的营业设施的条件。

综上所述,设立上海××国际旅行社有限公司具有良好的市场条件、足以胜任的人员条件以及符合法律要求的经营场所条件、营业设施条件与资金条件,同时又具有促进上海旅游业进一步发展、给社会提供更多的就业机会等积极作用,因此设立上海××旅行社有限公司是可行的。

申请人:上海××旅行社有限公司

代表人:×××

二〇一七年×月×日

思考题:请根据案例材料,结合教材内容,找出影响设立一家旅行社的外部因素和内部因素,并对该可行性报告进行评价。

二、旅行社营业场所的选择

旅行社必须拥有固定的营业场所。所谓固定的营业场所,是指在较长的一段时间里能够为旅行社所拥有或使用,而不是频繁变动的营业场所。除了拥有固定的营业场所外,必须具备足够的营业用房,即拥有适合本旅行社发展所必需的营业用房,一般不少于30平方米。

旅行社的营业场所是设立旅行社时可以自行控制的一个因素,它是影响旅行社设立的内部因素。旅行社不论是设立社还是分社、服务网点的选址,重要性都不言而喻。

美国空中交通协会(ATC)就旅行社的选址有如下的规定:

(1) 旅行社不能设于家中,必须设在公众出入方便的商业区,并保证正常营业时间;

(2) 旅行社不能与其他业务部门合用办公室,而且必须有独立的出口,如果设于高层商业建筑内,须有通道与走廊相接;

(3) 如果没有直接通街的通道,旅行社不能设于饭店内。

美国旅游学者帕梅拉·弗里蒙特(Pamela Fremont)根据自己的实践经验,就旅行社的选址问题提出了自己的见解:

(1) 旅行社应设在繁华的商业区,以便吸引过往行人;

(2) 旅行社营业处应有足够的停车场,便于公众停留;

(3) 尽量避免选择旅行社林立的地区,以减少竞争压力;

(4) 旅行社应选择中层收入家庭相对集中的地区,且附近有较大规模的企业,以便吸引人们参加旅游;

(5) 旅行社营业场所以底楼为好,以方便顾客。

当然,国外旅游学者对旅行社选址问题的研究是以特定的国家作为基础的,其研究的结论未必能适应我国的实际情况。北京曾在闹市区设立了一条旅游街,几十家旅行社扎堆做生意,生意出奇地好,家家有生意,都能挣到钱。可惜由于街道改建,这条旅游街撤了。

案例 2-3

广州广之旅国际旅行社股份有限公司(简称广之旅)成立于1980年12月5日,在国家旅游局最新公布的全国百强旅行社排名中,广之旅位列全国十强、广东第一。

广之旅主要经营出境游、国内游、入境游等业务,同时兼营国际国内航空票务代理、景区开发与管理、会展服务、旅游汽车出租、海外留学咨询、物业管理、信息技术咨询服务、计算机技术开发、技术服务等业务。

截至2017年年底,广之旅在广州的服务网点共43家,各个服务网点在广州各行政区分布情况如表2-6所示。

表2-6 广之旅广州服务网点一览表(2017年)

行政区	面积/km²	人口/万人	人口密度/(万人·km⁻²)	GDP/亿元	人均GDP/(万元·人⁻¹)	门市数量/家
天河区	96.33	169.79	1.76	4 317.71	25.43	7
黄埔区	484.17	109.10	0.23	3 209.54	29.41	2
越秀区	33.80	116.38	3.44	3 193.42	27.44	7
番禺区	529.94	171.93	0.32	1 948.32	11.33	9
白云区	795.79	257.24	0.32	1 782.94	6.93	1
海珠区	90.40	166.31	1.84	1 740.31	10.46	8
南沙区	783.86	72.5	0.09	1 391.89	19.20	0
花都区	970.04	107.55	0.11	1 276.39	11.87	2
荔湾区	59.10	95	1.61	1 169.89	12.31	3
增城区	1 616.47	119.83	0.07	1 072.3	8.95	3
从化区	1 974.50	64.21	0.03	400.44	6.24	1

思考题:广之旅广州的服务网点选址考虑了哪些因素?

(一)旅行社宏观选址

旅行社宏观选址是指设立社、分社和服务网点的地理位置具体选择在哪一个城市或城镇。旅行社宏观选址通常选择应是旅游客源地、旅游目的地、口岸城市等。

1. 旅游客源地

客源是旅行社最重要的资源,旅行社要获得良好的经济效益就必须扩大旅游客源,因此在进行旅行社的宏观选址时,首先就会想到在旅游者集中地区,即在客源市场所在地设立旅行社、分社和服务网点。设立社建在旅游客源地,在各地客源地广泛设立分社和服务网点,这样做的优点:一是便于占领市场,可以将销售网络遍布各个区域,使旅行社在更加广泛的区域招徕客源、增加知名度、增加市场占有率,实现企业的规模经营;二是可以随时掌握客源市场的旅游需求动向,设计适合目标群体的新产品;三是方便旅行社产品宣传,可以根据客源市场的变化情况有针对性地组织促销活动；四是将销售渠道延伸到目标群体，随时接受客源市场旅游者的预订，有的旅行社甚至上门与旅游者签订旅游合同，方便旅游者购买，增加产品的附加值。

这种选址的目的是最大限度地接近与控制旅游客源，随时掌握客源市场的旅游者需求动向，有针对性地开发新的产品，进行产品宣传，方便旅游者购买。

2. 旅游目的地

设立社也可以选择在旅游目的地，在各地著名的、具有较大吸引力旅游目的地设立分社和服务网点，这是因为旅游目的地是旅游者进行旅游活动的地方，因此也是各种旅游服务资源集中的地方。旅游者在旅游活动过程中所需的食、住、行、游、购、娱等服务，大多源自旅游目的地。这样做的目的是尽最大可能将资源掌握在自己手中，通过向旅游供应商大批量预订各类旅游服务，一方面可以与供应商建立良好的合作关系，控制各类资源；另一方面还可以降低旅游者接待成本，使产品在市场上具有竞争力，占领更多的市场。此外，分社在目的地进行旅游者的接待工作，还可以更好地提升旅行社的接待质量，保证优质的接待服务。

3. 口岸城市

口岸是由国务院或省级人民政府审批后公布执行，供人员、货物和交通工具出入国境的港口、机场、车站、通道等。凡是开放口岸，都根据需要设立边防检查、海关、港务监督、出入境检验检疫等查验机构和国家规定的其他机构。对于旅游业来说，设有口岸的城市也就是旅游者出境、入境的集散地。目前越来越多的旅行社选择在口岸城市设立旅行社，一些有实力的旅行社也在口岸城市设立分社和服务网点。口岸城市一般也是交通枢纽与交通集散地，有着便利的交通。交通因素对旅行社来说至关重要，旅行社在开发产品时，首先要考虑的是客源地与旅游目的地之间的交通是否能够解决。选择交通便利的口岸城市设立分社和服务网点，可以顺利地解决旅游者的交通问题。另外，口岸城市也是方便出境、入境的城市，这对于从事出境旅游业务、入境旅游业务的旅行社来说，无论是接客还是送客都十分便利。很多口岸城市也是经济极为发达的大都市，有着大量具有经济实力的潜在旅游者，同时是具有很大吸引力的旅游发达城市，既是旅游客源地又是旅游目的地。因此对旅行社来说，在口岸城市选址可以一举数得。

旅行社通过在客源地、旅游目的地和口岸城市设立旅行社、分社和服务网点，形成了一个跨地区的具有生产、销售、接待职能的巨大网络。

（二）旅行社微观选址

旅行社微观选址是指设立社、分社和服务网点的地理位置具体选择在城市或城镇中哪一条街的具体地点。旅行社微观选址一般有三种方式。

1. 设闹市区的繁华大街上

闹市区的繁华大街上人来人往，容易引起人们注意，旅游者光顾可能性高；同时门市设在街道边上，容易引起人们的注意，也方便人们出入。

2. 设在目标群体比较集中和经常出入的地方

如果某旅行社的目标市场以白领阶层为主，那么将旅行社门市设在白领比较集中的写字楼比较好。专门从事高端商务旅游的旅行社，可以把地址选在中心商务区等地段，这样不仅能够近距离接近客户，而且选址还能凸显出旅行社的专业品质。专门经营高端度假休闲旅游的旅行社，可以将门市设在符合这些消费人群地位的场所如高级会所，对于这类目标群体而言，便利性不重要，最重要的是购买全过程的体验。

3. 设在交通方便的地区

交通方便的地区是指公交车站、地铁站、火车站、码头等附近，尤其是交通中转站或枢纽附近，人流量大，容易吸引过往行人。在美国，旅行零售商是直接面向旅游大众的旅行社，因此也很重视选址问题。美国旅行零售商协会成员的营业地点大多临街。

对旅行社来说，具备区位条件良好的经营地点是构成旅行社市场经营优势的一个重要因素。一位旅行社经理曾经说过："只要具备三样重要的东西，即地点、地点、地点，就可开办一家旅行社。"此话虽然不够全面，但也能反映出旅行社选址的重要性。首先，对顾客来讲，地点方便是他们选择旅行社的一个重要标准；其次，对旅行社而言，合适的经营地点是业务成功的重要前提。因此，旅行社通常会选择在城市或城镇中心建立自己的营业场所，而较少选择郊区和偏僻的小镇。

案例 2—4

上海春秋旅行社（以下简称春秋旅行社）成立于1981年，将散客、自费旅游作为企业的市场定位。自1994年起，开始在全国各地设立全资分社。自1997年起，以各地分社为中心成立了20个区域网络中心。1999年和2000年开始在上海、重庆、北京、天津、济南、武汉、福州、成都等城市大规模包机，开设飞往三亚、海口、九寨沟、张家界、武夷山等包机旅游航线。到2017年年底，春秋旅行社已在全国50个大中城市建立了全资分社，服务网点遍布全国各地，仅上海本地的服务网点就有45家，在全国有1 200个零售商，有1 400台终端电脑销售春秋旅游产品。

1. 宏观选址的经验

第一，各省会城市是春秋旅行社建立分社的重要选择对象。省会城市一般是省域范围内的交通枢纽，进出客源较为方便。春秋旅行社在各省会城市的分社，组团人数往往大于接团人数，这说明省会城市具有重要的客源地性质，易于组织到较大数量的外出游客。

第二，我国著名的旅游城市也是春秋旅行社建立分社的重要选择对象，如桂林、大连、三亚、青岛、昆明等。旅游城市具有丰富的旅游资源，旅游吸引力较强，易于吸引到较大的游客规模。春秋旅行社在此类城市的分社，其接团人数较大于组团人数，担负的主要是接待任务。当然，这类旅游目的地城市，既包括传统性的山水风光类城市，也包括一些可参观性强的新兴经济发达城市，如温州。

第三，春秋旅行社在各地建立分社时，所在地的旅游业往往已经较为发达，很多地方拥有的旅行社数量不下几百家，更有一些比较成功的旅行社。在竞争如此激烈的局面下，春秋旅行社仍能获得经营上的成功，除了企业的市场定位特色鲜明（散客、自费、长线、豪华；以"网络+包机"的方式快捷、方便、质价均优地实现散客成团游）、对网络成员的返利高以外，还与可以享用到各地已有旅行社提供的外部经济性有关。所在地的旅行社行业已较为发达，无论是对旅游资源进行知名度推介，还是组织旅游客源，春秋旅行社都不必白手起家，而是在一个已有的行业规模平台上来操作，通过享受较高的社会效益而抵消掉部分企业成本。

2. 微观选址的经验

以春秋旅行社在上海市区及郊县设立门市营业部（服务网点）为例，来看其微观选址的部分经验。春秋旅行社在上海设立的营业部有中心门市与社区门市两类。

第一，中心门市的选址定在接近中心商业区的路段上。春秋旅行社之所以选择在西藏中路、定西路设立中心门市，是因为这两个路段虽然不是上海的中心商业区，但是其地理位置却很接近中心商业区，能够顺畅地接受到中心商业区辐射过来的人流、信息流与车流，这样就可以利用商业区繁华的正外部社会性而获得不付成本的企业效益；而且，接近商业区的路段，其地租价格是低于商业区的地租价格的；另外，靠近商业区，城市的公共交通无论搭乘或换乘都很方便，便于顾客来往。

第二，目前，春秋旅行社在上海设立了近50个社区门市，散布在各个区里。之所以设立社区门市，是因为可以在更广泛的空间范围里进一步拓展春秋旅行社的社会影响力；减缓中心门市的营业拥挤压力；方便顾客，降低顾客在出行上的交易成本，使顾客在近家门的地方就可以与春秋旅行社进行交易。

思考题：1. 上海春秋旅行社宏观选址的考虑因素有哪些？
2. 上海春秋旅行社微观选址的考虑因素有哪些？
3. 上海春秋旅行社微观选址的方法是否适合所有的旅行社？

三、旅行社的企业组织形式

旅行社在成立之前，还需要考虑旅行社究竟采用何种企业组织形式。企业组织形式是指企业存在的形态和类型，主要有独资企业、合伙企业和公司制企业三种形式。无论企业采用何种组织形式，都应具有两种基本的经济权利，即所有权和经营权，这是企业从事经济运作和财务运作的基础。企业采用何种组织形式，对企业理财工作有重大的影响。

《旅行社条例》明确规定中国境内的旅行社应当是公司制企业。按照《中华人民共和国公司法》（以下简称《公司法》）的规定，我国公司有两种形式，即有限责任公司和股份有限公司，旅行社申办者可以根据自身的情况进行选择。目前，从旅行社实际情况上看，在有限责任公司中，还有特殊的公司形式——国有独资的旅行社（国有独资公司）存在。从投资角度看，又有外商投资的旅行社，因而在这里一一列出。

（一）股份有限公司

股份有限公司，也称股份公司，是指旅行社通过把全部资本划分为等额股份，并以股票的形式上市自由交易的一种企业形式。这是我国《公司法》所规定的基本企业形式之一。旅行社的股东可以是自然人，也可以是法人，数目不限。股东入股的资产，以货币为主，但也有以实物、知识产权等作价的。股东一旦认购了股票，就不能向旅行社退股。但可以通过股票市场出售股票。未上市旅行社的股票原则上可以在企业内部有规则地进行交易。

股份有限公司既可以采用发起设立的方式，通过认购旅行社应发行的全部股份来建立企业；也可以采取募集设立的方式，通过认购旅行社应发行股份的一部分，并向社会公开募集其余部分设立企业。由于股份有限公司可以大规模地向社会筹集资金，所以有较强的筹资能力，这是采用股份有限公司这种组织形式的旅行社所具有的重要优势之一。

旅行社的价值形态资产为股东所有，而实物形态资产为产权运行的行为主体所有。旅行社资产的委托代理关系为股东—董事会—总经理。股东对旅行社担负有限责任，法人（法人代表）的责、权、利等全部到位，经营管理上实现独立自主。另外，上市的旅行社，必须按法定规则向社会公众公开披露财务状况。

在旅行社的股权和法人财产权之间，存在着较高程度的分离，股权在个人（自然人和法人）之间是可分的、不重合的，而企业的法人财产权是不可分的运作整体。这样可以降低社会成本，而且行为主体的自我干预较为有效。

旅行社实行董事会领导下的总经理负责制，由董事会选择聘任总经理，而职工成为旅行社聘用的工作人员。总经理通过董事会对全体股东负资本经营的有限责任，并对聘用的所有员工的劳动、管理和各类报酬负责。

股份有限公司旅行社也存在着一些不利因素，如创办和歇业的程序比较复杂，股东和法人代表间的矛盾不易调解，业务、财务秘密较难保守等。

我国一些大型的旅行社采取股份有限公司这种企业组织形式，例如中国国旅股份有限公司，2009年10月15日在上海证券交易所上市，证券代码：601888，公司注册资本为人民币1 952 475 544元（2017年年底），2017年12月31日股东人数为27 686户，十大股东为：中国旅游集团有限公司55.3%；香港中央结算有限公司9.87%；中国证券金融股份有限公司3.48%；潘斐莲1.54%；华侨城集团有限公司0.96%；UBS AG（瑞士联合银行集团）0.8%；安本亚洲资产管理有限公司—安本环球—中国A股基金0.76%；中央汇金资产管理有限责任公司0.75%；戴靖0.67%；DEUTSCHE BANK AKTIENGESELLSCHAFT（德意志银行）0.66%。

（二）有限责任公司

有限责任公司，是指旅行社不通过发行股票，而由为数不多的股东集资组成的一种企业形式。有限责任公司与股份有限公司一起，成为我国旅行社行业的两种基本企业形式。

根据《公司法》的规定，实行有限责任公司由两个以上五十个以下股东共同出资设立，股东入股的资产可以是货币，也可以是实物、土地使用权作价、知识产权及其他无形资产。有限责任公司旅行社的资产委托代理关系与股份有限公司旅行社一样，为股东—董事会—总经理。但是，与股份有限公司旅行社不同的是，有限责任公司旅行社无须将资本划分为等额的股份，也不发行股票。

股东确定出资金额并交付后，即由旅行社出具股权证明，作为股东在旅行社中应享有权益的凭证。股东以其出资额为限对旅行社承担有限责任，并按照出资比例分取红利，旅行社则以其全部资产对企业的债务承担责任。

有限责任公司旅行社对股权的限制比较严格。旅行社经工商部门登记后，股东不得抽回出资，股权证明亦不能自由买卖，股东之间可以相互转让其全部出资或者部分出资。如股东欲将其股权转让给非旅行社内股东，须经全体股东的过半数同意；不同意转让的股东应当购买该转让的出资，如果不购买该转让的出资，视为同意转让。另外，旅行社新增资本时，股东可以优先认缴出资。

有限责任公司旅行社的股权和法人财产权的分离程度比较低，其成立、歇业、解散的程序和管理机构也比较简单。旅行社的章程由股东共同制定，董事会成员和高层经理人员往往具有股东身份，并多由大股东亲自实施旅行社的经营和管理。旅行社不必向社会公开其财务状况，但股东有权查阅股东会的会议记录和旅行社的财务会议报告。

然而，由于有限责任公司旅行社不能像股份有限公司旅行社那样公开向社会募集资金，筹集资金的渠道和能力均受到一定的限制，从而可能限制旅行社的规模和发展速度，这是有限责任公司的不利之处。

我国大部分旅行社尤其是中小型旅行社采取的是有限责任公司的企业组织形式。

（三）国有独资公司

国有独资公司，是指全部资产为国家或全民所有的一种企业形式，亦称为全民所有制。国有独资公司的资产实置于国家部、局、委、办和各省、市、自治区政府部门，其资产的委托代理关系为全民—全国人民代表大会—国家各部门—旅行社领导集体—总经理。国有独资公司旅行社不存在股权、股份、股票，不设董事会，总经理由主管部门任命，职工为国家聘用的工作人员。

国有独资公司一般为我国经营历史较长、企业规模较大的旅行社或旅行社集团，在企业规模、资金、人才、市场份额、管理经验、发展潜力等方面拥有巨大的优势。

但是，由于我国的多数国有独资公司的旅行社成立于计划经济时代，产权结构和管理体制中存在着较浓厚的计划经济色彩，在目前的市场经济环境中面临着严重的挑战。国有独资公司旅行社存在的问题主要是：第一，企业产权在个人之间完全不可分，产权活动的全部成本不是由某个人来承担的，因而个人在旅行社的经营中就可能产生机会主义倾向，并导致对旅行社资产使用的"拥挤"现象；第二，产权的全体所有者均能分享集体的劳动成果，在旅行社资产不断增值的情况下，容易造成"搭便车""少劳多获""不劳而获"等问题；第三，旅行社的所有权和经营权分离后，经营权中所含有的使用权、收益权、转让权等一般来说是不完全的。因此，国有独资公司旅行社必须加大改革的力度，克服计划经济时代所形成的弊端，才能够在市场经济体制下顺利发展。

（四）外商投资旅行社

外商投资旅行社是指依照中华人民共和国法律的规定、在中国境内设立的、由中国投资者和外国投资者共同投资或者仅由外国投资者投资的旅行社。外商投资旅行社是一个总的概念，包括中外合资经营旅行社、中外合作经营旅行社和外资旅行社。

中国对外商投资旅行社的相关政策经历了从封闭到开发的渐进式过程。外资投资旅行社在中国业务的开展始于20世纪90年代，1999年12月，全国第一家中外合资旅行社广州康泰国际旅行社开业；2003年12月1日，中国首家外资控股旅行社——中旅途易旅游有限公司开业；紧接着第二天，中国首家外商独资旅行社——日航国际旅行社中国有限公司（简称日航国旅）在北京成立。其间的2002年5月，由国旅总社和美国运通合资成立的国旅运通获民航局和国际航协批准，成为中国首家合资商务旅行企业。

在2003年6月，国家旅游局发布了《设立外商控股、外商独资旅行社暂行规定》后，外资旅行社的设立经历了一个大的飞跃，除上述企业外，全球著名的旅游企业GTA、英国MIKI和BTI、瑞士KUONI、日本JTB、澳洲的FCM等均在北京、上海或广州设立了公司或办事处。目前，中国外资旅行社的数目已由加入世贸组织前的9家增加到100多家，经营的业务涉及入境旅游、在线酒店和其他目的地产品预订、商务旅行管理和高端商务旅游等。

2009年8月国家旅游局发布了《外商投资旅行社设立审批指南》，该文件对于外商投资旅行社的设立又放低了门槛。除了满足必要的经营场所、营业设施和注册资金三个条件即可申请成立旅行社外，外资旅行社不得设立分支机构的限制同时被取消。

截至2015年年底外商投资旅行社旅游业务营业收入35.02亿元，占全国旅行社总量的0.90%；旅游业务利润2.82亿元，占全国旅行社总量的1.42%；实缴税金0.44亿元，占全国旅行社总量的1.75%。

（五）股份合作公司

股份合作公司是指全部资产归股份持有者所有，同时股权持有者具有股东和员工双重身份的一种企业形式。股份合作公司不发行股票，一般也不开股权证明，其财产关系由合同规定。公司的股份合作旅行社的资产表现为价值形态和实物形态，产权的构成要素较为统一，其资产的委托代理关系十分简单，为股份持有者——总经理。总经理由股份持有者选聘或自任，职工则由旅行社招聘。由于股权持有者具有双重身份，所以他们的收益由工资和分红两部分所构成。

股份合作公司的旅行社的产权规模一般较小，从业人员也较少，便于管理。但是，它们的筹集资金能力十分有限，抗风险能力也较弱，在激烈的旅行社行业竞争环境中往往处境艰难。股份合作公司是历史遗留问题造成的，它的前身是集体所有制。

第三节 旅行社行业管理

一、旅行社行业管理概述

旅行社行业管理是指各级旅游行政管理部门和行业中介组织如旅行社行业协会对旅行社业实施的管理。

（一）旅行社的行业特点

1. 劳动密集型行业

旅行社行业具有劳动密集型的特点。首先，除了少数大型旅行社之外，绝大多数的旅行社所拥有固定资产数量和价值均很小。旅行社经营所依赖的主要资源是员工，工资性支出占全部经营成本支出的比重很大。其次，旅行社行业属于第三产业，是以提供劳务产品为主的服务性企业。旅行社的生产活动主要通过员工的人工劳动完成，很少使用机器等设备。因而，旅行社对资金的需求量较小，而对劳动力的需求量相对较大。最后，旅行社的主要收入来源是通过员工提供的劳务，如导游服务、旅游服务等项目的代理费用。因此，旅行社是典型的劳动密集型企业，旅行社经营成败很大程度上取决于人员的素质。

2. 关联性强

旅行社行业是旅游产业链中的下游行业，它与位于同一产业链中的交通行业、住宿行业、餐饮行业等之间存在着一种相互依存、互利互惠的合作关系。这种合作关系导致了旅行社行业的关联性。旅行社行业的经营和发展，与其他旅游行业及相关行业的经营和发展应是均衡和同步的。因此，旅行社必须在确保自身利益的前提下，与其他旅游行业及相关行业保持密切的合作关系,以保障旅游者在旅游活动过程中各个环节的衔接与落实。事实上,旅行社行业与相关行业之间是一种互补性关系,而非竞争性关系。

3. 季节性强

季节性是指旅行社行业在经营中具有比较明显的淡季和旺季区别。旅行社行业的季节性特点是由旅游市场需求的季节性导致的。造成旅游需求的季节性变化的原因主要有两个。一是旅游目的地的气候条件。旅游活动受气候条件的影响较大,一般来说,气温适宜的季节有利于吸引旅游者前来观光、度假等,而严寒、酷暑等恶劣气候则不利于旅游者的旅游活动。二是旅游客源地的休假制度。充足的余暇时间是旅游活动的前提条件之一,在节假日期间,人们外出旅游的时间成本较小,而在平时,人们外出旅游的时间成本则较大。旅游需求的旺季和淡季就是在以上两个因素的共同作用下产生的。

旅游需求的季节性使旅行社行业的经营活动呈现出明显的淡季和旺季的差异。旅行社行业的供给在短期内为刚性,而市场需求的弹性却很大,导致在旅游旺季时,旅行社受接待能力的限制,往往只能满足其中一部分人的需求,无法接待更多的旅游者。相反,到了旅游淡季,旅游者人数锐减,又造成旅行社等各种旅游资源的浪费。

4. 脆弱性

旅行社行业受旅游需求和旅游供给两个方面的影响和制约,具有比较明显的脆弱性特点。其主要表现在:①由于旅行社的产品具有较大的替代性和需求弹性,所以多数旅行社产品价格的涨落或质量的升降都可能造成旅游客源和经营效果的大起大落;②外部环境对旅游者的消费行为具有显著的影响,如国际政治气候与国家间关系的变化,经济的繁荣与萧条,物价与汇率的升降,战争、灾害、恐怖活动等不安全事故的发生,都可能导致旅游客源市场的需求产生迅速而明显的上升或下降,或者造成大量旅游者从某个旅游目的地转移到其他旅游目的地,从而给旅行社的经营带来意想不到的影响;③旅行社产品的生产和销售受其上游企业的供给状况的影响较大,一旦上游企业对旅行社的供给发生变化,就可能导致旅行社产品的成本和价格产生剧烈的变动,从而造成旅行社经营上的不确定性,并影响旅行社的经营效果及其在旅游市场上的形象与信誉。

5. 服务性

在旅行社行业中,服务劳动起着主体的作用。旅行社通过导游员、门市接待员、旅游服务采购人员等向旅游者提供旅游过程中所需的各种旅游服务。旅行社提供给旅游者的服务既包括直接服务,也包括间接服务。直接服务是指旅行社的导游员面对面地向旅游者提供旅行生活服务和导游讲解服务。间接服务则包括旅行社的采购人员提供的各种单项旅游服务代办、旅行社行李员提供的行李运送服务等。

旅行社行业的服务性特点,要求旅行社必须坚持服务的规范化和标准化,制定和实施规范化的服务规程,以保证其服务内容和程序的确定性、一贯性,并符合国家及行业的相关质量标准。同时,旅行社还应该在规范化服务的基础上,提供个性化的服务,以便更好地满足不同旅游者的个性需求。

(二) 旅行社行业管理的主体

在任何一个国家中,政府和行业组织都是旅游行业管理的两个重要主体。各个国家由于政治经济制度、旅游业发展阶段、政府干预经济程度不同等,旅游行业管理制度差异较大,比较典型的是以下三种管理模式：一是以泰国等为代表的官方权威管理模式；二是以日本、中国香港地区等为代表的官民协管模式；三是以美国、德国等为代表的市场管理模式。其中第一种模式属于严格型，政府对旅游业的管理无论是宏观还是微观层面都极为严格，对旅游企业进入、经营管理、退出等都严格要求；第三种模式是宽松型，对旅游企业进入、经营管理、退出等完全按照市场机制运转，政府主要依靠法律法规约束企业和从业者，实行市场淘汰制；第二种模式中，政府对旅游企业的管理介于第一种和第三种模式之间。

从以上三种模式中可以看出，越是市场化和法制化程度高的国家和地区，越是趋向于对旅游企业实施较为宽松的管理，更多地用法律、法规和产业政策为旅游业的发展指明战略方向，而将对于旅游企业进行微观规制的任务交给行业协会等中介组织。越是市场化和法制化程度较低的国家和地区，越是趋向于对旅游企业实施较为严格的管理，不仅在宏观上用法律、法规等手段对旅游企业实施管理，而且对旅游企业的进入、运作和退出等微观规制方面，也实行严格的管理。

我国对旅行社的行业管理属于严格型，政府从宏观和微观两方面对旅行社实行严格管理。但是随着我国旅行社业市场化程度的提高和经济的发展，政府对旅行社行业的管理正在逐渐变松，对旅行社微观管理的职能正在向行业组织管理过渡，政府在旅行社行业管理的角色正在不断变化。2009年《旅行社条例》的颁布以及条例中旅行社进入门槛的降低、分社和服务网点准入条件的放宽等都说明了这一点。

二、政府对旅行社的管理

政府作为旅行社行业管理的重要主体，通常从宏观和微观两个方面对旅行社实施管理。

（一）政府对旅行社行业的宏观管理

宏观管理，是指国家和地方政府以及经其授权的社会组织对旅行社行业所实施的总体上的规划、协调与控制。如通过制定经济政策或利用财政、税收等杠杆调节旅行社运行；如通过行政许可、审批登记等措施调整旅游业务；又如制定调整旅游关系的法律或行政法规，规定有关主体在旅游方面的权利、义务和责任，以形成旅游公共秩序。本书主要以相关的法律、法规来阐述政府对旅行社行业的宏观管理，一类是通用的法律法规，如《中华人民共和国合同法》《中华人民共和国环境保护法》《中华人民共和国中外合资经营企业法》《公司法》《中华人民共和国反不正当竞争法》《中华人民共和国消费者权益保护法》等。尽管这些法律从立法意图上不是专门针对旅行社行业制定的，但事实上它所提供的法律原则和规定也适用于旅行社行业。另一类是针对旅游行业甚至是专门针对旅行社行业的法律、法规。本书主要介绍针对旅行社行业的法律法规，即关于旅行社行业、旅游行业的国务院令及主席令、国家旅游局令、行业标准以及一些相关的行政法规等。

1. 国务院令及主席令

旅行社行业在中国是一个新兴的产业，专门的立法工作起步较晚。自改革开放以来，针对旅行社行业的法律法规在不断进行修订和完善。到目前为止，有关旅行社行业的国务院令有如下四个。

（1）《旅行社管理暂行条例》。

为了加强对旅行社的管理，保护旅游者的合法权益，促进旅游事业发展，1985年5月

11 日，国务院颁布了《旅行社管理暂行条例》，这是我国第一个关于旅游业管理方面的法规，也是我国旅游法制建设史上第一个行政法规。《旅行社管理暂行条例》把分散在不同系统、归口于不同管理部门的旅行社，全部纳入旅游行业管理的轨道，在加强旅行社的管理、保护旅游者的合法权益方面，起到了十分重要的作用。该法规对旅行社设立的条件、分类的方法、审批的程序、基本职责、行政处罚的方式等进行了相应的规定。

（2）《旅行社管理条例》。

随着我国经济体制改革的不断深入和我国旅游业的迅猛发展，旅行社行业发生了很大变化，出现的一些新情况、新问题在《旅行社管理暂行条例》中无法找到相应的法律规定加以解决，旅行社法规急需补充修订。1996 年 10 月 15 日，国务院发布了《旅行社管理条例》，该条例在总结我国旅行社业近 20 年情况的基础上，对 1985 年出台的《旅行社管理暂行条例》做了较大修改。新条例的实施更适应当时经济条件下旅行社行业发展的需要。该法规对旅行社的设立、分类、审批、服务质量、监督、处罚等方面进行了相关规定。《旅行社管理条例》自发布之日起实施，1985 年 5 月 11 日发布的《旅行社管理暂行条例》同时废止。为了认真履行我国"入世"的承诺，适应我国旅游业对外开放的需要，2001 年 12 月 11 日，国务院第 334 号公布《国务院关于修改〈旅行社管理条例〉的决定》，对 1996 年 5 月 15 日发布的《旅行社管理条例》进行了修改。

（3）《旅行社条例》。

在新的形势下，为了加强对旅行社的管理，保障旅游者和旅行社的合法权益，维护旅游市场秩序，促进旅游业的健康发展，在广泛征求社会各界意见的基础上，对 1996 年版《旅行社管理条例》再次修改，2009 年 2 月国务院令第 550 号发布了《旅行社条例》，该条例自 2009 年 5 月 1 日起实施，1996 年 10 月 15 日发布的《旅行社管理条例》同时废止。同时，国家旅游局公布了《旅行社条例实施细则》，自 2009 年 5 月 3 日起施行。与 2001 年修订过的《旅行社管理条例》相比，2009 年颁布的《旅行社条例》内容有较大修改，这些变化主要集中在降低旅行社市场准入门槛、下放审批权、质量保证金动态管理、设立分社和服务网点的限制放宽等。

（4）《旅游法》。

为适应时代变化，保障旅游者和旅游经营者的合法权益，规范旅游市场秩序，保护和合理利用旅游资源，促进旅游业持续健康发展，2013 年中华人民共和国主席令第 3 号发布了《旅游法》，自 2013 年 10 月 1 日起施行，这是我国第一部有关旅游业的法律。2016 年又重新修订了《旅游法》。

2. 国家旅游局令

以国家旅游局令形式发布的行政法规也是我国旅行社行业管理的法律依据之一。旅游局令主要包括 1995 年发布的国家旅游局令第 2 号《旅行社质量保证金暂行规定》和国家旅游局令第 3 号《旅行社质量保证金暂行规定实施细则》，对旅行社质量保证金的交纳、退还、管理、理赔等做出了具体规定。1996 年 11 月 28 日国家旅游局令第 16 号《旅行社管理条例实施细则》主要是对国务院令第 205 号《旅行社管理条例》的操作性规定。1997 年，国家旅游局颁布了《旅行社质量保证金赔偿暂行办法》《旅行社质量保证金赔偿试行标准》《旅行社经理资格认证管理规定》和《旅行社办理旅游意外保险暂行规定》。2009 年 4 月 3 日国家旅游局令第 30 号《旅行社条例实施细则》主要是对国务院令第 550 号《旅行社条例》的操作性规定。2001 年，国家旅游局颁布了《旅行社投保旅行社责任保险规定》。这些旅游法规的颁布和实施，为保障旅游者的合法权益、提高旅行社的服务质量和经营管理水平提供了法律依据，也为旅行社的经营和行业发展提供了良好的旅游法治环境。2016 年 12 月 12 日，国家旅游局令第 42 号《国家旅游局关于修改〈旅行社管理条例〉和废止〈出境旅游领队人员管理办法〉的决定》公布，对《旅行社条例实施细则》进行修改，实行新的版本，同时废止《出境旅游领队人员管理办法》。

此外，还有一些国家发布的旅游业国家标准和行业标准，以及旅游行政管理部门等发布的政令、规定等，也是我国旅行社行业管理的法律依据。有的省市也会出台地方性关于旅行社管理的规定。

（二）政府对旅行社行业的微观管理

我国政府对旅行社行业的管理属于严格型，因而在旅行社的经营范围、市场准入管理、服务质量管理、导游管理等方面都有具体的规定。

1. 经营范围

1996 年颁布的《旅行社管理条例》规定，旅行社分为国际旅行社和国内旅行社。国际旅行社是指经营入境旅游业务、出境旅游业务和国内旅游业务的旅行社；国内旅行社是指专门经营国内旅游业务的旅行社。随着我国旅游市场的不断发展，入境旅游人数大幅增加，原有国际旅行社的数量难以满足我国旅游市场的需要；再加上从事国内旅游业务的旅行社业务水平不断提高，国内旅行社已经具备了接待入境旅游者的能力。为此，2009 年《旅行社条例》对旅行社经营范围进行了新的规定，取消国际旅行社和国内旅行社的类别划分，仅对旅行社的经营范围进行了相应划分：一是经营有国内旅游业务和入境旅游业务的旅行社；二是经营国内旅游业务、入境旅游业务和出境旅游业务的旅行社。也就是说一旦旅行社设立申请被批准，旅行社就可以经营国内旅游业务和入境旅游业务。旅行社取得许可证满 2 年，且连续 2 年未因侵害旅游者合法权益受到行政机关罚款以上处罚，可以申请从事出境旅游业务。这些规定表明政府放宽了旅行社经营入境旅游业务的相关限制。

2. 市场准入管理

在我国，旅行社属于特殊行业，因此在市场准入上采取"双重注册制度"，即申请设立旅行社时，申请人既要得到旅游行政管理部门的许可，并取得《旅行社经营许可证》；又要依法向工商管理部门申请，并取得《企业法人营业执照》，二者缺一不可。因此，双重注册制度是指旅行社的设立需要得到旅游行政管理部门和工商管理部门的双重许可，并依法注册登记。

有关我国内资旅行社和外商投资旅行社市场准入的相关规定，在第二章第一节中已有详细论述，此处不再赘述。

3. 服务质量管理

政府对旅行社服务质量进行管理的主要目的是维护旅游者的合法权益，保证服务质量，因此在相关法律法规中有相关规定。

（1）质量保证金制度。

为加强对旅行社服务质量的监督和管理，保护旅游者的合法权益，保证旅行社规范经营，维护我国旅游业的声誉，按照旅行社的经营特点，参照国际惯例，经国务院批准，对旅行社实行质量保证金制度。1995年国家旅游局颁布了《旅行社质量保证金暂行规定》和《旅行社质量保证金暂行规定实施细则》，其中规定：旅行社的申办需经相应级别的旅游行政管理部门批准并交纳一定数额的质量保证金后，才可以注册登记，领取营业执照。

国家旅游局2009年发布的《旅行社质量保证金存取管理办法》规定：旅行社质量保证金是指根据《旅行社条例》的规定，由旅行社在指定银行缴存或由银行担保提供的用于保障旅游者合法权益的专项资金。

旅行社应当自取得旅行社业务经营许可证之日起3个工作日内，在国务院旅游行政主管部门指定的银行开设专门的质量保证金账户，存入质量保证金，或者向做出许可的旅游行政管理部门提交依法取得的担保额度不低于相应质量保证金数额的银行担保。经营国内旅游业务和入境旅游业务的旅行社，应当存入质量保证金20万元；经营出境旅游业务的旅行社，应当增存质量保证金120万元。旅行社每设立一个经营国内旅游业务和入境旅游业务的分社，就应当向其质量保证金账户增存5万元；每设立一个经营出境旅游业务的分社，就应当向其质量保证金账户增存30万元。质量保证金的利息属于旅行社所有。

旅行社有下列情形之一的，旅游行政管理部门可以使用旅行社的质量保证金：一是旅行社违反旅游合同约定，侵害旅游者合法权益，经旅游行政管理部门查证属实的；二是旅行社因解散、破产或者其他原因造成旅游者预交旅游费用损失的；三是人民法院判决、裁定及其他生效法律文书认定旅行社损害旅游者合法权益，旅行社拒绝或者无力赔偿的，人民法院可以从旅行社的质量保证金账户上划拨赔偿款。

建立质量保证金制度的主要目的是保护消费者合法利益，但是质量保证金对于旅行社这样需要大量流动资金的企业来说是一个极大的负担，占用了旅行社的大量资金，增加了企业经营成本。为了更好地保护消费者权益，同时又能减轻旅行社的负担，政府在《旅行社条例》中对质量保证金进行了改革，对质量保证金实行动态管理。具体规定为：旅行社自交纳或者补足质量保证金之日起三年内未因侵害旅游者合法权益受到行政机关罚款以上处罚的，旅游行政管理部门应当将旅行社质量保证金的交存数额降低50%，并向社会公告。旅行社可凭省、自治区、直辖市旅游行政管理部门出具的凭证减少其质量保证金。旅行社在旅游行政管理部门使用质量保证金赔偿旅游者的损失，或者依法减少质量保证金后，因侵害旅游者合法权益受到行政机关罚款以上处罚的，应当在收到旅游行政管理部门补交质量保证金的通知之日起5个工作日内补足质量保证金。旅行社不再从事旅游业务的，凭旅游行政管理部门出具的凭证，向银行取回质量保证金。

（2）旅游合同。

为充分保护旅游者的合法利益，《旅行社条例》规定，旅行社为旅游者提供服务，应当与旅游者签订旅游合同并载明下列事项：①旅行社的名称及其经营范围、地址、联系电话和旅行社业务经营许可证编号；②旅行社经办人的姓名、联系电话；③签约地点和日期；④旅游行程的出发地、途经地和目的地；⑤旅游行程中交通、住宿、餐饮服务安排及其标准；⑥旅行社统一安排的游览项目的具体内容及时间；⑦旅游者自由活动的时间和次数；⑧旅游者应当交纳的旅游费用及交纳方式；⑨旅行社安排的购物次数、停留时间及购物场所的名称；⑩需要旅游者另行付费的游览项目及价格；⑪解除或者变更合同的条件和提前通知的期限；⑫违反合同的纠纷解决机制及应当承担的责任；⑬旅游服务监督、投诉电话；⑭双方协商一致的其他内容。

为保障旅游者和旅游经营者的合法权益，规范旅游市场秩序，保护和合理利用旅游资源，促进旅游业持续健康发展，2013年10月1日起施行的《中华人民共和国旅游法》中规定，旅行社组织和安排旅游活动，应当与旅游者订立合同。包价旅游合同应当采用书面形式，包括下列内容：①旅行社、旅游者的基本信息；②旅游行程安排；③旅游团成团的最低人数；④交通、住宿、餐饮等旅游服务安排和标准；⑤游览、娱乐等项目的具体内容和时间；⑥自由活动时间安排；⑦旅游费用及其交纳的期限和方式；⑧违约责任和解决纠纷的方式；⑨法律、法规规定和双方约定的其他事项。

订立包价旅游合同时，旅行社应当向旅游者详细说明②~⑧所载内容。

旅行社委托其他旅行社代理销售包价旅游产品并与旅游者订立包价旅游合同的，应当在包价旅游合同中载明委托社和代理社的基本信息。旅行社依照《旅游法》的规定将包价旅游合同中的接待业务委托给地接社履行的，应当在包价旅游合同中载明地接社的基本信息。安排导游为旅游者提供服务的，应当在包价旅游合同中载明导游服务费用。旅行社应当提示参加团体旅游的旅游者按照规定投保人身意外伤害保险。

订立包价旅游合同时，旅行社应当向旅游者告知下列事项：旅游者不适合参加旅游活动的情形；旅游活动中的安全注意事项；旅行社依法可以减免责任的信息；旅游者应当注意的旅游目的地相关法律、法规，风俗习惯，宗教禁忌，依照中国法律不宜参加的活动等；法律、法规规定的其他应当告知的事项。

旅行社招徕旅游者组团旅游，因未达到约定人数不能出团的，组团社可以解除合同。但是，境内旅游应当至少提前七日通知旅游者，出境旅游应当至少提前三十日通知旅游者。

因未达到约定人数不能出团的，组团社必须征得旅游者书面同意，可以委托其他旅行社履行合同。组团社对旅游者承担责任，受委托的旅行社对组团社承担责任。旅游者不同意的，可以解除合同。因未达到约定的成团人数解除合同的，组团社应当向旅游者退还已收取的全部费用。旅游行程开始前，旅游者可以将包价旅游合同中自身的权利义务转让给第三人，旅行社没有正当理由的不得拒绝，因此增加的费用由旅游者和第三人承担。旅游行程结束前，旅游者解除合同的，组团社应当在扣除必要的费用后，将余款退还旅游者。

旅游者有下列情形之一的，旅行社可以解除合同：患有传染病等疾病，可能危害其他旅游者健康和安全的；携带危害公共安全的物品且不同意交有关部门处理的；从事违法或者违反社会公德的活动的；从事严重影响其他旅游者权益的活动，且不听劝阻、不能制止的；法律规定的其他情形。因上述规定情形解除合同的，组团社应当在扣除必要的费用后，将余款退还旅游者；给旅行社造成损失的，旅游者应当依法承担赔偿责任。

因不可抗力或者旅行社、履行辅助人已尽合理注意义务仍不能避免的事件，影响旅游行程的，按照下列情形处理：

①合同不能继续履行的，旅行社和旅游者均可以解除合同。合同不能完全履行的，旅行社经向旅游者做出说明，可以在合理范围内变更合同；旅游者不同意变更的，可以解除合同。

②合同解除的，组团社应当在扣除已向地接社或者履行辅助人支付且不可退还的费用后，将余款退还旅游者；合同变更的，因此增加的费用由旅游者承担，减少的费用退还旅游者。

③危及旅游者人身、财产安全的，旅行社应当采取相应的安全措施，因此支出的费用，由旅行社与旅游者分担。

④造成旅游者滞留的，旅行社应当采取相应的安置措施。因此增加的食宿费用，由旅游者承担；增加的返程费用，由旅行社与旅游者分担。

旅游行程中解除合同的，旅行社应当协助旅游者返回出发地或者旅游者指定的合理地点。由于旅行社或者履行辅助人的原因导致合同解除的，返程费用由旅行社承担。旅行社应当按照包价旅游合同的约定履行义务，不得擅自变更旅游行程安排。经旅游者同意，旅行社将包价旅游合同中的接待业务委托给其他具有相应资质的地接社履行的，应当与地接社订立书面委托合同，约定双方的权利和义务，向地接社提供与旅游者订立的包价旅游合同的副本，并向地接社支付不低于接待和服务成本的费用。地接社应当按照包价旅游合同和委托合同提供服务。旅行社不履行包价旅游合同义务或者履行合同义务不符合约定的，应当依法承担继续履行、采取补救措施或者赔偿损失等违约责任；造成旅游者人身损害、财产损失的，应当依法承担赔偿责任。旅行社具备履行条件，经旅游者要求仍拒绝履行合同，造成旅游者人身损害、滞留等严重后果的，旅游者还可以要求旅行社支付旅游费用1倍以上3倍以下的赔偿金。由于旅游者自身原因导致包价旅游合同不能履行或者不能按照约定履行，或者造成旅游者人身损害、财产损失的，旅行社不承担责任。在旅游者自行安排活动期间，旅行社未尽到安全提示、救助义务的，应当对旅游者的人身损害、财产损失承担相应责任。

由于地接社、履行辅助人的原因导致违约的，由组团社承担责任；组团社承担责任后可以向地接社、履行辅助人追偿。由于地接社、履行辅助人的原因造成旅游者人身损害、财产损失的，旅游者可以要求地接社、履行辅助人承担赔偿责任，也可以要求组团社承担赔偿责任；组团社承担责任后可以向地接社、履行辅助人追偿。但是，由于公共交通经营者的原因造成旅游者人身损害、财产损失的，由公共交通经营者依法承担赔偿责任，旅行社应当协助旅游者向公共交通经营者索赔。

旅游者在旅游活动中或者在解决纠纷时，损害旅行社、履行辅助人、旅游从业人员或者其他旅游者的合法权益的，依法承担赔偿责任。

旅行社根据旅游者的具体要求安排旅游行程，与旅游者订立包价旅游合同的，旅游者请求变更旅游行程安排，因此增加的费用由旅游者承担，减少的费用退还旅游者。旅行社接受旅游者的委托，为其代订交通、住宿、餐饮、游览、娱乐等旅游服务，收取代办费用的，应当亲自处理委托事务。因旅行社的过错给旅游者造成损失的，旅行社应当承担赔偿责任。旅行社接受旅游者的委托，为其提供旅游行程设计、旅游信息咨询等服务的，应当保证设计合理、可行，信息及时、准确。

住宿经营者应当按照旅游服务合同的约定为团体旅游者提供住宿服务。住宿经营者未能按照旅游服务合同提供服务的，应当为旅游者提供不低于原定标准的住宿服务，因此增加的费用由住宿经营者承担；但由于不可抗力、政府因公共利益需要采取措施造成不能提供服务的，住宿经营者应当协助安排旅游者住宿。

(3) 旅行社责任保险。

为了保障旅游者和旅行社的合法权益，促进旅游业的健康发展，我国政府对旅行社服务质量管理还体现在 2001 年 9 月 1 日施行的国家旅游局令第 14 号《旅行社投保旅行社责任保险规定》。该规定明确：旅行社从事旅游业务经营活动，必须投保旅行社责任保险。旅行社责任保险，是指旅行社根据保险合同的约定，向保险公司支付保险费，保险公司对旅行社在从事旅游业务经营活动中，致使旅游者人身、财产遭受损害应由旅行社承担的责任，承担赔偿保险金责任的行为。

《旅行社投保旅行社责任保险规定》中规定，旅行社应当对旅行社依法承担的下列责任投保旅行社责任保险：

①旅游者人身伤亡赔偿责任；

②旅游者因治疗支出的交通、医药费赔偿责任；

③旅游者死亡处理和遗体遣返费用赔偿责任；

④对旅游者必要的施救费用，包括必要时近亲属探望需支出的合理的交通、食宿费用，随行未成年人的送返费用，旅行社人员和医护人员前往处理的交通、食宿费用，行程延迟需支出的合理费用等赔偿责任；

⑤旅游者行李物品的丢失、损坏或被盗所引起的赔偿责任；

⑥由于旅行社责任争议引起的诉讼费用；

⑦旅行社与保险公司约定的其他赔偿责任。

旅游者参加旅行社组织的旅游活动，应保证自身身体条件能够完成旅游活动。旅游者在旅游行程中，由自身疾病引起的各种损失或损害，旅行社不承担赔偿责任。旅游者参加旅行社组织的旅游活动，应当服从导游或领队的安排，在行程中注意保护自身和随行未成年人的安全，妥善保管所携带的行李、物品。由于旅游者个人过错导致的人身伤亡和财产损失，以及由此导致需支出的各种费用，旅行社不承担赔偿责任。旅游者在自行终止旅行社安排的旅游行程后，或在不参加双方约定的活动而自行活动的时间内，发生的人身、财产损害，旅行社不承担赔偿责任。

旅行社责任保险的保险期限为一年。旅行社办理旅行社责任保险的保险金额不得低于下列标准：国内旅游每人责任赔偿限额人民币 8 万元，入境旅游、出境旅游每人责任赔偿限额人民币 16 万元；国内旅行社每次事故和每年累计责任赔偿限额人民币 200 万元，国际旅行社每次事故和每年累计责任赔偿限额人民币 400 万元。旅行社投保旅行社责任保险，必须在境内经营责任保险的保险公司投保。

旅行社未投保旅行社责任保险的，由旅游行政管理部门责令限期改正；逾期不改正的，责令停业整顿 15 天至 30 天，并处以人民币 5 000 元以上 2 万元以下的罚款；情节严重的，还可以吊销其《旅行社业务经营许可证》。旅行社投保旅行社责任保险的责任范围，小于上述①~⑦规定要求的，或者投保旅行社责任保险的金额低于上述基本标准的，由旅游行政管理部门责令限期改正，给予警告；逾期不改正的，可处以人民币 5 000 元以上 1 万元以下的罚款。

我国规定旅行社从事旅游业务经营活动，必须投保旅行社责任保险。这是因为旅行社组织的旅游活动具有综合性的特点，过程长，涉及多种多样的旅游服务，国内外旅游目的地有不可预知的安全风险,在组织旅游活动中经常会有不可预见的事故发生,一次大的责任事故就会让旅行社破产。因此,旅行社责任保险是旅行社为自己投保,很大程度上降低了旅行社经营风险。

旅行社责任保险制度自2001年实施以来,对转移旅行社责任风险,保障旅游者合法权益起到了积极作用。同时也存在着保障少、索赔难、赔付慢、保险服务不到位等问题,影响了旅行社责任保险在转移责任风险、防灾防损和善后处置等方面的应有作用。为解决上述问题,国家旅游局在联合中国保监会共同完善规章制度,争取到最高人民法院进行旅游合同纠纷司法解释的同时,充分利用市场手段,组织开展统保示范项目,通过规模优势,发挥"大数法则",有效解决旅行社责任保险现有问题,最大限度地满足旅行社规避风险的需求。在这种情况下,国家为了更好地完善旅行社责任险,以全国所有旅行社投保为前提,推出旅行社责任保险统保示范产品(简称统保示范产品)。统保示范产品是国家旅游局在总结以往旅行社责任保险及地方统保实践经验教训的基础上,经过多年时间筹备并广泛征求行业意见,在保险经纪人的协助下,通过依法履行招标程序、与保险公司竞争性谈判产生的。其以大批量购买来降低保险产品的价格,增加保险的内容,提高赔偿限额,避免了旅行社单独投保保险产品时所遭遇的处于弱势、缺少话语权等状况。

统保是指全国六家保险公司为全国两万多家旅行社"共同投保,同担风险,统一产品责任范围,统一价格,统一服务,统一营销推广"。示范是指国家不强迫旅行社购买统保示范产品,而是"靠保障、价格和服务质量赢得旅行社的支持"。

统保示范产品的责任限额和保险费以2016年为例来说明。统保示范产品按旅行社经营范围不同,责任限额和保险费也各不相同。(注:以下有关责任限额与保险费均以人民币为货币单位)

A. 无出境游经营资格的旅行社(见表2-7和表2-8)。

表2-7 责任限额组合一

序号	每次事故责任限额/万元	全年累计责任限额/万元	基本险基础保险费/元
1	200	400	8 000
2	300	500	10 000
3	500	800	11 700
4	600	1 000	12 600

表2-8 责任限额组合二

序号	每次事故及全年累计责任限额/万元	基本险基础保险费/元
1	400	9 400
2	500	11 500
3	800	12 900
4	1 000	14 100

B. 有出境游经营资格的旅行社（见表2-9和表2-10）。

表2-9 责任限额组合一

序号	每次事故责任限额/万元	全年累计责任限额/万元	基本险基础保险费/元
1	400	600	36 250
2	500	800	53 200
3	800	1 200	87 000
4	1 000	1 500	105 000

表2-10 责任限额组合二

序号	每次事故及全年累计责任限额/万元	基本险基础保险费/元
1	600	40 250
2	800	58 500
3	1 200	95 700
4	1 500	115 500

基本险保险费率根据具体旅行社的上一年旅游组织接待人天数、旅行社业发展水平、每次事故每人人身伤亡责任限额、赔付率、以往赔偿记录、附加险投保等进行调整。

4. 导游管理

现代旅游业的发展历史证明，旅游业中最具有代表性的工作无疑是导游工作。导游是旅游接待工作第一线的关键人员，是旅行社中一支最基本也最庞大的队伍。

1999年5月14日国务院令第263号《导游人员管理条例》发布，自1999年10月1日起施行，条例中规定了导游从业期间的法律规定，是对导游的一种保护和约束，具体表现在两个方面。一是国家实行全国统一的导游人员资格考试制度。具有高级中学、中等专业学校或者以上学历，身体健康，具有适应导游需要的基本知识和语言表达能力的中华人民共和国公民，可以参加导游人员资格考试；经考试合格的，由国务院旅游行政部门或者国务院旅游行政部门委托省、自治区、直辖市人民政府旅游行政部门颁发导游人员资格证书。二是在中华人民共和国境内从事导游活动，必须取得导游资格证书。具有特定语种语言能力的人员，虽未取得导游人员资格证书，旅行社需要聘请临时从事导游活动的，由旅行社向省、自治区、直辖市人民政府旅游行政部门申请领取临时导游资格证书。导游资格证书和临时导游资格证书的样式规格，由国务院旅游行政部门规定。

导游人员（也称导游）是导游服务工作人员的总称，各类导游的工作范围、接待对象、适用的语言、工作方式和性质、任职资格条件都不尽相同。按照不同的分类标准，导游可分为多种类型。按语种分为中文导游和外语导游，按工作性质分为专职导游、业余导游和自由职业导游，按工作区域分为地方陪同导游（简称地陪）、全程陪同导游（简称全陪）、定点导游（也称讲解员）和国际导游（一般称为领队），按等级分为初级导游、中级导游、高级导游和特级导游，按是否持有证书分为正式导游和临时导游。

导游提供的服务包括导游讲解服务和旅行生活服务，是旅行社产品的核心内容。导游讲解服务包括旅行社的导游在旅游活动期间为旅游者提供的旅游景点现场导游讲解、沿途讲解及座谈、访问时的翻译等内容。旅行生活服务则主要为导游在旅游期间为旅游者提供的迎接、送行、旅途生活照料、安全服务、旅游客源地与旅游目的地之间及旅游目的地范围内各个旅游城市之间的上下站联络等服务。导游与旅游者的接触最直接和最频繁，旅游者往往通过导游的服务来切身感受旅行社的服务质量，所以，导游服务质量往往成为旅游者评价旅行社产品的关键因素。

三、行业组织对旅行社的管理

政府对旅行社行业的管理是自上而下的管理，行业组织对旅行社行业的管理则通常是自下而上的。行业协会是指以同行业企业为主体，依据国家有关法律和政策自愿组成的、非营利性的、有极强自律性的管理组织。对于任何一个行业来说，行业组织都是一种不可忽视的力量，它会对特定行业内企业的发展产生极为重要的影响。

（一）旅行社行业协会的性质和职能

1. 旅行社行业协会的性质

旅行社行业协会又称旅行社行业组织，是指旅行社为实现本行业共同的利益和目标而在自愿基础上组成的民间组织。它具有以下几个性质：一是旅行社行业协会是民间性组织，而非官方机构或行政组织；二是旅行社行业协会是旅行社为实现单个企业无力达到的目标而组成的共同利益集团；三是旅行社是否加入协会完全出于自愿，而且随时可以退出。

旅行社行业协会的管理职能不同于政府旅游管理机构的职能，首先，它不带有任何行政指令性与法规性，其有效性取决于协会本身的权威性和凝聚力；其次，旅行社行业协会管理的范围，取决于自愿加入该协会的旅行社数量，只要有一家旅行社不愿入会，行业协会便不可能实现全行业管理，而政府旅游管理机构始终具有全行业管理的功能。

2. 旅行社行业协会的职能

旅行社行业协会具有服务和管理两种职能，其服务职能表现在以下几点：

（1）与政府机构或其他行业组织商谈有关事宜；

（2）加强协会成员间的信息沟通，定期发布统计分析资料；

（3）调查研究协会成员感兴趣的问题，向协会成员递交研究报告；定期出版刊物，向协会成员提供有效信息；开展联合推销和联合培训等活动。

旅行社行业协会的管理职能，包括拟订协会成员共同遵循的经营标准，制定行规会约，进行仲裁与调解。

案例 2-5

云南省工商行政管理局反垄断与反不正当竞争执法处经过调查取证，西双版纳州旅游协会、西双版纳州旅行社协会已被认定垄断违法。

当旅游者随旅游团来到美丽的西双版纳，开始愉快的旅途时，旅游企业之间、企业与行业之间的暗战也随之展开，并伴随旅游者的饮食、住宿、游览、购物和娱乐全过程。虽然旅游者有权力选择不同的旅行社和旅游路线，但随后的一切都由"系统"帮忙选择。

从旅行第一天住宿开始，"系统"会帮旅游者选择46家指定酒店中的一家、为旅游者指定两家旅游客运汽车公司。去游览风景名胜，"系统"有15家景点等着。如果旅游者想选择其他地方，导游会很客气地拒绝。如果把旅游者带到指定之外的地方，"系统"将对该旅行社处以最高5 000元的罚款或警告。

不仅如此，各指定场所机构还要为旅游者的到来向"系统"交纳1元/天的服务费和2元/天的旅游安全风险金。此外，"系统"还将向上述单位、景区和酒店收取金额不等的"服务费"。最终，这些费用将从旅游者的消费中得到。

据了解，通过"系统"的管理，来西双版纳的游客正以100万人次/年的速度提升，加入"系统"的旅游公司也越来越多。

其实，上述"系统"就是西双版纳州旅游协会研发启用的"信息管理系统"。在这个"系统"中有80多家相关旅游机构，它们有一份共同签订的《西双版纳州信息管理系统诚信服务自律公约》，而操作这个系统的，就是西双版纳州旅游协会。

该平台于2002年由西双版纳州旅游行政部门委托西双版纳州旅游协会建立，并于2003年正式投入使用，初始投入金额为170万元。建立之初，该系统分为5个子系统，分别是旅行社、景点、酒店、客运公司、旅游协会管理子系统。十几年来，该系统不断调整，相关人员也不断被组织学习与该平台相关的技能。

"系统"建立的初衷是消除企业之间三角债问题、扼制低价恶性竞争等。在具体操作中，达到条件的旅游企业可自愿加入"平台"，实现先款后团，统一结算。也就是说，这个平台通过网络连接了全州各旅行社、旅游景区（点）、旅游宾馆或饭店、旅游汽车公司。旅行社先将旅游团款足额存入银行的旅行社专用账户，登录管理系统制作旅游团队行程计划书，经管理系统识别认证后，计划书制作完成；导游再凭行程单上的条形码、校验码到预订的酒店、景区、汽车公司进行消费，相关企业凭有关账单到管理中心结算。

这套系统在运行之初确实起到了规范旅游企业运作的作用，加强了行业自律性，也得到西双版纳旅游从业者的认可。然而，随着时间推移，平台功能逐渐演变。

后来所谓的"系统"内部规定，将住宿、出团、旅游线路组合、旅游用车、购物结算方式等，全部纳入信息管理系统，住、行、游只能在该系统内选择缔约单位，否则视为违约，甚至部分条款还明确了违约金。

2013年7月，云南省国家工商总局将此行为定性为垄断经营，并分别处罚西双版纳州旅游协会、西双版纳州旅行社协会各40万元的罚款，责令整改。此案也是全国旅游行业反垄断第一案。

思考题：行业协会到底应起什么作用？

（二）世界旅行社行业协会

1. 世界旅行社协会（World Association of Travel Agencies，WATA）

世界旅行社协会于1949年5月5日在瑞士正式成立，总部设在日内瓦。它是一个由私人旅行社组成的世界性非营利组织，其宗旨是通过提供有效的服务和信息，促进和保护会员的利益，建立一个世界性的旅行社协作网络。该组织现有240多个会员，来自100多个国家和地区的230多个城市。

2. 世界旅行社协会联合会（The United Federation of Travel Agents' Associations, UFTAA）

世界旅行社协会联合会于1966年11月22日成立,由1919年在巴黎成立的欧洲旅行社组织和1964年在纽约成立的美洲旅行社组织合并而成,总部设在比利时的布鲁塞尔。该联合会是一个专业性和技术性组织,其会员是世界各国的全国性旅行社协会,每个国家只能有一个全国性的旅行社协会代表该国参加;其宗旨是向会员提供物质上、业务上和技术上的指导和帮助,以促进这些旅行社协会和组织的联合、巩固和发展。

3. 世界旅游组织（World Tourism Organization, UNWTO）

世界旅游组织是目前世界上唯一全面涉及旅游事务的全球性政府间旅游组织,其前身是1947年成立的国际官方旅游组织联盟（IUOTO）,1975年1月2日正式改用现名,总部设在西班牙的马德里。世界旅游组织的宗旨是:通过推动和发展旅游,促进各国经济发展和繁荣,增进国际的相互了解和维护世界和平。我国于1983年加入世界旅游组织。世界旅游组织每年提出一个口号,且于1979年9月第三届代表大会正式确定每年9月27日为世界旅游日。

4. 太平洋亚洲旅游协会（Pacific Area Travel Association, PATA）

太平洋亚洲旅游协会是一个地区性的非政府组织,成立于1951年,原名为太平洋地区旅游协会,1986年改为现名,总部设在美国的旧金山。此外还设有两个分部:一个设在菲律宾的马尼拉,分管东亚地区事务;另一个设在澳大利亚的悉尼,分管南太平洋地区事务。

由于旅行社是旅游行业的企业,往往也是旅游行业协会成员,所以受旅游行业协会的管理。

（三）中国的旅行社行业协会

中国有许多旅行社行业协会,其中中国旅行社协会属于全国性的协会,还有一些地方性的行业协会,如广东旅行社行业协会、广州地区旅行社行业协会、青岛旅行社协会等。

中国旅行社协会（China Association of Travel Services, CATS）成立于1997年10月,是由中国境内的旅行社、各地区性旅行社协会等单位,按照平等自愿的原则结成的全国旅行社行业的专业性协会,是经国家民政部门登记注册的全国性社团组织,具有独立的社团法人资格,在政府和会员之间发挥桥梁和纽带作用。中国旅行社协会接受国家旅游局的领导、民政部的监督管理和中国旅游协会的业务指导。协会会址设在北京。

中国旅行社协会的宗旨是沟通会员与政府部门间的联系,协调会员与其他方面的关系,加强会员间的联系,规范会员的行为,维护会员的合法权益,为会员服务。

中国旅行社协会的主要职责是宣传贯彻国家旅游业的发展方针和旅行社行业的政策法规;总结交流旅行社的工作经验,开展与旅行社行业相关的调研,为旅行社行业的发展提出积极并切实可行的建议;向主管单位及有关单位反映会员的愿望和要求,为会员提供法律咨询服务,保护会员的共同利益,维护会员的合法权益;制定行规行约,发挥行业自律作用,督促会员单位提高经营管理水平和接待服务质量,维护旅游行业的市场经营秩序;加强会员之间的交流与合作,组织开展各项培训、学习、研讨、交流和考察等活动;加强与行业内外的有关组织、社团的联系、协调与合作;开展与海外旅行社协会及相关行业组织之间的交流与合作;编印会刊和信息资料,为会员提供信息服务。

中国旅行社协会实行团体会员制，所有在中国境内依法设立、守法经营、无不良信誉的旅行社，与旅行社经营业务密切相关的单位，各地区性旅行社协会或其他同类协会，承认和拥护协会的章程、遵守协会章程、履行应尽义务的组织均可申请加入协会。协会对会员实行年度注册公告制度。每年年初会员单位必须进行注册登记。协会把符合会员条件的会员名单向社会公告。

中国旅行社协会的最高权力机构是会员代表大会，每四年举行一次。协会设立理事会和常务理事会，理事会对会员代表大会负责，是会员代表大会的执行机构，在会员代表大会闭会期间领导协会开展日常工作；常务理事会对理事会负责，在理事会闭会期间，行使其职权。

本章小结

内资旅行社设立的条件包括有固定的营业场所、有必要的营业设施和有法定数额的注册资本和质量保证金。申请设立经营国内旅游业务和入境旅游业务的旅行社必须提交的文件有设立申请书，法定代表人履历表及身份证明，企业章程，经营场所的证明，营业设施、设备的证明或者说明和工商行政管理部门出具的《企业法人营业执照》。旅行社宏观选址通常应选择旅游客源地、旅游目的地、口岸城市等；而旅行社微观选址应该设在闹市区的繁华大街上、设在目标群体比较集中和经常出入的地方、设在交通方便的地区。旅行社的企业组织形式有股份有限公司、有限责任公司、国有独资公司、外商投资旅行社和股份合作公司五种。我国是发展中国家，市场化和法制化的程度与发达国家还有一定差距，因此，我国对旅行社的行业管理属于严格型，从宏观和微观两方面对旅行社实行严格管理。

复习思考题

1. 旅行社的设立条件有哪些？
2. 申请设立旅行社的程序包括哪些步骤？
3. 设立旅行社对注册资本和质量保证金有什么要求？
4. 设立旅行社时应考虑哪些因素？
5. 旅行社设立分社和服务网点有哪些条件？
6. 旅行社如何进行宏观选址和微观选址？
7. 旅行社的企业组织形式有哪几种？
8. 中国政府如何对旅行社进行宏观管理和微观管理？
9. 什么是旅行社行业协会？它的职能是什么？

第三章

旅行社产品的生产

学习目标

通过对本章的学习,了解旅行社产品的定义和特点,掌握旅行社产品的构成,熟悉旅行社产品的分类;明确旅游线路设计的影响因素,理解旅游线路设计的原则,熟悉旅游线路的分类,掌握旅游线路设计的流程;了解西方旅游产品设计与生产的过程,掌握中国旅行社产品的设计与生产的过程。

导入案例

创新旅行社产品一直是旅行社界孜孜以求却又深感不易的事情,但并不意味着创新产品没有空间。上海有140万名15岁以下的少年儿童,这140万名孩子关注的是什么呢?上海小主人报社和上海市长宁区旅游部门经过调查发现,上海每天有4 000名孩子过生日,市场足够大,而孩子们现在过生日的方式大多是吃吃喝喝,太缺乏意义,于是针对少年儿童创制出"小主人游"的产品,取得了出乎意料的成功。

小主人报社成立了小主人旅行社有限公司,负责产品的策划、组织和运作。据称,上海已有二十多家知名旅行社参与了今年"小主人游"等产品的推介工作。无锡、湖州等地也有旅行社主动来联系,要组织"孩子团队"来上海参加"小主人游"。此外,一些外国小朋友也参加了这一活动。"小主人游"主题活动越来越丰富多彩。

第一期"小主人游"原计划280个家庭、800多人参加,但报名者却有3 000多人,大大超出主办者的预料。其后推出的"小主人欢乐总动员"主题活动大幅扩容,可以容纳1 000多个家庭、3 500人来参加,而在每一个双休日,也能安排相关的节目。

寓教于乐、与各类时尚活动结合、常变常新,是保证"小主人游"这一产品持续发展的内在动力。

思考题:你认为旅行社产品开发应该从上海"小主人游"的案例中吸取怎样的经验?

第一节　旅行社产品概述

旅行社产品是旅行社的经营对象，是旅行社赖以生存与发展的基础，是旅行社一切经营活动的出发点。

一、旅行社产品的定义和特点

（一）旅行社产品的定义

旅行社产品的定义可以从两个方面来把握。一方面，从产品的消费者角度，旅行社产品是指旅游者通过购买旅行社提供的服务，获得的一次旅游经历。另一方面，从产品的生产者角度，旅行社产品是指旅行社为满足旅游者旅游过程中的需要而向旅游者提供的各种有偿服务，包括各种形式的包价旅游产品和单项旅游服务。旅行社产品是一种以无形服务为主体内容的特殊产品，是由食、住、行、游、购、娱等要素构成的"组合产品"。旅游者为了获得旅游经历，必须按照旅行社与其达成的旅游合同上的价格，向旅行社支付旅游费用，而旅行社则按照合同规定的服务标准，向旅游者提供为实现其旅游经历所必需的各种旅游服务。在这些服务中，既包括直接提供的旅游接待服务，也包括旅行社为旅游者安排的旅游过程中住宿、交通、游览、餐饮、购物、娱乐等活动而向其他旅游企业和相关企业和部门采购的各种旅游服务。

（二）旅行社产品的特点

旅行社产品是一种服务产品，具有服务产品的属性，也具有其独特的个性，旅行社产品的特点有五点。

1. 无形性

无形性也称不可感知性，其主要表现为旅游服务看不见、摸不着、闻不到，不能"先尝后买"。旅行社产品与其他有形的消费品不同，人们在消费之前和消费过程中无法触摸或感受到它的存在。旅游者花费一定的时间、费用和精力，获取的是一种旅游经历和体验，而这种感受与体验对人们来说是无形的。旅行社产品的无形性加大了旅游者的购买风险，也增加了旅行社与旅游者交易的难度。

2. 不可分离性

不可分离性亦称生产与消费的同一性，其主要表现为旅游服务的提供、生产与消费具有同步性。旅行社产品生产必须以旅游需求为前提。旅游者直接介入旅行社产品的生产过程，并在直接消费中检验旅行社产品的数量和质量，并以自己的亲身感受表明他们的满意程度。旅行社产品的生产、交换、消费在空间上同时并存。当导游、司机、景点服务人员等向旅游者提供服务的时候，也正是旅游者消费旅行社产品的时候，二者在时间上是不可分离的。

3. 不可储藏性

不可储藏性是服务性产品区别于有形产品的又一重要特征。服务是一种行为，是不可储藏的。这就要求旅行社要科学地预测旅游需求，解决好供求平衡的矛盾。旅游服务所凭借的旅游资源和旅游设施，无法从旅游目的地运输到客源所在地供游客消费，被运输的对象只能是旅游者。旅游产品进行交换但不发生所有权的转移。旅游者在使用或消费过程中，只是取得在特定的时间和地点对旅游产品的暂时使用权。

4. 综合性

综合性是旅行社产品的基本特征。旅行社产品是由多种旅游吸引物、交通工具、酒店餐饮、娱乐场所以及多项服务和社会公共产品组成的混合性产品，是满足旅游者在旅游活动中食、住、行、游、购、娱等方面需要的综合性产品。

5. 易波动性

旅行社不能自己掌握和控制提供给旅游者的诸多产品（如酒店、航空、餐饮以及社会公共产品等），这就使其经营显得十分脆弱。旅行社产品的易波动性还表现在季节天气、自然灾害、战争危险、政治动荡、国际关系、政府政策、经济状况、汇率波动以及地缘文化等因素的变化，都会引起旅游需求的变化，这使得旅行社产品的生产和经营具有很大的不稳定性。

案例 3-1

九寨沟、黄龙、都江堰、青城山、卧龙大熊猫保护区……这一系列世界级的旅游景点，像一颗颗珍珠连缀在"天府之国"四川的九寨沟环线上。

然而，2008年5月12日14时28分，一场山崩地裂的8级特大地震，使这条黄金旅游线顷刻间扭曲、中断，都江堰、青城山、卧龙等景区遭受重创，沿线旅游城镇、旅游基础设施受损严重……旅游大省顿时变得伤痕累累。

更为严重的是，地震造成的负面"放大效应"迅速扩散。在5月、6月这个黄金季节里，四川旅游业几近停滞。灾区旅游业"很受伤"，直接损失达数百亿元。"损失是局部的，但影响是全面的。"这是时任四川省旅游局局长张谷就汶川地震对全省旅游业影响的总体判断。张谷说，这次地震灾害造成的直接破坏，主要集中在龙门山脉沿线的21个极重灾区县，其旅游业收入仅占全省旅游业总收入的11%左右；九寨沟、黄龙、峨眉山等主要景点及成都主城区、乐山等主要旅游城市，基本没有受到影响，因此，全省旅游基本面并没有受到大的打击。

然而，地震所导致的一系列连锁反应，使四川"旅游安全目的地"的品牌形象受到重创。张谷说，出于安全考虑，地震发生当天国家旅游局便发出紧急通知，要求各地立即停止组织赴四川地震灾区或途经灾区的旅游业务。

二、旅行社产品的构成

以包价旅游产品即旅游线路为例，旅行社产品由旅游交通、旅游住宿、旅游餐饮、游览观光、娱乐项目、购物项目、导游服务和旅游保险等要素构成，这些要素的有机结合，构成了旅行社产品的重要内容。旅行社产品是一个完整、科学的组合概念，完美的旅行社产品是通过各要素完美组合而成的。

（一）旅游交通

旅游交通作为旅游业三大支柱之一，是构成旅行社产品的重要因素。旅游交通可分为长途交通和短途交通，前者指城市间交通（区间交通），后者指市内接送（区内交通）。旅游交通的交通工具有民航客机、旅客列车、客运巴士、轮船（或游轮、游船）等。旅行社设计产品时，安排旅游交通方式应注意便利、安全、快速、舒适、平价等。

（二）旅游住宿

住宿一般占旅游者旅游时间的 1/3。旅游住宿是保证旅行社产品质量的重要因素，销售旅行社产品时，必须注明下榻酒店的名称、地点、档次以及提供的服务项目等，一经确定，不能随便更改，更不能降低档次、改变服务项目。

旅游住宿包括酒店、招待所、家庭旅馆、大众旅社、出租公寓等。旅行社安排的旅游住宿通常是根据旅游者的消费水平来确定的，对普通旅游者而言，旅游住宿要卫生整洁、经济实惠、服务周到、美观舒适、位置便利。

（三）旅游餐饮

旅游餐饮是旅行社产品中的要素之一，许多地方的特色餐饮往往成为吸引旅游者的重要因素，甚至有专为美食而组成的旅游团。旅行社安排餐饮的原则是卫生、新鲜、味美、量足、价廉、营养、荤素搭配适宜。

（四）游览观光

游览观光是旅游者最主要的旅游动机，是旅行社产品产生吸引力的根本来源，也反映了旅游目的地的品牌与形象。旅行社对安排游览观光景点的原则是资源品位高、环境氛围好、游览设施齐全、交通便利、安全保障强等。

（五）娱乐项目

娱乐项目是旅行社产品构成的基本要素，也是现代旅游的主体。许多娱乐项目都是参与性很强的活动，能极大地保持与提高旅游者的兴致，加深旅游者对旅游目的地的认识。

（六）购物项目

旅行社产品中的购物项目分为定点购物和自由购物两种，前者是旅游者到旅行社规定的商店购物，后者是旅游者利用自由活动时间自己选择商店购物。旅行社安排购物的原则是：购物次数适当（不能太多），购物时间合理（不能太长）；选择服务态度好、物美价廉的购物场所，切忌选择服务态度差（如强迫交易）、充斥伪劣商品的购物场所。

（七）导游服务

旅行社为旅游者提供导游服务是旅行社产品的本质要求，大部分旅行社产品含有导游服务。导游服务包括地陪、全陪、景点陪同和领队服务，主要是提供翻译、向导、讲解等相关服务。导游服务必须符合国家的相关法规和行业的相关标准，并严格按合同约定提供服务。

（八）旅游保险

旅行社提供旅游产品时，必须向保险公司投保旅行社责任保险，保险的赔偿范围是由于旅行社的责任致使旅游者在旅游过程中发生人身和财产意外事故而引起的赔偿。

案例 3-2

某旅行社设计了张家界、袁家界、凤凰古城单高铁单卧 5 天游的行程单。

第一天：广州—长沙—张家界（含中、晚餐），住：张家界四星级标准酒店。

从广州南站乘坐高铁前往长沙（G1118，9:05—11:38），抵达后游览世界最长的城市内河绿洲、湘江明珠—橘子洲头（约1小时，含电瓶车20元/人）；之后乘车前往张家界（车程约4小时），抵达后入住酒店。

第二天：天子山—袁家界—十里画廊（含早、中、晚餐），住：张家界四星级标准酒店。

早餐后，游湘西宗教圣地紫霞山（40分钟），游峰林之王天子山（游览约1.5小时，含单程缆车费用52元/人）、御笔峰、仙女献花、西海、石船出海；后经百龙天梯游览袁家界、袁家寨子或土家风情园（3小时左右）；乘坐世界最高的露天观光电梯——百龙天梯，游览袁家界景区（游览时间约1小时，含电梯费用单程56元）。中餐后游览十里画廊（含小火车费用40元/人），沿途可观采药老人、一家三口、寿星迎宾、三姊妹峰等景点（约40分钟）。晚餐后可自费观看土家族、苗族大型晚会"魅力湘西"，感受独特的少数民族风土人情、艺术及文化（约2小时）。

第三天：金鞭溪—黄石寨—芙蓉镇—凤凰古城（含早、中、晚餐），住：凤凰古城四星级标准酒店。

早餐后漫步金鞭溪大峡谷，攀登张家界最大的凌空观景台黄石寨景区（游览时间约2小时，含往返缆车96元/人，步行单程需2小时左右）。中餐后乘车赴"中国最美丽的小城"——凤凰古城（约4小时车程）。途中如时间充裕可游玩千年古镇芙蓉镇（40分钟左右），抵达后入住酒店。

第四天：凤凰古城—广州（含早、中、晚餐），住：空调火车硬卧。

早餐后游览"凤凰古城九景"（含套票148元/人，游览时间约3小时）：沈从文故居、熊希龄故居、东门城楼、杨家祠堂、虹桥艺术楼、沱江泛舟、崇德堂、万寿宫、古城博物馆。漫步青石板路，欣赏沱江边凤凰古城的美景、享受古镇的宁静，别具一番韵味。之后乘坐火车返回广州（参考车次K9067，18:52—10:24）。

第五天：广州（不含餐）。

早上10:24抵达广州火车站，结束愉快的旅程。

思考题：仔细阅读上述行程单，指出旅行社产品的构成要素有哪些。

三、旅行社产品的分类

任何一种产品都可能随着市场需求的变化而不断地改变。因此，要对旅行社产品提出一个较稳定的分类系统是困难的。按照不同标准，旅行社产品可划分为不同类型，下面分别介绍。

（一）按旅游的目的分类

按照旅游的目的，可将旅行社产品分为观光型旅游产品、文化型旅游产品、商务型旅游产品、度假型旅游产品和特种型旅游产品五大类。

1. 观光型旅游产品

观光型旅游产品是传统的、最为常见的旅行社产品。它是以游览、观赏自然风光、文物古迹、民俗风情和都市风貌等为主要内容的旅游活动。传统的观光型旅游产品以大自然美景、历史遗存或城乡风光作为游览、观赏对象。随着人们生活水平的提高和游览经历的丰富，传统的观光型旅游产品难以满足社会的需求。近年来，新的观光型旅游产品不断出现，如农业观光、工业观光、科技观光、军事观光等。观光型旅游产品能使旅游者在短时间内领略目的地的特色，但旅游者参与项目较少，对旅游目的地感受不深。由于开发难度小，操作简单，观光型旅游产品一直是国际旅游市场和国内旅游市场的主流产品。

2. 文化型旅游产品

文化型旅游产品是以了解目的地的文化为主要内容的旅游活动，包括学术考察旅游、艺术欣赏旅游、修学旅游、宗教旅游、寻根和怀旧旅游等。文化型旅游产品的消费群体主要是文化人或需要了解某种文化的人。旅行社产品的文化因素，要通过其产品所营造的文化氛围、产品实施的各个环节表现出来。一家旅行社虽然规模不大，但若能从产品名称、以文化产品为主干的产品构成体系中体现出独特的文化性来，则可能吸引特定人群。对产品内涵的文化开发，则应是在较深的文化理解的基础上才能进行的一项操作。

案例 3-3

2011年是国家旅游局确定的"中华文化游"主题年。2月19日下午，"2011中华文化游（安徽）启动仪式暨第八届环球旅游论坛"在合肥开幕，安徽省向海内外游客推出了6条安徽文化旅游线路。安徽省推出的6条文化旅游线路分别是：山川如画——世界遗产之旅（黄山、西递、宏村、渔梁坝、唐模）、岁月如歌——安徽人文之旅（合肥、亳州、凤阳、寿县、大别山、绩溪、歙县、宣城）、乡音如曲——徽派戏曲之旅（屯溪徽剧、安庆黄梅戏、凤阳花鼓戏、合肥庐剧、池州傩戏、泗县泗州戏）、心静如水——宗教文化之旅（九华山、天柱山、齐云山、司空山、花亭湖、涡阳、蒙城）、风情如故——皖北民俗之旅（亳州、阜阳、宿州、蚌埠、淮南、淮北、寿县）和田园如诗——文人行踪之旅（马鞍山采石矶、池州杏花村、宣城桃花潭和敬亭山、滁州琅琊山）。

思考题：安徽推出的六条文化旅游产品分别针对什么样的旅游者群体？

3. 商务型旅游产品

随着世界经济全球化进程的发展，商务型旅游产品也成为旅行社客源新的增长点。经贸往来的增加，商务交流的频繁，会展业务的推广，会奖旅游的兴起，各类考察活动的开展都为商务型旅游提供了客源和收益。商务型旅游与其他形式的旅游相比，其特点更为显著。第一，旅游频率高。商务活动具有经常性，而且不受气候、淡旺季影响，需要经常外出。第二，消费水准高。商务旅游者的旅行费用大多由公司开支，为了业务需要，旅游消费的标准往往比其他类型旅游者高。第三，对旅游设施和服务质量要求高。商务旅游者一般都要求下榻的酒店具有完善的现代化通信设施和便利的交通工具，期望服务人员素质较高，配置高档的娱乐健身设备和会务、金融场所等。对于旅行社而言，商务旅游产品是企业利润的重要来源之一。

4. 度假型旅游产品

度假型旅游产品是指利用假期在一地相对较少流动性进行修养和娱乐的旅游活动，近年来颇受旅游者的青睐，且占据旅游市场不少的份额。过去传统的度假旅游产品以享受阳光、海水、沙滩为主；到了20世纪后半叶，一些经济发达的国家，度假旅游产品形式发生了变化，如夏季阳光度假、冬季滑雪度假、森林露营度假、豪华游轮度假、海滨乡村度假、品尝美食度假、体验高尔夫球运动型度假、新婚蜜月度假等不断兴起。

度假型旅游产品虽然也是休闲旅游活动，但它不同于观光型旅游产品。首先，度假旅游者不像观光旅游者那样到处游动，而往往选择一个较为固定的度假地，在那里住一段时间；其次，度假者多采用散客旅游的方式，一般以家庭和亲朋为单位，而不像观光旅游者那样组成团队进行旅游；最后，度假旅游者的消费水平高，对度假设施的要求比较高。

5. 特种型旅游产品

特种型旅游产品和其他旅游产品相比，具有明显的"新、奇、险、少"特征。人类探索自然、亲近自然、战胜自然的激情从来都比较澎湃。对未知的东西，人们总是希望去了解它、去体验它。探险、登山、徒步、自驾车、横渡、穿越丛林、跨越峡谷以至于去太空等，似乎都是人类精神的展现，尤其在现代激烈竞争的经济环境中，人们需要有战胜困难的信心，而通过特种型旅游产品就能获得这样的信心。

探险型旅游属于运动型旅游，深受一部分人的喜爱。我国探险型旅游方兴未艾，成为旅行社产品的全新热点。旅行社利用人们的好奇心和追求新生事物的欲望而设计开发的特种旅游产品，满足了人们磨炼意志、挑战自我的心理需求。不过，由于特种型旅游产品的高风险性、高投入性、单一性和耗时性，参与的人群面较窄，尤其是前期的准备工作和开发工作难度很大。所以，它的发展还需要一个渐进的过程。但是，探险型旅游的趋势已经显露端倪。

（二）按提供的旅游服务内容分类

旅行社产品按照提供的旅游服务内容，可以分为包价旅游产品和单项旅游产品。

1. 包价旅游产品

包价旅游产品是旅行社将各个旅游产品的单项要素（住宿、交通、餐饮、景点等）组合起来，添加旅行社自身提供的服务和附加价值（咨询服务、导游服务、后勤保障、手续办理、保险购置等），并赋予品牌，形成整体的旅行社产品。包价旅游产品是旅游者在旅游活动开始之前，将全部或部分旅游费用预付给旅行社，并签订旅游合同，由旅行社根据计划行程，安排食、住、行、游、购、娱等活动。包价旅游产品又可细分为团体包价旅游产品、半包价旅游产品、小包价旅游产品和零包价旅游产品。

（1）团体包价旅游产品。

团体包价旅游产品又称全包价旅游产品，它包括两层含义：一是团体，即参加旅游的旅游者一般为10人或10人以上，组成一个旅游团；二是包价，即参加旅游团的旅游者采取一次性预付旅费的方式，将各种相关旅游服务全部委托给一家旅行社办理。团体包价旅游产品的服务项目通常包括依照规定等级提供酒店客房、一日三餐和饮料、固定的市内游览车、翻译导游服务、交通集散地接待服务、每人20kg的行李服务、景点门票和文娱活动入场券以及全陪服务。

对于旅行社而言，团体包价旅游产品预订周期较长，易于操作，而且批量操作可以提高工作效率，降低成本，获得较高的批量采购折扣。对于旅游者而言，参加团体包价旅游产品可以获得较优惠的价格，一次性购买便可获得全部旅游安排和导游全陪服务，简便、安全。这些是团体包价旅游产品的优势。但是，由于包价旅游的安排的同一性，即乘坐同一航班、同一游览车，入住同一酒店，共进相同的餐饮，游览相同的景点，观看相同的节目，遵守约定的时间，旅游者不得不放弃自己的个性，而适应团体的共性。

（2）半包价旅游产品。

半包价旅游产品是在全包价旅游产品的基础上，扣除中、晚餐费用的一种包价形式，其目的在于降低旅行社产品的直观价格，提高产品的竞争能力，同时也是为了更好地满足旅游者在用餐方面的不同要求。

（3）小包价旅游产品。

小包价旅游产品又称可选择性旅游产品，旅游者一般在10人以下。它由非选择部分和可选择部分构成。非选择部分包括接送、住房和早餐，旅游费用由旅游者在事前预付；可选择部分包括导游服务、参观游览、节目观赏和风味餐等，旅游者可根据兴趣、经济情况、时间安排自由选择，费用现付。小包价旅游产品对旅游者而言具有经济实惠、明码标价、手续简便、机动灵活、安心可靠等优势。

（4）零包价旅游产品。

零包价旅游产品多见于旅游发达国家。选择这种旅游产品的旅游者必须随团前往和离开旅游目的地，但在旅游目的地的活动是完全自由的，形同散客。因此，零包价旅游产品又称为"团体进出，分散旅游"。选择零包价旅游产品的旅游者可以获得优惠的团体机票价格，同时由旅行社统一办理旅游签证，较为方便。

2. 单项旅游产品

单项旅游产品是旅行社根据旅游者的具体需求而提供的各种个性化的有偿服务。旅游者需求的多样性决定了旅行社单项旅游产品的可能性和广泛性。单项旅游产品在旅游业界又被称为委托代办业务、单项旅游服务，传统的单项旅游产品主要包括导游服务、交通集散地接送服务、代订酒店和交通票据服务、代办签证和旅游保险购置等。

相较于传统的单项旅游，现代旅行社的单项产品内容更加丰富。比如，现流行于日本、西欧一些国家的home stay形式，即学生在假期到其他国家的同龄学生的家中吃、住、学习，体验另一种生活。家长一般都是委托旅行社安排办理。参加这种活动的家庭也许只有一户，也许有几家不等。另外，现在十分盛行的修学旅游也只需要旅行社安排某些项目，其他均由旅游者本人去实现。更加个性化、人性化和国际化的单项旅游产品已经成为旅行社经营的一个亮点，备受重视。为此，许多旅行社还成立了散客部或综合业务部，专门办理单项旅游产品。

从以上两种旅行社产品的介绍中可以发现，从团体包价旅游产品到单项旅游产品，旅行社产品的构成要素逐步减少，服务要素的构成方式也各不相同。但这绝不等于旅行社产品只有以上两种形态。事实上，在有利于满足旅游者需求和提高旅行社产品竞争力的前提下，任何旅行社产品形态都是允许的。

案例3-4

本案例主要介绍国旅的丽江自由行。

时间：国庆节期间。

价格：5 660 元起。

主题：自由行。

线路特色：北京直飞丽江不经停，赠送丽江机场至酒店往返免费接机、送机服务，赠送丽江大研古城《石福源》大益普洱茶免费品茶兑换券及地图一份。

第一天：北京—丽江。

北京首都机场1号航站楼乘早航班（JD5181，07:25—11:15），飞行约3小时50分钟。

第二天：丽江。

旅游者可以乘出租车到玉龙雪山，乘大索道看现代冰川，净化心灵。也可以下午在丽江古城内自由活动，尽享古城魅力；晚上在河边的酒吧喝酒、对情歌，说不定有美妙的奇遇；或去欣赏世界上最古老的音乐之一——纳西古乐。

第三天：丽江。

旅行最好的风景其实在路上，旅游者可以前往世界著名的虎跳峡（门票50元/人），途经云南省湿地保护区——拉市海（可以自费骑马、吃鱼）；或体验雪山高尔夫，充分享受亚洲唯一雪山球场的独特风景……

第四天：丽江。

如果旅游者想要深入了解东巴文化的深厚底蕴，可以去游走纳西文化走廊——参观被称为丽江古城、"三江并流"、东巴古籍文献三项世界遗产微缩景观的世界遗产公园；观赏如一幅水墨丹青画的黑龙潭；到木氏土司的发祥地白沙，观白沙壁画。

第五天：丽江—北京。

收拾行李准备返程，请务必于中午12:00前办理退房手续，搭乘航班（JD5182，16:55起飞）返回北京，结束愉快旅行。

费用包含：

1. 交通：往返团队经济舱机票（含税费团队机票一经出票，不得更改、不得签转、不得退票，否则票价全损）。

2. 住宿：当地酒店标准双人间（相当于国内五星级酒店标准）。

3. 用餐：酒店自助早餐（用餐时间在飞机或船上以机船餐为准，不再另补。自由活动期间用餐请自理）。

4. 服务：机场—酒店往返接机、送机。

5. 儿童价格标准：乘坐飞机的线路，儿童年龄为2~12岁，费用包含行程内的儿童机票（包机产品，儿童机票同成人），价格不含当地住宿费（不占床的儿童不含酒店内早餐）等。

6. 保险：旅行社责任保险，旅游人身意外保险。

费用不包含：

1. 丽江古城维护费（80元/人次）。

2. 门票：产品中无实际旅游行程，不包含景点门票。

3. 因交通延阻、罢工、天气、飞机机器故障、航班取消或更改时间等不可抗力原因所导致的额外费用。

4. 酒店内洗衣、理发、电话、传真、收费电视、饮品、烟酒等个人消费。

5. 当地参加的自费以及以上"费用包含"中不包含的其他项目。
6. 儿童价格只包含往返机票及丽江机场接机、送机；不含酒店床位、不含早餐。

思考题：1. 按旅行社提供的旅游服务内容，该产品属于哪种类型？
　　　　2. 自由行这种旅游产品为什么越来越受到旅游者的欢迎？

（三）按产品档次分类

旅行社产品按照产品档次划分，可分为豪华型旅游产品、标准型旅游产品和经济型旅游产品。

1. 豪华型旅游产品

旅游费用较高，旅游者一般住宿和用餐于四、五星级酒店或豪华游轮里，或享受高水准的客房、舱位；享有中级或高级导游服务；享用高档豪华型进口车；餐饮以目的地特色饮食为主；欣赏高水准的娱乐节目等。

2. 标准型旅游产品

旅游费用适中，旅游者一般住宿和用餐于二、三星级酒店或中等水准的宾馆，或住于游轮里的双人标准间；享用豪华空调车；餐饮以标准餐为主。

3. 经济型旅游产品

旅游费用低廉，旅游者住宿和用餐于低水准的招待所和旅社，享用普通汽车，餐饮以游客吃饱为基本标准。

此外，在使用长途交通工具上，豪华型旅游产品中，往返使用飞机航线（干线和支线），小交通为进口空调旅游车或国内生产的豪华旅游车，大交通以火车软卧、飞机头等舱为主；标准型旅游产品中，往返大部分使用飞机航线（只限于干线），小交通一般选取国产旅游车，大交通一般以火车硬卧或飞机的经济舱为主；经济型旅游产品中，往返一般使用汽车、火车和普通轮船，小交通多采用普通大客车，大交通以火车硬座为主。

（四）按旅游者的组织形式分类

旅行社产品按照旅游者的组织形式划分，可分为团体旅游产品和散客旅游产品。

1. 团体旅游产品

团体旅游产品一般是指由 10 人以上的旅游者组成的旅游产品。一般是采用包价形式，计划性较强。

2. 散客旅游产品

散客旅游产品一般是 10 人以下的旅游产品，旅行社散客旅游产品有时采用非包价的形式，有时也采用包价的形式，往往是门市组团，随意性较强。

旅行社组团人数的标准有时与产品的档次挂钩，如国内旅游豪华团 10 人成团、标准团 16 人成团、经济团 30 人成团；入境旅游则 10 人以下也可成团。

旅行社产品还可以按地理范围划分，分为国内旅游产品、国际旅游产品、洲际旅游产品和环球旅游产品等；按行程距离划分，可分为远程旅游产品、中程旅游产品和近程旅游产品；按费用的来源划分，可分为自费旅游产品和公费旅游产品；按交通工具划分，可分为航空旅游产品、铁路旅游产品、汽车旅游产品、游船旅游产品和徒步旅游产品等；按旅游者生命周期划分，可分为青少年旅游产品、大学生旅游产品、婚庆旅游产品、老年旅游产品等。

第二节　旅游线路设计

旅行社产品按照所提供的旅游服务内容分为包价旅游产品和单项旅游产品。包价旅游产品就是人们通常说的旅游线路，包价旅游产品、旅游线路是同一事物，只是从不同角度得出不同的名称。旅游线路是旅行社以旅游点或旅游城市为节点，以交通路线为线索，为旅游者设计、串联或组合而成的旅游过程的具体走向。实际上，旅游线路是旅行社从业人员经过市场调查、筛选、组织、创意策划、服务采购、设计等最终生产出来的产品。当旅游者购买了旅游线路，并在法律上得以承认（发票、合同是有效的）时，"旅游线路"就变成"有形物"，从而成为"旅行社产品"，其后的接待服务（导游服务、后勤保障等）才开始释放并融入整个过程中。

旅游线路设计是指旅行社在一定的旅游区域内，根据旅游者的需求，根据现有旅游资源的分布状况，以一定的旅游时间和费用为参照，分析、选择、组合各种旅游要素，将其生产并包装为综合性的旅游产品，并使旅游者获得最丰富的旅游经历的过程。

一、旅游线路设计的影响因素

旅游线路设计受诸多因素的影响，主要可归纳为两大类、六个。

（一）影响旅游线路设计的外部因素

1. 资源赋予

资源赋予是指一个国家或地区拥有的旅游资源的状况。与旅行社产品开发密切相关的资源因素主要有自然旅游资源、人文旅游资源。旅游线路设计应该突出资源的吸引力，以市场需求为导向，有计划、有组织地进行。

2. 设施配置

设施配置是指与旅游者旅游活动密切相关的服务设施和服务网络的配套情况，主要包括食、住、行、游、购、娱六个方面。设施配置是旅游者实现旅游目的的媒介，是旅游者旅游活动的重要组成部分。

3. 旅游需求

旅游需求是指旅游者在一定时间内以一定的价格购买旅游产品的意愿。旅游需求不仅与消费水平有直接的关系，而且也反映出旅游者的兴趣。因此，从某种意义上讲，旅游需求决定着旅行社产品开发的方向。所以，在设计旅游线路前，旅行社一定要做好市场调研，对旅游者的旅游动机和消费需求认真进行调查和分析，从而设计出有针对性和竞争力的产品。

4. 行业竞争

深入了解竞争对手的产品开发情况非常重要。旅行社在选择产品开发方向之前，必须将自身的各方面条件与竞争者加以比较，这样才能了解自己的竞争优势与劣势。在开发新产品之前，需要了解竞争者的有关信息，如明确企业的现实竞争者和潜在竞争者、明确竞争者的产品策略、明确竞争者的优势等。

（二）影响旅游线路设计的内部因素

内部因素是旅行社可以控制的因素，即旅行社的综合竞争力。内部因素包括旅行社的经济实力、人力资源状况等，其中人力资源状况涉及旅行社的管理能力、旅游线路设计人员、市场营销能力、协作网络的广度与稳定度、接待能力、知名度和美誉度等。

1. 经济实力

旅行社的经济实力很大程度上决定了产品的规模，也决定了产品与竞争对手相抗衡的能力。企业的经济实力越雄厚，资金来源越有保证，则旅行社承担市场风险的能力就越强，其衡量指标有企业的资金数量、资金结构、资金筹集能力、盈利能力等。对于经济实力不强的旅行社，关键在于企业的资金能否得到适当运用。

2. 人力资源状况

人力资源状况是旅行社生存发展的另一个重要因素，它涉及旅行社旅游线路设计的方方面面。

（1）旅行社的管理能力。

管理人员是旅行社的上层人力资源，管理能力包括管理人员的素质、组织结构、管理手段、管理体制、经营决策能力等，后四项实际上都是由最高管理人员决定的，因此，最高管理人员的素质对企业产品开发有重要影响，他们应具备居安思危、开拓进取、勇于承担风险等素质。

（2）旅游线路设计人员。

旅游线路设计人员直接关系到旅行社产品的质量，是旅行社的神经中枢。好的旅游线路必须是知识、经验、灵感的结晶，是经历和文化的体验。一个好的旅游线路设计者，必须具备丰富的旅游基础知识、行业工作技巧、敏锐的商业意识、足够的市场和财会方面的知识，同时，旅游线路设计者还需要了解旅游者的心理，以迎合或引导市场。

（3）市场营销能力。

旅行社的市场营销能力决定了产品开发市场的能力与质量，是产品开发市场实现的关键。

（4）协作网络的广度和稳定度。

旅行社产品是一种高关联度的产品，需要和不同行业的人打交道；同时旅行社产品影响因素众多，任何环节出错或出现某种不可抗力都可能使产品出现重大问题，因此就需要广泛和稳定的网络进行协作。

（5）接待能力。

接待能力是指旅行社一线人员的服务能力，如咨询预订、导游服务等，是直接面向旅游者进行服务的人力资源的数量和质量。

（6）知名度和美誉度。

旅行社的知名度和美誉度取决于三个方面：一是产品的合理满意度，二是接待人员的服务质量，三是销售人员的宣传力度。这三个方面分别取决于旅行社旅游线路设计人员的素质、接待人员的素质和市场营销人员的素质，因此最终也由旅行社的人力资源状况决定。

案例 3-5

高考之后、中考之前，学生的暑假尚未开始，但为了能在暑期市场多分一杯羹，各旅行社已纷纷抢先推出暑期游产品，提前放暑"价"。虽然针对学生推出的夏令营利润比成人常规旅游的利润要低，但是为争人气，每年暑期学生游已成为各旅行社的必争之地。

目前甘肃省中国国际旅行社、金桥旅行社、职工旅行社等都在《兰州晚报》推出了众多精彩的夏令营产品。例如甘肃省中国国际旅行社的北京北戴河高校科普夏令营与青岛蓬莱威海海洋科技军事夏令营，在青岛行程中增加了"渔家生活"，跟随渔民一起出海（安全养殖区）捕鱼，上岸品尝自己的劳动成果，在北京行程中增加了"解压减负北戴河"，并且把天文博物馆、科技博物馆、军事博物馆、中国博物馆等"一网打尽"，还送麦当劳、国旅杯夏令营作文大赛等活动，让人目不暇接；金桥旅行社延续"我到北京上大学"品牌夏令营，产品年年相同，内容次次更新，此次"我到北京上大学"以激发学生潜能为基础，想通过活动让学生"重新塑形"；职工旅行社的夏令营是"学"字当头，北京+北戴河的产品整合不但让人耳目一新，而且北大、清华、北师大、北航大四大名校"走入"行程，更让夏令营增色不少。

夏令营中最高端的要数那些出境的修学团了，组织学生前往英语国家，一边玩一边学英语，还可以入住当地人的家庭，与当地人进行生活上的交流，提高英语水平。不过，这类夏令营往往因为价格不菲而让普通家庭无法接受。如今，还有旅行社卖起了限量版的高端修学团，"国际互惠生"在兰州的走红说明高端团队在金城并非没有市场。

思考题：旅行社推出的暑期旅游产品，反映了旅游线路设计时要考虑哪些因素？

二、旅游线路设计的基本原则

在生活节奏不断加快的今天，对大多数旅游者来说，在舒适度不受影响或体力许可的前提下，花较少的费用和较短的时间尽可能游览较多的风景名胜，是他们最大的愿望。这要求旅游线路设计必须遵循科学的原则，只有在正确的原则指引下才能设计出合理的旅游线路。旅游线路设计一般应遵循七项原则。

（一）市场导向原则

旅游者因地区、年龄、职业、文化不同，对旅游市场的需求是不一样的，而随着社会经济的发展，旅游市场的总体需求也在不断变化。市场导向原则是指旅行社在开发新的旅游线路前，须对市场进行充分的调查研究，预测市场需求变化趋势和需求数量，设计出适销对路的产品。成功的旅游线路设计，必须首先预测市场的需求趋势和需求数量，分析旅游者的旅游动机和影响旅游消费的因素，把握旅游市场的变化，针对不同的旅游者群体设计出不同的旅游线路，从而打开销路，实现其价值。这就必须坚持市场导向原则，最大限度地满足旅游者的需求。再者，旅游者的需求决定了旅游线路的设计方向。根据旅游者需求的特点，旅行社结合不同时期的风尚和潮流，设计出适合市场需求的旅游线路，可以创造性地引导旅游消费。

（二）突出特色原则

旅游线路可以多种多样，但特色始终是旅游线路的灵魂。突出特色（或主题）可以使旅游线路充满魅力，获得强大的竞争力和生命力。这就要求对旅游线路的资源、形式精心选择，充分展示旅游的主题，做到特色鲜明。第一，尽可能保持自然和历史形成的原始风貌。开发者必须以市场的价值观念看待开发后的吸引力问题，而不能凭借自己的主观意识来决定。第二，尽量选择利用带有"最"字的旅游资源项目，以突出旅游线路的优越性，即所谓"人无我有，人有我优"。第三，努力反映当地的文化特点，突出民族文化，突出独特性，这也有利于当地旅游形象的树立。

（三）旅游进入原则

旅游线路交通的衡量标准是进得去，出得来，散得开，不至于造成"卡脖子"的状况，且要有基本的安全保障，进一步的要求是迅速、舒适、方便、安全。在具体安排上，长途一般应乘飞机，中途应乘高铁（火车），短途乘汽车；交通工具的选择应与旅程的主题相结合；同时要保证交通安排的衔接，减少候车（机、船）的时间。住宿和餐饮要满足顾客的基本要求，最起码要解决无处过夜的问题。

（四）多样化原则

旅游线路的安排要注意旅游景区（点）及活动内容的多样化，例如，在一个景点参观一些古代庙宇、佛塔等古迹，而在下一个旅游景点，则可品尝一些名扬四海或具当地特色的美味佳肴，再下一个景点，又可欣赏风景优美、民风淳朴的宁静小镇等。在设计旅游线路时，为增加旅游乐趣，要使景点选择尽量富于变化，避免单调重复。以游览观赏为主要内容的旅游线路，切忌将观赏内容安排得过于紧张，避免把轻松愉快的旅游变成疲劳的参观活动。

（五）合理性原则

1. 合理安排旅游顺序——渐入佳境

旅游顺序的安排要合理、顺畅，避免旅程太过曲折，避免走回头路，并且要先安排有一般吸引力的景点，再过渡到吸引力强的景点，例如，"中国六大古都之旅"的线路安排，沿着杭州—南京—开封—洛阳—西安—北京的顺序展开要比逆向好。这样渐入佳境，使游客的热情和兴致一直处于不断高涨的状态。北京悠久的历史、灿烂的文化和雄伟壮观的故宫、长城，会使整个行程达到高潮。

2. 合理安排旅游日程——择点适量

在旅游日程的安排上要劳逸结合，科学合理。在一条线路中，不应安排过多火车，那样会使旅游者太过疲劳。另外，一条旅游线路不宜安排过多旅游点。如果景点安排得过多，旅游者就会走马观花，不能深入体会景点的特色。旅游者参观游览时，要有精神和体力恢复的时间。尤其是外国旅游者来到中国，会有时差的问题，这就需要一些时间来休息。例如北京三日游，游客要求去王府井大街购物，通常安排在第二天的下午，而不安排在第三天乘飞机之前，因为购物时游客容易走散，很难在规定的时间内集中起来，一旦发生意外，就会误机。

3. 合理安排旅游景点——错落有致

一条旅游线路的各个旅游景点应各有特色，内容丰富。这样一路走来，旅游者都会感到新奇、兴奋，不会因为景点重复而兴味索然。前几年，旅游者抱怨在我国一些地方旅游，就是"白天看庙，晚上睡觉"，这实际上反映出某些旅游线路设计的重复性和单调性。

4. 合理安排交通工具——避免重复

旅途中要按照方便、快捷、舒适和安全的标准选择交通工具，避免将大量的费用和时间花在旅途上。比如杭州、上海、南京、扬州、苏州之间，乘汽车比乘火车要方便快捷；桂林和西安之间如果乘坐晚上的飞机，就会腾出大量白天的时间观光。

（六）安全第一原则

在设计旅游线路的过程中，必须重视旅游景点、旅游项目的安全性，把旅游者的安全放在首要地位，"安全第一，预防为主"；必须高标准、严要求地对待旅游工作的每一个环节，对容易危及旅游者人身安全的重点部门、地段、项目，提出相应的要求并采取必要的措施，消除各种潜在隐患，尽量避免旅游安全事故的发生。旅游安全涉及旅行社、旅游酒店、旅游车船公司、旅游景点景区、旅游购物商店、旅游娱乐场所和其他旅游经营企业，常见的旅游安全事故包括交通事故（铁路、公路、民航、水运等交通事故）、治安事故（盗窃、抢劫、诈骗、行凶等治安事故）以及火灾、食物中毒等。

在设计旅游线路时，要把虽具很大潜力，但目前不具备要求的景点、景区排除在常规线路之外。否则就会因交通而途中颠簸，游速行缓，游览密度不够，深度不足，不能充分实现时间价值。旅行社推出旅游线路，不但要考虑沿途景点，以使游客满意的限度最优化，而且更应考虑旅客的生命与财产安全。例如2017年1月，A市一家旅行社组织旅行游览。旅游车行驶在高山冰冻湖面上，还未开多远便冰层破裂，车沉入湖底，游客中2人死亡、14人受伤，造成一起重大事故。

（七）与时俱进原则

任何旅游产品都不可能从产生开始就十全十美，即便一条很受欢迎的线路，也需要在实践中反复检验，不断总结、改进。这就要求旅行社在旅游线路设计时关注市场动态，虚心听取旅游者和一线导游的意见和建议，及时合理地调整行程，减去不受欢迎的项目，增加一些特色明显却不为其他旅行社所注意的项目，使线路产品常见常新、与时俱进，从而吸引旅游者。

案例 3-6

下面是一个法国、瑞士、意大利、梵蒂冈四国十日游的行程。

第一天：深圳—香港—巴黎。

于深圳指定口岸乘坐快船，前往香港国际机场，乘搭豪华客机飞往法国首都巴黎。（飞行时间约13小时）

第二天：巴黎。

参观大革命所在地协和广场—远眺屹立在塞纳河畔的埃菲尔铁塔—在外参观宏伟壮观的荣军院—途径充满文艺气息浓厚的巴黎歌剧院。（游览时间约90分钟）之后，途经著名的香榭丽舍大道—参观代表着法国民族精神的凯旋门—在香榭丽舍大道拍照留念（停留时间约20分钟）—参观经历两个世纪始建成的哥特式大教堂巴黎圣母院（入内参观，时间约45分钟）—到巴黎市中心春天百货公司尽情购物（自由购物，时间约150分钟）—自费欣赏巴黎著名的歌舞及杂技表演、品尝法式海鲜晚餐。

第三天：巴黎—市内观光—枫丹白露—第戎。

参观全世界四大博物馆之一的卢浮宫博物馆（参观时间约 2 小时）—前往巴黎香水专卖店（自由购物，时间约 45 分钟）—前往巴黎郊区，游法兰西一世兴建的枫丹白露宫花园，（该处是拿破仑最喜欢居住的宫殿，游览时间约 30 分钟）—坐车到第戎（坐车约 3 小时）。

第四天：第戎—布根地酿酒区—瑞士伯尔尼—茵特拉根。

坐车到布根地酿酒区（约 3 小时）—到法国传统的两大葡萄酒区布根地，了解古老而具有个性的葡萄酒酿造过程，也可一尝闻名世界的特级佳酿（游览时间约 1 小时）—驱车前往瑞士的首都伯尔尼（约 1 小时）参观熊洞小公园—参观伯尔尼市政厅—欣赏钟楼（伯尔尼市区观光时间约 1 小时）—驱车前往瑞士"少女峰门户"茵特拉根。

第五天：茵特拉根—琉森。

乘坐瑞士著名的观光列车"黄金列车"前往著名度假胜地琉森（约 2 小时）—参观琉森的地标性建筑教堂桥（或称花桥）及著名的狮子纪念碑（游览时间约 30 分钟）—逛逛瑞士钟表、巧克力及特色手工艺商店（自由购物，时间约 2 小时）；团友可自费前往琉森市西南 30 千米的英格堡高地（午餐自备）。

第六天：琉森—意大利米兰—威尼斯。

前往参观坐落于米兰市中心大教堂广场上的米兰主教教堂—参观欧洲音乐艺术殿堂斯卡拉歌剧院—逛逛以意大利国父命名的马内利二世购物长廊（市区游览时间约 90 分钟）—欣赏最美丽的"水上都市"威尼斯。

第七天：威尼斯—柏图。

前往游船码头，转乘观光船前往威尼斯主岛—抵达威尼斯主岛后，欣赏圣马可广场及为埋葬耶稣使徒圣马可而兴建的圣马可大教堂—参观 97 米高的钟塔—参观用粉红色和白色的大理石砌成的总督府道奇宫—感受叹息桥（岛上游览时间约 90 分钟）—参观威尼斯玻璃厂（参观时间约 45 分钟）。游览后驱车前往托斯卡纳大区的柏图。

第八天：柏图—罗马。

前往"永恒之都"罗马，首先前往天主教教廷所在地梵蒂冈—参观贝尔尼尼所设计的圣彼得广场—入内参观圣彼得大教堂（参观时间约 1 小时）—参观罗马废墟—感受罗马古斗兽场—到君士坦丁凯旋门拍照留念（停留时间约 30 分钟）—参观特雷维喷泉（停留时间约 30 分钟）。

第九天：罗马—香港。

早餐后前往罗马国际机场，乘坐豪华客机返回香港。

第十天：香港—深圳。

航班在当天 06:20 抵达香港国际机场，乘船返回深圳后于深圳指定关口解散，结束愉快旅程。

思考题：1. 试分析这条线路的特色是什么。

2. 对照旅游线路设计的 7 个原则，从 7 个角度总结这条旅游线路。

三、旅游线路类型

旅游线路是旅行和游览路线、景点及服务项目的总称，包括旅游起始地、距离、交通方式、餐饮住宿和参观游览的景点等要素。旅游线路是旅行社产品的主要形式，其销售额是旅行社利润的主要来源。旅游线路按照不同的标准可以分为很多种，常见的有3种划分标准。

（一）以旅游距离为标准划分

按旅游距离分类，旅游线路可分为短程旅游线路、中程旅游线路、远程旅游线路。短程旅游线路的游览距离较短，活动范围较小，一般局限在市内、市郊或相邻区县；中程旅游线路的游览距离较远，旅游者的活动范围一般在一个省级旅游区内；远程旅游线路的游览距离远，旅游者活动范围广，一般是跨省甚至跨国旅游，包括国内远距离旅游线路、边境旅游线路和海外旅游线路。

（二）以旅游时间为标准划分

按旅游时间分类，旅游线路可分为一日游旅游线路、两日游旅游线路、三日游旅游线路和多日游旅游线路。一般一日游、两日游为短途旅游，而中长距离旅游时间多在三日及以上。

（三）以线路性质为标准划分

按线路性质分类，旅游线路可分为观光旅游线路、休闲旅游线路和专题旅游线路。观光旅游线路属于最常见、最常规也最受普通旅游者欢迎的旅游线路，在我国旅游市场上一直占据重要地位，客源相对稳定；休闲旅游线路是以休闲度假为主题的旅游线路，是近年来兴起的旅游产品，引导着未来旅游业发展的方向；专题旅游线路是专门为一些具有特殊旅游目的地的旅游者设计的线路，线路景点具有统一的内容。需要强调的是，这三种旅游线路性质的划分是相对的，现实中更多的是互相交叉、互相包容的关系，即观光旅游线路包含主题的内容，休闲旅游线路附带观光的成分，这样才会有更强的市场竞争力。

知识拓展3-1

广东南湖国际旅行社旅游线路分类如下。
一、省内游
1. 生态游：万绿湖、英西峰林景区、丹霞山、南岭国家森林公园、雁南飞茶田度假村、南昆山风景区、三桠塘、鼎湖山、燕岩、七星岩。
2. 漂流游：猛虎峡漂流、老虎谷漂流、清泉湾漂流、黄腾峡漂流、玄真漂流、古龙峡漂流、龙虎谷漂流、金水台峡谷漂流、盘龙峡勇士漂流。
3. 沙滩游：沙扒湾、上川岛、下川岛、月亮湾、东澳岛、小漠银海湾生态乐园、巽寮湾、放鸡岛、大亚湾赤洲岛、红海湾。
4. 温泉游：山泉湾温泉、富都温泉、古兜温泉、森波拉火山温泉、聚龙湾温泉、新银盏温泉、南昆山大观园温泉、云顶温泉、金水台温泉、碧水湾温泉度假村。
二、国内游
1. 北京及河北：北京、承德、秦皇岛、北戴河、坝上。
2. 海南：蜈支洲岛、亚龙湾、兴隆、海口、大东海、博鳌、西岛、香水湾、三亚湾、三亚。

3. 广西：阳朔、漓江、桂林、兴坪、荔浦。
4. 华东：上海、南京、无锡、杭州、苏州、乌镇、绍兴、西塘。
5. 江西：景德镇、庐山、龙虎山、三清山、婺源、井冈山。
6. 福建：厦门、福州、武夷山、永定。
7. 湖南：张家界、凤凰古城、郴州、长沙、岳阳、衡山、韶山。
8. 安徽：黄山、宏村、屯溪。
9. 浙江：杭州、乌镇、千岛湖。
10. 西部：呼伦贝尔、贵州、九寨沟、西安、重庆、内蒙古、青海、宁夏、西藏、云南。
11. 香港：长洲岛、香港迪士尼乐园、香港海洋公园、天际100、赤柱、南丫岛、昂坪大屿山。
12. 澳门：妈阁庙、盛世莲花、新濠天地、大三巴牌坊、银河度假村。
13. 台湾：台北、台中、垦丁、花莲、高雄、金门、澎湖、宜兰、琉球。

三、出境游

1. 欧洲：德国、法国、比利时、荷兰、卢森堡、丹麦、瑞典、芬兰、挪威。
2. 大洋洲：悉尼、墨尔本、凯恩斯、布里斯班、黄金海岸、奥克兰、罗托鲁瓦、新西兰。
3. 美国与加拿大：温哥华、蒙特利尔、纽约、波士顿、洛杉矶、华盛顿、旧金山、拉斯维加斯、夏威夷。
4. 非洲：埃及、突尼斯、肯尼亚、南非。
5. 西亚：迪拜、土耳其、阿联酋、伊朗、以色列。
6. 日韩：韩国、北海道、东京、大阪、京都、冲绳。
7. 东南亚：马来西亚、泰国、新加坡、柬埔寨、越南。
8. 海岛游：宿雾、巴厘岛、马尔代夫、毛里求斯、苏梅、布吉、斐济、塞班、岘港、兰卡威。

我国旅游行政管理部门制定的《旅行社服务通则》和《旅行社国内旅游服务规范》，对旅游产品进行了相关规定。旅行社在向旅游者或零售商发布产品时应提供旅游产品说明书，详细说明产品应具备的要素。旅游产品说明书应包括以下内容：线路行程；所采用的交通工具及标准；住宿、会议（如有）地点、规格及标准；餐饮标准及次数；娱乐安排以及自费项目；购物安排、具体次数及每次停留时间；产品价格、价格包含及不包含的内容、产品价格的限制条件（如报价的有效时段、人数限制、成人价、儿童价等）；游览时间及季节差异；旅游目的地资讯介绍及注意事项；针对高风险旅游项目的安全保障措施；投诉电话。

旅行社在团队出发前应向旅游者发放行程须知，列明旅游产品说明书中尚未明确的要素。对无全陪的团体或散客须告知旅游目的地的具体接洽办法和应急措施。出境团队出发前应召开出团说明会。

对于产品发布时尚不能确定的要素应于出发前以行程须知的方式告知旅游者。不能确定的要素应限于以下四项：具体航班信息；酒店具体名称、地址及联系方式；紧急情况联络方式；目的地的特别注意事项（如有，应特别说明）。

四、旅游线路设计的流程

旅游线路的设计是一个技术性非常强的工作，是旅游资源、旅游设施和旅游时间的组合。旅游线路设计的成功与否主要反映在行程、价格和市场认可度等方面。旅游线路设计的流程主要分为五个步骤。

（一）充分调研，了解市场需求

1. 实地考察与调查

对旅游目的地重要资源、交通、住宿、餐饮、娱乐、购物等情况进行调查，内容包括价格水平、发展规划、潜力预测及游客评价等，在条件允许的情况下还应对旅游目的地的周边旅游景区进行考察，比较该线路中景点的优势所在，明确与其他景点的竞争与合作关系。

2. 分析与预测

分析与预测包括：①分析实地考察线路的可行性（打入客源市场的可能性、需求的持久性、线路的发展趋势和可模仿性等）；②分析、预测该线路的价格及其与类似产品价格的比较，大致确定旅游者可接受的范围；③预测竞争态势，包括现有和潜在的竞争对手。

（二）突出主题，确定产品名称

在市场调查的基础上，进行产品构思。要确定旅游线路的名称和主题、产品特色、服务和设施等级。确定线路名称应该综合考虑各方面因素，力求简约、突出主题、时代感强、富有吸引力。

（三）优化资源，策划旅游路径

旅游线路的始端是第一个旅游目的地，是该线路的第一个节点；终端是最后一个节点，是旅游活动的终结或整个线路的最高潮部分；而途经地则是线路中的其他节点，是为主题服务的旅游目的地。策划旅游线路就是在始端到终端以及途经地之间合理布局节点，确定游览顺序。旅游线路取决于城市之间现实的交通状况。

（四）充实内容，巧排活动日程

活动日程是指旅游线路中具体的旅游项目内容、地点及各项目进行的时间。活动日程安排应体现劳逸结合、丰富多彩、节奏感强、高潮迭起的原则。

1. 选择交通方式

交通方式要体现安全、舒适、经济、快捷、高效的原则。在预算充裕的情况下，要注意多利用飞机，尽量减少旅行时间；少利用长途火车，以避免游客疲劳；合理使用短途火车，选择设备好、直达目的地、尽量不用餐的车次；将汽车作为短途交通工具，机动灵活等。

2. 安排住宿餐饮

食、住是使旅游活动得以顺利进行的保证，安排住宿餐饮应遵循经济实惠、环境优雅、交通便利、物美价廉的原则，进行合理安排，并注意安排体现地方或民族特色的风味餐。当然旅游者有特殊要求的除外。

3. 留出购物时间

在设计线路时，应遵循时间合理、不重复、不单调、不紧张、不疲惫的原则，购物时间尽量安排在线路所串联景点之后。

4. 筹划娱乐活动安排

娱乐活动要丰富多彩、雅俗共赏、健康文明，体现民族文化的主旋律，达到文化交流的目的。比如杭州"给我一天，还你千年"的宋城歌舞表演，大型桂林山水实景演出"印象刘三姐"，张家界土家族、苗族大型晚会"魅力湘西"，香格里拉藏民家访，天津名流茶馆的相声，东北二人转，伊春鄂伦春族篝火晚会、草原骑马等，都体现出当地浓郁的民族风情和特色。

（五）总结反馈，不断修改完善

相关部门或人员设计好旅游线路后，应与计调部门、市场部门、旅游者或旅游中间商协作修改，完善旅游线路；对于旅游线路的相关事项列出备注说明，推出旅游线路；收集整理旅游者反馈意见，对产品做进一步修改。

一条完整的旅游线路应包括线路名称、线路特色、日程安排、交通形式、用餐标准、住宿标准、最终报价、备注说明等内容。当旅游者购买旅游产品、签订旅游合同时，应将线路设计内容（行程表）作为旅游合同的附件由双方签字确认。

第三节 旅行社产品设计与生产

上一节仅仅介绍了旅游线路设计，但对旅行社而言，不仅要把产品（旅游线路）设计出来，而且要采购组成产品的"原材料"，进行市场营销，最后销售给旅游者，这一节全面阐述产品设计与生产的整个过程。由于中国与西方国家旅行社的产生与发展历史、旅行社分类、管理体制等不同，旅行社产品的设计与生产的过程也各不相同，下面阐述时将强调二者的区别。

一、西方国家旅行社产品的设计与生产

在西方国家，旅行社采用三分法时，旅行社产品设计与生产的任务主要由旅游经营商或旅游批发商负责；采用二分法时，旅行社产品设计与生产的任务主要由旅游批发经营商负责。旅游经营商或旅游批发商、旅游批发经营商常常被称为旅行社行业的生产商，它们在产品设计和生产中已经形成一套特定的方法。这里以旅游经营商和包价旅游产品为例来说明。通过多年的经营与发展，旅游经营商无论是在实力还是在经验上都成熟一些，旅游经营商将一次旅游活动中所需要的各项旅游服务组合起来，形成包价旅游产品，之后通过自设的零售网点或旅游零售商销售给消费者。

旅游经营商在设计产品时非常注重对消费者需求和市场状况的调研，从市场调研入手，选择目的地，与供应商谈判，确定价格，制作宣传手册，投放市场，进行市场营销，直到第一批旅游者出发。任何一个产品的推出至少需要12个月。不同类型的产品设计与生产过程需要不同的时间，常规产品通常需要1年，大型产品需要3~5年。具体来说，旅游经营商的设计与生产过程包括5个环节。

（一）市场调研

市场调研是产品设计的开始，与其他产品相比，旅行社产品更容易受不断变化的环境因

素影响,而市场调研可以在很大程度上减少这些不确定性对旅行社的影响。通过市场调研,可以很好地对市场规模、社会和人口统计因素、经济因素以及竞争状况做出判断,设计出适销对路的产品,减少盲目性和不确定性。

1. 调研的内容

(1) 旅游者的消费趋势调研。

旅游者的消费趋势是旅行社进行产品决策的重要依据,它决定着旅行社产品开发的方向。现在旅游消费趋向个性化,人们喜爱文化旅游、特种旅游和参与性旅游,而不再是简单的自然风光游。旅游者的消费趋势是旅行社进行产品决策的重要依据,旅游者消费趋势调查的内容主要包括旅游者对目的地的偏好、交通工具与住宿设施的选择、假期的长短以及度假的方式等。在过去的 20 多年中,欧美旅游者在选择度假方式时,大多喜欢"3S"(Sea, Sand, Sun)产品,如地中海、加勒比海包价旅游等。但是,随着个性化消费趋势的兴起,文化旅游、特种旅游和参与性旅游已经成为人们喜爱的度假方式。包价旅游的时间通常从 7~21 日不等,有的顾客喜欢一年享有两个 7 天的假期而不是一个 14 天的假期。而现代的消费趋势逐渐开始趋向个性化,人们越来越喜欢放慢旅行的速度,宁愿在一个目的地停留更长的时间,以充分了解当地的文化与景色,而不是走马观花般地在一个目的地仅停留几个小时。在交通工具的选择上,远途旅游的首选仍然是飞机,而在内陆的旅行则选择豪华长途巴士。

(2) 外部环境趋势调研。

外部环境因素是旅行社无法左右的,但可以利用这些因素。对外部环境进行分析与预测的目的是明确现在与未来的发展趋势,找出现有与潜在的竞争对手,确定未来的发展目标。

①国内外的政治与法律状况:如战争、事变、外交关系等,会影响到旅游者对旅游目的地的选择,有关旅游业的相关政策和法律规定对旅行社业务有制约作用。

②经济环境:如通货膨胀、汇率、利率的变化等,直接影响到旅行社产品的价格,并由此影响到旅行社的产品组合。

③社会环境:对客源市场的人口、生活方式也应充分认识,以了解旅游者真正需要的是什么样的产品。

④竞争对手:竞争对手的产品、提供的服务、产品价格、拥有的市场份额对旅行社的产品开发有着重要影响。

2. 调研方法

问卷法是市场调研最常用的方法,须事先设计调查问卷。一个高质量的调查问卷可以提升应答率,可以极好地调查出顾客的有关偏好,可以为旅行社迅速提供大量的信息,这种调查应当以月为基础实施。国外许多著名的旅行社都非常注重这种调查方式,聘请专业人士设计问卷、发放问卷,对问卷进行统计分析。

另一种常用的调研方法是由旅行社的各类员工提供第一手资料。不同部门的员工在不同程度上是各类问题的专家。例如,旅行社的海外代表对海外市场旅游者对旅行社产品的反应了如指掌;地区经理或预订人员则掌握很多分析数据,并根据自己的专业知识和以往的经验对数据进行分析与解释;旅行社的导游工作在第一线,对旅游者需求及市场的情况了解非常多。

还有一种调研方法就是对旅行社以往的产品销售数据进行分析，在分析的基础上，对未来产品的生产与销售趋势进行预测。

此外，各种专业杂志、协会刊物以及各类组织提供的信息，也是旅行社进行调研的重要工具。

（二）产品计划

旅游经营商在完成上述市场调研的基础上，下一项工作就是制定旅行社产品计划。这个产品计划包括三项内容。

1. 选择目的地

目的地应符合旅游时尚，拥有便利的设施，能够容纳大型的旅游团体，拥有便利的交通，拥有种类和价格各异的酒店，自然和人文旅游资源独特，气候、景色宜人。确定发展可能性最大的两至三个旅游目的地，然后进行可行性论证和筛选。

2. 确定旅游团接待量

根据旅游目的地的有协议的酒店房间容量、交通工具的承载量等，明确每个团接待的人数。

3. 设计产品具体内容

根据旅游淡季、旺季的不同情况，合理安排沿途的景点，制定每日行程安排；确定城市间的交通方式和城市内交通工具；确定选择酒店的星级标准、客房价格；明确产品的使用期限；明确第一批旅游者出发日期。这一阶段应加快设计进度，尽快投放市场。

（三）谈判

一旦旅游目的地、旅游季节、起程日期等产品计划确定后，旅行社就需要与相关的旅游企业进行谈判直至最后签约。

1. 与航空公司的谈判

与航空公司谈判的内容主要有包机业务事项、飞行计划，确定飞行的日期、频次、停留机场和抵离时间。在签订合同时，要付给航空公司一定的定金，按照惯例，夏季旅游项目预付定金的比例为10%，冬季项目为5%。旅行社可以与航空公司直接谈判，也可以经过中间商，或者从另一个旅行社直接购买机位。有的旅游经营商本身就有自己的航空公司。旅游经营商与航空公司的合作通常采取包机的方式，包机方式一般有三种选择。

（1）分时包机。

分时包机是大型旅游经营商在某一特定的时期包下整座飞机。某一特定的时期可能是某一周、某一季节或某一年。分时包机风险较大，如果第一阶段预测旅行社在某一特定的时期旅游者人数高于实际人数，飞机座位不能完全售出，则旅游经营商必须承担座位空耗产生的损失，旅游经营商利润降低甚至亏损。这是有实力的大型旅游经营商经常采用的形式。

（2）半包机。

半包机是旅游经营商在特定的一段时间内包租某架飞机上特定数量的机位。这是中小型旅游经营商普遍采用的形式。半包机风险较小，但在包机前应根据经验数据和对未来市场的预测确定包租的机位数量。

(3) 特别包机。

特别包机是接待量较小的旅游经营商按照预先商定的特定价格在特定时期内购买特定航线上的机位。旅游经营商不必事先预测机位数量,可以随时按照商量好的价格向航空公司订购机票。一些分时包机、半包机形式的旅游经营商,如果实际需求量超出预测,也可以采用这种方式购买额外所需机位。

2. 与酒店的谈判

旅游经营商与酒店谈判主要是为了缔结床位购买合约,通常可以采用三种不同的采购方式。在这三种不同方式中,旅游经营商承担的风险不同,因此适用的市场也往往不同。

(1) 包销制。

包销制是旅游经营商承诺在某一季节购买特定数量的床位。旅游经营商承诺购买的数量越大,房价折扣越多,但承担的风险也越大。

(2) 配给制。

配给制是旅游经营商在某一日期之前以优惠价格从酒店处获得一定数量的房间进行销售,在到达规定日期之后,旅游经营商将未售出的房间返还酒店,由酒店销售。一般来说,旅游经营商将未售出的房间返还酒店的最后日期限定在度假高峰到来的两至三个星期之前。

(3) 特别购买制。

特别购买制是当旅游经营商需要客房时,临时和酒店协商购买。这是最昂贵的一种采购方式,但可以消除旅游经营商由于客源不足而带来的超额预订酒店房间的风险。过去,这种随购随买的方式由于受旅游经营商和饭店之间手续繁杂的影响,应用得不是很普遍。现在,随着网络应用的普及和计算机预订系统的使用,这种合作方式正在获得推广。

3. 与其他供应商的谈判

旅行社还会与汽车公司、游船公司、餐饮企业、旅游商店等供应商就提供服务的时间、方式、数量和价格等分别进行谈判。

(四) 定价

与供应商谈判明确价格后,旅游经营商需要就谈判结果来确定包价旅游产品的价格。旅游经营商先计算各项旅游服务的成本,加上设计与生产过程中产生的管理费用,再加上付给旅游零售商的佣金,以及旅游经营商自己所赚取的利润,同时考虑通货膨胀,合在一起构成包价旅游产品的销售价格,即旅游者最终购买的包价旅游产品的总价。如果涉及出境、入境旅游产品,还要考虑汇率变化。

旅游零售商的佣金是指旅游零售商帮助旅游经营商销售出一个产品时,旅游经营商将按照售出产品总价值的一定百分比付给旅游零售商,作为其销售产品的回报。例如,如果旅游经营商事前承诺付给旅游零售商10%的佣金,若旅游零售商帮旅游经营商销售价值2 000美元的产品,则旅游零售商获得200美元的佣金(2 000×10% =200(美元))。

旅游经营商如果想获得更多利润,就必须尽最大努力降低成本,而降低成本的最佳途径是通过与供应商谈判,通过大批量购买和良好的合作关系以较低的价格签订合同。只有降低采购成本,旅游经营商才能制定一个具有竞争力的产品价格,在市场竞争中获得胜利。

（五）营销

1. 制作宣传手册

旅游宣传手册是指旅游经营商用来宣传其提供的产品和服务的小册子，是旅游经营商最重要的营销工具之一，对旅游者是否购买旅游产品的影响很大。旅游产品是一种无形产品，旅游者购买时无法看到实物，但通过印刷的文字和图片的描绘，旅游产品就成了一种"有形"的产品，因此，旅游宣传手册是向旅游者介绍并引导其购买产品的重要工具。在西方发达国家，没有旅游宣传手册进行旅游销售是难以想象的。所以，各个旅游经营商都不惜成本印刷旅游手册，并通过广告吸引旅游者到旅游零售商那里索取手册。

在西方国家，宣传手册被称为旅行社产品的外包装，是旅游经营商最为重要的营销工具。旅行社进行产品设计的过程中，也包括宣传手册的设计与制作过程。

（1）宣传手册中应包含的信息。

为了满足旅游者了解一般旅游产品信息的需要，宣传手册的内容通常包括目的地情况简介、旅行的日程安排、住宿与餐饮设施状况、价格、交通工具的安排、健康要求、保险以及旅游纠纷的仲裁、旅行社的联系方式等。

宣传手册一般都制作精美，图文并茂，能充分体现旅游产品的特点，它因此也占旅游经营商年度营销开支的很大一部分，一些大的旅游经营商每年制作上千万册宣传手册。旅游经营商在进行成本费用预算时，必须安排一定的广告宣传资金，一般占到成本费用的2%~4%。

（2）宣传手册的分发和控制。

只有使宣传手册到达目标顾客的手中，宣传才会起作用，但过多地分发宣传手册，会增加成本，造成浪费。在实际工作中，旅游经营商主要是根据发出手册的数量与收回订单数量的一定比例来决定手册分发的数量。一般每发出5~10份手册应收回一份订单，而专项旅游经营商可能要发出25~30份手册才能获得一份订单。如果哪家旅游零售商的预订情况总是低于这个数字，旅游经营商就应请该零售商做出解释。旅游经营商还将根据旅游零售商的业绩来决定给零售商以什么样的支持，优秀的旅游零售商想要多少手册就可得到多少；而相对较差的旅游零售商，旅游经营商也许只愿意提供一个文件副本或少量手册。

2. 旅游零售商

在西方国家，如果把旅游经营商看作旅行社产品的生产商，那么旅游零售商就是旅行社产品的百货商店，是旅游经营产品的主要销售渠道，旅游经营商生产的产品大部分经由旅游零售商销售给旅游者。旅游经营商在将产品生产出来后，就会寻找适当的旅游零售商，将产品目录和宣传手册放在旅游零售商处，甚至还自己将培训好的销售人员派往各旅游零售商，协助旅游零售商进行营销活动，向顾客讲解产品，促进产品销售。

在经过试产试销后，旅游零售商要选择好目标市场，制定销售策略和价格策略，加强促销，在同行业及公众中，掀起旅行和促销高潮。同时，旅游零售商还要定期检查与评价推出的产品，对产品进行必要的修正和改进，并广泛搜集各种反馈信息，为进一步开发产品提供依据。

二、中国旅行社产品的设计与生产

(一) 中国旅行社产品的设计与生产过程

与旅游业发达的西方国家相比,我国旅行社起步晚,发展历史短,尚未进入成熟阶段,在产品的设计与生产方面还处在许多不足。中国旅行社产品的设计与生产过程与西方国家旅行社产品的设计与生产过程有一定区别。中国旅行社产品的设计与生产过程主要包括四个步骤。

1. 选定产品方案(设计旅游线路)

选定产品方案包括确定旅游目的地、编排旅游线路、进行可行性研究等内容。我国国内很多中小型旅行社基本上采取两种方法,一种方法是所谓的"跟风",即不设计自己的产品,只作为大旅行社的跟随者,通过大旅行社的广告等途径得知一条成熟线路后,与目的地的地接社取得联系,达成合作意向,即招徕客源,组团旅游。这是一种省时、省力、节省成本的做法,一个产品方案的选定只需几个小时就可以完成。另一种方法是设计与生产自己的产品,这是许多旅行社不愿采用的方法,只有一些有实力的旅行社采用。它需要旅行社有关人员多次对选定的旅游目的地进行考察,与当地供应商谈判与协商,或选取合格的地接社,还要在本地对新产品进行宣传与推销。这种方法使产品成本高,风险大,并且设计出的产品随时都有可能被仿冒。

一般来说,产品方案的选定途径主要有门市旅游者咨询、本地区其他旅行社的广告信息、旅游目的地的旅行社或旅游部门的推荐、国内或国际旅游展览会等。

案例 3—7

由于旅行社行业进入壁垒不高,业内竞争激烈,而旅行社抢先一步选择不可再生的旅游资源,不失为一种颇有见地的新思路。旅行社企业进入景观经营,实质上就是通过纵向一体化,实现多元化经营;而旅游业逐步对外开放,景区经营同样也会对外资产生强大的吸引力。

天津市方舟旅行社曾斥资1亿元,买断著名的黄山城区内屯溪老街以及新安江屯溪城区中心段30年的经营权,如此大手笔"买景区"的行为在全国尚属首例。"吃螃蟹"的方舟旅行社的老总徐挺介绍,此次是旅行社同当地政府合作,组成开发公司,按照市场规律联合开发这两个旅游资源。旅行社前三期投入1亿元,占公司80%的股份,获得了经营30年的经营权限。

旅行社在买断新安江屯溪城区中心段景区30年的经营权后,将在江上进行独家经营,再现当年的"秦淮风光"。据方舟旅行社保守估计,仅屯溪老街今后每年的纯收入不会少于1 000万元,其中包括门票收入、开发景区收入等。

思考题:1. 方舟旅行社为何要花大额的资金买断景区经营权?
　　　　2. 从此案例中,你得到什么启发?

2. 选择地接社

中国旅行社在产品的设计与生产过程中,地接社扮演了一个极为重要的角色。当一个旅行社确定了理想的旅游目的地后,组团社的一项重要工作就是寻找目的地的地接社。合适的地接社,可以使旅行社免去与目的地旅游供应企业的价格谈判,节省人力与物力。组团社要对地接社进行审慎筛选,选择合适的地接社,然后签订相关接团协议。

3. 确定价格

中国旅行社包价旅游产品的价格通常采取下列步骤确定。

第一,组团社向地接社提出包价旅游产品的内容与具体质量要求,例如几日游、住宿与饮食的要求与等级、游览项目要求等。

第二,地接社向组团社报价。地接社根据组团社提出的要求,与本地的酒店、景区、餐厅等供应商洽谈价格,将所有的成本加总后,再加上地接社自己要赚取的利润,组成地接社对该产品的最终价格,上报给组团社。

第三,组团社与地接社谈妥价格后,加上旅游者往返交通票价、各种管理费用和自己要赚取的利润,确定包价旅游产品的最后价格。

第四,向旅游者报价。

4. 市场营销

对于真正进行产品开发的旅行社来说,需要突出旅游产品的吸引力,充分引起旅游者的兴趣,采取各种营销手段使旅游者接受新产品。旅行社主要运用报纸广告、人员推销(主要针对企业)和公共关系等营销方式。鉴于旅行社之间的竞争很大程度是价格竞争,所以旅行社对营销方式的选择十分注重成本和短期收益的对比分析。报纸相对于广播、宣传单而言是直接、覆盖面广且有效的大众传播方式,旅行社采用得比较多;而电视广告花费较多,中小型旅行社采用得少。

(二)中国旅行社产品存在的问题

下列旅行社行业出现的问题与中国旅行社产品的设计与生产方式有一定关系。

1. 旅行社产品过于单一且雷同,缺乏特色

当前,我国旅游市场向游客提供的旅游产品,主要是以团体旅游产品为主,散客旅游产品比例很小;包价旅游产品以全包价为主,灵活包价和单项服务的比例很小;消费档次以标准型旅游产品为主,豪华型旅游产品和经济型旅游产品比例很小;旅游产品以观光型为主,其他形式的旅游所占比例很小。旅行社产品结构比较单一,难以满足旅游者的多样化需求。纵观我国旅游市场,许多旅行社产品的设计与生产采用"跟风"方式,缺乏创新性与独特性,众多旅行社经营的旅游产品千篇一律,最终的结果是加剧了市场竞争,尤其是恶性的价格竞争。

2. 旅行社产品普遍低端

首先,我国的观光型旅游产品在国际市场上还处于初级开发水平。高质量的观光型旅游产品应突出游客的参与性、娱乐性、知识性和享受性。这几方面在我国观光型旅游产品中没有得到充分体现。其次,度假型旅游产品、商务型旅游产品等其他形式的旅游产品的开发水平也同样存在差距。最后,旅行社旅游产品设计的科学和技术含量低,容易被抄袭。

3. 不重视对旅行社产品市场的调查研究

市场调研是旅行社产品开发的基础。只有通过市场调研,才能够了解消费者的需求,设计出适销对路的产品。与一些旅游业发达的国家相比,我国旅行社在产品开发过程中往往不

进行或不注重进行市场调研，而是靠主观判断或"跟风"，这不仅会给经营造成很大的风险，同时脱离了市场的需求。

4. 旅行社产品品牌意识淡薄

品牌是企业竞争的王牌，也是消费者分辨和评价旅行社的唯一标准。对于旅行社经营者来说，品牌有助于他们进行产品介绍和促销，也有助于培育回头客，并在此基础上提高顾客的忠诚度。对于购买者来说，品牌可以帮助他们识别、选择和评价不同生产者生产的产品，并通过对旅行社产品品牌的选择来获得旅游活动的最大满足感。目前旅行社普遍不重视品牌的创立，整个旅游业中品牌企业所占的比例很小，品牌产品也为数不多。这也是造成现在旅游业市场混乱的重要因素之一。

（三）今后中国旅行社产品在设计与生产时应注意的事项

目前，我国旅行社在产品设计与生产时，由于自身经济实力有限，技术开发能力不足，往往是在对市场缺乏完全研究的情况下研发新产品，甚至推出未经研究的旅游产品；或者仅仅研究旅游者本身，而不去研究旅游者旅游所要解决的问题；或者不注重对竞争者的分析，而是从自己主观认识去开发产品，从而导致向旅游者提供的旅游产品很难实现旅游产品群体化的个性化、规模化的多样化和层次化的细分。因此，开发设计出的旅游产品与旅游者的需求吻合程度低。

1. 注意市场调研

与西方旅行社对比，中国旅行社在产品设计与生产过程中，市场调研是薄弱环节，然而市场调研的目的是了解消费者的需求，保证设计出的产品能被旅游者认可，确保旅行社产品具有长久的生命力。注重市场调研和旅游者需求趋势预测，树立消费者至上的营销观念，是第一要务。

进行旅行社产品设计与生产的员工应了解消费者需要，加强市场调研。一直以来，多数旅行社把提高产品质量的重点放在服务质量的提高上，忽视产品设计与生产过程的质量管理。其实，产品设计与生产过程是产品质量形成的第一步，是旅行社产品质量的决定性因素之一。如果设计开发过程的质量管理没做好，就无法保证产品质量。也就是说，产品设计与生产过程质量不高，将来不管企业如何努力，都是没有意义的。因此，旅行社会越来越重视产品设计与生产的质量。

2. 包价旅游产品实现差异化

目前我国旅行社开发能力有限，因此，如果想让产品具有差异性、独具特色，可从产品功能设计上下功夫。借鉴并汲取国际上旅游业发达国家旅游产品的设计理念、时尚的艺术手段和科技方法，突出本社产品与其他旅行社的不同，努力实现差异化。

3. 降低产品成本

包价旅游产品要在同类产品中确立自身竞争优势，就需要合理控制成本，以达到自身成本的最小化。只有这样才有利于实现企业的效益最大化，提高产品竞争力。

另外，我国大多数旅行社实力和规模比较小，致使开发新旅游产品的平均成本较高，同时新产品成功率较低，风险极大。面对这种不利的状况，旅行社应认真策划新产品开发计划，遵循产品开发的科学程序，引入团队导向，加强区域旅行社之间的合作。

知识拓展 3-2

据媒体报道，中国旅游业近年成为国民经济发展中的亮点，但与发达国家相比，还只是一个有待开发与规范的不成熟产业，这主要体现在旅游观念陈旧，旅游产品开发不足，规划与管理不到位，国内消费者的旅游意识有待培育，等等。从某种意义上说，差距就是潜力和发展空间，中国巨大的旅游市场与丰富的旅游资源对旅游产品的开发大有帮助。

旅游产品如同商品一样，必须有自己的品牌，而品牌的识别标志就是"个性"。如何使旅游产品具有个性，就是旅游产品如何细分定位，以满足旅游者消费多样化以及消费者的个性化需求的问题。近年来，不少地方已重视对旅游产品的细分，进行个性塑造。如福建打出的旅游口号是"福天福地福建游"，浙江则为"山水浙江"，而香港则是"动感之都，购物天堂"，这些形象的广告语勾勒出一个地方的旅游特色。

众所周知，中国地大物博，旅游资源也十分丰富，但潜在的旅游资源并不等于现实的旅游消费市场。旅游资源如同矿产一样，需要进行开发利用，赋予其新的内涵。但长期以来，我国旅游市场的开发常常忽视市场细分和个性塑造，在许多游客眼里，旅游常常是一个空间的或者说是地域性概念。北京、上海、杭州与桂林等城市的名称成为旅游的代名词，旅行社进行旅游产品开发与组织旅游团队时，也都以地域或城市作为对象与目标。

现在，一些旅游企业纷纷关注市场细分、进行旅游产品个性化塑造的问题。如出现了购物旅游、探险旅游、运动旅游、学习旅游、会展旅游、假日旅游、美食旅游、风情旅游、高山旅游、海洋旅游、草原旅游、沙漠旅游、冰雪旅游等，在形式上又出现了豪华游、经济游、组团游、自助游等。随着社会、经济与文化的发展和人们物质条件、生活方式与兴趣爱好的变化，进行个性化旅游产品的开发，应是今后旅游业的发展方向。

（四）中国旅行社产品设计与生产的创新和趋势

1. 旅游产品设计与生产的创新

旅游产品设计与生产，要根据客观环境和条件的变化不断推陈出新，总体上说有四点要求。

（1）旅游产品设计与生产要有特色。

旅游产品无论是在资源整合、项目开发、设施建设上，还是在服务上，都需要具有鲜明的特色，旅游产品的特色往往也跟地域、资源、文化紧密相连。鲜明的特色往往能使旅游者产生很深的印象，给其带来感官上的冲击，因而有极强的吸引力。独特的旅游产品是旅行社在市场竞争中获胜的法宝。

（2）适应市场需求。

旅游产品的价值体现于吸引旅游者前来旅游，满足旅游者的需求，带给旅游者不同寻常的体验。旅游产品是否能够实现上述功能、实现自身价值，最终取决于市场的需求。只有拥有广阔的旅游市场、满足旅游者愿望、符合市场需求的旅游产品才具有强大的生命力和较好的经济效益。

（3）内容多样，结构合理。

旅游者层次不同，需求各异，这就要求旅游产品提供的服务内容多种多样，以满足旅游者多方位、多层次的需求。同时，旅游项目之间也应考虑相互间的比例关系，基于合理、协调的角度，既能使项目之间相互补充，又不至于因旅游者驻留时间不一而造成资源的浪费。这就需要设计者充分考虑市场情况，通过分析旅游者的偏好和兴趣来设计旅游产品的内容和结构，达到旅游资源和产品的充分有效利用。

（4）注重参与性和娱乐性。

参与性的旅游产品给予旅游者的是感官的刺激，因而能获得较深的印象和生动的体验。旅游产品的参与性越强，带来的体验就越生动。同时，越来越多的旅游者希望从旅游中获得轻松愉快的消遣，以便恢复精力和体力。因而，在旅游产品的开发中，应注重参与性和娱乐性项目的设计。

旅游是一项求知、求乐、求异、求新的活动，若设计大同小异，开发的旅游产品也千篇一律，就满足不了千差万别的需求。因此，创新对旅游产品设计来说非常重要。

2. 旅行社产品设计与生产的趋势

（1）升级换代速度加快。

一方面，旅游者兴趣变化速度快，一般的旅游新产品只能引领风骚1~2年甚至几个月；另一方面，许多新的投资纷纷投向旅游行业，现有旅游企业又在加快扩张速度，使供求关系发生重大变化，加快了现有产品的"老化"速度，旅游企业之间竞争进一步趋向白热化，"一招鲜，吃遍天"的时代早已过去。这种现状迫使旅游企业不得不加快旅游产品的开发速度，以"新"取胜，即使一些知名度很高的旅游景点也要尽可能推出新产品、新项目，以迎合变化着的旅游者需求。

（2）科技含量进一步提高。

在旅游产品开发中，越来越多地采用高科技手段，大大提高了对旅游者的吸引力。高科技的广泛运用可节省旅游产品开发的成本。

（3）特色化趋势。

为满足旅游者的个性化需求，一些旅游企业在特色上大做文章，标新立异，以"特"取胜，很受旅游者欢迎。

（4）绿色化趋势。

绿色旅游产品几乎涵盖了旅游消费的所有方面：绿色旅游线路和绿色景点，如生态旅游线路，无污染、纯天然的绿色景点等；绿色旅游交通，如景区为保护环境使用环保专用车；绿色酒店，如绿色客房、绿色餐饮等；绿色旅游商品等。许多旅游企业争相开发绿色旅游产品，以满足旅游者的绿色消费需求。

案例 3-8

近期，业内对定制游讨论颇多，而这一模式也正在渐渐被大众熟知。

2017年6月，飞猪定制旅行频道正式上线。据悉，第一批有近20家主流定制旅行商入驻。飞猪首席产品官胡光华表示："通过阿里大数据显示，自2015年以来，定制旅行的需求量呈极速上升趋势，飞猪此次上线定制旅行频道，一是利用阿里巴巴的大数据能力为定制旅行市场带来规模化创新，二是给定制旅行商家一个更高效、更具竞争力的平台，让商家可以在飞猪平台上推广自己的品牌，建立核心用户群。"

"飞猪此次上线的定制旅行,继承了飞猪'平台模式',定制旅行商家以店铺的形式入驻飞猪。"飞猪相关负责人介绍,飞猪定制旅行频道的商家,能享受淘宝系超5亿移动端活跃用户流量,飞猪还将联合优秀商家,对其成功案例进行内容包装,通过淘宝头条、飞猪头条、微淘等阿里旗下内容平台实现"全链路""全媒体""全渠道"的营销,页面直接导向商家店铺或产品链接,让商家得到用户和品牌端的双重获益。

此前的3月份,携程对2016年1月29日上线的定制旅行平台进行了升级改造,发布了定制旅行平台2.0版本,同时也标志着携程正式将定制旅行平台推向社会,发力定制旅游市场。携程数据显示,携程定制行平台全年增长率超过400%。定制旅游的主力军已经从公司奖励旅游变成个人和家庭旅游。2016—2017年出游主题中,家庭出游占比61%,比例最高,一个或者多个家庭一起独立成团的情况最多;其次是好友结伴,占比23%。

5月,携程旅游发布了业内首个"定制旅游服务标准",并全面实施"定制旅游供应商等级评定与淘汰制"。据介绍,该标准对定制的每个服务细节进行了严格的监控,包括:接单后必须在1个工作小时内联系旅游者;根据目的地的不同,必须在4到16小时内为旅游者提供首次行程报价方案;行程方案必须严格按照旅游者需求提供,不得随意报价;不得未经旅游者同意,擅自取消订单;须以最快的速度对旅游者的投诉及时响应并处理。除了日常监控外,针对平台上供应商服务质量良莠不齐的情况,携程定制行平台实施了"供应商等级评定制",每个月对供应商的服务能力及水平进行等级评定,并根据供应商的等级,对其施予不同的管控措施。对于服务质量不过关、资源掌控能力不达标、业务成绩不过关的供应商,根据服务及时率、成团率、满意度等,携程定制行平台会将其淘汰。

携程定制旅行业务部总经理徐郅耘表示,要达到定制行平台的这些客户服务标准,供应商需要达到的标准并不低。为了携手服务好客户,定制旅游合作伙伴需要达到四大标准:互联网时代的服务理念、专为定制而生的团队、丰富的目的地资源、能够提供旅行管家式的服务体验。

思考题:为什么要开发定制旅游产品?

本章小结

旅行社产品是旅行社为满足旅游者旅游过程中的需要而向旅游者提供的各种有偿服务,包括各种形式的包价旅游产品和单项旅游服务。旅行社产品具有无形性、不可分离性、不可储藏性、综合性和易波动性等特点。旅行社产品由旅游交通、旅游住宿、旅游餐饮、游览观光、娱乐项目、购物项目、导游服务和旅游保险等要素构成。根据旅游的目的,可以将旅行社产品分为观光型旅游产品、文化型旅游产品、商务型旅游产品、度假型旅游产品和特种型旅游产品;根据提供的旅游服务内容,可以将旅行社产品分为包价旅游产品和单项旅游产品;根据产品档次,可以将旅行社产品分为豪华型旅游产品、标准型旅游产品和经济型旅游产品;根据旅游者的组织形式,可以将旅行社产品分为团体旅游产品和散客旅游产品。影响旅游线路设计的因素有的来自企业外部,也有的来自企业内部。旅游线路设计应遵循市场导向原则、突出特色原则、旅游进入原则、多样化原则、合理性原则、安全第一原则和与时俱进原则。中国旅行社产品的设计与生产与西方国家旅行社产品的设计与生产有一定区别,中国旅行社应向西方国家旅行社学习，加强市场调研。

复习思考题

1. 什么是旅行社产品？其特点是什么？
2. 旅行社产品由哪些要素构成？
3. 根据提供的旅游服务内容，可以将旅行社产品划分为哪几类？
4. 按照旅游档次，可以将旅行社产品划分为哪几类？
5. 旅游线路设计应遵循的原则有哪些？
6. 西方国家旅行社产品设计与生产分哪几个阶段？
7. 中国旅行社产品的设计与生产过程分哪几个阶段？
8. 旅游产品设计与生产的创新有哪些要求？

第四章

旅行社计调业务

学习目标

通过本章的学习，了解计调工作的特点和基本业务，掌握计调人员的分类和应具备的基本素质；熟悉组团社计调的业务流程和地接社计调的业务流程；了解旅游服务采购的概念、特点和原则，掌握旅游服务采购的内容和合同管理，理解旅游服务采购的策略；了解旅行社客户的类型，掌握旅行社客户档案的建立。

导入案例

入境部导游小梅是专门负责西班牙语市场的，该市场在 C 旅行社一直不太景气，可是小梅凭借良好的专业素养，让西班牙一家大旅行社答应给她一个团接待，如果接待得好，今后可以发系列团给她。天公作美，这个团一路上都很顺利，领队和客人都非常满意。可是到了最后一站，就在团队离境的倒数第二天，地陪出现了漏接事故，使得先前各个环节的一切努力付诸东流。系列团自然也就不可能了。

该团是一个二次返京团，离境的倒数第二天从西安返回北京。该团的北京地陪因临时套团，在此团到京当天去机场送另外一个团，送彼团和接此团的时间比较接近，所以就直接到机场等候了。按照常规次返京的团，陪同都是到汽车公司集合的，如果有特殊情况，计调部会根据外联下发的变更通知单另行安排。小梅和计调部的小柯是很要好的朋友，小柯也是负责、细心的老计调员。小梅有些急事须马上处理，所以就口头对小柯说："地陪临时套团，汽车直发机场。"小柯不经意地回答说："没问题。"然而，时值旺季，员工都是以一当十地忙碌着，接完一个紧急电话之后，小柯就把这个临时更改忘得一干二净了。结果在团到北京的当天，地陪在机场等不到车。在汽车公司等待的司机也觉得奇怪，旅游团所乘班机快落地了，怎么地陪还不出现？司机赶紧与计调部联系，碰巧那天小柯又在外办事，好不容易联系上了，谁料他也是不清楚状况，接着又与小梅联系……就这样，折腾了半天，还是让团队在机场等了半个小时。事后，小梅埋怨小柯，而小柯却直喊冤枉。

思考题：你从中有何体会和认识？

第一节　旅行社计调业务简述

一、旅行社计调的概念和重要性

（一）旅行社计调的概念

计调是计划、调度的统称。一般认为，旅行社计调有广义与狭义之分。从广义上讲，旅行社计调是对外代表旅行社同旅游服务供应商建立广泛的协作网络，签订"采购协议"，保证提供游客所需的各种服务，并协同处理有关计划变更事项和突发事件；对内做好联络和统计工作，为旅行社业务决策和计划管理提供信息服务。从狭义上讲，旅行社计调是为旅游团安排各种旅游活动所提供的间接性服务，包括食、住、行、游、购、娱等事宜的安排，旅游合作伙伴的选择，旅游接待计划的制定和下发，旅游预算的编制，导游的委派等。

在旅行社的经营管理中，外联部（市场部）、计调部、接待部构成旅行社的三大业务部门，与财务部、人力资源部等后勤部门组成了整个旅行社的运作体系。计调是旅行社完成地接、落实发团计划的总调度、总指挥、总设计。

（二）旅行社计调的重要性

计调在旅行社的整体运作中发挥着极其重要的作用，在旅游行业中，一直就有"外联买菜、计调做菜、导游带游客品尝大餐"的说法。可见外联、计调、导游各司其职，都是旅行社业务中十分重要的角色。当人们把目光集中到导游与外联身上的时候，往往对旅行社的幕后英雄——计调关注过少。其实，计调人员犹如酒店里的厨师，其素质与水平直接决定着旅游行程的服务质量。计调在旅行社的整体运作中发挥着极其重要的作用。

1. 计调是旅游行程中的命脉

外联人员和组团社旅游团队取得联系或组团社组成一个旅游团后，接下来就是计调部发挥作用的时候了。计调部会根据团队客人的特点和要求，进行用车的调配、行程的安排、饭店的落实、票务的预订、景点的确认等，然后将这些计划交给接待部门，派导游去执行。可以说，旅行社是通过计调人员的有效运作，使各部门形成完整、互动的经营体系的。所以有人把计调比喻为"旅游行程中的命脉"。

2. 计调工作的质量直接影响旅行社的经济效益和品牌形象

对计调部而言，成本控制与质量控制是两大核心工作。成本控制是指计调部要与接待旅游团队的饭店、餐馆、旅游车队及合作的地接社等洽谈接待费用，尽量节约成本。所以，一个好的计调人员必须兼顾成本控制与团队运作效果，也就是说，必须在保证团队有良好运作效果的前提下，在不同行程中编制出一条能把成本控制到最低的线路。在旅游旺季，计调人员要凭借自己的能力争取到十分紧张的客房、餐位等，这对旅行社来说相当重要。质量控制，就是在细心周到地安排团队行程计划外，还要对所接待旅游团队的整个行程进行监控。因为导游在外带团，与旅行社唯一的联系途径就是计调部，而旅行社也通过计调部对旅游团队的活动情况进行跟踪、了解，对导游的服务进行监督，包括代表旅行社对游客在旅游过程中的突发事件进行灵活处理等。因此说，计调工作的质量直接影响旅行社的经济效益和品牌形象。

3. 计调人员是旅游活动的幕后操纵者

部分旅行社经营管理人员有一种误解，认为旅客对有关旅行社服务的投诉，很大部分是由导游的素质及服务态度造成的。但据有关资料分析，旅行社发生的服务质量问题，有一部分可追溯到计调人员的操作程序上。比如，一个旅游团队按计划下周要去雍和宫，计调人员就要把行程提前做出来，并要进行确认。如果遇到一位不负责任的计调人员，想当然地认为下周雍和宫每天都是开门迎客的，为了省事而不去进行确认，如果恰好下周雍和宫因故而没有开门，此时游客就会把气撒在导游身上，影响到旅行社的信誉。

计调人员代表旅行社安排游客的行程计划，旅游者的用餐时间、用餐地点，导游一般不能随意改动，所以计划书的细致与周到，直接影响团队的服务质量。没有完整、清晰、准确地向接待部门阐明接待的细则和要求，对行程松紧安排不当，对交通工具监控不力，对住宿酒店了解不足等，都是计调人员容易犯的错误。可见，计调对旅游行程中服务质量所起的作用是至关重要的。计调人员丰富的操作经验、灵活的调配能力和细心周到的人性化服务理念及超强的责任心都是影响服务质量的因素，决定着旅行社所做的每道"菜"是否适合游客的"口味"。

二、计调工作的特点和基本业务

（一）计调工作的特点

计调是旅行社管理的一项重要工作，其特点为：

1. 具体性

计调工作，无论是收集本地区的接待情况向其他旅行社预报，还是接受组团社的业务接待要约编制接待计划，都是非常具体的事务性工作，计调总是在解决和处理采购、联络、安排接待计划等具体工作中忙碌着。

2. 复杂性

首先，计调业务的种类繁杂，涉及采购、接待、票务、交通，以及安排旅游者的食宿等工作；其次，计调业务的程序繁杂，从接到组团社的报告到旅游团接待工作结束后的结算，无不与计调人员发生关系；最后，计调业务涉及的关系繁杂，几乎与所有的旅游接待部门都有业务上的联系，协调处理这些关系贯穿计调业务的全过程。

案例 4-1

2005年国庆黄金周，王先生一家三口参加了成都某旅行社组织的"昆明—大理—丽江"旅游线路。抵达昆明的第二天早上，王先生一家上了旅游车，但被导游告知车坐不下了，让其下车与另一相同行程的团队并团。王先生一家在酒店等了一个多小时后终于上了另一辆旅游车。在离开昆明回成都的当天晚上,吃过晚餐后,在赴机场的途中,导游提醒客人检查一下机票带好没有,王先生当时并未仔细查看自己的机票。当到达机场时,王先生拿出机票,才发现他们三人乘坐的航班比车上其他客人早了一个半小时,结果造成了误机。因是黄金周假期的最后一天,返程机票十分紧张,王先生一家人当晚不能乘机返回成都,第二天上不了班,后果严重。回成都以后王先生直奔旅游局执法大队进行投诉。旅游局执法大队责成旅行社查明原因,发现该成都组团社门市部在收客时,因同一航班机位不够,给王先生一家买了另一航班机票,但未明确告知他们;昆明的导游明知是散客拼团,但想当然地以为同车客人乘坐同航班而未将王先生一家提前送去机场乘机,导致误机。昆明的导游首当其冲受到客人的责骂,弄得焦头烂额。其实,深究起来,发生误机事故的根源在于成都组团社的计调人员的考虑不周,黄金周前收客频繁匆忙,由于工作疏忽却未明确告知昆明地接社客人乘坐不同的航班。

思考题:王先生一家误机是谁的错?

3. 多变性

计调业务的多变性,是由旅游团人数和旅行社计划的多变性决定的。旅游团的人数一旦发生变化,几乎影响到计调人员的所有工作,可谓"牵一发而动全身"。此外,我国的交通和住宿条件不能保证正常供给,也给计调工作带来许多的不确定性。

4. 灵活性

计调工作的灵活性表现为旅游线路变更的灵活性。计调部门在旅游旺季或者春运期间,因火车票或机票等紧张而不得不改变行程线路;有时候为了与其他旅行社竞争而灵活变更旅游线路;有时候则为了满足游客的需求,灵活变换所乘交通工具,正可谓"条条道路通罗马"。

(二)计调工作的基本业务

计调是旅行社完成地接、落实发团计划的总调度、总指挥、总设计。由于各个旅行社的规模和管理方式不同,旅行社计调部门的组织构架也有较大的差异。但对外采购服务、对内提供信息服务都是旅行社计调业务的基本内容。所谓对外采购服务是按照旅游计划,代表旅行社与交通运输部门、酒店、餐厅、其他旅行社及其他相关部门签订协议,预订各种服务,满足旅游者在食、宿、行、游、购、娱等方面的需求,并随着计划的变更取消或重订。所谓对内提供信息服务,是把旅游供应商及相关部门的服务信息向销售部门提供,以便组合旅游产品,做好统计工作,向决策部门提供有关旅游需求和旅游供应方面的信息。总的说来,计调工作的基本业务不外乎信息收集、计划统计、衔接沟通、订票、订房与订餐、内勤、质量跟踪等。

1. 信息收集

计调收集的信息来自多方面,包括旅游行业的信息、旅行社同行的信息、旅游合作单位(如旅游景点、运输公司、票务公司、酒店、餐厅、土特产商店等)的信息、旅游团队客人的反馈意见或建议(包括表扬肯定或抱怨投诉)、旅游行业发展的各种政策或规定、旅游目的地的经济建设的发展现状,以及公众对旅游所持有的各种观念或心态等。计调应将收集到信息进行分析、总结、归纳和整理，提炼要点，供旅行社协作部门和领导参考和决策。

2. 计划统计

计划统计主要是编制计调部的各种业务计划，统计旅行社的各种资料，做好档案管理工作。具体为：拟订和发放旅游团队的接待计划；接收和处理有关单位发来的旅游团队接待计划；编撰旅行社的年度、季度和月度业务计划；详细编写旅行社接待人数、过夜人数、住房间天数等报表；向旅行社财务部门和领导提供旅游团队的流量、住房、餐饮、交通等方面业务的统计数据和分析报告等。

一份完整的接待计划应包括团队的基本情况和要求、行程安排、游客名单这三部分内容。

（1）旅游团的基本情况和要求：

①团号、团名、组团社名称；

②人数；

③类别：观光团、会议团、考察团等；

④服务等级：豪华、标准、经济；

⑤用餐要求：应注明是否有穆斯林、素食者或其他特殊的用餐要求，如摆放刀叉或放公筷、公勺等；

⑥自订和代订项目；

⑦对全陪的要求：是否需要全陪及其姓名、联络方式等；

⑧对地陪的要求（语种、性别、水平等）；

⑨组团社负责人的姓名及联络方式；

⑩各地地接社联系人的姓名及联络方式。

（2）行程安排。

①游览日；

②出发城市及抵达城市；

③各城市间交通工具（如飞机、火车、轮船等）及抵离时间；

④住宿情况（饭店、火车或轮船上等）；

⑤各地需安排的主要参观景区或景点、餐饮、文娱活动及其他特殊要求。

（3）游客名单。

游客名单的要素：游客姓名、性别、国籍、生日、护照号码（或身份证号码）、用房要求（单间、双间或三人间、连通房、加床等）；若为VIP团队还应注明客人身份，相关接待方（政府部门或组织）联系人的姓名、电话等。

3. 衔接沟通

衔接沟通主要是对外合作伙伴的联络和沟通、洽谈和信息传递。具体为：选择和对比行业合作伙伴，对外报价和接受报价；获取和整理信息并传达，协调其他部门，向领导汇报以支持其决策；做好业务值班，登记值班日志，及时准确地传达和知会相关人员；充分了解和掌握旅行社的接待计划，包括团队编号、人数、旅游目的地、行程线路、服务等级和标准、抵离日期、交通工具、航班时间、导游信息、地接社、运行状况等；全面监控旅游团队的实时变化，如取消、新增、变更等情况，并及时通知相关合作伙伴做出合理科学的调整等。

4. 订票

订票主要是负责旅游者（团队）的各种交通票据（火车票、飞机票、汽车票、游船票等）及景区门票的预订、验证和购买等事宜。具体为：负责落实旅游者（团队）的各种交通票据，并将具体信息及时准确地传达给有关部门或人员；根据有关部门和旅游者（团队）的票务变更信息，及时快速地与合作伙伴处理好取消、新增、变更等事宜；根据组团社的要求或旅游者（团队）的具体情况，负责申请特殊运输工具或航程票务，比如包机、包船、专列等，并通知有关部门或合作伙伴，及时组织客源和开展促销活动；根据旅游者（团队）的具体情况，落实景区景点的票务；全面负责各种票务的核算和结算工作。

5. 订房与订餐

订房与订餐主要是负责旅游者（团队）的各种订房、订餐业务。具体为：负责与各种档次的宾馆、酒店、饭店、旅馆进行洽谈，签订合作协议；根据组团社或地接社的订房、订餐要求，为旅游者（团队）及导游、司机预订客房、预订餐饮；根据旅游者（团队）的实际运行情况，及时应对取消、新增、变更等情况；全面做好旺季和黄金周包房的销售、协调和调剂工作；定期或不定期地做好旅游者（团队）住房流量和就餐流量相关报表的制作和统计工作；配合协助接待和财务部门做好旅游者（团队）用房、用餐的核算和结算工作。

6. 内勤

内勤主要是负责计调部门的各种内务工作。具体为：与运输公司和车队拟定合作协议和操作价格；与旅游景点或娱乐演出公司确定旅游者（团队）的游览参观或观看节目；安排旅游者（团队）运行过程中特殊的拜谒、祭祀、访问或会见等；做好部门各种文件的存档和交接班日志的填写工作等。

7. 质量跟踪

质量跟踪主要是负责旅游团队运行质量的跟踪补救，导游服务质量的跟踪补救，接待社、各个旅游服务提供商服务质量的跟踪补救。

案例 4—2

计调人员未就旅游团队中客人的构成，客人对行程首站、末站的要求等事宜与销售人员进行充分沟通，没有充分了解客人的要求，就在操作中过分地掺杂主观的甚至是想当然的想法，总以为这样安排客人都不会有意见。其结果往往是"菜"做出来了，却不合客人的"口味"。例如，有个旅游团的线路，是去内蒙古和山西，团队价位报得有点高，因此计调部经理想安排得好一点，于是决定：在内蒙古安排住豪华蒙古包，即二人一包，和星级酒店一样有独立卫生间；在山西则住太原的四星级酒店。但结果是旅行者对住房并不满意。客人认为在内蒙古住六人一包的普通包才像住蒙古包，大家济济一堂才热闹，才有来到内蒙古的感觉；对于在太原安排住四星级酒店，他们也并不好受，因为他们是教师团，与酒店进进出出的客人格格不入，故而他们宁愿住在平遥古城，第二天早晨既不必赶时间，还能在平遥古城好好逛逛。这算不算"赔了夫人又折兵"呢？真是多花了钱还未能让客人满意，这就是计调人员没有与销售人员很好沟通、不了解游客心理需求所造成的后果。

思考题：计调部一味追求高标准的住宿就能满足客人的要求吗？

三、计调人员的分类和素质要求

（一）计调人员的分类

随着旅游业的发展和旅行社业务规模的扩大，计调工作朝专业化、细分化方向发展。从业务范围来划分，计调人员一般分为组团社计调、地接社计调、专项计调、专线计调等。

1. 组团社计调

计调中最难的是组团社计调，不仅要熟悉地接业务，还要熟悉组团的团队业务。组团社计调的工作包括的内容非常多，最常规的如掌握全国各地的旅游景点情况、游程和线路、交通方式，联系宾馆酒店，选择可靠的地接旅行社，特别要注意的是，必须保证团队的行程安全。

2. 地接社计调

地接社计调相对简单一些。只要熟悉本地或周边的旅游景点门票、住宿、酒店、交通和游玩时间，就可以安排团队的游程和计划。

3. 专项计调

专项计调一般是负责某个特定的目标市场，为这一特定市场设计产品、提供服务，如学生游计调、老年游计调、会议计调、出境计调、机票加酒店计调、签证计调等。

4. 专线计调

（1）大型旅行社的专线计调。

规模大的旅行社往往旅游产品比较多，市场大，计调之间会进行分工，分别负责某一个或者几个产品。比如有人专门负责华东线路，有人专门负责云南线路。负责这样线路的计调就是专线计调。这和小型旅行社是完全不同的，小型旅行社不存在专线计调，其计调往往是多面手。

（2）具有某种竞争优势的专线计调。

假设现有一家旅行社——甲社，具有某种其他旅行社不具备的优势，比如能轻易掌控某种资源，可能是景点门票、可能是交通票或者是住宿。这样，相同的旅游产品，甲社的产品报价比别家更有竞争优势。所以别的旅行社获得的客人往往交给甲社来操作。那么甲社负责这条线路的计调也称为专线计调。

计调人员除了按上述方法分类外，还有其他方法。比如可以按照旅行社的业务是否在国内分为国内计调和国外计调；组团社计调按照业务范围分为中国公民国内游计调和中国公民出境游计调；接待社计调按照业务范围分为国内接待计调和国际入境接待计调；按照批发涉及范围分为国内旅游专线同业批发计调和出境旅游专线批发计调；按照产品类别分为商务计调、学生游计调、老年游计调、自由行计调、签证计调等。

（二）计调人员的素质要求

一家管理严格、体制完善的旅行社，会对计调人员的素质有如下要求：

1. 爱岗、敬业

作为一名合格的计调人员，必须热爱旅游事业。计调工作有时是很枯燥的，由无数琐碎的工作环节组成，没有敬业爱业的精神，是无法把这份工作做好的。计调人员应具有进取心，不怕困难，热爱本职工作，具有团队合作意识，善于借助团队的力量，发挥团队的优势，共同做好旅行社工作，圆满完成旅行社制定的经营目标。

2. 认真细致的工作态度

旅游是一项各个环节紧密相连的活动，而将这些环节紧扣在一起的工作便由计调人员去完成。如果没有认真细致的工作态度，票务、用车、接送团队、导游服务、客房安排中任何一个环节没有衔接上，就会出现"一招不慎、满盘皆乱"的失控局面。计调人员在团队操作中绝不能出现差错，稍有差池，就会给旅行社带来巨大的经济损失和不良社会影响，因此，在工作中必须做到认真负责、一丝不苟。

案例 4-3

某旅行社在某省属市、县地区组织一个赴港澳的旅游团。对于以组团为主的旅行社来说，能组成一个省属市、县的出境团是不容易的。出发前旅游团的游客自己办好了"港澳通行证"，可是旅行社的领队却还没有办好。团队出发了，在深圳安排了一个一日游，带此团的导游兼领队与该团一起出发。计调部经理计划该团坐火车到深圳需要一天，然后在深圳停留一天，估计办个加急签证，也许领队的签证就可以办下来了，然后快递到深圳。然而事与愿违，直到出境前的头一天晚上，领队签证还未办妥，不可能去香港、澳门，于是只好将该团交给其他旅行社的领队。且不说该领队来回的费用问题，更重要的是，其结果导致了该团队业务的流失。本来该团回来后还有一个团队也要出境，它们是一个系列团，然而由于该旅行社派不出领队，第二批团队就跟着第一批团队后来的领队所在的旅行社走了，致使该旅行社失去了一次向该省所属市、县拓展业务的好机会。

思考题：侥幸心理能保证带团质量吗？

3. 精确的预算能力

计调人员必须具备精确的预算能力，要做到成本控制与团队运作效果相兼顾。在保证团队有良好的运作效果的前提下，能在不同行程安排中编制出一条最经济、成本控制得最好的线路产品。

4. 良好的人际沟通能力和较强的交际能力

计调人员大部分时间会与旅游者和旅游相关部门打交道，善于人际协调和沟通是做好计调工作的基本条件之一。在与相关部门、单位协作中，要善于配合、谦虚谨慎、广结良缘，注意维护旅行社的社会声誉。例如，计调人员在与合作单位洽谈时，既要合作愉快，又要争取利益最大化，为旅行社取得优惠的协议价格。这就要求计调人员具有较高的谈判水平，善于人际沟通。

同时，计调人员要与本公司的导游多沟通，对导游多一些了解，能根据旅游团的特点安排导游,如果是计调无权派遣的导游,可建议接待部派遣哪个导游,这样既有利于保证旅游产品的质量又能提高旅游者的满意度。

5. 具有不断学习、创新的能力

旅游市场千变万化,计调人员必须认识到知识更新的重要性,认真了解旅游市场、旅游目的地的变化、地接社实力的消长等,还要根据学习的收获,不断对工作进行改进,跟上时代发展步伐。平时多充电,如看一些谈判技巧、处理突发事件的书籍,以及了解一些法律知识、旅游相关法规等,多向有经验的、优秀的计调学习,多参与中国计调网的论坛。计调人员应具有法律意识,对旅游相关法规了如指掌;要严格遵守财务制度,懂得相关的法律知识,在不违反国家法律法规的条件下操作团队。

目前,高水平、高素质的计调人才实在难求。一方面,旅游从业人员门槛低,文化素质不高,经验不足;另一方面,分工细化后,计调仅仅是熟练的流水线作业,而不关心其他业务工作,所以真正达到要求的人员很少。现实中,有些小旅行社的计调是导游、外联、计调集于一身,而如此大的工作量会令其心理不平衡。

知识拓展 4-1

计调人员的业务信息储备包括以下内容:
1. 熟悉所有接待区和周边可利用的宾馆、餐厅、车队、导游、景区情况;
2. 熟悉车辆基本情况;
3. 熟悉宾馆情况;
4. 了解景区、景点的门票、折扣情况、索道的价格、资源品位以及特点,尤其要关注不同客源地客人对该景点的评价;
5. 熟悉导游,针对客户做出最合适的导游安排;
6. 熟悉竞争环境,尽可能多地了解竞争对手的特点、报价、操作方式、优势和劣势;
7. 熟悉客源情况以及客源地的旅行社状况、特点、竞争情况以及信用程度。

案例 4-4

某旅行社接到一个日本团,计调部经理在派车时,考虑到车况还可以,司机也常做外团,因此就派了一辆比较新的金龙车。等到地陪上团时,发现该旅游车是一辆黄色的车,而日本人是忌黄色的。当地陪将相关情况告知计调经理时,该经理却责怪地陪。

思考题:1. 计调人员应该具备哪些知识?
    2. 这次责任在谁?

第二节　旅行社计调的业务流程

旅行社的计调人员要对每个团队的接待计划逐项进行具体落实,目前,一般常用的操作方法有流水操作法和专人负责法。

流水操作法就是几个业务员，每人负责一项工作，其工作流程是：接待计划（A业务员签收）—订车票、船票（B业务员负责）—订房（C业务员负责）—市内交通（D业务员负责）—安排游览活动（E业务员负责）—订文艺节目（F业务员负责）—向接待部下达接团通知（G业务员负责）……这种操作方法常被接待量较大的旅行社采用，它一环套一环，不太容易出现差错，即使在某个环节上发生差错，也容易发现。

专人负责法就是将与本社有业务关系的旅行社（客户）分成几块，让每个业务员负责一块，从客户发来的接待计划起，一直到向本社的接待部发送接待通知止，均由一个业务员负责到底。这也是一种行之有效的操作方法，尤其是对业务量不太大的小旅行社比较适合。

旅行社的计调类别很多，其中组团社计调（组团计调）和地接社计调（接团计调）是旅行社计调中最常见的。因而，这里重点介绍的是这两种常见计调的业务流程。

一、组团社计调的业务流程

组团社计调的业务流程包括建立团队档案、选取合作地接社、制定行程、发出询价传真与地接社确认、落实旅游团接待计划、安排全陪、团队跟踪、账单审核、总结和归档、根据产品销售情况进行调整等一系列操作。

（一）建立团队档案

计调人员应掌握团队人数、姓名、年龄、性别、特殊要求等与客人相关的情况，并将以上信息输入电脑，建立团队档案，旅游团的接待计划中应编制团号。

我国对旅行社团号编制没有统一规定，各家旅行社编制方法不太相同，总的来说，团号应通俗易记、一目了然。例如，某旅行社的团号为"CEF–080910–TSMH–12–VIP A"。

（1）CEF：三个英文字母代表这个团的英文缩写。CEF代表中国家庭旅游团。

（2）080910：代表该团预定出发日期为2008年9月10日。

（3）TSMH：英文字母代表前往目的地国家或地区的缩写。TSMH分别代表泰国、新加坡、马来西亚和中国香港。

（4）12：代表该旅游团出游的天数为12天。

（5）VIP：代表贵宾团。

（6）A：如果第一项至第五项不变，而在第六项后出现A时，即表示该旅行社有两个以上的旅游团。有的旅行社也以B来代表有两个以上的旅游团。

另外的编制方法是：将全球旅游区域明确划分，参照航空代码三位数设定团号，前两位英文大写字母为中国区域代码，第三位为中国第一个游览城市的拼音大写字母，如北京（HBB）、香港（HKG），出境国家，如新加坡（SIN）、马来西亚（KUL）、泰国（BKK）；连接横线后两位是交通等级，如双飞（2F）、单飞（1F）、一飞一卧（1F1W）、双卧（含船）（2W）、双座（2Z）、全程汽车（2T）；后四位数为出团日期，如12月20日（1220）；最后一位英文大写字母为出团数，如第一个团写作"A"。例如，一个中国区域团"北京双飞五天游"，出团日期为9月20日，出团数为第一个，则其规范团号为"HBB05–2F0920A"。严格地说，"HBB"是团号，"05–2F0920A"是编号。

一些小旅行社团号编制更简单，例如河南龙源国际旅行社的某一团的团号为hnly090606，其中"hnly"代表河南龙源国际旅行社，"090606"表示2009年6月6日发团。

(二) 选取合作地接社

一般长线旅游线路都会包括多个旅游目的地，旅游线路产品的质量在很大程度上取决于各地接社的服务水平和服务质量。因此，组团社选取好的合作地接社，是旅游行程成功的关键。

选择地接社时，应重点考察以下几个方面：地接社的资质、实力、信誉度、经营管理模式；各城市之间协调衔接，有无强大的关系协作网络；地接社接团记录、接待质量反馈记录；地接社报价是否公平、合理，在当地同行业中是否有明显竞争优势；地接社是否有合作意愿。

(三) 制定行程

为了使地接社更好地操作团队，组团社要制作行程，以便尽早地预订酒店、交通工具、景点门票、用餐单位等。

行程计划的内容包括旅游团的团号、人数、所乘坐的交通工具、到达时间及接站地点、离开时间、需要预订的房间数、详细的线路计划、住宿标准以及其他要求。行程是地接社具体实施接待任务并执行接待计划的依据。

表4-1是某旅行社计调为到云南旅游的26人旅游团制作的行程计划。

表4-1　昆明、石林、西双版纳、大理、丽江、香格里拉经典11日游

日　期	行程安排
第一天	从昆明乘机或乘火车赴昆明，抵达素有"春城"美誉的高原城市昆明；免费接机或火车，签订旅游合同，安排入住酒店，自由活动 旅游小贴士：今天无统一行程，若抵达昆明时间尚早，可以去翠湖公园喂海鸥或者到金碧广场欣赏昆明城市标志——金马碧鸡牌坊、东西寺塔，在南屏商业步行街感受昆明的现代气息、在祥云街品尝昆明小吃 用餐安排：无 住宿安排：昆明
第二天	昆明—普洱 石林一日游行程：早晨8:00—8:30出发，游览天下第一奇观——石林，体会鬼斧神工的天下第一奇观，畅游两亿七千万年浩瀚海洋之海底，一边漫步在世界最大的喀斯特地质公园中，一边聆听阿诗玛的故事；下午欣赏七彩云南的茶艺表演；之后乘车返回昆明，晚上7:00乘车前往普洱，到达后安排入住酒店 用餐安排：早、中、晚 住宿安排：普洱
第三天	普洱—西双版纳 早餐后沿中国第一条穿越热带雨林的高速公路到达国家AAAA级旅游景区野象谷（游览时间2~3小时），游览蝴蝶园、蛇园、猴园、百鸟园，从树上高架走廊（自费乘坐观光索道，单程40元/人，路程为2千米，约需30分钟）穿越热带雨林，参观树上旅馆；午餐后观赏独具特色的大象表演；参观金版纳翡翠珠宝配送中心（参观时间30~40分钟），一站式购物，体验超市式购物；随后品尝热带咖啡和椰子奶；晚餐后自费参加大型民族歌舞表演——勐巴拉娜西或腊仙勐（贵宾票280元/人、甲票160元/人，演出时间约1小时30分钟） 用餐安排：早、中、晚 住宿安排：西双版纳

续表

日　期	行程安排
第四天	西双版纳 早餐后游览国家AAAA级旅游景区热带花卉园，游览时间约1.5小时（可自费乘坐景区环保电瓶车20元/人），参观叶子花园、空中花园、周总理纪念碑、棕榈植物园、热带果树园等；参观傣族原始村寨（参观时间30~40分钟），可选择参观南药园；观赏普洱茶茶艺表演——独树成林（参观时间20~30分钟）。下午游国家AAAA级旅游景区原始森林公园，赏百米浮雕、孔雀放飞、爱伲山寨，参加具有当地民族特色的泼水狂欢，观赏九龙飞瀑、少数民族乐器表演，漫步热带沟谷雨林（游览时间约为3小时，可自费乘坐景区环保电瓶车30元/人）；参观中国珠宝玉石首饰行业协会下属单位——宝象堂（参观时间30~40分钟）。晚餐后可自费参加大型篝火晚会——澜沧江、湄公河之夜（贵宾票280元/人，甲票160元/人，演出时间为2小时左右） 用餐安排：早、中、晚 住宿安排：西双版纳
第五天	西双版纳—大理 早餐后乘车返回昆明，沿途观赏红河第一高桥，17:30左右抵达昆明，晚餐后乘火车卧铺至大理 用餐安排：早、中、晚 住宿安排：火车上
第六天	大理 早晨抵达大理，早餐后乘大船游洱海（游小普陀、洱海公园、南诏风情岛，品大理正宗白族"一苦二甜三回味"的三道茶，欣赏歌舞表演，远观"苍洱驰名第一山"——苍山），游大理古城，观赏西南丝绸之路的门户、白族民居"三坊一照壁、四合五天井"院落、白族扎染、木雕、大理石工艺品，逛被称为"护国路"的洋人街；参观大理标志性建筑——崇圣三塔寺，崇圣寺在南诏古国、大理古国时期即为皇家国寺和政教中心，历史上曾有九位大理国国王在此出家为僧，在金庸的武侠名著《天龙八部》中，段氏皇族出家的"天龙寺"就是今天的崇圣寺，游览大理名胜——蝴蝶泉 用餐安排：早、中、晚 住宿安排：大理
第七天	大理—丽江 早餐后乘车赴丽江，途中参观云南最大的手工艺加工点——新华民族村；抵达丽江后参观丽江古城（大研古镇）、纳西民族大院——四方街；街区民居多为"三坊一照壁，四合五天井"的传统布局，同时三条从玉龙山流下的清溪穿城而过，给古城带来勃勃生机；古朴典雅的建筑，雕刻和绘画技法高超，美不胜收 用餐安排：早、中、晚 住宿安排：丽江
第八天	丽江—香格里拉 早餐后从丽江乘车至虎跳峡，游览气势磅礴的世界峡谷之最——虎跳峡，观"江流到此成逆转，奔入中原壮大观"的长江第一湾；午餐后沿途观看与雪山对峙、广袤辽阔、河谷深切的吉达姆草原；抵达香格里拉后用晚餐，餐后可自费参加藏民家访（演艺90分钟，价格300元/人，可自费品尝：烤全牛1 200元/头、烤全羊1 000元/只、烤乳猪600元/只、松茸炖鸡150元/只）；入住酒店 用餐安排：早、中、晚 住宿安排：香格里拉

续表

日　期	行程安排
第九天	香格里拉—丽江 早餐后游览香格里拉的普达措国家公园，内有明镜般的高山湖泊、水美草丰的牧场、百花盛开的湿地、飞禽走兽时常出没的原始森林；观赏碧塔海、属都湖，两个美丽的淡水湖泊周围是茂密的原始森林，素有高原明珠之称；乘车返回丽江 用餐安排：早、中、晚 住宿安排：丽江
第十天	丽江—昆明 早餐后游览玉龙雪山山脚下的东巴大峡谷风景区，在此拍照留影；后乘车前往国家AAAA级旅游景区——泉水清澈奔腾、水草清晰可见的丽江水源头黑龙潭公园，欣赏玉龙倒影，感受千秋传奇茶马古道、缤纷绚丽的纳西文化，参观世界文化遗产的重要组成部分——束河古镇；下午乘车至大理用晚餐，之后乘坐火车硬卧返昆明 用餐安排：早、中、晚 住宿安排：火车上
第十一天	昆明 早上5:30抵达昆明，根据客人返程机票的时间送机 用餐安排：无 住宿安排：结束行程

（资料来源：范贞、张东娜、陈洪宏、刘宏申．旅行社计调业务．清华大学出版社）

（四）发出询价传真与地接社确认

行程完成后，要求在团队抵达前30天内把接待计划发至地接社，地接社需要在2天内给予反馈和确认，如有疑问，负责向地接社详细解释。

（五）落实旅游团接待计划

旅游团确认接待计划后，计调接下来需要落实每个旅游团的具体计划内容，负责旅游者在旅游期间食、住、行、游、购、娱的采购和安排，保证旅游者顺利完成异地旅游活动。

（六）安排全陪

为团队配备全陪，团队出游期间的相关事务管理和联络，及时向组团社反馈行程中出现的问题，协调旅游者与地接社的关系等，都是全陪的职责和工作重点。

因此，组团社在选择全陪时，应该选择责任心强、有带团经验、协调和沟通能力强的导游，以保证旅游团活动能够顺利进行。

根据最终落实的团队内容向游客及全陪派发出团通知书。提供给游客的出团通知书上应包含团队的行程、出发时间、地点、紧急联系人姓名及电话等信息；提供给全陪的出团通知书上，要将确认的行程、标准、出发时间及地点、游客名单及联系电话、接团导游姓名及电话、接待社联系人姓名及电话等信息列明，并对陪同的职责和业务详加提示，向导游交代接待计划，确定团队接待重点及服务方向，并督促导游携带齐各种单据等。

（七）团队跟踪

在出团前24小时要再次与接待社落实和确认，以防地接社疏忽和遗漏，发现问题及时补救。在团队旅游过程中，计调应与地接社、陪同、领队及游客保持联系，掌握团队的行程,如果发现问题,应该及时沟通和解决。团队在行程中,如要求改变行程或食宿等,计调人员首先要征集对方地接社经办人的同意,并发传真确认后方可改变计划,不得只凭口头约定改变行程。

(八)账单审核

旅游团队活动结束后,各地接社将向组团社传送旅游团的账单通知书。组团社计调应根据接待计划认真核实,纠正错误,做好结算工作,然后交至财务部门按照合同按时付款。

(九)总结和归档

团队旅游结束后,要将所有操作传真及单据复印件留档,作为操作完毕的团队资料归档,并对参团客人进行回访。在预计到达出发地一天内,计调人员应及时回访客户,态度要诚恳,讲话要讲究艺术,给对方一种既关心又负责任的感觉,以利于后续团队的操作,建立好客户档案。

在接到团队投诉时,计调应及时问清是哪个环节出现了问题,原因何在,能够处理的及时处理,处理不了时要马上报分管领导,讲清事情经过及出现问题的原因,不回避矛盾,实事求是,合情、合理地处理好团队问题。特别重大的问题(如集体食物中毒事件、交通事故)可直接汇报给总经理,及时解决,并总结经验教训,不断提高计调水平和旅行社信誉。

(十)根据产品销售情况进行调整

根据产品销售情况、出团量、团队质量对产品进行适当调整。销售情况好的产品继续销售,也可以适当增加出团计划,销售欠佳的产品要总结原因,分析是线路本身不够有吸引力,还是由市场等情况造成。如团队质量出现问题要追究责任,对于接待单位也要磨合、考验与再选择。

出境组团社计调工作的流程和国内组团社计调的流程差不多,但在工作中,应注意以下事项:到公安局出入境管理部门办理护照或者通行证;按照目的地国家的签证要求,统一办理签证;重视旅游者的人身安全,一定要购买保险;一切业务往来均以书面资料为准;团队出发前,要开"说明会",提醒团员遵守国外法律及当地的风俗习惯等;一般要收取质量保证金作为担保。

案例 4-5

2013年4月的某一天,韩国首尔某旅行社致信哈尔滨某旅行社,告知有一个旅游团在首尔机场无人接团,造成漏接事故。韩国首尔某旅行社的计调在电话中质问,为何哈尔滨某旅行社的客人提前到达首尔而不通知首尔方面?哈尔滨旅行社经调查发现,计调没有及时把变更计划告知地接社,从而造成了此次漏接事故。

某沿海旅游城市一家旅行社在2007年接待河北客人的时候,组团社一次性确认了两批团队。但由于传真确认件写得不是十分清楚,地接社计调也没有详细查看,电话询问了对方导游的电话号码后就做出行程安排,结果漏掉了第二批团队,致使第二批客人到达时无房可住。此次事故造成的影响,无论是对组团社还是地接社都是巨大的。最后组团社联合多家旅行社集体封杀该地接社。

思考题:针对以上情景,计调人员在发团工作中应注意哪些事项?应如何正确地进行发团操作。

知识拓展 4-2

计调在工作中经常会犯以下错误。

一、口头确认或确认不明确

计调在与相关合作单位确定食、住、行、游、购、娱等接待事宜时，必须以接收到对方盖有公章或者业务专用章的确认函，或者接收到对方盖有公章或者业务专用章的传真确认件为准，并加以核实。不能接受对方的口头确认或者网络聊天确认，即使对方是很熟的合作对象也不可以。因为口头确认和网络聊天确认的内容存在很大的变数，尤其是在旅游旺季，相关接待事宜较难得到保证，有时甚至与对方要求的标准不一致，从而给本社声誉造成不可弥补的损失。口头确认对对方缺少法律意义上的约束，对方极有可能为了追逐更高的利润或者受其他因素的影响而取消已做出的接待承诺。如果对方取消接待承诺，本社又没有接到变更通知，那么在旅游淡季时也许可以变通接待事宜，但在旅游旺季时，对计调人员来说，绝对是严峻的挑战，处理不当会导致严重的经济损失和名誉损失。

二、工作无条理

计调需要处理各种各样的日常或者突发事件，也需要与各种各样的人打交道，这就要求计调人员做事要有条理、有计划，要分清轻重缓急与先后顺序，更要预先准备好各种情况下的处理预案。计调要对每一个运行团队的基本情况烂熟于心，并适时进行双向的信息沟通。

计调要随身带笔记本，把经常用到的各种信息分门别类地记下来，尤其是易忘但又需要特殊注意的一些事情，更要随时记下来，每天看上几遍。这些记录可以很有条理，也可以只是几个关键词，只要自己能看懂就可以。

三、延误回复

计调人员对每一件需要尽快给予回复的事项都要足够重视，绝对不能拖延或者随便应付。否则，要么耽误事情的有效处理时间，要么会失去客户。比如对方要求提供一个产品的报价或者一条旅游线路设计，计调必须尽快从自己的资料库中提取相关信息，并进行加工润色之后，在3~5分钟之内回复，否则对方会因等待过久转而寻求其他合作单位。如果自己实在忙不过来，应该请其他计调人员给予协助。切忌对不熟悉的旅游产品和线路胡乱报价。

四、滥用通信工具

计调人员对打出或打入的电话都应该言简意赅，不能闲扯无关话题，也不能拨打私人电话。实在不能兼顾时要采用双卡或多手机的形式，并要以旅行社事务为主。否则会导致许多业务电话既不能打进也不能打出，耽误旅行社业务的及时、有效处理。与之相对应的是，计调必须保证手机24小时开机。山东某旅行社有一名计调，因为手机停机，跟领导和同事失去联系1个多小时，结果被处以500元罚款。目前旅行社员工的构成越来越年轻化，而且部分年轻人经常以工作的名义互相聊天、套近乎，从而达到留住客户的目的。其实，这种方式既浪费时间又浪费资源，如果把与对方互相恭维的时间用在探讨如何把团队做好上，可能会得到更多的客户。充分利用好通信工具，也是一个合格计调的必备素质。

某旅游城市的地接社计调在安排好当天的工作项目后外出，晚上，计划第二天到达的团队由于事故，提前一天抵达该市，可是负责安排该工作的地接计调手机始终接不通，最后，组团社在万般无奈之下选择了其他合作伙伴，从而造成了地接社的巨大损失。

五、作业不精心

计调人员要缜密严谨，能够发现接待计划中的细微变动，对特殊要求仔细研究，有重复检查及细节检查的意识。要将每一项需要向接待人员交代的注意事项落实到书面上，不能只在脑子里过一下或者临时想一想。计调的文档管理要规范有序，需要的材料能在最短的时间内找到。特别是有特殊要求的顾客，如住宿时需要安排几个单人间，以及行程安排上的种种特殊要求，一定要牢记，要交代清楚。

六、行程安排不合理

计调要对本接待区域的吃、住、行、游、购、娱等事项全面了解并实地查看，还要掌握最新变化，要以最优的组合规划，妥善安排旅游接待计划。对于一些诸如看日出、观潮汐、进场馆、观赏比赛等事项，要严格掌握时间、地点、规则、禁忌、路线等特殊要求。要以最合理、最经济的方式安排行程，既方便旅游者，也方便己方接待人员，更是为自己减轻工作负担。要适时与有关接待人员（包括导游与司机）进行信息沟通，虚心听取他们的意见、建议。尤其是要掌握最新的景区信息。

某市某景区由于内部原因正在封闭，没有及时通知旅行社，旅行社也没有仔细询问，结果抵达该景区之后，无法游览，因此造成客人不悦。由于该景区距离其他景区较远，在与客人沟通无果的情况下，地接社只能贴钱给客人安排异地某著名景区当作弥补，这既造成了本社信誉损失，还蒙受了经济损失。针对不同线路不同行程，计调人员一定要做到心中有数，安排合理。

七、与外联人员缺乏有效沟通

计调在安排团队接待计划及接待人员时，一定要联系该团的外联人员，向他详细了解团队的有关信息及特殊要求，并据此做出有针对性的接待计划。按照一般经验制定的接待计划是不符合特殊团队要求的。只有加强沟通，增进了解，才能给游客提供舒心的服务，根据团队的特点提供相应的介绍与沟通，尽快减少客人在异地的不安全感。同时要与外联人员约定，促销本社产品时，可以有一定的艺术加工，但要避免过度承诺，以免给以后团队运行带来不必要的麻烦。因为客人的期望值越高，他们越容易失望，从而导致纠纷或投诉。

八、对合作社缺乏了解

计调在联系合作旅行社时，要对其进行深入了解，诸如规模、行业信用度、接团量等信息，都是必须掌握的。随着我国旅游业的蓬勃发展，一些投机者不讲诚信，"抓住一个宰一个，合作一次骗一次"，因此，计调人员在互相合作之前，要对合作方有一定的认知。同样，和酒店、餐厅、旅游车、票务代理、导游、景点、商店等企业或个人合作时，也必须全面掌握其有关信息。

二、地接社计调的业务流程

地接社计调工作比组团社计调工作要简单些，地接社计调的业务流程包括接听咨询电话、提供报价，确认团队，计划发送，计划确认，接团前准备，团队进行中的监控，送团，做好总结工作等一系列操作。

(一) 接听咨询电话、提供报价

接听咨询电话、提供报价时,首先需要询问对方的联系方式、人数、时间、具体景点行程、接待标准、往返交通、客人的身份及其他要求;其次,根据对方要求编排线路,提供报价,提供报价时回复速度要快,对景区、酒店客房等的报价应准确详细、条理清晰。

(二) 确认团队

地接社计调在接到组团社书面预报计划后,将团号、人数、国籍、抵/离机(车)、时间等相关信息登录在当月团队动态表中。如遇对方口头预报,必须请求对方以书面方式补发计划,或在我方确认书上加盖对方业务专用章并由经手人签名,回传作为确认件;确认后应编制接待计划,将人数、陪同数、抵/离航班(车)、时间、住宿酒店、餐厅、参观景点、地接旅行社、接团时间及地点、其他特殊要求等逐一登记。

(三) 计划发送

计划发送是指向各有关单位发送计划书,逐一落实。

(1) 用房:根据团队人数、要求,以传真方式向协议酒店或指定酒店发送订房计划书,并要求对方书面确认。如遇人数变更,及时进行更改,将更改后的文件以传真方式向协议酒店或指定酒店发送,并要求对方书面确认;如酒店无法接待,应及时通知组团社,经同意后调整至同级酒店。

(2) 用车:根据人数、要求安排用车,以传真方式向协议车队发送订车计划书,并要求对方书面确认。如遇变更,及时进行更改,将更改后的文件以传真方式向协议车队发送,并要求对方书面确认。

(3) 用餐:根据团队人数、要求,以传真或电话通知方式向协议餐厅发送订餐计划书。如遇变更,及时进行更改,将更改后的文件以传真方式向协议餐厅发送,并要求对方书面确认。

(4) 返程交通:仔细落实并核对计划,向票务人员下达订票通知单,注明团号、人数、航班(车次)、用票时间、票别、票量,并由经手人签字。如遇变更,及时通知票务人员。

(四) 计划确认

计划确认是指在逐一落实前述流程后(或同时),编制接待确认书,加盖确认章,以传真方式发送至组团社并确认组团社收到。

(五) 接团前准备

接团前准备包括编制接待计划和概算单,其中,概算单中应注明现付费用、用途;然后填写借款单,与概算单一并交部门经理审核签字;部门经理签字后交财务部;财务经理审核签字后报总经理签字;最后凭总经理签字的概算单、接待计划、借款单向财务部领取借款。上述准备完成后应通知导游领取计划及附件,附件包括名单表、向协议单位提供的加盖作业章的公司结算单、导游人员填写的陪同报告书、游客(全陪)填写的质量反馈单、需要现付的现金等,票款应当面点清并由导游人员签收。

为了保证服务质量,计调可在接团前再次确认车、房、餐、交通是否预订好,如根据具体人数查看客房的预订，看看是否有自然单间等。

（六）团队进行中的监控

在团队旅游过程中，计调应与组团社、地陪、全陪及游客保持联系，掌握团队的行程，如果发现问题，应该及时沟通和解决。

（七）送团

团队行程结束，计调需要通知导游员凭接待计划、陪同报告书、质量反馈单、原始票据等及时向计调人员报账。计调人员详细审核导游填写的陪同报告书，以此为据填制该团费用小结单及决算单，交部门经理审核签字，然后依次交财务部并由财务部经理审核签字、总经理签字，最后凭总经理签字的上述单据向财务部报账。送团工作还包括填制团队结算单，经审核后加盖公司财务专用章，将结算单传真至组团社。计调将涉及该团的协议单位的相关款项及时录入团队费用往来明细表中，以便核对。

（八）做好总结工作

团队结束后，计调要将所有操作传真及单据复印件留档，作为操作完毕团队资料归档，并对参团客人进行回访。

第三节　旅游服务采购

旅游服务采购是计调最基本的业务。旅游服务采购的好坏直接关系到旅行社经营活动的成败。

一、旅游服务采购的概念和原则

旅行社所属的旅游产业在国民经济中处于下游，而旅行社又是旅游产业链的下游行业。旅行社销售的旅游产品除导游接待外，大部分不是自己生产的，而是旅行社向产业链上游的酒店、交通等旅游企业及其他相关行业购买大量的旅游服务，这些服务经过旅行社的"生产"和组合，形成旅行社的各种产品，再销售出去。因此，旅游服务采购成为旅行社一项十分重要的业务。

（一）旅游服务采购的概念

旅游服务采购是指旅行社为组合旅游产品而以一定的价格向其他旅游企业及相关行业购买各种旅游服务的行为。旅行社购买的服务是构成旅行社产品的必要组成部分。从采购的实质上看，旅行社的采购行为和其他企业的采购行为一样，也是一种交换关系。但是，旅行社旅游服务的采购与酒店等其他旅游企业的采购不同，后者主要采购有形的商品或实物，在采购过程中发生商品所有权的转移，而旅行社只采购旅游设施在特定时间内的使用权，其采购的是无形的服务产品，并不产生所有权的转移。旅行社的采购业务主要涉及交通、住宿、餐饮、景点游览、娱乐和保险等部门。另外，组团社还需要向旅游路线沿途的各地接社采购接待服务。

旅游服务采购具有比重大、涉及面广的特点。

1. 比重大

在旅行社的产品构成中，除了导游服务等少量内容来自旅行社自身外，其余的住宿、餐饮、交通、景点、娱乐、购物等产品内容皆须从相关的旅游企业或部门采购。这些旅游服务及相关服务的总成本在旅行社产品的价值中占很大的比例,必须得到足够的重视。

2. 涉及面广

为了保证旅行社的产品能够满足旅游者在整个旅游过程中各方面的需求,旅行社必须采购各个相关行业的产品和服务。因此,旅行社的采购业务涉及的范围广泛,必须建立起有效的采购网络以保障旅行社产品"生产",提供足够"原材料"。

(二) 旅游服务采购的原则

1. 保证供应

保证供应是旅行社在其采购业务中必须遵循的首要原则。旅行社产品主要来自从其他部门或企业购买的旅游服务。由于旅行社的产品多数采用预售的方式,所以一旦旅行社不能从有关部门或企业购买已经预售的产品所包含的服务内容,就会无法履约,引起旅游者的不满和投诉,并给旅行社带来经济损失和声誉损害。例如2000年夏季,某市一家旅行社在事先未对青岛夏季的住宿供给市场做周密调查的情况下,开发了一个以青岛为目的地的超低价自助游产品,并且在产品开发出来后,迅速投放市场。由于产品价位低,加之广告投入力度较大,旅行社在短短几天时间里就接到了900多人报名。然而,正是因为一开始未做好市场调查,为后面的操作埋下了恶果。到了成行之时,旅行社仍未解决相当一部分已经缴了费用的旅游者的住宿问题,导致众多报名者不能成行,招致了众多旅游者的投诉。这一事件不但给旅行社造成了重大的经济损失,而且严重影响了其在该市的声誉。因此,旅行社在旅游服务的采购工作中,必须坚持保证供应的原则,设法保证采购到已售出的产品中所包含的全部内容。

2. 保证质量

旅行社在采购各项旅游服务时,不仅要保证能够买到产品所需的全部内容的数量,而且要保证其所购买的旅游服务全部符合产品所规定的质量。如果旅行社只是关心所购买的旅游服务的数量,而忽视质量,同样会造成旅游者的不满和投诉。所以,旅行社在采购各种旅游服务时,必须按照保证质量的原则,为旅游者购买符合与其所达成的旅游合同中规定的产品。

案例 4-6

某市A旅行社组织了700多人的包火车团赴昆明旅游。由于此时昆明正在举办世界园艺博览会,住房极其紧张。A旅行社在事先未对住房做实地调查的情况下,采购了某运动训练基地的61个房间。由于训练基地长久未有人入住,待团队抵达昆明后,才发觉该训练基地不但离市区路途较远,而且住房设施、设备严重不符合团队协议要求,服务质量也有明显差距,结果团队罢住。虽然随团的组团社总经理当即做出在经济上给予补偿的决定,但旅游者回到目的地城市后,还是向媒体进行了投诉,直接导致120人退团,给旅行社造成严重损失。

B旅行社组织了一个会议旅游团,由全陪陪同入住一家度假山庄。这天中午用餐时,一位游客发现菜里有只苍蝇,很生气,要求服务员换菜。服务员不答应,还和客人吵了起来。

客人将全陪叫了过来，要求其处理这件事。全陪说服了餐厅管理者同意换菜，这时客人却不答应了，原因是服务员态度极差，客人要求赔偿经济损失及精神损失。餐厅管理者不同意，说："我们这儿就这样。"这再次激怒了客人。最后，客人不仅拒付房费、餐费，会也没开完就提前"撤退"了。

思考题：1. 训练基地的住房质量和餐馆的餐饮质量和旅行社有关系吗？

2. 作为连接旅游产品各供应部门"链"的旅行社，如何才能更好地保证自己的权益不受或少受损害？

3. 降低成本

旅行社产品中的主要成分是购自其他旅游服务部门或企业的旅游服务，所以购买这些旅游服务的成本是旅行社产品的主要成本。换句话说，旅行社经营的成败在很大程度上取决于旅行社采购的各种旅游服务的价格。如果旅行社的采购工作得力，采购到的旅游服务价格低于其竞争对手，则旅行社就能够在激烈的市场竞争中获得较多的利润。因此，旅行社必须在保证旅游服务的供应和旅游服务质量的前提下，尽量设法降低成本。

4. 互利互惠

旅行社产品的质量和价格在很大程度上取决于所采购的旅游服务产品的质量和价格。相关企业的价值链和旅行社的价值链之间的各种联系为旅行社增强其竞争优势提供了机会。旅行社与相关企业的关系，不应该是一方受益而另一方受损的零和游戏，而应该形成双方都能受益的关系。因此，旅行社在采购活动中，应该坚持互利互惠的原则，建立起与相关企业和部门之间互利互惠的合作关系，以实现合作最优化和降低总成本的目标。

二、旅游服务采购的内容

旅游产品的组合性，决定了旅行社的采购涉及交通服务采购、住宿服务采购、餐饮服务采购、游览与参观服务采购、购物和娱乐服务采购、地接服务采购、保险服务采购等内容。

（一）交通服务采购

迅速、舒适、安全、方便的交通服务是旅行社产品不可缺少的组成部分，并对旅游日程的实施、旅行社的信誉产生至关重要的影响。所以旅行社必须向航空公司、铁路部门、汽车公司和水上客运公司等交通部门进行采购，建立密切的合作关系，并争取与有关的交通部门建立代理关系，经营联网代售业务。

从"旅游六要素"来看，"行"是实现旅游活动的前提条件。旅游交通被称为旅游业的三大支柱产业之一。旅游交通主要指旅游用的交通工具及其有关设施，包括航空、铁路、公路、水路和其他交通设施。交通便利，才能使旅游业迅速发展。为了能够及时对旅游交通服务进行采购，加强与旅游交通部门的合作，许多旅行社专门设置了"票务"机构和人员，一些规模大的旅行社纷纷与交通企业建立业务合作关系，并且在旅行社内设立了"票务代理"等相对独立的机构。计调在交通服务采购中，首先要了解各种交通方式的游览效果；其次要了解各种交通工具的适用旅程，如汽车、快艇、直升机适合短途旅游，火车、轮船、大巴适合中途旅游，客机和海上渡轮则适合长途旅游；最后要了解国内外的交通现状，如交通的类型、分布形式、价格、网络等。

在具体的团队操作中，要综合利用各种交通方式与工具，扬长避短，合理衔接；另外还要考虑旅游者的旅游目的、运输价格、旅游者的旅游喜好和经验、旅游目的地位置和可进入性等因素，在满足旅游者个人需求的基础上，争取做到旅游效益最大化。

1. 航空交通服务采购

作为大众旅游时期远程旅行的方式之一，航空服务的主要优点是快速和舒适。一般来说，旅行社选择航空公司主要考虑下列因素：机票的价格是否有竞争力；机位提供是否能满足需求；工作人员的配合度，包括付款的方式等；航空公司班次的多少以及和各地的联络方便与否。

航空交通服务采购是指旅行社根据旅游计划和散客旅游者的委托，为旅游团队、散客以及一般顾客代购航空机票的业务。航空交通服务采购分为两种形式，即定期航班机票的采购和旅游包机的预订。

（1）定期航班机票的采购。

定期航班机票的采购业务包括机票的预订、购买、确认、退订与退购、补票与变更五项内容。定期航班机票的价格种类主要包括航空公司公布票价（即零售票价）、团体优惠票价、儿童优惠票价、优惠打折票价、包机票价及免票，其中零售票价又可分为头等舱票价、商务舱票价和经济舱票价。

①机票的预订。无论是团体还是散客旅游者，旅行社采购人员在向航空公司提出预订机票的要求前，必须掌握以下信息：首先，应掌握旅游者的信息，如姓名、身份证号（注意身份证有效期，信息记录姓名必须与身份证上姓名一致）、联系电话（包括手机和家里电话）、家庭详细地址，出入境旅游还包括护照及签证；其次，应掌握旅游团队信息，包括旅游团队的人数（特别注意12岁以下儿童人数）、旅游目的地、乘机的准确日期和具体时间、费用交付方式和其他事项；最后，掌握航空公司的信息，如航空公司名称、机型和航班号，乘机日期和准确时间，机票价格，机场建设税，手续费，国内机票还包括特殊时期的燃油附加费。

②机票的购买。采购人员将填好的机票预订单按照航空公司的规定在提前期限内送到（或网络发送）航空公司售票处，之后到售票处购票或取票，或者由机票代理处派人送票。购票时采购人员持乘机人的有效身份证件或由旅行社出具的带有乘机人护照号码的名单，支付现金或支票；取票时应认真仔细地核对机票上的乘机人姓名、航班号、起飞时间、票价、目的地等内容。

根据旅行社经营业务不同，所采购的机票主要有国内客票和国际客票两种，儿童客票的价格则根据儿童年龄按照成人客票价格的一定比例计算。未满2周岁的婴儿按成人客票价格的10%付费，不单独占座位，每一名成人旅客只能有一个婴儿享受这种票价；已满2周岁未满12周岁的儿童按成人客票价格的50%付费；年满12周岁的少年，按成人客票价格付费。

国内客票有效期为一年。客票只限票上所列姓名的旅客本人使用，不得转让和涂改，否则客票无效，票款不退。国内客票分为成人客票和儿童客票，成人客票的价格为航空公司的正常价格，不是指打折客票价格。

国际客票包括国际旅行的单程客票、往返客票和环程客票，有效期均为一年。国际客票和国内客票一样，也分为成人客票和儿童客票两种。

③机票的确认。我国民航部门规定：在国内旅游中，持有订妥座位的联程或回程地点的旅客停留时间超过72小时，须在该联程或回程航班飞机离站前两天的中午12时之前办理座位再证实手续，否则原定座位不予保留。在国际旅游中，已订妥去程或回程国际、地区航班座位的旅客，如在上机地点停留72小时以上，应最迟在班机起飞前72小时对所订座位予以再证实，否则所订座位将自动取消；如在去程或回程地点的停留时间不超过72小时，无须办理座位再证实手续。

案例 4-7

2004年8月，上海导游许先生送一个20多人的美国旅游团前往香港。由于那几天航空客运紧张，许先生多次提醒领队要确认机票。但自负的美国领队却不以为然，说在美国只要在上飞机前一刻确认即可，所以连一个联系电话都没打。果不其然，那天抵达机场后，由于没有确认机票，这批客人的机票已被机场售出。而按照行程，客人一定要在当天赶到香港，乘次日上午的航班飞回美国。这样一来，团队的旅游行程就被耽搁了。

思考题：1. 哪一类机票要确认？怎样确认？
2. 因领队主观原因造成的误机将产生哪些后果？

④机票的退订与退购。旅行社采购人员在为旅游团队或旅游者预订或购买机票后，有时会遇到旅游计划变更造成旅游团队人数减少或旅游者（团队）取消旅游计划等情况。遇到此类情况时，采购人员应及时办理退订或退票手续，以减少损失。旅行社退订或退购机票，一般按照民航部门或旅行社与航空公司达成的协议所规定的程序办理。

退票收取退票费，首先要看订的是哪家航空公司的机票，不同的航空公司退票费不一样，有的航空公司分起飞前和起飞后来确定退票费；其次要看订的机票的折扣，折扣越低退票费率越高，退票费 = 票面价 × 退票费率。比如中国东方航空公司机票退票规定：头等舱、经济舱全价票，按票面价收取5%的退票费；8~9折，按票面价收取10%的退票费；5.5~7.5折，按票面价收取20%的退票费；3.5~5折，按票面价收取50%的退票费；3折，不得退票；最低退票手续费不得低于50元人民币。海南航空公司机票退票规定：头等舱、经济舱全价票，不论是在起飞前，还是在起飞后，按票面价收取5%的退票费；9折，不论是在起飞前，还是在起飞后，按票面价收取5%的退票费；8~8.5折，不论是在起飞前，还是在起飞后，按票面价收取10%的退票费；5.5~7.5折，不论是在起飞前，还是在起飞后，按票面价收取20%的退票费；4~5折，不论是在起飞前，还是在起飞后，按票面价收取50%的退票费。

⑤机票的补票与变更。旅游者或乘客有时不慎将机票丢失，旅行社应协助旅游者或乘客挂失，即以书面形式向承运人或代理人申请挂失，并提供足够的证明。在申请挂失前，客票如已被冒用或冒退，承运人（航空公司）不负责任；挂失后凭机票遗失证明在飞机离站前一天下午到航空公司售票处取票并交纳补票费。

如果旅行社在购买机票之后，因旅游计划变更而需要变更航班日期或舱位等级时，就必须在原指定的航班飞机离站前48小时提出变更申请,客票只能变更一次。

(2) 旅游包机的预订。

旅游包机是旅行社因无法满足旅游者乘坐正常航班抵达目的地的要求而采取的一种采购方法。这种情况多发生在旅游旺季的旅游热点地区或正常航班较少的地区。另外,旅行社在接待过程中发生误机事故后,也可以采取包机的方式,将旅游者尽快送达目的地。

①包机的手续。凡需要包机的旅行社应事先与民航部门联系,填写包机申请书,说明任务的性质、游客的人数和身份、包用机型和架次、使用日期及航程事项。

旅行社的包机申请经民航部门同意后,应签订包机合同。

②包机变更。包机合同签订后,如果包机的旅行社要求取消包机,需按规定交付退包费。包机的旅行社在提出变更或取消包机前,民航部门已发生的调机等费用,应由包机的旅行社承担。

③包机费用。按民航部门规定,包机费用根据包用机型的每公里费率和计费里程或包用机型的每小时费率和飞行时间计收。

2. 铁路交通服务采购

旅行社采购铁路交通服务的主要内容是各种火车票。近年来,随着我国铁路运输的巨大变化,在一般情况下,火车票的采购已经不是旅行社交通采购中的突出问题。

(1) 火车票的种类。

对旅行社来说,火车票可以分为软卧、软座、硬卧、硬座,也可分为成人票、儿童票。一名成年人旅客可以免费携带一名身高不足1.2米的儿童。如果身高不足1.2米的儿童超过一名时,一名儿童免费,其他儿童须购买儿童票。儿童身高为1.2~1.5米的,须购买儿童票;超过1.5米的,须购买全价座票。成年人旅客持卧铺车票时,儿童可以与其共用一个卧铺,并按上述规定免票或购票。火车票票面包含多种信息,包含7要素:车次、发站与到站、席别、开车时间、票价、有效期、路径。

(2) 火车票的采购业务。

旅行社火车票的采购业务分为两种:一种是火车票的预订与购买、退票、车票中转签证和变更路径业务,旅行社采购人员在接到采购计划时,应认真核实采购数量、始发站、终点站、始发时间、票价等内容,然后到铁路车站、12306网站或代售点购买。另一种是包车业务,包车是旅行社向铁路部门包一整列火车。例如2007年上铁国旅集团推出从中国全程软卧火车包车前往哈萨克斯坦的"丝绸之路"游线。这条游线从上海出发,沿古丝绸之路横跨边疆到中亚,在世界上最大的内陆国哈萨克斯坦的阿拉木图游玩4天。

知识拓展 4—3

旅客要求退票时,须在票面载明的开车时间前到车站办理,退还全部票价,核收退票费;特殊情况经购票地车站或票面乘车站站长同意的,可在开车后2小时内办理;团体旅客应不晚于开车前48小时办理退票;原票使用现金购票的,应退票款退还现金;原票在铁路售票窗口使用银行卡购票或者在12306网站使用在线支付工具购票的,按发卡银行或在线支付工具相关规定,应退票款在规定时间退回原购票时所使用的银行卡或在线支付工具。

旅客开始旅行后不能退票。但如因伤、病不能继续旅行时，凭列车开具的客运记录，可退还已收票价与已乘区间票价差额，核收退票费；已乘区间不足起码里程时，按起码里程计算；同行人同样办理。

退还带有"行"字戳迹的车票时，须先办理行李变更。

开车后改签的车票不退。站台票售出不退。

开车前15天（不含）以上退票的，不收取退票费；票面乘车站开车时间前48小时以上的按票价5%计算退票费，24小时以上，不足48小时的按票价10%计算退票费，不足24小时的按票价20%计算退票费。

开车前48小时~15天期间内，改签或变更到站至距开车15天以上的其他列车，又在距开车15天前退票的，仍按票价的5%收取退票费。

办理车票改签或变更到站时，新车票票价低于原车票的，退还差额，对差额部分核收退票费并执行现行退票费标准。

上述计算的尾数以5角为单位，尾数小于2.5角的舍去、2.5角以上且小于7.5角的计为5角、7.5角以上的进为1元。退票费最低按2元计收。

改签后的车票乘车日期在春运期间的，退票时一律按开车时间前不足24小时标准核收退票费。

3. 公路交通服务采购

在我国沿海经济发达地区，旅行社采购公路交通服务主要用于市内游览和近距离旅游目的地之间的旅行。而在内陆航空交通服务和铁路交通服务欠发达的地区，公路交通服务则是主要的旅游交通方式。

旅行社采购人员在采购公路交通服务时应对此项服务的汽车公司进行调查，了解该公司所拥有的车辆数目、车型、性能、驾驶员技术水平、公司管理状况和车辆价目等，从中选出采购对象，签订租车协议，建立协作关系。

旅行社采购人员在每次接到旅游者或旅游团队的用车计划之后，应根据旅游者的人数及收费标准向提供公路交通服务的汽车公司提出用车计划，并告知旅游者或旅游团队的日程安排，以便汽车公司在车型、驾驶员配备等方面进行准备。为了避免差错，应在用车前2~3天，再次与汽车公司联系，核实车辆落实情况，并将所用汽车的车型、驾驶员等情况告知旅行社相关部门和人员。

在实际采购中，许多汽车运输企业与旅行社之间常年保持着良好的合作关系，只需通过电话进行商定，再以传真确认双方各自应履行的责任和义务即可。

4. 水运交通服务

旅行社采购人员在采购水运交通服务时，应根据旅游者或旅游团队的旅行计划和要求，向轮船公司等水运交通部门预订船票，并将填写好的船票订票单在规定日期内送交船票预订处；购票后，如果因旅游计划变更造成乘船人数增减、舱位等级变更、旅游计划取消等突发情况，应及时向水运交通部门办理业务变更或取消手续；取票时，计调人员应根据旅游计划逐项核对船票的离港日期、时间、航次、航向、舱位等级、乘客名单、船票数量、船票金额等信息。

（二）住宿服务采购

住宿服务的费用在旅行社产品总费用中位居第二，住宿服务是旅行社采购活动中又一重要内容。住宿一般占旅游者旅游时间的1/3，旅游者对住宿的满意程度是关系旅行社产品声誉的一项重要内容。住宿服务的采购业务主要包括选择住宿服务设施、选择酒店预订渠道、确定客房租住价格和办理住宿服务预订手续四项内容。

1. 选择住宿服务设施

选择住宿服务设施是保证住宿服务质量的重要手段之一。旅行社采购人员应该从以下几个方面考察住宿服务设施。

（1）酒店位置。

酒店所处的位置有两方面的意义：一是所处地段不同，即使同属一个档次、一个星级，酒店的价格往往大不一样；二是不同类型旅游者对酒店的位置有着不同的要求和偏好。酒店的采购必须兼顾这两方面。

（2）市场定位。

许多酒店都有自己的经营定位。采购人员在采购住宿服务设施时，应该针对不同旅游者的住宿要求做到有针对性地采购。也就是说，必须考虑将要采购的酒店所接待的对象主要是哪类旅游消费者，如是会议旅游者还是普通的旅游团队。

（3）酒店设备。

旅行社采购人员在采购时必须考虑酒店的设备、设施情况，如酒店是否配备会议室、商务中心、多功能厅、宴会厅、健身设施等。

（4）服务水平。

采购酒店的服务水平也决定了旅行社产品的质量。例如，接待入境旅游团体，饭店必须提供行李服务。接待一些国内旅游团队，饭店的棋牌室等娱乐活动场所不可缺少。

案例 4—8

张小姐参加某旅行社组织的"天柱山五日游"，合同写明住房条件为二人房或三人房，独立卫生间。到宾馆后，因房源有限，住房标准被降为四人房。张小姐不同意，后被安排在附近某疗养院，住进单人间，但疗养院设施很差，卫生间漏水也无人问津。本想晚上好好休息，却天天要"扫水"。张小姐找到服务员要求解决，但直到旅行结束也无人问津，更不用说派人修理，几天的旅游就在这样的住宿条件下度过。

思考题：1. 张小姐将怎样评价这次旅游经历？她是否会投诉？
　　　　2. 旅行社如果知道了张小姐的遭遇，应怎么解决？

（5）泊车场地。

对于团队旅游来说，酒店是否拥有一定面积的泊车场地，采购时也需考虑。因为团队旅游者多乘大型旅行客车，饭店拥有较大面积的停车场显然就会方便很多。

2. 选择酒店预订渠道

旅行社预订酒店主要通过以下三个渠道。

（1）直接预订。

直接预订也称自订，它是指组团旅行社直接向旅游目的地酒店提出预订要求，因此也叫组团旅行社预订。直接预订的优点是：①能够直接从酒店获得客房信息，及时掌握酒店客房的出租情况；②能直接同酒店达成预订协议，既能保证旅游者的住宿需要，又能免去中间环节所需的费用，降低采购成本；③能够不断加强和酒店的联系，可以与之建立起密切的合作关系，为采购业务的进一步开展打下坚实的基础。例如，21世纪90年代初期，旅游饭店比较紧张，杭州一家国际旅行社采购杭州本地一家较好的四星级酒店，需要59美元/间，但是，南京的一家国际旅行社直接预订却只需要57美元/间，原因就是南京的这家国际旅行社和饭店建立了很紧密的合作关系。

直接预订的缺点是：①采购人员必须同所要预订的各家酒店逐一打交道，不仅在预订时要同他们联系，还要在随后寄送预订申请、确认住房人数及名单、付房费等，占用大量时间和人力；②有时，外地的酒店未必了解组团旅行社，因而不愿意向组团旅行社提供最优惠的价格，并可能在缴纳租房金、付款期限、客房保留截止日期等方面不给予优惠。

（2）代订。

代订就是组团旅行社委托旅游目的地的地接社预订酒店，所以也叫委托预订。代订的优点是：①相对来说，地接社比较熟悉本地区的旅游住宿供应情况，且容易同当地酒店建立起良好的合作关系，往往能够根据旅游者的要求，比较称心地安排酒店；②能拿到组团旅行社能接受的价格；③有些时候，地处异地的组团旅行社只能通过当地的旅行社才能预订到该地区的酒店客房。

代订的缺点主要是：①地接社往往截留酒店给予的一部分折扣，作为其代订的佣金；②如果组团旅行社不是选择具有一定经济实力和信誉的地接社或者选错了地接社，容易代订失约，从而导致组团社工作的失误，尤其是在旅游旺季的时候，这种失误带来的损失是非常严重的；③为了获得更多的折扣，一些地接社可能会设法迫使组团社接受一家并不满意的酒店作为旅游者下榻之处，有可能导致接待工作中的服务缺陷。

（3）委托酒店预订中心预订。

一些知名的国际连锁酒店，拥有一个共享的客房预订中心。旅行社采购这类酒店，就可以采取向委托酒店预订中心预订的方法。如香格里拉、希尔顿、凯悦、喜来登等都有酒店预订中心。委托酒店预订中心预订的优点是：①方便，旅行社可以就近预订，获得所需的客房；②可靠，这些国际知名的酒店拥有很高的声誉，操作严谨，服务周到。委托酒店预订中心预订的缺点是：①选择手段单一，旅行社通过酒店预订中心预订，只能选择该"系统"下的酒店，这就放弃了选择其他酒店的机会；②多次操作，尽管旅行社最初的预订是通过预订中心进行的，但是在预订被确认之后，旅行社仍然必须同所要采购的酒店联系，并向该酒店办理客房预订状况报告、预交订房预订金等手续。

任何一种预订渠道都既有优点又有缺点，在选择预订方式时，组团旅行社必须分析自己的长处、短处，做到扬长避短，选择最恰当的渠道进行预订，从而把双赢和利润最大化完美地结合在一起。

3. 确定客房租住价格

酒店客房的价格不一，采购人员应熟悉这些价格。熟悉采购酒店的各种价格，是谈判中"知彼"的表现。另外，采购之前还需要获取将要采购的酒店给予同行的价位。只有这样，在与酒店进行谈判时，才能获得主动权，拿到理想的优惠价格。客房的价格主要包括门市价格、团体价格、协商价格和净价格四种。门市价格是酒店对外公布的价格，主要适用于事先未预订的临时住店客人；团体价格是酒店对接待团体提供的优惠价格，它一般有较大的折扣，明显低于门市价格；协商价格是同酒店经过谈判达成协议后的房价；净价格是指扣除酒店给予旅行社的折扣，加上税收和服务费的客房出租价格。

4. 办理住宿服务预订手续

（1）提出住房申请。

申请时，采购人员应提供下列信息：旅行社名称、客房数量和类型、入住时间、离店退房时间、结算方式、旅游者国籍（海外旅游者）或居住地（国内旅游者）、旅游者姓名或旅游团队代号、旅游者性别、夫妇人数、随行儿童人数及年龄、旅游消费者的特殊要求等。

多年来，旅行社与酒店之间租房申请的提交一般采用传真的形式，这已经成为惯例。酒店在接到旅行社租房申请的传真后，通常会向旅行社发确认传真。确认传真中注明酒店的确认号码，即旅行社的预订号码。旅行社导游凭确认传真带领旅游团队入住酒店。

（2）缴纳预订金。

每个酒店都有关于预订金缴纳的时间、缴纳预订金的比例、取消预订的退款比例等事项的规定。采购人员必须熟悉这些规定。如果旅行社未能按规定执行，则酒店有权取消预订。

（3）办理入住手续。

旅游团（者）在预定时间抵达酒店后，凭团号、确认函等办理入住手续。

案例 4-9

周末，导游小宋带一个旅游团入住一家二星级酒店，旅游团住五楼。晚上十点，有多位游客跑来找小宋，要求更换房间，原因是五楼有歌舞厅，楼道上人来人往，歌舞厅人声喧哗，影响休息。小宋想，游客进入客房都已经好几个小时了，现在再与酒店交涉客房，肯定有点麻烦，因此，他反复做游客的思想工作，希望他们能将就一个晚上，反正明天就要离开这里了。最后游客们闷闷不乐地回了客房。

思考题：你会像小宋那样处理问题吗？在此情况下，怎样贯彻"游客至上，服务第一"的宗旨？

（三）餐饮服务采购

餐饮服务是旅游服务不可少的一部分，是旅游接待工作中极为敏感的一个因素。对现代旅游者来说，用餐可以算是旅游中的一种享受。餐馆的环境、卫生、饭菜的色、味、形，服务人员的举止与装束，餐饮的品种以及符合客人口味的程度等，都会影响旅游者对旅行社产品的最终评价。国内旅行社在采购餐饮服务时，一般采用定点的办法。所谓定点，是指旅行社经过对采购的餐馆、酒店进行综合考察筛选后，和被选择的餐馆、酒店进行谈判，就旅行社的送客人数、各类旅游者、旅游团队的就餐标准、付款方式等达成协议。

（四）游览与参观服务采购

游览与参观是旅游者在旅游目的地进行的最基本和最重要的旅游活动，做好游览景点与参观服务的采购工作对于保证旅游计划的顺利完成具有举足轻重的作用。就目前旅行社的操作来说，绝大多数游览与参观服务的采购工作是由地接社承担的。旅行社采购人员应该对本地区的重要游览景点和参观单位进行考察和比较，并根据不同景点和单位的特点，分别同这些景点、单位进行联系，保证旅游者的正常游览参观。如有可能，旅行社应在双方自愿的基础上，与之建立互惠的长期合作协议，争取获得价格上的优惠。

（五）购物和娱乐服务采购

旅行社在采购旅游购物场所时，要注意选择信誉好、有特点、价格合理、商品质量优、售后服务周到的旅游定点商店，明确双方的权利义务，以防购物商店在旅游者购买的商品中掺假或以次充好，或者销售失效、变质的商品，损害旅游者的利益。若由此引发旅游纠纷，会使旅行社形象受损。2013年10月1日起施行的《旅游法》规定：旅行社组织、接待旅游者，不能指定具体购物场所，不得安排旅游者购物。

娱乐项目是旅游线路产品的基本要素，也是现代旅游的主体。娱乐项目采购应该多样化、知识化、趣味化、新颖化，可以包括歌舞、戏曲、杂技、民间艺术及其他趣味性、消遣性的民俗活动。娱乐项目不仅可以消除旅游者白天参观游览的疲劳，还可以丰富、充实旅游活动，起到文化交流的作用。要想丰富、充实旅游活动，使整个旅程锦上添花，旅行社就要与娱乐行业建立必要的合作关系。

案例 4-10

某电脑公司一行17人参加某海岛五日游，一路上十分愉快。在旅途即将结束时，导游带团员去了一家规模不大但服务非常热情的珠宝商店。经服务小姐的推荐和介绍，团员纷纷解囊，总共买了不同类型的珠宝合计5万多元。但是返回居住地后，有团友将购买的珠宝拿到权威机构检验，结果证明5万多元的"珠宝"最多只值1万元。客人们十分气愤。

思考题：旅行社应如何认识旅游购物？

（六）地接服务采购

组团社为安排旅游者（团）在各地的旅程，需要各地接社提供接待服务。地接社采购是指组团旅行社向旅游目的地旅行社采购接待服务的一种业务，在行业内通常称为选择地接社。对于组团旅行社来说，遴选一家优秀的地接社是一项重要的工作。因为在旅游接待链上，地接社所提供的服务往往不是某个单项服务，而是一项综合服务，除导游服务外，常常包括当地的住宿服务、餐饮服务、交通服务等。在目前的国内旅游市场上，因地接社导致组团社被投诉的事例并不鲜见。因此，组团社必须根据自身的情况审慎地物色地接社。选择地接社可以从以下几个方面着手。

1. 诚信

地接社作为提供接待服务的合作伙伴，要有与组团旅行社真诚合作的愿望，要具备良好的信誉。地接社必须根据与组团社达成的合作协议，不折不扣地执行接待协议，向旅游者提供优良的接待服务。地接社如因特殊原因无法落实旅游接待计划所要求的活动内容时，必须及时通知组团旅行社，并在征得组团旅行社的同意后，方可改变原先的接待计划。若地接社因没有履行合作协议引起旅游者投诉，组团社可以根据协议与其交涉并要求赔偿，并视情况重新物色地接社。

2. 较强的接待能力

地接社必须具有较强的接待能力，能够采购到组团旅行社委托其采购的各项旅游服务，并提供优质的导游服务。

3. 收费合理

"双赢"是地接社和组团社长期合作的基础，合理的报价是组团社物色地接社的最重要因素之一。因此，地接社的报价要以市场为依据，不能超过旅游者和组团旅行社的承受能力。地接社不能擅自提高收费标准或增加收费项目，也不能随意降低接待服务的标准，损害旅游者和组团旅行社的合法权益。

组团旅行社通过一段时间的考察与合作后，应该设法同在上述三个方面均有上乘表现的地接社签订合作协议，建立长期的合作关系。

案例 4-11

2002年国庆节期间，上海C旅行社组织某公司15人到九寨沟旅游，委托成都一家地接社接待。游客按时到达成都机场后，却不见地陪来接站。全陪联系地接社后被告知旅游车发生故障，已派出临时车辆来机场接客。过了两个半小时，地接社汽车才到达。第三天游九寨沟，途中突遇大雨。部分游客坚持要游完全程，但导游郭小姐以自己身体不适为由陪同部分客人返回宾馆。在继续旅游的过程中，一名游客不小心滑倒，背部扭伤。该团回上海后，游客向组团社投诉，要求赔偿。

思考题：1. 本团发生投诉的主要原因在哪里？组团社应如何处理？

2. 如果旅游质检所判定旅行社应承担赔偿责任，组团社应如何处理？

（七）保险服务采购

根据《旅行社条例》及相关法律规定，旅行社应该为旅游者提供规定的保险服务。旅行社计调应对众多的保险公司进行认真考察，选择信誉良好、有较强经济实力的保险公司作为合作对象。根据《旅行社管理条例》及相关法律，旅行社应该在征询旅游者同意的条件下（除了旅行社责任险外），为旅游者代买保险服务。旅行社涉及的保险险种主要有以下几种。

1. 旅行社责任保险

旅行社责任保险是指旅行社根据保险合同的约定向保险公司支付保险费，保险公司对旅行社在从事旅游业务经营活动中，致使旅游者人身、财产遭受损害应由旅行社承担的责任，承担赔偿保险金责任的行为。

2. 旅游意外保险

旅游意外保险是指旅游者个人向保险公司支付保险费，一旦旅游者在旅游期间发生意外事故，由承保的保险公司按合同约定，向旅游者支付保险金的保险行为。旅游者在购买旅游产品时，旅行社应该提醒游客购买旅游意外保险。

3. 航空旅客意外伤害保险

航空旅客意外伤害保险简称"航意险"，属自愿投保的个人意外伤害保险。航空旅客人身意外伤害保险是指当承保的飞机由于自然灾害或意外事故而损坏，致使第三者或机上旅客人身伤亡、财产损失时，由保险公司负责赔偿。这类保险适用于乘坐客运航班的游客，旅行社应提醒游客购买。

4. 中国境外旅行救援意外伤害保险

中国境外旅行救援意外伤害保险属附加性保险，即附加在主保险合同上的保险险种。中国境外旅行意外伤害保险的保险期限，以合同保险单中列明的时日为准。保险期限超过90日的，保险公司通过授权的境外救援机构承担每次旅行连续不超过90日的保险责任。

旅游保险有利于保护旅游者和旅行社的合法利益，对旅行社发展具有重要意义。旅行社在为旅游者购买各种保险时应做到：认真履行《旅行社投保旅行社责任保险规定》和保险公司的有关规定；与保险公司就游客的旅游保险事宜签订协议书；将协议书上的有关内容进行整理打印，分发给外联部门，并通知其对外收取保险费；将每一个投保旅游团（者）的接待通知（含名单）按时送到保险公司作为投保依据，按投保的准确人数向保险公司交纳保险费；注意接收和保存保险公司的保险单或承保确认书；当旅游途中发生意外事故或遇到自然灾害，必须及时向在第一线的导游了解情况，必要时去现场，并以最快的速度通知保险公司。还应在3天之内向保险公司呈报书面材料，如旅行社游客保险事故通知书、旅行社游客保险索赔申请书等；索赔时需要向保险公司提供有关方面的证明，如医院的死亡诊断证明、民航或铁路部门的行李丢失证明、饭店和餐厅保卫部门的被盗证明等。

旅游者在旅行过程中除与旅游行业（饭店、餐馆、交通部门等）发生一定的社会关系外，还要与政府行政管理部门发生一定的社会关系（如旅游者出境，必须在本国办理护照、签证等；到旅游目的国入境，必须通过边防、海关、安全和卫生检查等）。因此，旅行社必须与政府行政管理部门如公安、海关等部门建立合作关系。

总之，旅行社的采购业务涉及许多方面和许多企业、部门，旅行社应在确保服务质量的前提下，同相关的旅游服务供应企业和部门建立互利互惠的协作关系，正确处理旅游服务采购中的各种关系，为旅行社的经营和发展建立一个高效率、低成本、优质的旅游服务采购网络。

三、旅游服务采购的策略

旅行社与其他旅游服务供应部门或企业之间的关系是一种商品交换的关系。一方面，在市场经济条件下，购买方和供应方都应该按照市场规律办事，在互利双赢的基础上完成双方的供求合作。另一方面，在市场经济条件下，旅行社竭尽全力为自己谋求最大的经济效益，讨价还价也是正常的行为。

在采购活动中，采购人员应该根据具体情况灵活运用采购策略。在淡季和旺季需运用不同的采购策略；热点城市和冷点城市，采购的策略也应该不一样。总之，旅行社应想方设法以最低的价格和最小的采购成本从其他旅游服务供应部门或企业获得各种旅游服务。

（一）集中采购策略

集中采购是旅行社在采购中经常利用的一种采购策略。集中采购包括两个方面的含义：①旅行社将其各个部门的采购活动集中于一个部门，统一对外采购；②旅行社将其在一个时期（一个星期、一个月、三个月、半年甚至一年）营业中所需的某种旅游服务集中起来，全部或大部分投向经过精心挑选的某一个或少数几个旅游服务供应部门或企业，以最大的购买量获得最优惠的价格和供应条件。集中采购的主要目的是通过扩大采购批量，减少采购批次，从而降低采购价格和采购成本。集中采购策略主要适用于旅游温点、冷点地区和旅游淡季。

（二）分散采购策略

分散采购策略主要适用于两种情况：①淡季市场。当旅游市场上出现供过于求十分严重的现象时，旅游服务供应部门或企业无法通过其他渠道获得大量的购买者，而旅游服务又不能够储存或转移，迫切需要将其大量空闲的旅游服务项目售出以获得急需的现金收入。在这种市场条件下，旅行社在旅游团队或旅游者即将抵达本地时，以一团一购的方式进行采购，往往能够用较低的价格获得所需的旅游服务。②旺季市场。当旅游服务因旅游旺季的到来而出现供不应求的情况时，旅行社无法从一个或少数几个旅游服务供应部门或企业获得所需的大量旅游服务供应。在这种形势下，旅行社应该采取分散采购的采购策略，设法从许多同类型旅游服务供应部门或企业获得所需的旅游服务。

（三）协作网络策略

旅行社通过与其他旅游服务供应部门或企业联系和协作，建立起广泛且相对稳定的协作网络，可以达到保证供应和降低采购价格及采购成本的目的。旅行社在建立采购协作网络的过程中，应该做到：

1. 协作网络必须比较广泛，覆盖面比较广

当一个地区存在大量的旅游服务供应部门和企业时，旅行社应该根据自身的需要和经营实力，尽量同各种旅游服务供应部门和企业加强联系，设法合作。这样，旅行社就能够获得比较理想的供应渠道，保证以比较合理的价格获得所需的旅游服务。

2. 运用经济规律，在互利互惠的基础上长期合作

旅行社建立采购协作网络的目的，是发展同相关部门和企业的长期合作关系。因此，旅行社在与这些部门或企业的交往过程中，必须坚持互利互惠的原则，因为只有合作的双方都能够获得利益，合作关系才能够长期保持下去。旅行社在采购活动中，应该从长远利益着眼，不应急功近利，为图一时的利益而伤害对方的利益，也不应该乘人之危，利用对方的不利处境迫使对方做出过大的经济利益牺牲。

3. 加强公关活动，建立良好的人际关系

旅行社的采购工作要靠本旅行社的采购人员与旅游服务供应部门或企业的销售人员及其他相关人员的通力合作才能完成。因此，旅行社的有关部门领导和相关人员应该加强公关活动，设法与对方的相关领导和部门建立起良好的人际关系，使旅行社的采购协作网络能够不断加强和发展。

（四）预订策略与退订策略

旅行社产品的销售是一种预约性的交易。旅游者在预订了旅行社的产品后，有时会因各种原因要求取消旅游计划。另外，对于旅游目的地的组团旅行社及各地接社来说，他们同旅游客源地的旅行社之间签订的旅游合同并无法律上的约束力。在旅行社的实际经营中，旅游客源地的旅行社以各种理由要求临时增加或临时取消旅游计划更是屡见不鲜。由于旅行社产品销售的预约性，旅行社必须提前制定旅游服务采购计划，并按照这些计划向相关的旅游服务供应部门或企业预订各种所需的旅游服务项目。一旦出现临时增加或临时取消旅游计划，旅行社就须向有关的旅游服务供应部门或企业提出临时增订或退订旅游服务项目的要求。由于临时性的增订或退订往往会给提供这种服务的部门或企业带来一定的压力或经济损失，所以这些部门往往要求提高临时增订的旅游服务的价格或收取一定比例的退订损失费用。为了尽量减少损失，旅行社应该设法通过友好协商，尽量使对方降低提价的幅度或减少退订损失费用。

四、旅游服务采购的合同管理

合同是指当事人之间为了实现一定的经济目的而明确相互权利义务关系的协议。签订合同是当事人为避免和正确处理可能发生的纠纷而采取的行为，目的在于确保各方经济利益的实现。

旅游服务采购合同是旅行社为购买各种旅游服务而与旅游企业或相关部门订立的各种购买契约。旅行社的采购合同与一般的采购合同不尽相同，主要原因是旅游采购具有预约性。旅行社的采购往往是一次谈判、多次成交的业务，它不是一手交货、一手交钱的简单交易，而是一种预约性的批发交易，谈判和成交之间既有时间间隔又有数量差距。旅游采购的这种特点，使得旅行社与协作部门之间的经济合同显得更为必要。因此，随着我国法制建设步伐的加快和旅游市场环境的不断改善，旅行社应积极推行合同制，利用法律来保护自己的合法权益，并推动旅行社的采购活动日益规范化。

旅游服务采购合同的基本内容有以下五个方面。

（一）合同标的

合同标的是合同法律关系的客体，是合同当事人权利和义务共同指向的对象。标的是合同成立的必要条件，没有标的，合同就不能成立。旅游合同的标的就是旅行社购买和旅游服务供应部门或企业出售的旅游服务，如客房、餐饮、汽车、航空等服务。

（二）数量和质量

数量是指旅行社与供应商双方商定的计划采购量，由于旅游采购的预约性，这一采购量是双方商定的，或者说是规定的采购和供应幅度。质量是指旅行社与供应商双方商定的质量要求。

（三）价格和付款办法

合同中应规定拟采购的服务的价格。由于价格常常随采购量的大小而变动，而合同又没有一个明确的采购量，因此双方商定的是一个随采购量变动的定价方法。在国际旅游业中还要规定交易所用的货币以及汇率变动时价格的变动办法。合同在规定价格和付款办法时，还要规定优惠折扣条件、结算方式及付款时间等。

（四）合同期限

合同期限是当事人双方享有权利和履行义务的时间。它一般始于合同的生效之日，终于合同的终止之时。旅行社合同一般是一年签订一个合同，也有的按每年淡、旺季签订两个合同，还有的是签订一次性的合同。

（五）违约责任

违约责任是指当事人不履行合同义务或者履行合同义务不符合合同约定而依法应当承担

的民事责任。按照合同法规定，违约方应承担支付违约金和赔偿金的义务。

第四节 旅行社客户档案

一名合格的计调人员，需要掌握丰富的资源，能够在客户提出出游要求时，迅速、及时地完成旅游产品的组织、设计、报价；能够在出现意外状况时，迅速找到解决方案，寻求最恰当替代品，及时化解危机；能够迅速地汇总信息，向旅行社决策层提供旅游消费动向、合作伙伴的变动趋势。因此对于计调人员来说，拥有一个完善、全面的客户档案是必需的。

一、旅行社客户的类型

客户是旅行社经营的重要物质基础和社会资源，它不仅包含旅游者，还包含为旅行社提供食、住、行、游、购、娱等活动的企业。因此旅行社客户应该是一个广义的概念。

旅行社客户从广义上可以分为旅游者、旅游供应商、旅游媒介等，其中，旅游者（即消费者）是旅行社生存的根本，是旅行社的"衣食父母"。在建立旅行社客户档案时，要分门别类地建立供应商档案、传媒档案、旅游者档案；酒店、旅游车船公司等是为旅行社提供产品基本要素的供应商，对旅行社的业务发展有着重要的作用；广告公司、新闻媒体则是重要的传播途径，对旅行社的市场营销产生影响。

旅行社客户资料的来源有很多，比如旅行社以往的业务记录、旅行社的外联人员、行业报纸和杂志、网络等都有大量的客户资料。当然也可以通过电话、电子邮件等方式直接与陌生企业联系，增加客户资料的丰富度。

二、客户资料的评估和细分

（一）客户资料的评估

对客户的评估可以帮助旅行社客观分析客户情况，进而决定与客户关系的发展方向。一般而言，信誉度高、规模较大的供应商，具有丰富的旅游产品宣传经验的传媒，有稳定支付能力、热爱旅游的旅游者和企事业单位是旅行社客户档案的主体。他们与旅行社协调一致、共同发展，因此其档案得以保留。而信誉度不高或者信誉度虽然高但没有合作愿望的供应商、传媒和偶尔参加旅游活动的消费者，旅行社就没有必要为其建立客户档案了。其他的客户是继续保持，还是终止客户关系则需酌情而论。

作为计调人员，应该为那些对旅行社经营构成重大影响的客户建立 VIP 客户档案，其档案要尽可能详细并及时更新，以确保与其合作的针对性和高效性。

对客户资料评估的主要内容包括：一是评价客户对旅行社经营利润的影响程度，这是建立在旅行社经营业务需要的基础上的评估内容；二是评价客户是否与旅行社经营发展方向协调一致。随着时间的推移，原来合作密切的供应商可能会由于其自身业务发展与旅行社发展方向不一致而使合作越来越少，甚至停止合作；旅游者也会因为消费偏好的转移而选择其他旅行社的旅游产品。对这些客户的评估可以帮助旅行社决定是否调整经营策略和产品方向以便继续与之保持合作。当然，旅行社也会根据自身需要不断寻找和发掘新的合作伙伴和消费者，对这些客户的评估可以让旅行社了解他们在旅行社经营中所处的地位，从而决定采取什么方法更好地处理与他们的关系。

(二) 客户类型的细分

1. 旅游者

旅游者是旅行社产品的接受者和使用者,一般根据旅游者的出游率、购买力、忠诚度分为以下五类。

(1) 出游率高、购买力高、忠诚度高的旅游者。这类客户是旅行社的财富,旅行社应该花大力气开发与维护这些目标客户,专门针对该客户类型建立 VIP 档案。

(2) 出游率高、购买力高、忠诚度低的旅游者。这类客户既有可能是旅行社的财富,也有可能是旅行社的"敌人"。对于这类客户旅行社应努力开发与维系,用优秀的产品质量、周到细致的服务将他们培养成旅行社的忠诚客户。

(3) 出游率低、购买力高、忠诚度高的旅游者。这类客户是旅行社的希望。应分析其出游率低的原因,推出适宜其购买的旅游产品,增加其购买频率。

(4) 出游率低、购买力低、忠诚度高的旅游者。这类客户可以说是旅行社应努力争取的客户,也可以说是旅行社的潜在客户。随着条件的改善有可能成为第一类或第三类客户。

(5) 出游率低、购买力低、忠诚度低的旅游者。这类客户可以说是最常见的客户,对旅行社而言,价值极低,可以直接淘汰。

2. 供应商

供应商是为旅行社提供旅游"原材料"的企业,通过采购这些"原材料",旅行社可以向旅游者提供包含食、住、行、游、购、娱六要素的旅游产品。因此供应商产品的价格、质量直接影响到旅行社产品的质量。旅行社的供应商可分为以下五类。

(1) 合作时间长、合作基础良好、产品类型多、产品质量高、产品报价优惠、产品市场认可度高的供应商。这类供应商是旅行社应重点保持合作关系的。当然,市场上这类"全能型"供应商比较少,旅行社可以就某一供应商的某一类或几类产品进行说明或注释,作为该供应商的优势产品。

(2) 合作时间长、合作基础良好、产品类型少、产品特色鲜明、产品报价优惠、产品市场认可度高。这类供应商同样是旅行社要关注的,可以为旅行社提供某种或某类优秀的旅游产品,提高旅行社产品的竞争优势。

(3) 合作时间长、合作基础良好、产品类型多、产品质量一般、产品报价优惠、产品市场认可度一般。这类供应商是旅行社业务经营中最常遇见的。旅行社可以通过总结合作历史资料分析归纳出具备高合作忠诚度的客户,重点发展。

(4) 合作时间短、产品类型多、产品质量高、产品报价优惠、产品市场认可度高。这类供应商是旅行社要重点发展合作关系的。通过与之加强联系,拓展业务领域,开发新的旅游产品,增强旅行社的竞争力。

(5) 合作时间短、产品类型少、产品特色鲜明、产品报价优惠、产品市场认可度高。这类供应商是旅行社要拓展合作关系的。通过与之合作,旅行社可以开发新的特色旅游产品,适应市场对旅游产品需求的变化。

3. 传媒

旅行社推销自己的旅游产品有多种方式和渠道,利用大众传媒是其中的一种方式。大众传媒具有高效、价廉、覆盖面宽的特点，非常适用于旅游产品的销售。下面介绍几类主要传媒分类。

（1）报价高、覆盖面小、读者群消费档次高的传媒。这类传媒一般面向社会的成功人士（如专供高档会所的报刊等），适合专业旅游项目及高档豪华旅游产品的宣传。

（2）报价适中、覆盖面广、读者群消费档次不一。这类传媒面向的读者面广，但是受众消费能力高低不同，其中大部分可以接受常规旅游产品。这类传媒适合已经成熟的、市场认可度高的旅游产品的宣传，旅行社在常规线路上开展的某种主题旅游活动也可以利用这类传媒进行宣传（如夕阳红旅游活动、相亲旅游活动、亲子夏令营等）。

（3）报价低、覆盖面广、读者群消费档次不一、潜力大。这类传媒的代表是网络传媒，适合一些具有特色的旅游活动的推介，尤其适合自助游产品的推介。这类传媒可以扩大旅行社的知名度和业务范围。

三、建立客户档案

建立客户档案是客户管理的基础。建立客户档案的方式有两种：一种是通过电脑办公软件进行；另一种是通过引进客户管理系统，如 Call Center（呼叫中心）和 CRM（客户关系管理系统）等。前一种的管理成本低，适合中小型旅行社；后一种投入大，适合大型旅行社。

（一）建立客户档案的原则

建立客户档案，是为了方便旅行社对客户资料的使用与管理，应遵循科学性、系统性、延续性、客观性的原则，确保客户档案真实有效。

1. 科学性原则

客户档案的建立应该符合科学性原则，比如在进行分类时，一定要准确界定合作性质，本着一户一册的原则去建立档案。

2. 系统性原则

客户档案的建立是一个系统性的活动，需要不同部门合作。客户档案的建立需要计调、外联部门的通力合作，同时导游部也应积极配合。

3. 延续性原则

客户档案一旦建立，就要及时维护，根据旅游市场和旅行社业务的变化，不断补充新内容，去除与发展形势不适应的内容。

4. 客观性原则

客户档案的建立要避免任何主观性的干扰，应该客观、真实地反映客户的真实情况。

（二）客户档案的内容

1. 旅游者档案的内容

在实际工作中，可以将旅游者细分为散客客户和企业客户两大类，分类建立客户资料，并进行维护更新。

（1）散客客户档案的内容。

①客户基本信息包括姓名、性别、生日、工作单位、职务、联系方式、通信地址、个人爱好等，这些资料是进行客户回访时必须知道的内容；②历史消费记录包括参加过哪些旅行

社的哪些旅游活动等,从这些资料可以分析出客户的旅游偏好及其可以接受的旅游价位,便于进行有目的的产品销售;③未来消费需求包括有何出游计划或意向等,主要是近期的出游计划,这项内容是一个变动的过程,需要计调、外联部门通力协作,不断更新与完善;④产品信息来源包括旅游者通过哪些渠道了解旅行社的产品信息、以哪种方式参加旅游等,这项内容的建立可以影响旅行社以后的销售方式及销售渠道。

(2) 企业客户档案的内容。

①客户的基本信息:如公司名称、企业性质、公司地址等;②联系人信息,指专门负责与旅行社进行旅游活动联系的人,如办公室主任、秘书、工会主席等,以及他们的姓名、手机号码、个人爱好等;③历史消费记录,如组织过哪些与旅游相关的活动等;④未来消费需求与去向,如未来计划组织哪些与旅游有关的活动等;⑤产品信息来源,即通过哪些渠道了解旅行社产品信息,如通过报纸、电视、电台广告或亲戚朋友介绍等。

2. 供应商档案的内容

供应商档案包括企业的基本信息、产品信息和合作信息。企业的基本信息(如企业的名称、地址、公司电话、传真,联系人姓名、电话等);产品信息(如产品的种类,各类产品的价格、特色等);合作记录(如以往合作的合同等)。

3. 传媒档案的内容

传媒档案包括企业的基本信息、产品信息和合作的信息。企业的基本信息(如企业的名称、地址、公司电话、传真,联系人姓名、电话等);产品信息(如产品的种类,各类产品的价格、特色等);合作记录(如以往合作的合同等)。

四、客户档案的维护

建立好客户档案并不意味着客户管理工作的结束,怎样把这些文字资料变成真正的资源、怎样保护这些资料的安全,是一个非常重要的问题。旅行社要建立完善的客户档案,对客户进行跟踪维护,通过贴心服务使之成为永久客户。

(一)客户资料的及时更新

作为旅行社的客户,不管是供应商、传媒还是旅游者,都是变动的。因此,作为一名合格的计调人员,应做到经常对客户的档案进行检查,及时掌握客户的变化,分析造成变动的原因,及时上报给旅行社高层,以利于旅行社推出新的旅游产品、扩大服务范围、寻找更适合旅行社经营发展的合作者。当然,计调人员也可以通过资料研究出哪些客户已经流失、哪些客户已长时间没有业务往来等,分析其原因,避免旅行社遭受更严重的损失。

1. 客户资料更新的内容

(1) 新增加的客户,比如新增加的供应商、新建立联系的企事业单位等。

(2) 淘汰的已有客户,指没有业务往来或与旅行社发展方向不一致的客户等。

(3) 客户资料中发生变化的内容,比如有些客户近期业务量大增,有些客户的联系人发生变动等。

2. 客户资料的定期评估

计调人员除了应对客户资料进行及时更新、维护之外,还要定期对客户资料进行汇总、分析,也就是对客户资料的定期评估。如同百货商场对商品定期盘点一样,旅行社应对那些对企业有贡献的客户,及时进行奖励,而对那些不符合企业要求的客户,则应及时淘汰。

(二)客户维护的方法

目前,大大小小的旅行社层出不穷,旅行社行业竞争激烈,客户关系的巩固对旅行社的经营起着更加重要的作用。良好的客户关系是建立在真诚合作、及时沟通的基础上的,通过程序化巩固客户关系,不仅可以使客户档案不断更新,而且可能使旅行社与客户之间的联系越来越紧密,甚至形成战略合作伙伴关系。

1. 建立回访制度

在旅游产品消费过程中,软性服务占主导地位,通过及时、专业、有针对性的回访,可以增加与客户的感情,也可以及时、有效地巩固客户关系。当然,回访客户应遵循一定的原则,如回访频率不要太高、回访前要先联系,否则回访不仅起不到预期作用,还会适得其反。

(1)旅游结束后的回访。

旅游活动结束以后是进行回访的一个良好时机。通过回访,可以了解旅游者对旅游线路安排、活动组织、旅游服务等的意见和建议,同时也可以送上对旅游者的祝福,表达对旅游者的感谢,加强与旅游者的关系。

(2)不定期回访。

旅行社与客户关系的巩固是建立在密切联系和信息沟通基础上的,对此旅行社需要选择合适的时机和一定的频率加强与客户联系,如电话沟通、上门拜访、邀请座谈、寄送贺卡等,一些重大节日也是不错的沟通契机。当然,过于频繁的联系有时也会影响到客户正常的工作和生活,所以每隔一两个月与客户进行一次联系会比较恰当;如果需要上门拜访,一定要事先电话预约,征得对方的同意。

2. 建立年度消费奖励制度

对在一年内为旅行社提供服务或购买旅行社产品达到一定金额的供应商或旅游者提供年度消费奖励,奖励形式可以是在一定时间内免费享用一定数量的特色旅游产品,以此来强化客户关系。对于一般客户,则可以通过积分卡吸引客户长期消费。根据客户的消费情况,可以设计不同等级的消费卡,这点可以借鉴目前市场上流行的商场消费积分卡。建立年度消费奖励制度应该做到以下几点。

(1)信守承诺,绝不欺骗。

一般在设置积分卡时,总是会提供积分方式和相应的优惠政策。因此旅行社提供的优惠政策要与本公司的实际情况相吻合,不能超过企业的承受能力,不要随便设置不可能达到的标准,以免丧失诚信,得不偿失。

(2)客户为本,真诚回报。

旅行社在提供积分卡时,应充分考虑旅游者的出游目的、出游习惯,在提供服务时不能因为是奖励或赠与活动而降低服务质量。

(3)节日问候。

为了增加与客户的熟悉度,旅行社应充分利用每一个可以利用的节日,适时向客户表达善意,增进与客户的感情,进而达到巩固客户的目的。节日的类型很多,比如客户的生日、结婚纪念日、客户公司成立纪念日、传统节日等,都可以成为表达感情、增进友谊的时机。

问候的形式可以是电子邮件、电话、贺卡、花篮等形式。

（4）定期组织客户联谊会。

在一定时间选择一些 VIP 客户组织联谊会或答谢会，或旅行社外联部工作人员为主要承办人员组织一些联谊活动，一方面可以联络感情、巩固客户关系，另一方面也可以了解客户需求的变化，有针对性地及时调整产品。在组织联谊会或答谢会的过程中，要事先对客户进行认真分析，有针对性地制定活动内容，活动时间和场地要安排得当，活动方式要轻松、令人回味，可以采用冷餐会或鸡尾酒会、文艺节目、参与性趣味活动、抽奖或赠送纪念品的形式。联谊会是与客户交流的直接场合，可以缩短与客户的距离，为以后的合作打下良好基础。

（5）发送新产品目录。

旅行社产品在不断更新，客户不可能都会及时了解到。通过印制新产品目录并在第一时间发放给客户，可以帮助客户了解旅行社的产品情况，也可以使客户意识到旅行社时刻都在关注自己。这种方法也是其他类型企业经常采用的巩固客户关系的方法。

本章小结

旅行社计调业务是旅游活动顺利进行的保证。计调工作具有具体性、复杂性、多变性和灵活性等特点，计调的基本业务不外乎信息收集、计划统计、衔接沟通、订票、订房与订餐、内勤、质量跟踪等。组团旅行社计调的业务流程包括建立团队档案、选取合作地接社、制定行程、发出询价传真与地接社确认、落实旅游团接待计划、安排全陪、团队跟踪、账单审核、总结和归档、根据产品销售情况进行调整等一系列操作。地接社计调的业务流程包括接听咨询电话、提供报价，确认团队，计划发送，计划确认，接团前准备、团队进行中的监控，送团，做好总结工作等一系列操作。旅游服务采购的内容包括交通服务采购、住宿服务采购、餐饮服务采购、游览与参观服务采购、购物和娱乐服务采购、地接服务采购、保险服务采购等；旅游服务采购的策略有集中采购策略、分散采购策略和协作网络策略。旅行社应当建立客户档案并及时维护。

复习思考题

1. 什么是计调？计调的基本业务有哪些？
2. 计调是如何进行分类的？
3. 计调人员应该具备什么素质？
4. 组团旅行社计调和地接社计调的业务流程分别是什么？
5. 什么是旅游服务采购？旅游服务采购应遵循的原则有哪些？
6. 旅游服务采购包括哪些内容？
7. 旅游服务采购的策略有哪几种？
8. 旅游服务采购的合同中应包括哪些内容？
9. 旅行社客户有几种类型？客户如何进行细分？

第五章

旅行社接待业务

学习目标

通过本章的学习，了解团体旅游的类型和特点，掌握团体旅游接待业务的原则和特点，理解团体旅游接待业务的程序；了解散客旅游接待业务的特点和类别，掌握散客旅游接待业务的程序；了解导游接待服务的性质和作用，掌握导游接待服务的程序；掌握旅行社投诉产生的原因，理解旅行社投诉的具体处理。

导入案例

2016年4月7日，一张盖有浙江新世界国际旅游有限公司公章的导游佣金分配表在网络上曝光，导游引导游客购物最高抽成可达50%。长久以来为人所诟病的旅游业"潜规则"再次引发关注。网民纷纷质疑：导游诱导游客购物提取巨额佣金的"潜规则"为何难以断根？

1. 导游佣金明码标价

该佣金分配表的曝光者声称，他是3月30日在杭州清河坊捡到这叠资料的，连同佣金分配表一起的，还有一张导游计划单。记者在被曝光的表格上看到，导游在几个旅游购物点的佣金提成都被明码标价：蚕丝被，佣金200元/床；上海刀具、貔貅工艺品、羊毛衫，佣金30%；茶叶，佣金40%；紫砂、珍珠、菊花，佣金50%……

2. 一件丝绸套装导游可抽220元

一位业内人士告诉记者，导游抽取佣金早已是业内不成文的规定，几乎所有旅行社都或多或少存在这样的情况。他举例说，以杭州—乌镇—上海两日游为例，旅游购物的"规定动作"少不了杭州的丝绸和乌镇的菊花茶。如果一件丝绸套是600元，成本是100元，按照规定，除去商品成本，旅行社可以从中抽取10%，即50元。剩下的450元盈利由商家和导游平分。

3. 导游"自负盈亏"

在杭州，经营旅行社十多年的徐先生告诉记者，目前，国内旅行社的毛利率不到7%，净利率更是只有0.6%。他说，国内一般中小型旅行社的导游带廉价团，没有薪水和补贴，收入全靠佣金，还得自己缴纳"五险一金"。更有甚者，旅行社会在导游带团前向导游收取"人头费"，以此规避风险，反而让导游"自负盈亏"。

第一节　旅行社的团体旅游接待业务

接待是旅行社业务中极其重要的一个方面，是旅行社将产品由虚拟转化为现实的过程。接待水平直接关系到旅行社产品的质量和企业声誉，进而影响到企业的经济效益和发展状况。接待活动按团队活动的范围以及活动与旅行社的关系，可分为组团（自联团）和接团（地团）；按产品的组合形态不同，可分为团体旅游接待和散客旅游接待。旅行社的旅游接待业务的主体是导游，高质量的导游服务管理是旅游接待过程得以圆满完成的保障。

旅行社的旅游接待业务是旅行社为已经购买旅行社产品的旅游者提供系列实地旅游服务的综合性工作。旅行社旅游接待业务的内容包括对导游的选择和安排，活动日程的落实，导游讲解、交通工具、住宿、餐饮等各方面的保证，以及沿线各地接社的落实等一系列工作。

旅行社的旅游接待过程是旅行社的直接生产过程，是旅行社经营管理水平的直接反映，同时也是旅行社实现价值转移和价值创造的重要途径。旅行社的旅游接待水平直接反映了其管理水平。

一、团体旅游的类型

（一）入境团体旅游

1. 入境团体旅游的概念

入境团体旅游，是指由旅游目的地国家的旅行社到其他国家或地区招徕旅游者，或者委托境外的旅行社等机构进行招徕，并将他们组织成10人以上（含10人）的团体，前来旅游目的地国家的旅游活动。入境旅游团体由境外启程，在旅游目的地国家的口岸入境，并在境内进行一段时间的游览参观活动，最后从入境的口岸或另外的开放口岸出境返回出发地。

2. 入境团体旅游的特点

（1）停留时间长。

入境旅游团的一个特点是在旅游目的地停留的时间比较长。入境旅游团的停留时间少则一周，多则十几天，曾有入境旅游团在华旅游时间长达40多天。由于在旅游目的地停留的时间长，所以入境旅游团在旅游期间的消费一般较多，能够给旅游目的地带来比较多的经济收益。因此，旅行社在接待入境旅游团时，应针对这个特点，为入境旅游团安排和落实其在各地的生活服务和接待服务，使旅游者慕名而来，满意而归。

（2）外籍人员多。

入境旅游团多以外国旅游者为主，其使用语言、宗教信仰、生活习惯、文化传统、价值观念、审美情趣等均与旅游目的地国家有较大差异。即使在由海外侨民或本国血统的外籍人所组成的旅游团中，多数旅游者由于长期居住在旅游客源国，其生活习惯、使用语言、价值观念等方面也发生了巨大变化。例如，许多来华旅游的海外华人已经基本上不会讲普通话，或根本听不懂普通话了。因此，旅行社在接待入境旅游团时，必须充分尊重他们，由熟悉其风俗习惯、文化传统并能够熟练地使用外语的人员担任入境旅游团体的全程陪同或地方陪同。

（3）预订期长。

入境团体旅游的预订期一般比较长，从旅游中间商向旅游目的地的接待旅行社提出接团要求起，到旅游团实际抵达旅游目的地时止，旅行社同旅游中间商之间需要进行多次联系，不断地对旅游团的活动日程、人员构成、旅游者的特殊要求等事项进行反复磋商和调整。另外，旅游中间商还要为旅游团队办理前往旅游目的地的交通票预订、申请，护照和签证领取等手续，组织散在各地的旅游者在事先规定的时间到指定地点集合，组成旅游团并搭乘预订的交通工具前往旅游目的地。因此，相对于国内团体旅游，入境团体旅游的预订时间一般比较长，有利于接团旅行社在旅游团抵达前充分做好各种接待准备，落实各项旅游服务安排。

（4）落实环节多。

在各种团体旅游接待工作中，入境旅游团的接待业务需要接团旅行社负责落实的环节最多。入境旅游团在旅游目的地停留的时间比较长、地点比较多，其旅游活动往往涉及旅游目的地各有关旅游服务供应部门和企业。为了安排好入境旅游团的生活和参观游览，接待旅行社必须认真研究旅游接待计划，制定出缜密的活动日程，并逐项落实整个旅行过程中的每一个环节，避免在接待中出现重大人为事故。

（5）活动日程变化多。

入境团体旅游的活动日程变化比较多，如出发时间的变化、旅游团人数的变化、乘坐交通工具的变化等。因此，接团旅行社在接待过程中应密切注意旅游团活动日程可能出现的变化，及时采取调整措施，保证旅游活动的顺利进行。

（二）出境团体旅游

1. 出境团体旅游的概念

出境团体旅游，是指旅游客源国或地区的旅行社招徕本国公民并将他们组织成10人以上（含10人）的旅游团队，前往其他国家或地区进行的旅游活动。出境旅游团体由本国或本地区启程，在旅游目的地国家的口岸入境，并在境内进行一段时间的游览参观活动，最后从入境的口岸或另外的开放口岸出境返回本国或本地区。

2. 出境团体旅游的特点

（1）活动日程稳定。

出境旅游团的活动日程一般比较稳定，除非发生极其特殊的情况，否则其活动日程很少发生变化。无论是组织出境旅游团的旅行社还是负责在旅游目的地接待的旅行社，都必须严格按照事先同旅游者达成的旅游协议，安排旅游团在境外及境内的各项活动。组织出境团体旅游的旅行社应委派具有丰富接待经验的导游担任领队，负责在整个旅行途中关照旅游者的生活。

（2）消费水平高。

出境旅游团的消费水平比较高，他们一般要求在旅游期间乘坐飞机或豪华客车，下榻档次比较高的饭店，并往往要求在就餐环境比较好的餐厅用餐。此外，出境旅游团的购物欲望比较强烈，采购量和采购商品的价值均较大。据一些担任过出境旅游团领队的导游和旅行社经理反映，我国出境旅游团在旅游目的地的购物消费甚至超过来自某些发达国家的旅游者，深受当地商家的欢迎。因此，旅行社的领队陪同出境旅游团在境外旅游期间，应在当地接待旅行社导游的配合下，组织好旅游者的购物活动，满足他们的需要。

（3）文化差异比较大。

出境旅游团的成员中，有许多人从未到过旅游目的地国家或地区，缺乏对当地历史、文化、风俗习惯等的了解，与当地居民之间存在着较大的文化差异。特别是像我国这样自身文化传统悠久、出境旅游发展时间较短的国家，旅游者除了在文化上与旅游目的地国家有较大的差别外，在语言方面也存在着一定的差异。目前，我国参加出境旅游的旅游者，除个别人外，外语水平一般比较低，许多人甚至根本不懂外语，到达境外后，同当地人交流成为一个严重的问题。有些旅游者由于既不会讲当地语言也不懂英语，闹出不少的误会和笑话，甚至上当受骗。因此，旅行社应选派熟悉旅游目的地国家或地区的风俗习惯、历史沿革，精通旅游目的地语言或英语的导游担任出境旅游团的领队，在境外充当翻译，以帮助旅游者克服文化和语言方面的障碍。

（三）国内团体旅游

1. 国内团体旅游的概念

国内团体旅游，是指一个国家的旅行社招徕本国公民，并将他们组织成10人以上（含10人）的旅游团队，前往国内某个或某些旅游目的地进行的旅游活动。国内团体旅游包括旅游团队前往附近的旅游目的地进行的短途旅游和前往其他省（直辖市、自治区）旅游目的地进行的省际旅游。

2. 国内团体旅游的特点

（1）准备时间短。

国内旅游团的预订期一般比较短，而且由于不需要办理护照、签证等手续，成团时间较短。有些时候，从旅游者提出旅游咨询到旅游团成团出发，只需要一周的时间，使得旅游客源地的组团旅行社来不及用书面形式及时通知旅游目的地接社，只好先用电话通知，然后再补发书面旅游计划。旅行社在接待国内旅游团时，常感觉准备时间不像接待入境旅游团或出境旅游团那样充裕。针对这个特点，旅行社应一方面在平时加强对接待人员的培训，使他们熟悉国内团体旅游接待的特点和要求，以便在接到旅游接待计划后能够在较短时间内制定出当地的活动日程，做好各项接待准备。另一方面，旅行社应根据当地旅游资源和本旅行社接待人员的特点，设计出针对不同国内旅游团的接待规范和标准活动日程，使接待人员能够按照接待规范和标准活动日程进行接待准备，提高接待准备工作的效率。

（2）日程变化小。

国内旅游者一般对于前往的旅游目的地有一定程度的了解，并能够在报名参加旅游团时对旅游活动日程做出比较理智的选择，因此他们很少在旅游过程中提出改变活动日程的要求。另外，国内旅游者往往把旅行社是否严格按照事先达成的旅游协议做事看成旅行社是否遵守协议、保证服务质量的重要标志。所以，他们对旅行社更改活动日程的反感较之入境旅游团和出境旅游团更加强烈。旅行社在接待国内旅游团时，必须注意国内团体旅游接待业务的这一特点，尽量避免修改活动日程。

(3) 消费水平差别大。

参加国内旅游团的旅游者收入水平参差不齐,既有收入丰厚的个体或乡镇企业家、外企高级管理人员和工程人员、某些经济效益好的企业员工,也有中等收入水平的工薪阶层,还有在校的青年学生。不同收入水平的旅游者在旅游消费水平方面的差异很大。例如,有些消费水平高的旅游者可能要求在档次较高的星级酒店下榻和就餐、乘坐豪华客车、增加购物时间,而另一些消费水平较低的旅游者则可能对住宿、餐饮、交通工具等要求不高,希望增加参观游览时间,减少购物时间。旅行社在接待不同的国内旅游团时,应根据旅游者的消费水平和消费特点,在征得旅游团全体成员或绝大多数成员同意的前提下,对活动日程进行适当的修改,以满足不同旅游者的需要。

(4) 讲解难度小。

国内旅游团在游览各地旅游景点时,一般对这些景点事先有所了解。另外,多数国内旅游者具有一定的文化水平,能够听懂导游的普通话讲解,对导游在讲解过程中所使用的历史典故、成语、谚语、歇后语等比较熟悉,容易产生共鸣。因此,导游在讲解中可以充分运用各种方法,生动地向旅游者介绍景点的情况,而不必像接待入境旅游团那样,因担心文化上的差异和语言方面的困难而不得不放弃一些精彩的历史典故介绍,也不必担心因旅游者无法理解导游讲解中所使用的各种成语、谚语、歇后语等而影响导游讲解的效果。

二、团体旅游接待业务的原则

从事团体旅游接待业务的旅行社,包括旅游目的地各个城市或旅游景点所在地的所有接待旅行社、一部分经营入境旅游业务的组团旅行社、大部分经营国内旅游业务的旅行社和少数经营出境旅游业务的旅行社。团体旅游接待是一项十分特殊的业务,一方面,为了保证接待服务的质量,旅行社应对接待服务的过程和内容实行规范化管理;另一方面,由于旅游团成员具有不同的文化背景、生活习俗和个人爱好,旅行社在强调规范化的基础上,还应注重接待服务的个性化,以满足不同旅游者的需求。因此,旅行社在团体旅游接待工作中应坚持规范化原则和个性化原则。

(一) 规范化原则

团体旅游接待服务的规范化是旅行社旅游团接待服务质量的基础和保障。它包含标准化和程序化两项内容。

1. 团体旅游接待服务的标准化

团体旅游接待服务的标准化,是指旅行社按照一定的标准向旅游团提供旅游过程中的各种相关服务。旅行社服务的标准化是适应国际发展潮流的一种做法。近年来,国际标准化组织在全球150多个国家和地区推广标准化,这是国际经济秩序和世界贸易的需要。中国要与国际惯例接轨,进入国际服务贸易市场,其关键就是产品、技术、服务、知识产权等方面的标准与国际标准取得一致。

为了加快我国旅游行业与国际同行业的接轨,国家旅游局颁布了《中华人民共和国旅游行业对客人服务的基本标准》。根据这一规定,旅行社在旅游接待服务过程中必须坚持下列标准:①实行"三定",即安排旅游者到定点旅馆住宿、定点餐馆就餐、定点商店购物,并确保向旅游者提供符合合同规定的服务;②采取必要措施以保证旅游者人身财产安全,完善行李交接手续，保证旅游者行李运输安全和准确无误；③旅行社委派接待的导游必须通过全国导游人员资格考试，取得国家旅游局颁发的导游证书，并在接待前做好一切相关的准备工作；④旅行社应将文娱活动作为固定节目安排；⑤对不同国别、肤色、职业、性别、年龄的旅游者要一视同仁，热情接待。

2. 团体旅游接待服务的程序化

团体旅游接待服务的程序化，是指旅行社根据接待服务的特点，对接待服务的每个环节和每道程序都做出详细规定，并据此向旅游团提供旅游接待服务。旅行社的行程已事先做了系统的安排，导游必须按照旅行社的行程安排旅游活动，如果导游擅自调换行程，就会打乱整个旅游计划，使旅游活动难以顺利实施。接待服务程序化是旅行社保证团体旅游接待服务质量的有效措施。接待服务程序化能够使旅行社在接待过程中减少事故隐患，保证接待过程中各项工作的落实，最终提高旅行社旅游接待服务的质量。同时，接待服务程序化还有利于旅行社对接待服务质量的监督和管理，使接待服务和接待管理有章可循。

案例 5—1

北京一家旅行社接待一个香港的观光团。按照合同规定，该团在北京游览 4 天，其中 2 月 11 日的行程是游览长城。该旅行社委派导游关某担任陪同。关某因私事未经旅行社同意擅自将游览长城的日期改为 2 月 14 日，即离京的前一天，而将 2 月 11 日改为购物。不料，2 月 13 日晚突降大雪，积雪封路，导致了长城游"流产"。翌日，该观光团离京返港后书面向旅游行政管理部门投诉，称该旅行社委派的导游未征得旅游者同意，擅自改变旅游行程，违反了合同约定，造成旅游观光团未能游览长城，旅行社应承担赔偿责任。该旅行社则辩称，改变旅游行程属导游个人行为，与旅行社无关。而导游关某则辩称，未能游览长城是由于大雪封路，属不可抗力，依据法律规定，不承担赔偿责任。

思考题：1. 导游可以更改行程吗？他违背了什么原则？

2. 案例中长城游"流产"的责任应由谁来承担？

（二）个性化原则

旅行社接待的旅游者来自不同国家或地区，他们有着不同的生活习惯、文化背景、宗教信仰、价值观念和个人爱好，对旅游接待服务的要求也有不同程度的差别。旅行社应针对旅游团成员的不同特点，在坚持规范化原则的同时，在力所能及的范围内充分照顾到旅游者的个性化要求，提供富有个性化和人情味的服务，使旅游者感到温馨愉快。

旅行社在团体旅游接待工作中应坚持规范化原则和个性化原则，团体旅游接待是旅游接待中一项综合性很强的旅行社业务，需要旅行社在接待过程中及接待工作开始前和结束后与多方进行大量的沟通和协调。只有经过多方协调与沟通，团体旅游接待工作才能够顺利进行。协调的各方工作大致有以下几个方面：

（1）旅行社与其他旅游服务企业。

旅行社要与许多其他旅游服务企业共同协作才能完成团体旅游接待工作，例如，旅行社与酒店、旅游景区、相关交通部门等联系沟通好后，才能保证旅游团接待的正常运作。

(2) 各地旅行社工作人员。

团体旅游接待，往往涉及旅游团领队、全程陪同导游和目的地（地方）陪同导游多的关系人员。他们既要维护各自旅行社的利益，又要共同维护旅游者的利益，因此需要经常就接待中出现的问题进行磋商、协调等，确保接待工作的正常进行，同时也要保证游客对接待工作的满意度，以免出现游客投诉等不好的现象。

(3) 导游、陪同与旅游者。

旅游团内的旅游者来自五湖四海，有不同的生活经历和习惯。导游、陪同在接待的过程中，务必要与游客及时沟通，有问题要及时协调，保持旅游团气氛的和谐友好，给旅游者留下美好的回忆，同时也为旅行社树立良好形象。

知识拓展 5-1

全程陪同导游（National Guide），简称全陪，是指根据合同约定，受组团社委派，作为其代表，为旅游者提供全旅程陪同服务，协调、联络、监督接待社和目的地陪同导游工作的导游。

目的地陪同导游（Local Guide），简称地陪，是指根据合同约定，受地接社委派，代表地接社实施旅游行程接待计划，为旅游者提供旅游目的地导游服务的导游。

旅游团领队（The Delegation Leader），简称领队，是指由组团社所在地的省级或经授权的地市级以上旅游行政管理部门颁发专门领队证的旅行社工作人员，他们一般受组团社委派，作为组团社代表，为出境旅游者提供全程陪同服务。

三、团体旅游接待业务的程序

（一）入境团体旅游接待业务的程序

入境团体旅游接待业务的程序，主要由接待准备阶段、接待阶段和接待后续工作阶段三大环节组成。

1. 接待准备阶段

旅行社要为旅游团队提供优质的服务，就必须做好充分的前期准备。

(1) 制定接待计划。

旅行社要根据旅游团的基本情况和具体要求，制定最适合该团的接待计划。接待计划的内容由该旅游团的基本情况和要求、日程安排、团队成员名单三部分组成。基本情况和要求主要包括团队名称（团号）、境内外组团社名称、旅游团人数（注明男、女、儿童人数）、各地所下榻的饭店、具体要求、结算方式、旅游团的等级（如参观团、考察团、专业团、重点团、豪华团、经济团等）、订票情况、全陪或领队姓名等内容；日程安排主要包括旅游团出入境日期、航班（车次）、抵离各城市所乘坐的交通工具、接待车辆、用餐标准、各地主要参观游览项目、定点购物商场、特殊要求等；团队成员名单主要包括旅游团团员的姓名、性别、年龄、职业、证件号码等内容，对于VIP客人要加以注明。

(2) 选择合适的导游。

导游是团队的灵魂所在，每个团队根据情况和要求配备不同的导游。对于团队来讲，最好的导游不一定最适合，而最适合的导游一定才是最好的。例如，在接待专业旅游团时，安排对该专业领域具有一定了解的导游担任接待人员，以便在接待过程中能够以其较为丰富的专业知识使旅游者感到熟悉和亲切，增加相互之间的共同语言，更好地为旅游者提供接待服务。又如，在接待主要由中年妇女组成的旅游团时，接待部经理则应为她们挑选年龄相仿、对商店购物比较在行的女导游。如果导游比较理解旅游者的心理，能够提供具有针对性的服务，就能使旅游者感到满意。要因团而异，灵活地选派导游。

（3）物质准备工作。

物质准备工作具体包括领取参观券、费用报销单、情况汇报单、行李单等相关票据和其他物质。必须在接团当天进一步确认团队的具体事宜。

（4）旅行社质检部门要随时监督。

旅行社的质检部门对于导游和相关接待部门的准备和接待工作要随时抽查，以保证接待的质量。对于接待中存在的问题，质检部门要及时提出意见，并且马上纠正，以避免发生错误。注意检查承担接待任务的导游准备工作的进展情况和活动日程的具体内容。对于进展较慢的导游，应加以督促；对于活动日程中的某些不适当安排，应提出改进意见；对于重点旅游团的接待计划和活动日程，应予以特别关照；对于经验较少的新导游，则应给予具体的指导。

2. 接待阶段

接待服务属于导游独立工作的过程，管理难度较大，但是这一环节是最容易产生问题的环节，旅行社必须给予重视，加强管理。

（1）建立请示、汇报制度。

入境团体旅游接待工作是一项既有很强的独立性又需要由旅行社加以严格控制的业务工作。一方面，担任旅游团接待工作的导游应具有较强的组织能力、独立工作能力和应变能力，以保证旅游活动顺利进行。那种动辄请示、汇报，不肯动脑筋主动想办法解决问题，遇到困难绕着走的人不能够胜任独立接待旅游团的重任。另一方面，凡事不请示、不汇报，特别是遇到旅游接待计划须发生重大变化的情况也不请示，擅作主张，甚至出了事故隐瞒不报的做法也是极端错误的。为了加强对旅游团接待过程的管理，旅行社应根据本旅行社和本地区的具体情况，制定适当的请示、汇报制度。这种制度既要允许接待人员在一定范围内和一定程度上拥有随机处置的权力，以保证接待工作的高效率，又要求接待人员在旅游活动过程中遇到一些重大变化或发生事故时及时请示旅行社相关管理部门，以取得必要的指导和帮助。只有建立和坚持适当的请示、汇报制度，才能保证旅游团的接待工作顺利进行。

（2）抽查与监督接待现场。

除了建立适当的请示汇报制度以保证接待人员能够将接待过程中发生的重大情况及时准确地传达到旅行社相关管理部门，使旅行社的相关管理人员能够随时掌握各旅游团接待工作的进展外，旅行社还应建立旅游团接待现场抽查和监督制度，由相关人员在事先未打招呼的情况下，亲自到旅游景点、旅游团下榻的饭店、就餐的餐馆等旅游团活动的场所，直接考察导游的接待工作情况，并向旅游者了解对接待工作及各项相关安排的意见，以获取有关接待的各种信息。旅行社接待管理人员通过现场抽查和监督，可以迅速、直接地了解接待服务质量和旅游者的评价，为旅行社改进服务质量提供有用的信息。

（3）做好后勤工作。

在接待旅游团的过程中，导游是直接对旅游者服务的，但还有许多旅行社的后勤工作人员为团队的整个行程能够顺利进行默默地工作着，包括交通票据的订购，餐、车、房的预订等。他们还对导游在旅游团遇到突发事件时给予及时帮助。

3. 接待后续工作阶段

（1）建立接待总结制度。

为了提高旅游团接待工作效率和服务质量，旅行社应建立总结制度，要求每一名导游在接待工作完成后对接待过程中发生的各种问题和事故、处理的方法及其结果、旅游者的反映等进行认真总结，必要时应写出书面总结报告，交给接待部经理。接待部经理应认真仔细地阅读这些总结报告，将其中的成功经验加以宣传，使其他接待人员能够学习借鉴，并将接待中出现的失误加以总结，提醒其他导游在今后的接待工作中尽量避免犯同样的错误。通过总结，达到教育员工、提高接待水平的目的。

此外，接待部经理还可以采用其他方式对旅游团接待工作进行总结。例如，旅行社接待部经理可以听取接待人员的当面汇报，要求接待人员就接待过程中发生的重大事故写出书面总结报告，抽查接待人员填写的陪同日志、全陪日志、领队日志当等接待记录等。通过这些总结，旅行社接待管理人员能够更好地了解接待情况和相关服务部门的协作情况，及时发现问题，采取补救措施。

总之，旅行社接待管理人员通过总结旅游团接待情况，不断积累经验，以便进一步改进产品、提高导游业务水平和完善协作网络。

（2）处理后续问题。

导游接团后会收到接团意见单，其中有对导游工作和接待工作的评价。一方面，旅行社通过对优秀工作人员及其事迹的宣扬，可以在接待人员中树立良好的榜样，激励旅行社接待人员不断提高自身素质。另一方面，接待管理人员通过对旅游者提出的针对导游接待工作投诉的处理，既教育了受批评的导游本人，也对其他接待人员进行了鞭策，使大家在今后的接待工作中不再犯类似的错误。

（3）理清账务问题。

团队结束，接待社（除个别现付外）应当收到入境团体旅游的团费。相关人员应根据计划认真审核，实事求是，纠正差错。

（二）出境团体旅游接待业务的程序

2001年12月12日，国务院第五十次常务会议通过《中国公民出国旅游管理办法》，2002年7月1日起施行。其中规定了有关中国公民出境旅游的管理办法。出境团体旅游接待业务的程序，一般由出境前接待准备阶段、接待阶段和接待后续工作阶段三大环节组成。

1. 出境前接待准备阶段

出境前的充分准备对于旅游团来讲有着重要的意义。这一阶段的工作主要包括以下几个方面。

（1）制定接待计划。

旅行社应根据团队的具体要求和旅游团的基本情况，制定最佳的接待计划。

①基本情况。接待计划中要详细地写明旅游团的团名（团号）、人数（说明男、女、儿

童的人数)、客源地区、旅游线路、各国或地区接待旅行社的名称及联系方式、出入境日期、出境地点、领队姓名、团队的特殊要求等基本情况。

②日程安排。出境旅游团的日程安排应包括以下内容：抵离城市、日期及所乘的交通工具、抵离班次（船次）及时间、入住的饭店、各城市（地区）游览活动内容、每日用餐安排情况、出发当天旅游团集合时间和地点。

③团队的《名单表》。出境旅游团队由国务院旅游行政部门统一印制《中国公民出国旅游团队名单表》（以下简称《名单表》），在下达本年度出国旅游人数安排时编号并发放给省、自治区、直辖市旅游行政部门，由省、自治区、直辖市旅游行政部门核发给组团社。

组团社应当按照核定的出国旅游人数安排组织出国旅游团队，填写《名单表》。旅游者及领队首次出境或者再次出境，均应填写在《名单表》中。经审核后的《名单表》不得增添人员。《名单表》一式四联，分别为出境边防检查专用联、入境边防检查专用联、旅游行政部门审验专用联、旅行社自留专用联。

组团社应当按照有关规定，在旅游团队出境、入境时及旅游团队入境后，将《名单表》分别交有关部门查验、留存。出境前，必须对《名单表》认真核对，核对《名单表》上的姓名、护照号码、出生地、出生日期、护照签发地点、签发日期，做到《名单表》内容与护照内容一致。

(2) 配备领队。

《旅行社条例实施细则》第 5 条规定："组织中国境内居民到外国和港澳地区旅游，须为其安排领队及委托接待服务。"《中国公民自费出国旅游管理暂行办法》第 10 条规定："团队的旅游活动须在领队的带领下进行。" 领队是指由旅行社派出，为出境旅游者提供协助服务，同境外旅行社接洽，督促其履行接待计划，调解纠纷，协助出境旅游者和境外接待社处理意外事件的人员。旅行社应当为出境旅游团安排专职领队。领队应当经省、自治区、直辖市旅游行政部门考核合格，取得领队证。领队在带团时，应当佩戴领队证，并遵守国务院旅游行政部门的有关规定。旅行社根据团队的特点为其选派最适合、责任心强、业务熟练、外语精通的领队。

(3) 选择合适的境外接待旅行社。

组团社组织旅游者出国旅游，应当选择在目的地国家依法设立并具有良好信誉的旅行社（简称境外地接社），并与之订立书面合同后，方可委托其承担接待工作。经营出境旅游业务的旅行社，一般都与海外各国（地区）几家地接社建立长期的合作关系。由于旅游团的需求和特点有所不同，所以还必须有针对性地选择符合团队特点、价格合理、服务质量好的境外地接社。

(4) 落实交通票据。

认真核实每个转乘环节的交通票据，并帮助领队确认交通票据。

(5) 与境外地接社确认活动日程。

旅游团出发前，旅行社必须同境外地接社确认活动日程，因为活动日程一经确认，相当于双方订立了合同（协议），双方必须遵守。

(6) 行前说明会。

根据《旅行社出境旅游服务质量》规定，旅行社出境组团前必须召开行前说明会，其主要内容包括：旅行团具体出发时间及集合地点，介绍领队；旅游的全部过程，包括出入境手续、每天的行程安排及境外的食宿标准、交通安排、景点概况等；前往国历史、天气、货币、特产、风俗习惯等基本情况；旅途中的安全问题，包括护照、贵重物品的保管；应携带的个人物品及海关的一些规定；换汇事宜，每位参加出国游的旅游者均可按中国银行的外汇牌价换取最高 2 000 美元的等额外汇；旅游团境外纪律规定；发放旅游纪念品（如旅游包等）；解答参团者的各种疑问等。

(7) 物质准备工作。

物质准备工作主要包括领取机票、证件、已办妥手续的团队名单表（一式四联）、团队计划、发团通知书、游客胸牌、行李标签、旅行社社旗、胸牌、名片、领队日记、旅行社服务质量跟踪表、带团情况反馈表等。

2. 接待阶段

(1) 建立请示、汇报制度。

领队在带团的过程中具有一定的独立性，但要与组团旅行社保持联络，定时汇报团队的进程。如果遇到重大问题，就更要加强沟通，听取旅行社相关管理人员的意见。

(2) 与各境外地接社加强联系。

领队带团的过程中要加强与各境外地接社的沟通。如果有问题，要进行协商，及时解决。没有问题也可以通过联系加深印象，有利于以后的合作。

(3) 建立质量反馈制度。

领队要把事先印好的接待质量反馈单分发给每位游客，并在行程即将结束时进行回收，对领队的服务工作给予评价。

(4) 对于报酬和小费的支付。

根据所到国家的国情，事先商定好对当地导游的报酬和消费的支付方式和支付标准。

3. 接待后续工作阶段

(1) 建立客户档案。

旅游团结束行程后应把旅游团的客户资料妥善地保管起来，作为旅行社的客源积累，并经常与客户保持联络，以便及时发现其旅游动态。

(2) 处理好表扬和投诉。

领队接团后会收到接待质量反馈单，其中有对领队工作和接待工作的评价。对工作好的、受到表扬的领队要给予相应的经济和物质奖励，对工作不认真、受到投诉的领队要给予相应的处罚，以避免在以后的工作中再出现此类问题。

(3) 理清账务问题。

行程结束，各境外地接社（除个别现付外）均会很快传送团队收款账单。组团作业人员应根据计划认真审核，实事求是，纠正差错，并请财务按协议准时付款。

案例 5-2

杜某夫妇参加某旅行社组织的"新、马、泰、港、澳 16 日游"旅游团。在临登飞机时，旅游者发现，该旅游团是由六家旅行社组织的，大家手中的旅游日程各不相同。更让旅游者感到疑惑和不安的是，该旅游团没有领队，而团队中绝大多数人是初次跨出国门。这个出国旅游团在整个旅途中遇到许多困难,在国外如何转机、入境卡怎么填、需要哪些旅行文件、怎样与境外地接社接洽等无人过问。在新加坡入境时,因不熟悉情况,旅游团被边检部门盘查半小时之久,影响了游览活动。旅游过程中,因没有领队与境外地接社协调,原来的日程安排多次变更。旅游团在异国他乡,人生地不熟,只好听从境外导游的摆布。旅行结束后,杜某夫妇以某旅行社未提供相应服务、损害其合法权益为由,要求某旅行社赔偿其损失。某旅行社辩称,组团人数不足,由若干旅行社将旅游者拼为一个团,是旅行社的通常做法。只要按约定准时出游就行,是否告知旅游者并没有实际意义。此次组团出境旅游,事先双方并没有约定派领队,因此,旅行社未派领队并不构成违约。

思考题:出境旅游该不该派领队?

(三)国内团体旅游接待业务的程序

不论是组团旅游还是接团旅游的国内团体旅游,其接待程序都是由接待准备阶段、接待阶段和接待后续工作阶段三大环节组成的。

1. 接待准备阶段

在接待准备阶段,首先是制定接待计划,接待计划的内容由该旅游团的基本情况和要求、日程安排、团队成员名单三部分组成;其次是选择合适的导游,组团旅游选的是全陪,接团旅游选的是地陪;再次是物质准备工作;最后是旅行社质检部门的随时监督。

根据《导游人员管理条例》《导游服务质量》等相关法规和规定,一名合格的全陪要认真履行以下职责:负责按照合同约定实施组团旅行社的接待计划,监督各地接社的履约情况和接待质量,负责旅游活动过程中与旅行社的联络,做好各站衔接工作,协调处理旅游活动中的问题,保障旅游团(者)的安全等。地陪的主要职责是安排当地的旅游活动,做好接待工作,负责导游讲解,维护游客安全,妥善处理旅游过程中发生的各种问题等。

2. 接待阶段

接待阶段应建立请示、汇报制度,抽查与监督接待现场和做好后勤工作。

3. 接待后续工作阶段

接待后续工作阶段应建立接待总结制度、厘清账务问题、处理后续问题等。

四、团体旅游接待计划的变更

团体旅游接待计划在实施中可能因种种原因发生变化,如由于组团社下发的计划无法操作、由于航班要改变行程时间、指定饭店不能满足组团社要求等。概括起来,主要有两方面的原因。第一,由于主观因素(即旅游团(者)要求)变更接待计划。旅游计划和活动日程一旦商定,接待计划各方都应严格执行,一般不轻易改变,因此在旅游过程中,旅游团(者)提出变更接待计划或活动日程时旅行社原则上应按合同执行。当然,如果有特殊情况,旅行社对旅游者的合理要求也应该尽可能地满足。第二,由于客观因素需要变更接待计划。在旅游过程中,因不可预料的客观原因,如天气、自然灾害、交通问题等,需要变更接待计划。这时,一般会有三种解决方案:延长在一地的游览时间;缩短在一地的游览时间;被迫改变部分游览计划。

(一)延长在一地的游览时间

旅游团提前抵达或推迟离开都会延长在一地的游览时间,这种情况下,旅行社应该及时做好协调工作。

第一，与各有关部门联系，重新落实团队用餐、用房、用车的安排；第二，调整活动日程，适当延长在主要景点的游览时间或酌情增加游览景点，并可安排其他项目，使活动内容充实；第三，若要推迟离开本地，应及时通知下一站的地接社进行相应的变更。

（二）缩短在一地的游览时间

旅游团提前离开或推迟抵达，都会缩短在一地的游览时间，这种情况下，旅行社应及时做好应变处理。

第一，尽量抓紧时间，将计划内的参观游览点予以全部安排；若确实有困难，应有应变计划，可以选择只游览本地最有代表性、最具特色的旅游景点，以求旅游者对本地景观有基本了解；第二，与各有关部门联系，及时办理退餐、退房、退车等事宜；若要提前离开本地，应及时通知下一站的地接社进行相应的变更。

案例 5-3

一次，北京导游陆先生接待一个从桂林来京的英国旅游团。因桂林的天气不好，飞机延误，直到团队出境前一天的晚上6点多才抵京。游客们出机场后，满脸遗憾。几位旅游者对陆先生讲，他们来中国旅游也许一生只有一次，非常渴望能登上长城。出于对旅游者负责的职业意识，陆先生决定尽量满足他们的要求。了解到客人已在飞机上用过晚餐，他向旅行社做了请示后，告诉游客他将带领他们夜登长城，明天一早则游览天安门。客人听后，欢呼雀跃，一位老人激动得流下了眼泪。一路上，旅游者们欢声笑语，毫无长途旅行后的疲惫之状。虽然团队在北京的时间大大缩短，有些景点未能参观，但仍令旅游者相当满意。

思考题：1. 说明案例中导游陆先生的补救步骤。

2. 试从本案例分析敬业精神和旅游者旅游满意度的关系。

（三）被迫改变部分游览计划

旅行社由于各种原因被迫取消某一活动，由另一活动替代，旅行社应以新奇的内容和最佳的安排激起旅游者的兴致。如果减少（超过半天）或取消一地的游览时间，旅行社必须及时通知组团社或下一站接待社。有些事情的处理还应征得组团社的认可方可变动。对变化了的情况应及时向本社各有关部门送发变更通知单，以免发生经济损失或影响接待质量。

总之，当出现变更接待计划的情况时，旅行社首先应根据实际情况和旅游者的要求等，制定应变计划；其次，应做好旅游者的思想工作；再次，考虑给予旅游者适当的补偿；最后，根据不同情况做好具体工作。

第二节 旅行社的散客旅游接待业务

散客旅游是当前旅游业发展的主流。散客旅游的发展是旅游业走向成熟的标志。散客旅游也叫自助、半自助游，是由旅游者自行安排旅游行程，零星现付各种旅游费用的一种旅游形式。散客旅游与团队旅游有很多不同之处，有很多优势。散客旅游的接待要做到"形散，神不散"。

一、散客旅游接待业务的特点和要求

（一）散客旅游接待业务的特点

1. 批量小

散客旅游多为旅游者本人单独外出或与其家属、亲友结伴而行。同团体旅游相比，散客旅游的批量一般比较小。散客由于人数较少，所以在安排食、宿、出票等方面比团体旅游容易很多。

2. 批次多

散客旅游的批量虽然比较小，但是采用散客旅游方式的旅游者日趋增加，加上许多旅行社大力开展散客旅游业务，更加促进了散客旅游的发展，所以散客旅游者的总人数迅速增加。散客市场规模的日益扩大及其批量小的特征使散客旅游形式呈现批次多的特点。所以从发展的角度看，尽管当前绝大多数中国的旅行社仍以团体旅游接待为主，但是在将来，散客旅游的总批次肯定会超过团体旅游的总批次。

3. 预订期短

散客旅游者要求旅行社提供的大多不是"套餐式"的旅游服务，而只是单项或几项服务，这种服务有时是在出发前临时想到的，有时是在旅途中决定的，但往往要求旅行社能够在较短时间内为其安排妥当。因此，为散客服务的导游必须精通业务，能够随时提供各地有关旅游资源、旅游设施、旅游交通及服务等方面的咨询服务，熟练地为散客编排线路、安排行程，提出多种方案供他们选择，提供游客最大限度的方便。散客旅游者旅游决定的过程比较短，相应地形成了散客旅游预订期短的特点。

4. 要求多

相对来说，散客中商务旅游者、家庭旅游者或特殊兴趣旅游者的比例较高。他们之所以选择散客旅游，就是希望不受团体旅游约束。在散客旅游者中有大量的商务、公务旅游者，他们的旅行费用多由所在的企业、单位全部或部分承担。另外，他们在旅游过程中有很多交际应酬活动和商务、公务活动。因此，他们的旅游消费水平较高，且对旅游服务的要求也较多。

5. 变化多

散客旅游接待服务的灵活性比团体旅游强，因为散客旅游者的人数较少，所受约束力较小，调整计划方面比较容易达成一致。散客旅游者在旅行前往往缺少周密的安排，而在旅行过程中临时变更旅行计划，提出各种新的要求或在旅行前突然由于某种原因而临时决定取消旅行计划。

（二）散客旅游接待业务的要求

1. 旅行社产品方面

散客旅游者的文化层次通常比较高，而且旅游经验一般比较丰富。他们对旅行社产品的深层内涵十分重视。旅行社在接待散客旅游者时应针对这一特点，多向他们提供具有丰富的文化内涵和浓郁的地方与民族特色的产品，增加产品的参与性，以满足他们追求个性化和多样化的消费心理。

2. 预订系统方面

散客旅游者的购买方式多为零星购买，随意性较大。因此，散客旅游者对高效、便利、准确的预订系统有着强烈的要求。针对这一特点，旅行社应采用以计算机技术为基础的网络化预订系统，保证散客旅游者能够自由、便利地进行旅游活动。

3. 采购方面

散客旅游者多采取自助式的旅游方式，对旅游目的地各类服务设施要求较高。旅行社应加强旅游服务的采购工作，建立起广泛、高效、优质的旅游服务供应网络，以满足旅游者的需要。

二、散客旅游接待业务的类别

（一）从散客旅游活动的方式上划分

从散客旅游活动的方式上可将散客旅游接待业务分为散客团队（团体活动）和自助散客（零星散客活动）。散客团队的接待业务就是经旅行社组织，以团体形式出现的接待业务，如散客包价旅游；这种形式比较安全可靠，相对团体旅游有较多的自由空间。自助散客的接待业务是旅游者自行委托旅行社办理单项的旅游业务，如在某一景点的讲解等；这种旅游方式的自主权完全掌握在旅游者手中，不受旅行社的影响。

（二）从付费方式上划分

从付费方式上可将散客旅游接待业务分为散客包价付费和选择性付费。散客包价付费与团体付费方式相同，即用餐、住宿、交通、旅游门票等相关费用一次性付清。选择性付费是由旅行社将去同线路或同地方旅游的客人组织起来，每位客人可以根据自己的兴趣灵活地选择付费项目，例如，客人可以选择是否用餐、是否去某个景点等。

（三）从散客来源地和业务受理地的关系上划分

从散客来源地和业务受理地的关系上可将散客旅游接待业务分为受理散客旅游者来本地旅游的业务、办理散客旅游者赴外地旅游的业务和受理散客旅游者在本地的单项旅游业务。受理散客旅游者来本地旅游的业务就是旅游者在外地委托当地的旅行社办理前来本地旅游的业务，并要求本地的旅行社提供该旅游者在本地旅游活动的接待或其他旅游服务。旅行社散客业务人员应在接到外地旅行社的委托通知后，立即按照通知的要求办理旅游者所委托的有关服务项目。如果旅游者要求旅行社提供导游接待服务，旅行社应及时委派本社的导游前往旅游者抵达的地点接站并提供相应的导游讲解服务和其他服务。如果旅行社认为无法提供旅游者所委托的服务项目，应在接到外地旅行社委托后 24 小时内发出不能接受委托的通知。

办理散客旅游者赴外地旅游的业务就是旅游者在当地委托当地的旅行社办理赴外地旅游的业务。旅行社的散客业务人员在接到旅游者提出的委托申请后，必须耐心询问旅游者的旅游要求，认真检查旅游者的身份证件。如果旅游者委托他人代办委托手续，受托人必须在办理委托时出示委托人的委托信函及受托人的身份证件。旅游者在旅行社办理旅游委托后又要求取消或变更旅游委托时，应至少在出发前一天到旅行社办理取消或变更手续，交纳加急长途通信费并承担可能由此造成的损失。

受理散客旅游者在本地的单项旅游业务就是旅游者在当地委托当地的旅行社办理当地旅

游的业务。旅行社散客业务人员在接待这些旅游者时，应首先问清旅游者的要求，并讲明旅行社所能提供的旅游服务项目及其收费。然后，根据旅游者的申请，向其提供相应的服务。如果旅游者委托旅行社提供导游服务，旅行社应在旅游者办妥委托手续并交纳费用后，及时通知接待部门委派导游或派遣本部门的导游为旅游者服务。

三、散客旅游接待业务的程序

（一）自助散客旅游接待业务的程序

当自助散客电话或信函咨询，或来到旅行社散客部或门市柜台时，接待人员应热情地礼貌接待，询问清楚对方的要求，向对方宣传、展示本社的服务项目，说清收费标准，开展促销工作。此阶段的服务关键是热情，必须使客人有宾至如归的感觉。

如自助散客决定委托旅行社提供某一项或某几项服务时，接待人员应讲清应该办理的手续、双方的权利与义务、监督投诉电话，应请对方填写有关表格、签署委托合同，并在查看对方证件后收清有关费用（如是电话联系或信函咨询应请对方尽快来旅行社散客部或门市柜台办理手续、交纳费用）。此阶段的服务标准是清楚、准确，不容发生错误。

送走顾客后，接待人员应将合同及时转至散客部有关经办人员手中，立即根据合同开展采购工作，并按合同要求提供规定的旅游服务。此阶段的服务标准是及时并讲信用，按合同办事。

如合同规定提供导游服务，应派出较灵活的导游，以适应自助散客要求多、易变的特点。导游接到任务后，应根据合同向自助散客提供规定的导游接待服务，其单项服务标准与团队接待大同小异，只不过服务项目要少得多。

（二）散客团体旅游接待业务的程序

散客团体旅游接待业务的程序与一般团体旅游接待业务的程序大同小异，都有接待准备阶段、接待阶段和接待后续工作阶段三大环节。但在下列方面有所区别。

第一，由于散客团的行程及包价程度常与标准团不同，灵活性特强，所以在准备工作阶段，导游要弄清该散客团所购买的旅游产品中究竟包含哪些服务项目，要核实是否已付费。

第二，导游应在接站牌上写上客人姓名。

第三，在许多城市，旅行社九人以下的入境散客团与内宾团一样不派行李车。这样，地陪在机场就不必寻找行李员，送机前在饭店宾馆也不必布置行李。地陪应协助游客携带行李乘坐旅游车前往住处或机场。所以地陪在准备工作期间应提醒旅行社租较为宽松的旅游车。

第四，散客团一般无领队、全陪，送机时，地陪应亲自带本团机票，在机场协助游客办理行李托运手续，并将行李牌、登机牌直接交给客人。

第五，接待三人以下小型散客团，导游讲解宜采用对话形式。

第六，接待散客团应特别重视与客人商谈日程，如有变动应及时通知旅行社相关部门。如变动牵涉到费用或组团社与地接社的利益，地陪不能擅作主张，应请示旅行社决定。

第七，对旅行社接受的小包价散客团，导游应重视广告促销工作，争取该团购买本旅行社的更多计划外可选择性服务项目。

第八，无论是接、送还是游览，地陪均应事先弄清本散客团是用专车还是与其他小团并团合乘一辆车。如需并团，应弄清由哪位导游跟车。有时也会出现并车不并团的现象（即同车转移，到景点后分团导游）。如旅行社安排并团，导游要安排好开车到不同宾馆或饭店接客的顺序与时间，通知客人与司机，准时前往接客。

第九，对小包价散客团，地陪应在送行前提前一天与客人取得联系，以确认送客时间和地点。

（三）组合团队旅游接待业务的程序

在旅游者旅游中，有一种是介于团体旅游和散客旅游之间的组合旅游。组合旅游是指旅游者分别从不同的地方来到旅游目的地，然后由当地事先确定的旅行社组织活动。组合旅游是在一些旅游服务设施较完善、交通比较便捷、游览点有较高知名度的旅游目的地，当地旅行社为了广泛招徕客源而采取的在旅游目的地成团的旅游组织方式。在组合旅游产品的设计过中，旅游目的地的旅行社根据对客源市场需求的调查，设计出一批固定的旅游产品，并在客源市场地区选择一些合作旅行社，与其签订协议，由后者负责向旅游者推销产品，并按时将旅游者送到目的地。组合旅游产品的旅游者来自不同的旅游客源地，他们在指定日期抵达旅游目的地，然后由旅游目的地的产品生产旅行社集中起来，组成旅游团，开展旅游活动。旅游活动结束后，旅游者各自返回。

组合旅游有以下特点：组团时间短，游客办妥手续后，最多一周之内即可成行；易于成行，改变过去不足十人不成团的做法；旅游者选择性强，既可参加团队活动，亦有相当多的自由活动时间。

组合旅游团接待业务的程序与标准旅游团基本相同。但由于游客抵达当地的时间各不相同，一般不需接机（车、船），地陪只需按合同规定的时间前往事先指定的地点集中游客，然后开始统一的旅游行程。即使有些游客要求接机（车、船），也多由旅行社另外指派专人前往机场（车站、码头）迎接，与地陪无关。

组合旅游团在结束当地游览后，有在当地散团的，也有要求送机场、码头等的。由于组合旅游团的游客有时来自同一城市，有时来自四面八方，如属于后者，送客将是极其复杂、繁忙的工作，需要旅行社调派多人、多车方能完成任务。

案例 5-4

北京游客王先生参加由四川某旅行社组织的峨眉山、乐山大佛两日游，该团是由不同交费标准的散客构成的，同车游客有不同的住宿标准。按照合同约定，王先生应当住宿三星级宾馆标准间，但在实际行程中，导游却擅自改变计划，强迫其住宿四人间，在王先生的强硬拒绝下，导游仍然安排其住宿普通双人间。次日，当游程结束返回成都后，按照合同约定，该社应当将王先生送回成都某酒店，但是导游却安排其在距离该酒店约十公里处下车，并谎称该地距离酒店很近。王先生询问出租车驾驶员后，方知被导游蒙骗，遂愤而投诉。

思考题：1. 你认为对该旅行社和该导游应如何处理？

2. 散客接待业务与团体接待业务有什么不同？就散客接待业务谈些自己的看法。

第三节　导游接待服务

导游接待服务是对已经预订旅游产品的旅游者提供的旅游安排，即为旅游者落实在本地的食、宿、行、游、购、娱等消费活动。导游是整个接待服务的核心和纽带。如果把整个接待过程看成一条环环相扣的链条，导游起到承上启下、连接内外、协调左右的作用。

一、导游接待服务的性质和作用

（一）导游接待服务的性质

导游接待服务是针对旅游者提供的专项服务，具有服务性、经济性、文化性和涉外性四大特性。

1. 服务性

导游工作本质上是服务性工作，是旅游接待服务工作的一种，它提供的不是有形的物质产品。衡量导游接待服务质量的重要途径，是接受服务的旅游者的感受。因此，每一位导游都应该认清自己的角色，摆正位置，绝不能凌驾于旅游者之上，应把为旅游者提供满意的服务作为自己的责任。

2. 经济性

导游工作本质上是一种服务性商品，具有一般商品共同的价值和使用价值。我们提倡导游不计名利、乐于奉献，但也必须承认导游工作是经济工作，最终是以获取经济利益为前提的。导游应该在保证服务质量的前提下，尽可能降低成本，创造利润，为本地区经济发展多做贡献。

3. 文化性

导游的工作本质上是文化性工作，它在传播和沟通世界文化、民族文化方面起着特殊的作用。导游接待服务的文化性主要通过三种途径体现出来：一是讲解服务，通过直接讲解的方式，向游客介绍本地本民族文化，普及历史、宗教、艺术等文化知识；二是通过自己的一言一行，向游客展示本国或本地区文明，体现本民族的风情，导游实际上就是国家或地区旅游形象的代表，游客通过与导游密切接触，了解当地文化的特征和魅力；三是导游和旅游地居民会有意或无意地受到外来文化的影响，并将这种文化向本地区传播，形成文化交流的现象。

4. 涉外性

中国人出境旅游团队的导游接待服务和国际游客来华旅游团队的导游接待服务，均具有涉外性。由于中外文化背景不同，双方价值观念和思维方式有极大差异，所以涉外接待必须小心谨慎，避免小误会产生大纠纷。

在对外工作中，导游应做到：第一，在外国人面前不卑不亢，对各国游客一视同仁；第二，由于中外文化的差异，凡涉及政治制度、道德观念、价值观念及敏感政治问题时，应采取"求同存异"的态度，不可互相攻击、互相指责；第三，实事求是地介绍中国，不要文过饰非；第四，坚持内外有别，不向外国旅游者谈论涉及国家机密的内容，不带外国旅游者到未开放地区或军事禁区参观游览。

案例 5-5

四川某家国际旅行社，曾在成都定做了一批蜀绣的手帕，每块手帕上都绣着花草图案，美观大方，装在特制的纸盒内，盒上印有旅行社社徽。在我们看来，这是一份很像样的小礼品。一位导游带着盒装的手帕到机场迎接来自意大利的游客。待致完热情、得体的欢迎词之后，导游代表本单位送给车上每位客人两个包装精美的手帕作为礼品。但导游怎么也没有想到，此时车上一片哗然，议论纷纷，游客显出很不高兴的样子。特别是一位夫人，大声喊叫，表现得极为气愤，还有些伤感。导游心慌了，好心好意送客人礼物，人家不但不感谢，反而很生气。这些外国人为什么会这样呢？原来意大利和西方的一些国家有这样的习俗：亲朋好友相聚一段时间后，在告别时才赠送手帕，意为"擦掉离别的眼泪"。人家兴冲冲地刚踏上盼望已久的中国大地，准备开始愉快的旅行，你就让人家擦掉离别的眼泪，人家当然不高兴。那位气愤的夫人之所以大声喊叫，是因为她所得到的手帕上绣着菊花图案。菊花在中国是高雅之花，但在意大利是葬仪用花，只有送给死者的物品，上面才有菊花图案。人家怎么能不愤怒呢？

思考题：旅行社送纪念品应注意什么？

（二）导游接待服务的作用

1. 导游接待服务是旅行社接待业务的中心

对游客而言，导游是旅行社的代表，是旅游产品的提供人。旅行社为游客提供的各种服务，如提供的产品设计、线路组合、市场促销、车船机票预订等服务，最终都通过导游接待业务传递给游客。因此可以说，旅行社各个部门的工作，都是围绕着导游接待这条主线展开的，都是导游接待服务的幕后主持者。

2. 导游接待服务是旅行社竞争的焦点

人们常说：没有导游的旅行是乏味的旅行。导游接待服务使旅游者增长知识，使旅游活动更加富有魅力，更充满情趣。旅行社的竞争，说到底是导游接待服务质量的竞争。拥有一流的导游队伍，无疑是旅行社扩大知名度、争取更多客源的法宝，也是旅行社最大的财富。

3. 导游接待服务是旅行社了解旅游者的主要途径

导游工作在一线，熟悉旅游产品链中每一个环节的服务质量，了解游客的消费心理，可以及时将有关信息反馈给旅行社，有利于旅行社了解旅游者，改进服务方式，提高旅游产品的针对性，推出更具竞争力的旅游产品。

4. 导游接待服务是旅游者完成旅游活动的根本保证

旅游者来自不同的国家和地区，归属于不同的民族，与旅游地居民在知识、文化、语言、生活习惯等方面存在着差异，必须借助导游的生活服务、中介服务和讲解服务，才能达到与旅游地居民顺利沟通，进而了解旅游地历史文化的目的。因此，导游接待服务是旅游者完成旅游活动的根本保证。

二、导游接待服务的岗位要求

（一）思想品德修养

旅游工作是一项需要较高思想意识和政治觉悟的服务性工作，它要求从业人员具有爱国爱企、自尊自强、遵纪守法、爱岗敬业、公私分明、诚实善良的品德。导游在业务活动中往往以主人翁的姿态出现，成为国家、民族和地区旅游形象的代表，因此应顾全大局，坚持祖国利益高于一切，在工作中要自觉维护国家和民族的尊严，有自尊心和自信心，要勇于实践、自强不息。

（二）知识修养

导游接待服务实际上是一项以脑力劳动为主、难度较高的知识密集型工作。一名合格的导游，必须掌握丰富的语言知识、法律法规知识、历史文化知识、生物地理知识和导游业务知识，才能在工作中得心应手，为游客提供满意的服务。随着时代的发展，游客的要求也在不断地变化。导游只有不断充实自己，才能做好导游工作。高素质的学者型导游，应是今后导游发展的主要方向。

（三）掌握导游接待服务的原则

导游应恪守导游工作的原则，为游客提供物超所值的服务，满足游客物质和精神上的需求，使游客的权益得到保护，让游客在得到充分尊重的同时，获得美的享受。

1. 宾客至上原则

宾客至上是服务行业的宗旨，是服务工作中处理各类问题的出发点。旅游服务是服务业的龙头产业，导游提供的不是有形商品，而是无形的服务。服务的特点是价格有限、价值无限。一位合格的导游应力求提供超出游客期望值的导游接待服务，让游客高兴而来，满意而归。

2. 维护游客合法权益的原则

保障旅游团队行程顺利、旅途愉快的前提是时时、处处为游客着想，自觉维护游客的合法权益。国内外所制定的旅游法律法规，其宗旨也在于保护游客的合法权益和人身财产安全。导游应学法、懂法，只有这样，他们在带团过程中遇到问题时才能客观公正地加以处理，使游客的利益得到维护，使游客的权益得到保护。

3. 规范化服务与个性化服务相结合的原则

导游工作是以《导游接待服务质量》以及《旅行社国内旅游服务质量要求》作为服务标准的，这种规范化服务程序已经不能满足游客的个性化需求。因而，导游应针对每一个旅游团、每位游客的不同情况提供个性化服务。导游只有将规范化服务与个性化服务结合，才能使每位游客的个性需求尽量得到满足，使游客获得更高的满意度。

（四）仪表与心态

导游的衣着打扮要符合职业身份，服装要整洁得体，举止应端庄大方，表情自然、诚恳。同时，导游还必须具有积极的人生观，随时向客人传递健康向上的情绪，使团队永远保持团结友好、互助友爱的精神。

三、导游接待服务的程序

（一）导游接待服务的范围

导游接待服务的范围，是指导游向旅游者提供服务的领域。导游服务的范围十分广泛，可以说贯穿于旅游活动的全过程及其各个方面。归纳起来，导游服务大体可分为以下五大类。

1. 讲解服务

讲解服务是指旅游者在目的地旅行期间的沿途讲解，参观旅游现场的导游讲解以及座谈、访问和某些参观点的口译服务。

2. 旅行生活服务

旅行生活服务是指旅游者出入境送迎、旅途生活照料及上下站联系等服务，以保证旅游者各项旅游活动的顺利进行，包括食、住、行、游、购、娱等活动的具体安排实施。

3. 安全服务

安全服务是确保旅游者在旅游行程中的安全，包括关心旅游者的身心健康，保护旅游者的财物不受损失。

4. 咨询服务

咨询服务是指导游向旅游者提供各类技术、知识性问题的回答，包括旅游机构、政策法规、交通等问题。

5. 问题处理

问题处理是指导游帮助旅游者处理和解决临时发生的问题和困难，包括游客生病、走失和团队突发事故等旅游事故和问题的处理。

（二）导游接待服务的程序

所有的导游，包括地陪、全陪、领队、景点导游等，其工作程序大体来说基本相同，整个工作过程大致可分为以下几个阶段。

1. 接待准备阶段

（1）熟悉接待计划。

导游要认真查阅接待计划及相关资料，准确地了解该旅游团（者）的服务项目、要求及具体情况，注意掌握其重点和特点，重要事宜做好记录。

（2）准备好个人物品。

导游要准备好必要的物质，带好接待计划、导游证、胸卡、导游旗、接站牌、结算凭证、票证等物品。

（3）落实接待事宜。

在旅游团（者）抵达前应与各有关部门或人员落实、核查旅游团（者）的交通、食宿、行李运输等事宜；如果接待的是长线团，应同地接社取得联系，互通情况，妥善安排好有关事宜。

2. 接待阶段

导游在接待阶段应针对不同的活动项目，提供相应的接待服务。

（1）接站服务。

①接站时间：导游应在接站出发前确认旅游团（者）所乘交通工具的准确抵达时间，提前半小时抵达接站地点，在旅游团（者）出站口双手持接站标志牌，持牌高度应高过额头5cm，并站立在出站口醒目的位置，热情迎接旅游团（者）。

②行李交接：旅游团（者）出站后，如旅游团中有领队或全陪，导游应及时与领队、全陪接洽，协助旅游团（者）将行李放在指定位置，与领队、全陪核对行李件数无误后，移交给行李员。

③上车：导游应及时引导旅游团（者）前往乘车处，旅游团（者）上车时，导游应恭

候在车门旁；上车后，协助旅游团（者）就座，礼貌地清点人数，切不可用手指清点。

④欢迎词：行车过程中，导游向旅游团（者）致欢迎并介绍本地概况。欢迎词内容应包括：代表所在地接社、本人及司机欢迎旅游团（者）光临本地；介绍自己的姓名及所属单位；介绍司机；表示提供服务的诚挚愿望；预祝旅游愉快顺利。

（2）参观游览途中。

①途中服务要求：在向异地移动途中，无论乘坐何种交通工具，导游应提醒旅游团（者）注意人身和物品的安全；组织好娱乐活动，协助安排好饮食和休息，努力使旅游团（者）旅行充实、轻松、愉快。

②车上讲解要求：请旅游团（者）及时上车，上车后，导游应清点人数，向旅游团（者）报告当日天气情况及当日活动安排，包括午餐、晚餐的时间、地点等；在前往景点的途中，导游应向旅游团（者）介绍本地的风土人情、自然景观，回答旅游团（者）提出的问题；抵达景点前，应向旅游团（者）介绍该景点的简要情况，尤其是景点的历史价值和特色。

③景点讲解要求：抵达景点时，应告知在景点的停留时间，参观游览结束后集合的时间和地点及游览过程中的有关注意事项；在景区游览的过程中，导游应保证在计划的时间与费用内，让旅游团（者）充分地游览、观赏，做到讲解与引导游览相结合，适当集中与分散相结合，劳逸适度，并应特别关照老弱病残的旅游者；在景点游览的过程中，应注意旅游团（者）的安全，要自始至终与旅游团（者）在一起活动，并随时清点人数，以防旅游者走失；导游应严格按照导游计划带领旅游团（者）进行游览，并且将每个规定或标明的景点进行讲解介绍，不可遗漏。

（3）入住饭店。

①导游在去往饭店的途中应向旅游团（者）简单介绍饭店的情况，内容应包括：饭店名称和位置；入店必备手续；饭店的星级标准、设施状况和注意事项。

②旅游团（者）抵达饭店后，导游应引导旅游团（者）到指定地点办理入住手续，取到行李，进住房间。登记入住前，旅游团（者）的贵重物品最好交宾馆寄存，并向宾馆清楚交代其数量、价值、商标等；无寄存则应由领队或全陪在登记单上签字。

③旅游团（者）进入房间之前，导游应向旅游团（者）介绍饭店内就餐形式、地点、时间，并告知次日活动的时间安排，离开饭店之前，应安排好叫早服务。

（4）就餐的服务。

①导游必须按照旅游接待计划，安排旅游团（者）到旅行社指定的协议餐厅就餐，所选餐厅应环境整洁，提供的食品、饮料应符合国家有关法律法规的要求。

②接团后导游应向旅游团（者）询问其饮食习惯，根据餐费标准通知餐厅做出合理的菜肴搭配；如有特殊饮食要求，应及时通知餐厅另行安排。

③简单介绍餐馆及其菜肴的特色。

④引导旅游团（者）到餐厅入座，介绍餐馆的有关设施和酒水的类别、付费形式及标准。

⑤旅游团（者）在开餐后五分钟，导游应向旅游者征询就餐情况，可根据实际情况做出适当调整，解答旅游团（者）在用餐过程中的提问，并解决出现的问题。

（5）安排购物活动。

①导游应了解本地的商品特色及相关知识，并能够恰当地向旅游团（者）推荐和介绍。

②导游应严格按照接待计划安排团队活动，不得擅自增加和减少购物活动的安排；计划外的购物活动必须征得全体旅游团（者）的同意，并上报旅行社。

③导游安排的旅游购物活动应在指定的商店及旅游定点商店进行，应努力确保商品质量，对于旅游团（者）单独要求的购物活动，导游应予以协助，并提醒注意事项。

④旅游团（者）在指定商店购买商品，提醒旅游团（者）请商店出具发票，并且妥善保管，一旦发生质量问题可向商店索赔，切实保护自己的合法权益。

（6）安排文娱节目。

①导游应了解娱乐节目的安排及内容，并能够积极地向旅游团（者）介绍相关情况。

②导游应严格按照接待计划安排团队活动，不得擅自增加和减少娱乐节目活动的安排，在旅游团（者）观看节目过程中，导游应自始至终坚守岗位。

③计划外的娱乐活动必须征得全体旅游团（者）的同意，并上报旅行社，同时按照规定收取相关费用，导游可以予以协助，并提醒旅游团（者）注意安全；如旅游团（者）要求去不健康的娱乐场所，过不正常的夜生活，导游应断然拒绝，并指出其违法性。

（7）当日活动结束。

旅游团（者）在结束当日活动时，导游应询问其对当日活动安排的反映，并宣布次日的活动日程、出发时间及其他有关事项。

（8）送站服务。

①旅游团（者）离站的前一天，导游应确认交通票据及离站时间，通知旅游团（者）移交行李和与饭店结账的时间。

②导游应将交通和行李票证移交给全陪、领队或旅游团（者）。

③导游应提醒旅游团（者）带好自己的物品和证件，诚恳征求旅游团（者）对接待工作的意见和建议，并祝旅游团（者）旅途愉快，欢迎再次光临。

④导游应在旅游团（者）所乘交通工具起动后方可离开。

3. 接待后续工作阶段

（1）在团队结束的 24 小时内，到财务部填写旅游团队报账单，按要求清理团队账务，将出团计划通知单和游客意见表交回计调部存档，由计调部经理和当团业务员签批后到财务部报账。

（2）协助其他部门处理团队中的投诉事件，就处理情况形成书面说明向导游部备案。

第四节　旅游投诉处理

根据我国现行的《旅游投诉暂行规定》，旅游投诉是指旅游者、海外旅行商、国内旅游经营者为维护自身和他人的旅游合法权益，对损害其合法权益的旅游经营者和有关服务单位，以书面形式或口头形式向旅游行政管理部门提出投诉（应提供相关证据），请求处理的行为。旅游投诉处理得是否得当影响着旅行社的声望和口碑，也就直接影响着旅行社的经济效益。

一、旅行社投诉产生的原因

(一) 由旅游相关部门或企业的过失引起的投诉

1. 交通服务方面的原因

(1) 抵离时间不准时。

交通工具抵离时间不准时常会给旅游者的旅游活动造成不便甚至严重损失。例如，旅游者所乘坐的飞机、火车未能按照航班时刻表、列车时刻表等准时起飞或发车，造成旅游者无法按预定计划抵达或离开旅游目的地，或造成旅游者被迫延长在某一个城市的停留时间而缩短在另一个城市的停留时间，有时甚至被迫取消对某个城市或地区的旅游计划。又如，某些旅游汽车公司不按照事先与旅行社达成的合同规定时间发车，造成旅游者花费大量的时间等候，影响了旅游者的旅游情绪，有时甚至迫使旅行社改变整个旅行计划。这种现象严重地损害了旅游者的利益，经常招致旅游者的投诉。

(2) 途中服务质量低劣。

有些交通部门、企业或司乘人员认为其任务就是简单地将旅游者按照计划或合同按时运送到目的地，他们中的一部分人不重视提高服务质量，在服务过程中态度生硬粗暴或懒懒散散，对旅游者提出的合理要求熟视无睹，不闻不问，造成旅游者的不满和投诉。

(3) 忽视安全因素。

安全是旅游者旅行期间十分关心的一个因素。旅游者往往对那些不重视交通安全的旅游交通部门、企业或司乘人员深恶痛绝。因此运输安全是旅游者旅游活动顺利进行的重要保证。然而，有些交通部门、企业或司乘人员只关心本部门、企业的经济利益，忽视飞行安全或行车安全，给旅游者的生命财产造成损失。忽视安全因素是旅游者投诉的一个重要原因。

2. 住宿服务方面的原因

(1) 设施设备差。

有些酒店或旅馆的设施设备比较陈旧，维护保养差，给旅游者的休息带来诸多不便。例如，洗手间里马桶跑水，影响旅游者的夜间睡眠；淋浴设备缺乏维修，造成旅游者在淋浴时水流不均匀，时冷时热；空调设备制冷性能差，在炎热的夏季不能使客房保持适当的温度；地毯陈旧破损，致使旅游者绊倒摔伤；客用电梯因维修不当，时开时停。这些都会导致旅游者提出投诉。

(2) 服务技能差。

服务技能差也是造成旅游者对酒店或旅馆不满的一个原因。有些酒店或旅馆由于对服务人员的服务技能培训缺乏足够的重视，或者贪图一时的经济利益而大量雇佣没有经过正规服务技能培训的临时工或实习生，并让这些人单独上岗为客人服务。这些人缺乏服务经验，服务技能差，无法向旅游者提供符合规范的服务，导致旅游者的不满和投诉。例如，前台服务员因不熟悉酒店预订系统的操作程序，无法迅速为入住的旅游者办好入住手续，使旅游者在前台长时间等候；又如，在旅游者办理离店手续时，前台结账员缺乏足够的财务知识，无法及时为旅游者办理结账手续，致使旅游者因等候结账而耽误了航班。

(3) 服务态度差。

服务态度差是导致旅游者投诉酒店或旅馆等旅游住宿服务设施的又一个原因。一些酒店或旅馆的服务人员缺乏职业道德，不尊重顾客，对旅游者态度生硬，甚至为了一点小事就与旅游者大吵大闹。还有的服务人员在向旅游者提供服务时敷衍搪塞，不负责任。旅游者由于无法忍受他们的恶劣态度，于是向旅行社提出投诉。

（4）卫生条件差。

卫生条件差往往是酒店或旅馆管理不善，忽视对有关部门和员工的教育，不重视维护酒店或旅馆的卫生环境造成的。有些酒店或旅馆的经营者片面强调经营效益的重要性，为了降低经营成本，将承担客房、公共卫生区、餐厅等处卫生工作的人员大量裁减，使得卫生工作难以正常进行。还有的酒店或旅馆经营者热衷于面上卫生，忽视人们平常不容易注意到的地方；结果导致这些地方成了卫生死角，变成藏污纳垢的地方；而正是这些角落里滋生的蚊蝇、蟑螂等爬进旅游者下榻的客房或出现在餐厅里，使旅游者感到无法忍受，提出投诉。

3. 餐饮服务方面的原因

（1）菜肴质量差。

造成菜肴质量差的原因主要有三个：一是厨师没有按照菜谱上规定的主、副料配比进行烹调，造成菜肴质量差；二是厨师的烹饪技术差，做出的菜肴口味与规定不符；三是菜肴的分量不足，引起旅游者的不满。

（2）就餐环境恶劣。

有些餐馆或餐厅的就餐环境比较差，如餐厅里摆放的餐桌、餐椅已经损坏，餐厅未加修理仍让客人使用；餐厅里的卫生条件差，出现蚊蝇、蟑螂等；餐具没有清洗干净；厨房与餐厅隔离较差，导致厨房烹饪的味道及油烟扩散到餐厅里，影响客人就餐的情绪等。

（3）服务态度差。

餐厅或餐馆的服务人员服务态度差主要表现在：①对待客人冷漠，对客人提出的要求不予理睬或寻找借口不予办理；②服务时懒懒散散，不主动向客人介绍本餐厅的特色产品，客人询问时，表现出不耐烦的神情；③服务态度恶劣，与客人大吵大闹；④对待客人不能一视同仁，对某些客人曲意逢迎，而对另一些客人则瞧不起。

（4）服务技能差。

有些餐厅为了节省员工工资开支，大量雇佣未经专业培训、服务技能较差的实习生或临时工，并让他们单独为旅游者服务。尽管在这些人当中不乏热心为旅游者服务的人员，但是由于缺乏必要的专业训练，他们往往无法提供规范的餐厅服务，有的甚至给旅游者造成损失，如将菜汁溅在旅游者身上，将旅游者点的菜肴上错桌等，招致旅游者的不满和投诉。

4. 其他服务方面的原因

除了上述部门或企业因其服务欠佳造成旅游者投诉外，其他一些旅游服务部门，如游览景点、娱乐场所、购物商店等也会因服务质量低下造成旅游者向旅行社提出投诉。

（二）旅行社自身原因引起的投诉

1. 活动日程安排不当

（1）活动内容重复。

有些旅行社在安排旅游者的活动日程时只考虑本地区的特色，而没有综合考虑整条旅游线路上各旅游景点情况，造成旅游活动内容重复的现象。例如，某旅行社在接待一个来自北美地区的旅游团时，不顾该旅游团在我国境内旅游的前几站已经参观过多处庙宇的情况，仍安排旅游团在本地参观两个寺庙，结果招致旅游者的投诉。

（2）活动日程过紧。

活动日程过紧是旅游者向旅行社投诉的原因之一。有些旅行社的接待人员在安排旅游者的活动日程时，不顾旅游者年龄偏大的特点，将旅游活动日程安排得过紧，有时甚至安排旅游者一天参观三四个规模较大的游览景点，结果造成旅游者疲劳不堪。

（3）活动日程过松。

活动日程过松也是旅游者向旅行社提出投诉的一个原因。有些旅行社在安排活动日程时，过分强调旅游者年龄结构偏大的特点，将活动日程安排得稀稀松松，往往是早上很晚才出发，下午很早就将旅游者送回饭店，使旅游者感到旅行社不负责任，浪费时间和金钱。

（4）购物时间过多。

有的旅行社只顾本旅行社的经济效益，将游览景点的时间安排得很紧，挤出较多的时间安排旅游者多次到定点商店购物，结果造成旅游者的不满。

2. 接待人员工作失误

（1）擅自改变活动日程。

有些旅行社的接待人员在接待过程中，未与旅游者或领队商量并征得其同意，也未向旅行社有关领导请示，便擅自将活动日程做较大的变动，如减少旅游计划中规定的部分游览项目；擅自增加购物时间或将旅游者带到非定点商店购物，使旅游者因购买假冒伪劣商品或高价购买低价商品而蒙受损失等。

（2）不提供导游服务。

有些导游将旅游者领到游览景点后，不是按照旅游合同的规定向旅游者提供导游讲解服务，而是游而不导，或只做简单的介绍之后便不再理睬旅游者，或者在前往游览景点及从游览景点参观结束返回饭店的途中，与司机聊天，不进行沿途导游讲解。

（3）造成各种责任事故。

有些旅行社接待人员工作责任心不强，麻痹大意，遇事敷衍搪塞，造成漏接、误机、误车、误船、行李丢失或损坏等责任事故，给旅游者的旅游活动带来不便和损失。

（4）服务态度恶劣。

有些旅行社接待人员不尊重旅游者，在接待过程中不热情，态度生硬，经常顶撞旅游者或与旅游者大吵大闹。还有的接待人员在接待过程中厚此薄彼，对旅游者不能做到一视同仁，使部分旅游者产生受歧视的感觉。

二、旅行社对投诉的处理

（一）了解旅游者投诉的心理

1. 要求尊重的心理

有些旅游者向旅行社提出投诉是因为他们认为没有受到旅游接待人员或其他旅游服务人员的尊重，或受尊重不够，所以向旅行社管理者提出投诉以维护其尊严。这种旅游者多属事业上取得了一定成就或拥有一定的社会地位的人。他们往往十分看重别人对待他们的态度。如果旅游接待人员或其他旅游服务人员对他们表示出较高的尊重态度，其通常就会从心理上感到满足，而一旦有人有意或无意地表现出对他们的不尊重，其就会感到格外委屈，难以容忍。

具有要求尊重心理的旅游者投诉的目的主要是通过投诉获得其所希望得到的尊重，而对于经济补偿则不大重视，也不关心旅行社管理者是否会严肃处理被投诉的有关人员。有的时候，当投诉者从旅行社管理者那里得到受尊重的表示后，甚至会请求不要惩罚被投诉者。旅行社管理者应针对这种旅游投诉者的心理特征，在处理其投诉时主动表示对其遭遇的同情，并对其表示较大的敬意，使其感到旅行社确实尊重他们，以平息他们的怨气。

2. 要求发泄的心理

要求发泄是另外一些旅游者投诉时的心理状态。他们因对旅游接待人员或其他旅游服务人员的服务感到不满，觉得受了委屈，希望向别人诉说心中的不快。这种人在投诉时或喋喋不休，反复诉说其不幸遭遇，或态度激动，使用激烈的语言对被投诉者进行指责。

具有要求发泄心理的旅游者投诉的主要目的是向旅行社管理者发泄其心中的不满和怨气。当他们的怨气发泄完毕，并得到某种安慰后，往往会感到心理上的满足，而不再提起赔偿的要求。有些旅游者甚至还会对其在投诉时使用的激烈语言感到后悔和歉意。旅行社管理者应针对这种旅游投诉者的心理特点，耐心地倾听，不要急于安抚对方，也不要为了急于弄清事情的真相而打断对方。当投诉者将所要说的话全部讲完后，旅行社管理者应给予适当的安慰。一般情况下，旅游者会对这种处理方法感到满意。

3. 要求补偿的心理

还有一些旅游者，其提出投诉的主要动机是要求得到一定的补偿。这种要求补偿的心理可能是物质性的，如希望旅行社向其退还部分旅游费用；也可能是精神性的，如希望旅行社管理者向其表示歉意。

旅行社管理者在处理这类投诉时，应根据对其投诉心理的分析和掌握，加以适当的处理。如果确实因旅行社接待服务的失误也给旅游者造成了经济损失或精神损失，就可以适当给予一定的经济补偿或赔礼道歉。如果旅游者因误会而向旅行社投诉，则可以婉转地向其解释，以消除误会。同时，旅行社还可以向投诉者赠送一些小礼品，以满足其要求补偿的心理。

（二）旅游投诉的处理程序

1. 倾听投诉

旅游投诉分为书面投诉和口头投诉两种形式。旅行社管理者在接到旅游者的书面投诉时，应仔细阅读其来信，总结出投诉的要点；在接待提出口头投诉的旅游者时，旅行社管理者应耐心倾听旅游者讲述的意见。倾听旅游者投诉时，应做到：①端正态度，旅行社管理者在倾听投诉时应态度严肃，给旅游者一种认真对待其投诉的印象，切不可面带微笑，使投诉者误认为管理者没有把他的意见放在心上，或产生被嘲笑的感觉；②认真倾听，旅行社管理者在倾听旅游者投诉时不应打断旅游者的叙述，无论旅游者的投诉理由是否正当，都必须让他把话讲完，必要时还要引导他将埋藏在内心的怨气和不满全部发泄出来；③头脑冷静，旅行社管理者在接待旅游者投诉时必须保持冷静的头脑，不管旅游者的态度如何激烈，都不得同其争吵或对其进行指责。

2. 询问情况

旅行社管理者在倾听旅游者的投诉后，应首先表示对其遭遇的同情，使旅游者感到管理者通情达理，愿意解决其所投诉的问题，得到心理上的安慰。然后，旅行社管理者应就旅游者投诉中尚未讲清楚的关键情节进行询问,以便了解旅游者投诉的事实。最后,旅行社管理者应就旅游者能够坦诚地向旅行社反映情况表示感谢,指出这是对旅行社的信任和爱护,答应尽快对旅游者所投诉的事实进行调查和处理,并将处理结果反馈给旅游者。

3. 调查事实

旅行社管理者接到相关投诉后,应立即着手对旅游者投诉所涉及的人员和事情经过进行调查核实。在弄清事实的基础上,采取适当的方法进行处理。

4. 进行处理

旅行社管理者在对旅游者投诉的事实调查清楚的基础上,应根据具体情况对旅游投诉进行妥善处理。对于涉及旅行社员工的投诉,如果经过调查,发现旅游者的投诉与事实相符,应立即采取适当的措施,按照旅行社的有关制度和规定对当事人进行批评教育;情节严重并造成严重影响或经济损失的,还应根据错误的严重性和造成的后果给予扣发奖金、暂停接待工作、赔偿经济损失、通报批评、行政记过、留社察看、解聘或开除等处分。

对于涉及其他旅游服务供应部门或企业的投诉,经过调查证明确属该部门或企业责任的,则应通过适当渠道向该部门或企业的有关领导反映。如果发现该部门或企业屡次出现旅游者因同类情况进行投诉的事件,旅行社则应减少或停止与其合作,不再采购其服务或其他旅游产品。

5. 答复处理结果

旅行社管理者在完成对旅游投诉的处理之后,应及时将处理结果以口头或书面形式通知旅游者。在答复时应诚恳地向旅游者表示歉意,希望能够得到其谅解,并愿意继续为其提供优质服务。如果处理结果涉及经济赔偿,旅行社还应征求旅游者的意见,以适当的渠道和方式进行赔偿。如果经过调查发现旅游者的投诉与事实出入较大,属于旅游者的误会,旅行社管理者则应向旅游者解释清楚,并欢迎他在今后继续关心和监督旅行社的服务质量。

旅游投诉得到妥善处理后,旅行社管理者应将旅游者投诉的原因和处理结果向旅行社的有关部门和人员公布,以提高员工对服务质量重要性的认识。同时,旅行社管理者还应根据旅游者的投诉,对出现问题的地方进行检查,以提高服务质量。

6. 记录存档

旅行社应将旅游投诉的内容和处理经过进行详细真实的记录,并存入档案,以备将来必要时核对。

本章小结

旅行社团体旅游有入境团体旅游、出境团体旅游和国内团体旅游三种类型。旅行社在团体旅游接待工作中应坚持规范化和个性化相结合的原则。不论是入境团体旅游、出境团体旅游还是国内团体旅游,团体旅游接待业务的程序都是由接待准备阶段、接待阶段和接待后续工作阶段三大环节组成的,但各自接待细节是不同的。散客旅游具有批量小、批次多、预订期短、要求多、变化多的特点,散客旅游活动从方式上可分为散客团队(团体活动)和自助散客(零星散客活动)。导游接待服务是针对旅游者提供的专项服务,具有服务性、经济性、文化性和涉外性四大特性。导游接待服务的范围有讲解服务、旅行生活服务、安全服务、咨询服务、问题处理等。旅行社投诉产生的原因有来自旅游相关部门或企业的过失和旅行社自身。旅游者投诉的心理有要求尊重的心理、要求发泄的心理、要求补偿的心理等。旅游投诉的处理程序为倾听投诉、询问情况、调查事实、进行处理、答复处理结果、记录存档。

复习思考题

1. 什么是入境团体旅游、出境团体旅游和国内团体旅游？其特点分别是什么？
2. 团体旅游接待业务应遵循的原则有哪些？
3. 简述入境团体旅游、出境团体旅游和国内团体旅游的接待业务程序。
4. 散客旅游接待业务的特点有哪些？
5. 散客旅游接待业务有哪些类型？
6. 简述散客旅游接待业务的程序。
7. 导游接待服务的特点是什么？
8. 导游接待服务的程序是什么？
9. 旅行社投诉产生的原因有哪些？
10. 旅游者投诉的心理有哪几种？
11. 旅行社对投诉的处理程序是什么？

第六章

旅行社市场定位及产品价格策略

学习目标

通过本章的学习,掌握旅行社市场细分的概念和市场细分的标准,了解旅行社市场细分的作用和程序;掌握旅行社目标市场的概念以及旅行社选择目标市场应考虑的因素,理解目标市场策略;掌握旅行社市场定位的概念,了解旅行社市场定位的作用和步骤,理解旅行社市场定位策略;了解旅行社价格的分类及其价格的影响因素,掌握旅行社定价目标,理解旅行社定价方法和定价策略。

导入案例

2001年暑期期间,某市旅行社界展开了一场海南游的价格战。"海南双飞三晚四天"最低的卖1580元,大多数旅行社则在1680~1880元。该市一家做国内游有相当知名度的A旅行社却反其道而行之,打出了2180元的超高价格。在设计该产品中,A旅行社针对海南旅游市场的一些问题,对食、住、行、游、娱、购进行特别包装,如住宿全为四星级以上宾馆,规定只进两家旅游购物商店,且购物自愿,绝不强迫。为促进该产品销售,A旅行社在宣传上做足文章,打出了"至尊豪华,超值享受,全市最高价"的广告。由于广告宣传得力,促销得法,加之A旅行社在市场上拥有较好的信誉,虽然价格比市场上同类产品高出一大截,却取得了极好的销售效果。

思考题:1. 你认为A旅行社在该市旅行社中处于什么样的地位?

2. 是否所有的旅行社都可以采用这种高位定价?

3. 旅行社为产品确定较高价格时,促销过程中要注意什么?

第一节　旅行社目标市场的选择与定位

随着经济的发展，旅游者的需求日趋个性化和多元化，旅行社仅凭有限的人、财、物等资源已不能满足复杂多变、购买者众多、分布广泛、需求多样的整个市场。因此，旅行社需要通过市场细分进行产品目标市场定位，即对旅游市场进行市场细分，选定目标市场，从而进行产品市场定位。

一、旅行社的市场细分

（一）旅行社市场细分的概念

市场细分又称为市场分割，是指企业按照某种标准将市场上的顾客划分成若干个顾客群，每一个顾客群构成一个子市场，不同子市场之间，需求存在着明显差别。市场细分是选择目标市场的基础。市场细分的概念是美国市场学家温德尔·史密斯（Wendell R. Smith）于1956年提出来的。

旅行社市场细分是指旅行社依据旅游者需求特点、购买行为和消费习惯等方面的差异，将整个旅游市场划分为若干个需求大体相同的旅游者群的过程。分属于同一群体的旅游者被称为细分市场（或子市场）。

市场细分不是由人的主观意志所决定的，而是基于客观存在的需求差异。旅行社市场细分的客观依据包括两方面。一是旅游者客观上存在差异性。差异性是旅游市场细分的基础，旅行社不同的细分市场代表不同的消费群体，他们在需求上有明显的差别，主要是由旅游者收入水平、消费观念、教育背景、兴趣爱好等不同所致。二是旅游者客观上存在相似性。在同一自然地理和社会环境下，个体的旅游者在客观上存在大体相同的某一个或几个因素，如价值观念、兴趣爱好等，因而，对某一产品具有大致相同的需求和购买动机。这些客观存在的相似性体现在对旅行社产品的价格、形式的需求和购买时间、购买地点上具有大致相同的行为。这就为旅行社市场细分奠定了基础。

旅行社的细分市场有两个特征。一是旅行社不同的细分市场具有不同的消费特征，这是旅行社市场细分的核心与关键。例如，客源市场按照其经济条件与消费等级来细分，可分为经济型客源市场、标准型客源市场和豪华型客源市场。二是旅行社的同一细分市场具有相同的消费特征。在同一细分市场内的消费者群体，在一个或几个方面具有大体相同的消费特征，因而旅行社可以为之提供相同的产品。

（二）旅行社市场细分的作用

随着经济的发展，旅游者的需求日趋个性化和多元化。不同的旅游者，需求和欲望是千差万别的，而且随着环境因素的变化而改变。对于这样复杂多变的旅游大市场，任何一个规模巨大的旅行社，无论其资金实力多么雄厚，都不可能满足旅游市场上全部顾客的所有需求。又由于旅行社所占有的旅游资源、设备、技术、人员等方面的局限性，也不可能全部满足所有顾客的不同需要。因此，旅行社只能根据自身的优势条件，从事开发某一种或几种产品，针对那些力所能及的、适合本企业产品特点的目标市场展开经营。

旅行社市场细分的作用主要体现在以下几个方面。

1. 有利于满足消费者的需求

旅游市场细分后的子市场需求比较集中，旅行社比较容易了解和满足消费者的需求。同时，在细分的市场上，更容易了解和反馈信息。一旦消费者的需求发生变化，旅行社就可迅速改变营销策略，制定相应对策来适应市场需求的变化，继续满足消费者的需求。

2. 有利于旅行社做出销售决策和开拓新市场

在当前的市场经济中，无差异营销显然已经越来越低效，努力讨好所有人的结果，就是谁也讨好不了。市场细分就是识别旅游者需求的种种差异，选择适当的销售对象作为自己的目标市场。通过市场细分，旅行社可以对每一个细分市场的购买潜力、满足程度、竞争情况等进行分析对比，探索出有利于本企业的市场机会，以便及时做出销售决策，掌握市场主动权，提高企业的应变能力和竞争力。另外，通过市场细分还可以发现新的市场需求，进行新产品的开发，开拓新市场，扩大销售范围。

3. 有利于发挥旅行社资源的有效价值

任何一个旅行社的人力、物力、资金都是有限的。通过细分市场，旅行社选择了适合自己的细分市场，避免了销售的盲目性，可以把人、财、物等资源集中用于某一个细分市场，取得局部市场中的优势，让资源最大限度地发挥作用。对于中小型旅行社，市场细分更有直接的现实意义。由于市场因素和自身条件的限制，中小型旅行社资源有限，融资能力较差，抗风险能力较弱，在整体市场上缺乏与大型旅行社竞争的实力。

旅行社经营要想取得成功，必须将资源有效地集中在某一特定领域，在该领域中成为专家和权威，充分满足这一部分顾客的需求，不仅做到"顾客满意"，而且做到"顾客赞扬"。在取得这个领域的优势和经验后，再向其他细分市场进军，确保所做的领域都是数一数二的。在非垄断性行业中，只有最专业、最具规模、最了解其目标顾客的企业才能很好地生存并发展。

4. 有利于旅行社在某一细分市场确定自己的地位

对于中小型旅行社，市场细分更为重要。中小型旅行社可选择知名旅行社未曾涉足的市场，集中优势服务于这一特定市场，避免与大旅行社竞争，从而确立自己在市场上的地位。

（三）旅行社市场细分的要求

由于旅行社的市场细分是一个发现市场机会和寻找目标市场的过程，因此，在市场细分过程中，旅行社应对客源市场每一部分的需求都给予关注，同时又要确保每一个细分市场都具有经营价值。一般来说，旅行社的细分市场应符合以下三个方面的要求。

1. 细分市场要具有可衡量性

旅行社在市场细分时，用来划分细分市场的各个因素以及标准必须是可衡量的，也就是说，细分市场的旅游者对旅游产品的需求偏好具有明显的特征，而且这些特征是可以通过一定的标准来测定的。只有这样，细分出来的市场才具有明显的区别。

2. 细分市场要具有适度规模

一个细分市场是否具有经营价值，主要取决于这个市场的规模、消费水平以及旅行社的经营能力。在市场细分过程中,旅行社要根据经营能力来确定细分市场的规模。细分市场规模不能过大也不能过小。细分市场规模过大,旅行社无法有效地集中营销力量、开展经营活动;规模过小,则不利于旅行社发挥资源优势、扩大经营规模,难以实现规模经济。

3. 细分市场要具有发展潜力

旅行社选择的目标市场不仅能为旅行社当前经营创造利益,而且能为旅行社的未来发展带来长远利益。要做到这一点,细分市场不但要具有相对的稳定性,而且必须具有一定的发展潜力。因此,旅行社在市场细分时,必须考虑所选择的细分市场的市场状态以及需求发展的阶段。如果旅行社所选择的细分市场已处于成熟阶段,不具有长期发展的潜力,旅行社经营的风险将会随着时间的推移而增加,这将不利于旅行社的长期发展。

(四)旅行社市场细分的标准

旅游需求的差异性是旅游市场细分的基础。然而,旅游需求的差异性按什么标准去细分,现在还没有统一的规定。旅行社可以根据自身的实际情况、经营范围和经营目标等来确定各自的细分标准。一般来说,旅行社市场细分的标准有四大类,如表6-1所示。

表6-1 旅行社市场细分的标准及细分因素

细分标准	细分因素
地理标准	地理区域、城市规模、自然气候、人口密度、城乡分布等
人口统计标准	年龄、性别、家庭、经济收入、教育程度、职业、宗教、国别、身体状况等
心理标准	社会阶层、生活方式、个性特征等
行为标准	旅游动机、购买时机、品牌的忠诚度等

1. 地理标准

市场细分的地理标准是指旅行社根据地理因素将客源市场划分为不同的地理区域。地理因素具体有地理区域、城市规模、自然气候、人口密度、城乡分布等。地理标准之所以能够成为市场细分的基础,原因是处在不同地理环境下的旅游者,旅游动机会有差异。一般来说,自然地理背景不同的地区互为旅游目的地和旅游客源地。例如生活在高纬度地区的旅游者愿意到中、低纬度地区旅游;反之,生活在中、低纬度地区的旅游者愿意到高纬度地区旅游。一般来说,中、低纬度地区的吸引力要大于高纬度地区;沿海地区与内陆地区互有吸引力。经济地理背景不同的地区也互为旅游目的地和旅游客源地,经济发达地区的吸引力大于经济不发达地区的。文化地理背景不同的地区同样互为旅游目的地和旅游客源地,东方文化对西方人有强烈的吸引力,西方文化对东方人也有吸引力。不同地理环境的旅游者,由于自然条件、经济条件和文化等的差异,旅游需求的偏好与消费习惯具有明显的差异,这就为旅行社的市场细分奠定了一定的基础。

旅行社按照国别可将客源市场划分为日本市场、美国市场、德国市场等;按照洲际可将客源市场划分为北美市场、欧洲市场、亚洲市场等;按照距离远近可将客源市场划分为近距离市场、中距离市场和远距离市场。地理细分是一种传统的、目前仍被广泛应用的市场细分标准。

旅行社按地理标准细分市场,有助于其研究不同地区旅游者的需求特点、需求总量、需求水平和需求方向;有利于旅行社针对这些特点开展经营活动,提高经营绩效。旅行社按地理标准细分市场时要注意市场的密度,即特定的地区性市场对旅游产品需求的潜力,它不仅与这个地区的总人口有关,更与这个地区的经济发展水平有关。

2. 人口统计标准

人是构成旅行社市场的基本因素,也是旅行社经营活动的最终对象。人口细分就是旅行社按年龄、性别、家庭、经济收入、职业、教育、宗教、种族等因素对市场进行细分。如根据年龄结构可以将客源市场细分为老年旅游市场、成年旅游市场、青年旅游市场和儿童旅游市场等。旅行社在市场细分过程中,不仅要研究一个特定区域内的总人口,还要研究一定区域内人口的自然状态和社会构成。人口的自然状态主要包括人口的地理分布、年龄构成、性别构成和家庭单位构成四个方面。人口的社会构成主要包括人口的民族、宗教信仰、受教育程度、职业、阶层、经济收入的构成与分布状态。旅行社的市场细分是与人口的自然状态和社会构成密切相关的。处于不同自然状态和社会构成的人,在旅游需求规模、旅游需求时间及地区的投向、旅游消费水平、旅游活动方式等方面都具有不同的特点,并因此形成较明显的需求差异。根据人口统计标准进行市场细分,可以使旅行社根据人口的需求差异,并结合自身的特点和优势,准确地选择经营的目标市场。

案例 6-1

随着春节长假的结束,旅游市场步入传统淡季,而此时正是拥有更多闲暇时间的老年人亲近大自然、感受春天气息的好时节,老年人成为节后旅游市场上的主力军。

春节后,各大旅行社纷纷推出针对老年人的旅游产品,"老年游"也成为3月和4月份旅游市场比较强劲的增长点。"退休了,出门旅游到处走走"是当下许多老年人的普遍心愿。而参加旅游团,尤其是选择参加旅行社组织的专门"老年团",更是诸多老年人的期待。如何开发好老年旅游市场,抢占这个目前尚未大规模开发却又极具市场潜力的"银发产业",既是旅游业界存在的一个亟待解决的问题,同时也是更好地体现旅游业服务于社会及旅游业自身获得良好经济效益的有效途径。

凯撒旅游市场部负责人张女士介绍,在旅游市场上,"老年游"属于一种针对专属人群的特殊类型产品。目前,仅仅靠"概念""名称"包装出来的老年游产品已经难以博得追求经济、务实的老年游客的青睐,必须在出发、游览、住宿、餐饮等各个环节延伸服务内容,将老年关怀深切融入产品之中。

张女士介绍,老年游产品不同于常规旅游产品,在目的地的选择上,老年游的产品要兼顾自然风光与历史文化;在行程安排上,应做到内容丰富而节奏舒缓;在交通工具的选择上,老年游的产品应尽量减少舟车劳顿。目前市场上的老年游产品纷纷打出"亲情牌",细化服务成为各家旅行社比拼的重点。凯撒旅游"2010快乐老人系列产品"于3月推出,20余个旅游产品精选了全球几十处优秀目的地,每次旅行,凯撒旅游都为老年游团组配备具有丰富带团经验的、有亲和力的领队,每个团队都将配备随团热水壶、血压计、伞具等,方便老年游客出行。

思考题:1. 老年旅游细分市场的特点是什么?
    2. 凯撒旅游开发的老年游产品有什么特点?

3. 心理标准

市场细分的心理标准就是旅行社根据旅游者的收入水平、生活方式、个性特征等来细分市场。在地理与人口因素相同的旅游者群体当中，由于人们的社会阶层、生活方式和个性特征的差异，他们对旅游产品的爱好以及态度是不同的。这就为旅行社利用人们的心理行为标准来细分市场创造了条件。以收入水平为例，不同收入水平的人具有不同的价值认同标准、旅游需求等。收入水平较高的旅游者希望通过接触新的环境来提高生活质量，但不要改变现有的生活方式；旅游只是调整心情、释放工作压力的一种有效途径；在旅游中，他们期待别人对其尊重、重视，承认其社会价值，因而不会喜欢大众式的包价旅游产品，更喜欢定制化服务。收入水平中等的旅游者受经济收入等限制，从众心理强，多选择包价旅游产品。以旅游者的个体特征标准为例，有些旅游者属于猎奇、探险者，他们喜欢陌生的环境和亲近大自然，甚至会到原始森林和沙漠里去。他们希望可以避开日常的生活环境，了解不同的生活方式和风土人情。而大多数旅游者往往从安全角度考虑，去已经经营开发过的地区旅游。

4. 行为标准

行为标准是旅行社市场细分中最直接、最实用的标准，即根据旅游者的消费行为如旅游动机、购买时机、品牌的忠诚度等，对市场进行细分。旅行社按照旅游者的旅游动机将客源市场划分为观光旅游市场、度假旅游市场、商务旅游市场、探险旅游市场、修学旅游市场等；按照旅游者的购买时机将客源市场划分为蜜月旅游市场（结婚）、毕业旅游市场（高考结束、中考结束）、老年旅游市场（退休）等。

（五）旅行社市场细分的程序

旅行社市场细分的程序包括以下四个方面。

1. 确定旅行社经营的市场范围

旅行社在确定经营领域与经营战略目标之后，一般要确定其经营的市场范围。可以这样说，旅行社经营的市场范围是旅行社市场细分的基础和前提。因此，旅行社可围绕旅行社经营的市场范围进行市场细分，分析旅游需求者的消费动向和消费特点。旅行社一般根据自身所拥有的资源和经营能力来确定其经营的市场范围。

2. 确定市场细分的标准

旅行社市场细分的关键在于科学地确定细分标准。旅行社要确定市场细分标准，必须将旅行社经营的市场范围内所涉及的现实需求和潜在需求全部罗列出来，并加以归类。旅行社通过分析不同的旅游需求，找出各类旅游者典型的需求特征，并据此决定市场细分的标准。确定了细分市场的标准就要对客源市场进行划分。

由于旅行社确定市场细分的标准可以是一个，也可以是多个，对应的旅行社市场细分的方法就有单一变量法和多变量法两种。

（1）单一变量法。

单一变量法是根据旅游者需求的某一因素进行市场细分。这是假设整个市场的购买行为只受一个因素影响，因此也称为一元细分法。例如，旅行社只是依据年龄对客源市场进行划分，将市场划分为老年市场、中年市场、青年市场、儿童市场等。这种划分方法简明扼要，一目了然，但是将旅游者的需求过于简单化，在实际操作中没有太多的可行性。

(2) 多变量法。

多变量法是指旅行社使用两个或者两个以上因素对市场进行细分，这是假设旅游者的行为受多种因素的影响而采取的市场细分的方法。例如，旅行社首先按照年龄对客源市场进行划分，将市场划分为老年市场、中年市场、青年市场、儿童市场等，然后再依据收入将老年市场划分为高收入老年市场、中等收入老年市场和低收入老年市场；同样地，将中年市场划分为高收入中年市场、中等收入中年市场和低收入中年市场等。

案例 6—2

2004年8月，在这个中国旅游市场的旺季，广州各大旅行社纷纷降价10%~15%销售产品。一周后广州又有旅行社宣布再次降价，其中云南、山东等目的地在降价300元的基础上，再降600元，四川、华东等目的地再降300元，贵州、桂林、海南、新疆、西藏等目的地全线再次下调100~300元不等，最高降幅达35%。而就在旅行社疯狂降价的同时，它们也相继大张旗鼓地推出了比常规线路高出500元的高级VIP团。

广之旅将9月的澳洲游作为价格战的起点，仅需7 999元的澳洲名城深度游6天团，比暑假期间净减2 000多元，创了澳洲游的历史新低。对此，广之旅相关负责人指出，这是广州旅行社第一次在旺季挑起价格战，亦是旅游行业有史以来在旺季降幅最大、最广、最具杀伤力的降价，可谓在今年广州旅游市场上投下了一枚重磅炸弹。南湖国旅副总经理郑年军亦表示，此次旅行社将价格降至谷底，最重要的原因是竞争日益激烈。原来只用在淡季使用的降价策略，也在旺季用上，旅行社间竞争之激烈，可见一斑。

就在广州各旅行社疯狂降价的同时，高级VIP团也相继推出。广东中旅、南湖国旅以及广之旅都推出了相应的VIP团、纯玩团，并表示会坚持下去。据广东中旅相关负责人介绍，这种高级VIP团是一种介乎自助游与参团之间的团队，其最特别之处在于行程安排特别轻松，每天最迟可睡到10点起床，部分线路还有一两天自由活动时间，真正告别"赶鸭子"的旅程。他说，这种团全程没有购物点，住最好的酒店，吃最正宗的美食，用最高标准的车，配最优秀的导游，价格比常规团高400~500元。

这边旅游价格狂降，那边高级VIP团热推。面对旅游市场出现的"怪现象"，业内人士认为，接连挑起的价格战说明旅游市场的竞争日益激烈，而VIP团的相继推出说明VIP团已逐渐走向成熟，高端和低端产品的并存，意味着市场细分已走向成熟，针对不同人群推出不同的主题旅游已是必然。

就旅行社细分市场的问题，不少业内人士认为，目前的旅游市场已充分细分。然而，阳光活力假期旅行社总经理梁先生却提出了不同的看法。他说，国内旅行社一直都在考虑市场细分问题，但尚未找到明确的思路，比如不少旅行社都将商务旅游作为自己的重点发展对象，走高端线路，意图很明显，就是面对所谓的高收入人群。但是，目前更多的旅行社通过降价的方式来发展自己的客户，除了几家大型旅行社在旅游资源上占有优势之外，几乎还没有真正凭自身的定位和服务赢得成功的案例。

思考题：1. 本案例中旅行社市场细分采用的方法是什么？
2. 本案例中旅行社市场细分的标准是什么？
3. 你认为目前旅行社市场细分的标准和方法应是什么？

3. 确定细分市场的名称

旅行社可根据各个细分市场旅游需求的典型特征，利用准确、科学的语言为各个可能存在的细分市场确定名称。一般来说，细分市场的名称是细分因素与细分标准复合的产物。

4. 分析各个细分市场的经营机会

旅行社根据细分因素和细分标准对市场进行细分之后，还要对所有细分市场的经营机会进行分析。一般来说，细分市场的经营机会是与细分市场的需求规模和竞争强度相联系的，需求规模越大、竞争强度越弱，细分市场的经营机会就越好；否则就越差。

二、旅行社目标市场的选择

旅行社市场细分的过程实际上就是寻找市场机会和目标市场的过程。旅行社根据细分市场数量、分布及细分市场的特征，选择若干个细分市场作为特定经营对象，就是目标市场选择。

（一）旅行社目标市场选择的概念

所谓目标市场选择就是企业在市场细分之后的若干子市场中，运用的企业营销活动之"矢"而瞄准市场方向之"的"的优选过程。著名的市场营销学者麦卡锡提出应当把消费者看作一个特定的群体，称为目标市场。市场细分，有利于明确目标市场，而市场营销策略的应用，则有利于满足目标市场的需要。目标市场就是通过市场细分后，企业准备以相应的产品和服务满足其需要的一个或几个子市场。旅行社的目标市场就是旅行社准备用其产品与服务来满足的一个或几个特定的旅游者群体。

旅行社的市场细分与目标市场的选择既有联系，又有区别。旅行社的市场细分是指按一定标准划分不同旅游者群体的过程；而目标市场的选择是旅行社选择细分市场的结果和选择经营对象的过程。因此，旅行社市场细分是旅行社目标市场选择的基础，而目标市场的选择则是旅行社市场细分的结果。

（二）旅行社目标市场选择应考虑的因素

旅行社在划分好细分市场之后，可以进入既定市场中的一个或多个细分市场。旅行社选择进入一个或多个细分市场，主要取决于以下几个因素。

1. 有一定的规模和发展潜力

旅行社进入某一市场是期望有利可图，如果市场规模狭小或者趋于萎缩，旅行社进入后难以获得发展，此时，应审慎考虑，不宜轻易进入。当然，旅行社也不宜以市场吸引力作为唯一取舍标准，特别是应力求避免"多数谬误"，即与竞争旅行社遵循同一思维逻辑，将规模最大、吸引力最大的市场作为目标市场。大家共同争夺同一个顾客群会造成过度竞争和社会资源的无端浪费，同时使消费者一些本应得到满足的需求遭受冷落和忽视。现在国内很多旅行社动辄将城市尤其是大中城市作为其首选市场，而对小城镇和农村市场不屑一顾，很可能就步入误区。如果转换一下思维角度，一些目前经营尚不理想的旅行社说不定会出现"柳暗花明"的局面。

2. 市场结构的吸引力

在旅行社的经营活动中，有时会出现目标市场规模与发展潜力较为理想，但利润水平较低甚至亏损的现象,这主要是旅行社目标市场的市场结构不合理的原因。因此,旅行社在选择目标市场时,还要考虑目标市场的结构。这里所说的市场结构主要指行业内竞争者、潜在竞争者和中间商对旅行社经营的威胁程度。一般情况下,旅行社在特定目标市场的经营中都会面临上述三种力量的威胁。

(1) 行业内竞争者的威胁。

当旅行社选定的目标市场已经存在一定数量的竞争者时,该目标市场就会失去经营吸引力。因为在这种情况下,目标市场上旅行社的供应能力不断扩大,旅行社要想坚守这个目标市场,就要加大促销力度、提高产品质量,并运用价格手段参与市场竞争,这样就必然会大幅度降低旅行社经营的利润。因此,旅行社在选择目标市场的过程中,应考虑目标市场竞争者的存量,选择竞争对手较少的细分市场作为自己的目标市场。

(2) 潜在竞争者的威胁。

如果旅行社选定的目标市场可能吸引一定数量的新竞争者进入,那么当这些新来的竞争者具备了与本旅行社争夺市场的实力时,该目标市场就会失去经营吸引力。因此,旅行社在目标市场选择的过程中,应考虑目标市场上潜在竞争者进入的难易程度,选择潜在竞争对手难以进入的细分市场作为自己的目标市场。

(3) 中间商的威胁。

中间商的威胁主要体现在中间商的议价能力上。当旅行社选定的目标市场中,负责提供客源的中间商具有较强的议价能力时,该目标市场就会失去经营吸引力。因为中间商一旦有较强的议价能力,就会要求旅行社压低产品价格、提高产品质量、增加产品项目,甚至提出更多的附加条件。这样一来,旅行社的经营利润就会大幅度降低。因此,旅行社在选择目标市场的过程中,应考虑目标市场中间商的议价能力,选择中间商议价能力较弱的细分市场作为自己的目标市场。

3. 符合旅行社经营目标及其资源

旅行社在选择目标市场时,除了要考虑市场规模和发展潜力、目标市场的市场结构以外,还要将旅行社的经营目标及其资源与目标市场的情况结合起来考虑,确保旅行社的目标市场与旅行社的经营目标及其资源状况相适应。某些细分市场虽然有较大吸引力,但不能推动旅行社实现经营目标,甚至分散旅行社的精力,使之无法完成主要目标,这样的市场应考虑放弃。另一方面,还应考虑旅行社的资源条件是否适合在某一细分市场经营。只有选择旅行社有条件进入、能充分发挥其资源优势的市场作为目标市场,其才会立于不败之地。

(三) 旅行社目标市场选择的过程

1. 分析细分市场

旅行社可以根据以往的经营资料以及各类统计数据,按照确定的市场细分因素及细分标准,全面研究各类细分市场的客源情况,主要包括各类细分市场的年接待规模、停留天数和平均消费水平等,找出旅行社原有的主要客源市场。同时,旅行社还要研究原有的客源市场在本行业内的市场占有率,以便确定旅行社的主要客源市场占有率在本行业内所处的位置。

如果旅行社的主要客源市场在本行业内处于优势地位,且能充分发挥旅行社潜在经营优势,这个主要客源市场就可以成为旅行社的目标市场。如果旅行社原有的主要客源市场在行业内处于劣势,且又不能完全发挥旅行社的潜在优势,那么,旅行社就要重新选择其他细分市场,作为自己的目标市场。

旅行社目标市场选择的关键,在于发现每个细分市场的开发潜力。细分市场的开发潜力是指经过旅行社的经营开发以后,某个细分市场在一定时间内所能达到的需求规模。它可以通过产品开发、增加新的需求或通过市场促销使需求转移来完成。

应当指出的是,旅行社目标市场的选择不是一个静态过程,而是一个动态过程。客源市场结构以及旅行社经营目标的变化,都会改变旅行社目标市场的经营吸引力。因此,旅行社有必要定期对目标市场进行科学评估。当原有的目标市场由于各种情况的变化而丧失经营吸引力时,旅行社就要重新寻找新的目标市场。

2. 评估目标市场

旅行社目标市场的选择是在市场细分的基础上进行的,因此,目标市场的评估也是在细分市场评估的基础上进行的。旅行社目标市场的评估主要有以下三个步骤。

第一,评估各类细分市场的经营业绩。对不同细分市场的业绩可以进行简单的比较,也可以运用波士顿矩阵进行评价。

第二,判断每一个细分市场的经营吸引力。细分市场的经营吸引力是与细分市场的需求规模、需求潜力以及本旅行社的市场竞争地位相联系的。如果细分市场客源不足,就必然形成各旅行社之间的削价竞争,造成旅行社平均利润水平的降低,细分市场便缺乏经营吸引力;同时,即使细分市场的需求规模较大,如果旅行社在该细分市场上的竞争地位较低,这种细分市场同样缺乏经营吸引力。因此,在评估各类市场的业绩后,还可以把本旅行社的业绩同行业水平相比,以确定自身竞争力。

第三,确定主要竞争对手。旅行社在选择目标市场时应确定在目标市场中的主要竞争对手,一般来说,主要竞争对手是那些以相同或相似的价格向相同的旅游者提供相似产品的其他旅行社。在识别主要竞争对手之后,旅行社还要研究主要竞争对手的经营目标。一般来说,主要竞争对手的经营目标不同,其在目标市场上的经营方向、经营重点以及经营策略也不相同,由此对旅行社经营产生的影响也会不同。此外,旅行社还要评估主要竞争对手的优势与劣势。与旅行社形成主要竞争关系的其他旅行社能否达到其经营目标,取决于竞争对手的资源与能力,因此,旅行社要评估主要竞争对手在市场知名度、产品与服务质量、推销能力、销售网络以及市场占有率等方面的优势与劣势。

(四)旅行社目标市场选择策略

旅行社选择目标市场的过程,就是对市场的潜力和机会、旅行社自身资源与能力以及市场上其他竞争者的实力进行衡量、评估,并从中发现营销机会的过程。旅行社目标市场选择策略是指旅行社决定选择哪些细分市场为目标市场,然后据以制定旅行社营销策略。它实际上是决定旅行社能进入哪些目标市场的策略问题。

一般来讲,旅行社目标市场的选择有三种策略:无差异目标市场策略、差异性目标市场策略和密集性目标市场策略。

1. 无差异目标市场策略

无差异目标市场策略是指旅行社无视整体市场内部旅游者需求的差异性,而将所有细分出的子市场都作为自己的目标市场,只推出一种旅游产品,制定一种价格,运用一种统一的旅行社营销组合，为满足旅游者共同的需求服务。这种策略突出的优点在于，旅行社可以大规模销售，简化分销渠道，相应地节省市场调研和广告宣传的经费开支，使平均成本降低；另外，对于垄断性、吸引力大的旅游产品，其容易形成名牌产品的强大声势，创造规模效应。这种策略的缺点是不能完全满足旅游者的差异性需求。随着旅游者的社会经济情况、生活方式以及个人兴趣的不断变化，对旅游多样化的需求日益增长，单一的市场策略不易吸引旅游者。因此，无差异目标市场策略主要适用于以下三种情况：一是整个市场的需求虽有差别，但需求的相似程度较大；二是市场的需求虽有实质上的差别，但各个市场的群体经济规模较小，不足以使旅行社通过某个细分市场的经营取得良好的；三是旅行社行业内竞争程度较低，市场需求强度大。随着旅游市场竞争的加剧，旅行社采用无差异目标市场策略的机会越来越少，它已不能适应现代旅游的发展。

2. 差异性目标市场策略

差异性目标市场策略根据旅游者的不同需求特点，对整体市场进行细分。旅行社在此基础上选择整体市场中数个或全部细分市场作为自己的目标市场，针对不同细分市场的需求特点，提供不同的旅行社产品及制定不同的营销组合，为满足不同的细分市场的需求服务。例如，将旅游市场细分为观光、度假、会议、体育等细分旅游市场，而观光旅游市场又可细分为丝绸之路、名胜古迹、田园生活、山水风光等不同内容。旅行社针对不同的需求，设计各种旅游路线、提供不同的服务设施和服务项目。差异性目标市场策略的优点是能更好地满足各类旅游者的不同需求，有利于提高旅游产品的竞争力和扩大旅游企业的销售量。如果一个旅行社能够同时在几个细分市场上占有优势，就会由于连带效应而树立起旅游者信赖的、声誉很高的企业形象。另外，同时经营数个细分市场，有助于企业降低风险。差异性目标市场策略的缺点表现在，旅行社产品种类多，导致研发费用增多；要求具有多种销售渠道，使广告费用、推销费用、行政费用等随之增加；由于经营分散，在某一种产品中难以实现规模经济效益，所以影响经营效率，影响企业优势的发挥。差异性目标市场策略适用于以下三种情况：一是市场的需求存在明显的差异；二是按细分因素和细分标准划分的各个市场都具有一定的经营价值；三是旅行社规模较大，且产品经营能力很强，足以占领更多的细分市场。

3. 密集性目标市场策略

密集性目标市场策略是指旅行社在市场细分的基础上，选择一个或几个细分市场作为自己的目标市场，集中企业的全部精力，以某几种营销组合手段服务于该市场，实行高度的专业化经营。例如有的旅行社专门为探险旅游、农业旅游等特色旅游服务。密集性目标市场策略往往适合资源能力有限的中小型旅游企业，因为在较大的市场上难以取得竞争优势，而力图在较小的市场范围内取得较高的市场占有率。采取这种策略的突出优点在于能充分发挥旅行社的优势，使旅行社在特定市场上具有很强的竞争力。由于旅行社经营范围针对性强，容易形成产品与经营特色，有利于扩大旅行社在特定细分市场上的知名度，由此带来销售额的增加。密集性目标市场策略的不利之处是旅行社过分依赖小部分市场，具有较大的风险性。由于市场面窄，一旦需求发生变化，企业就会出现危机。密集性目标市场策略在旅行社同时符合以下两种情况下可以使用：一是市场的需求存在明显的、实质上的差异；二是旅行社规模较小，且经营能力有限。

以上三种策略各自有其优缺点，旅行社在选择自己的经营策略时必须考虑到自身的条件、市场的情况等,加以权衡,慎重行事。

案例 6-3

　　深圳一家旅行社打算开发新的旅游产品,旅游目的地确定为地中海。经过市场调查发现,欧洲的地中海游轮游是比较成熟的产品,其本身是欧洲人(尤其是英国人)首选的休闲度假产品。作为中国的游客,很可能与 50% 的英国人和 20% 的德国人一起旅游。

　　通过对中国的旅游者进行调查分析,有经济能力去地中海的游客还是有一定量的,大多是新马泰、澳日韩都走过的中高端人士。在市场细分的基础上,该旅行社决定为下列三个群体的旅游者提供服务:第一类是男性(单行),大多以公务为主或公私结合,也有自费的;第二类是女性(单行),以公务为主,但多数自身比较富裕;第三类是男女结伴而行的,这类是文化品位较高、思想西化,追求浪漫的亲密男女。圈定针对的目标人群是年收入在 20 万元以上的中产阶层;平均每年的旅游花费在 4 万元以上;区域分布在上海、北京、广州、深圳等沿海发达城市;职业特征为私营企业主,政府机关干部,银行、金融、IT、新闻、广告等行业的管理高层;他(她)们的兴趣爱好是打高尔夫、做 SPA,常去高档西餐厅、酒吧,一般是高尔夫球会、美容院、房地产、名车等俱乐部会员;他(她)们在做消费决策时会偏理性,希望自己的消费符合角色定位,但只要能切中要害,他(她)们又会比谁都感性。

　　为此,该旅行社开发出三种地中海旅游产品。第一种是针对男性(单行)的男性团,产品名称是"征服·亚历山大的遗憾"地中海 GOLF 商旅冲动。产品里突出强调高尔夫,因为亚历山大大帝征服了古希腊、古埃及、地中海,但他绝没有征服过地中海的高尔夫球场,所以说是"亚历山大的遗憾",另外,产品名称也不是普通的××几天团,而是以"GOLF 商旅冲动"为后缀,突显了另类的时尚新鲜感。第二种是针对女性(单行)的女性团,产品名称是"洗礼·维纳斯的羡慕"地中海 SPA 心旅冲动。产品突出 SPA 概念,让女性去联想,去体验古罗马柱下的地中海 SPA,接受神圣的洗礼;如果维纳斯在的话,她也会羡慕不已,后缀是"SPA 心旅冲动",也是直击人心,撩人心动的。第三种是针对男女结伴而行的两性团,产品名称是"爱神的寂寞"地中海 LOVE 情旅冲动。有情人完全沉浸在爱琴海的浪漫里,连爱神也只能知趣地走开,独自承受寂寞;后缀是"LOVE 情旅冲动",也是彰显"情与爱"的主题。

　　为了确定产品名称,该旅行社召集相关人士开了创意会。希腊是众神的国度;埃及是四大文明古国之一,充满了神秘;塞浦路斯是维纳斯诞生的地方,也是欧洲人的度假天堂,是极尽浪漫、狂野逍遥的地方,也很有卖点。如果一提到地中海,会想到什么?可能会想到一些欧洲国家,如英国、法国、意大利等,可能会想到关于海的神话,可能还会想到……但这样一个地中海游轮产品,究竟用什么样的产品名称更吸引人,而且又贴切到位呢?这个名称要有时尚的感觉,因为这是高端人群享受的旅游产品,要高档有品位,一看就有大品牌的感觉。相关人士提出的产品主题很多,如"文明盛宴地中海""活色生香地中海""我在地中海等你"等,最后还是选定了"地中海的味道"主题。产品名称都体现出"地中海的味道"。

思考题：1. 案例中该旅行社细分市场的标准是什么？
2. 该旅行社的目标市场选择策略是什么？

三、旅行社的市场定位

旅行社市场定位是旅行社经营中一项重要的战略性工作。目标市场选定后就需要确定相应的市场定位策略。

（一）旅行社市场定位的概念

市场定位是20世纪70年代美国学者阿尔·赖斯提出的一个重要的营销学概念，又叫产品定位，就是确定企业在目标市场上的位置。具体地说，市场定位就是在目标市场上提供具有一定特色的产品或服务，建立起在目标市场即顾客心目中的产品形象或市场形象，以区别于竞争者。

旅行社市场定位是指旅行社所确定的经营因素与竞争者的经营因素相比较的差异，以及由此而形成的目标市场消费群体对本旅行社价值的评价和认识。通俗而简要地讲，旅行社市场定位就是"树差异，入人心"，即旅行社市场定位要与主要竞争对手形成差异，并要努力让本旅行社的目标市场消费群体认识到差异，使本旅行社在其心目中留下鲜明的印象，使旅游者在产生旅游动机或者进行旅游决策时把本旅行社列为重要选择之一。旅行社市场定位的主要目的，是通过建立一定的产品形象或市场形象，与目标市场上的竞争者加以区别，创造更多的市场机会，占有更多的市场份额。

一般来讲，旅行社的市场定位可以从以下几个方面进行：①根据旅游者的需求特点来进行市场定位，特别是未满足的旅游需求，未满足的旅游需求也有层次性；②根据旅游产品的性质、特点（质量、等级等）及功能来进行市场定位；③根据竞争对手旅游产品的生产流程要素来进行市场定位；④根据产品为旅游者带来的利益、价值来进行市场定位。

（二）旅行社市场定位的作用

市场定位是旅行社在竞争中制胜的法宝，在市场营销活动中占据重要位置。

1. 旅行社市场定位突出了旅行社的特色

旅行社市场定位强调了差异性，突出了旅行社的特色，树立了旅行社的产品的形象，有助于吸引顾客，扩大销售，是旅行社参与现代市场竞争的有力武器。在现代社会中，许多国家和地区都在积极发展旅游业，力争吸引更多旅游者来本地旅游，旅游市场竞争异常激烈。为了使自己经营的产品获得稳定销路，防止被其他企业的产品替代，旅行社必须从各方面树立产品一定的市场形象，以确保数量更多、范围更广的顾客。

2. 旅行社市场定位是企业决策者制定市场营销组合策略的基础

旅行社的市场营销组合要受到旅行社市场定位的制约。例如，假设某旅行社决定推出优质低价的产品，那么这样的定位就决定了产品的服务质量要高、价格要低，广告宣传的内容要突出强调"实惠的价格、上乘的服务"特点，让目标顾客相信低价也能得到高档享受。另外，旅行社还要设法降低营销和服务成本，以保证低价出售产品仍能获利。也就是说，旅行社的市场营销组合都要围绕市场定位确定。

（三）旅行社市场定位的步骤

旅行社市场定位，实质上是将本旅行社置于某一选定的细分市场之中。因此，旅行社在进行市场定位时，必须研究旅行社的竞争潜力、竞争对手的市场位置以及所表现出来的特征，同时确定自己的市场地位并有效地向目标市场表明本旅行社的市场定位。旅行社在进行市场定位时，主要应遵循以下三个步骤。

1. 收集有关信息

旅行社的市场定位是建立在对相关信息和资料分析研究的基础之上的，因此，信息收集是旅行社进行市场定位的重要环节。这些信息应该能够回答以下问题：①目标市场旅游者群体的需求特点，以及主要的或敏感的需求特性是什么？旅游产品的哪些特性对目标市场最为重要？哪些产品特色最能引起旅游者的兴趣？②在目标市场经营的其他旅行社的产品情况如何？其特点何在？③目标市场上的哪些需求没有得到充分满足？④与竞争对手相比，本旅行社产品的优势与劣势有哪些？

2. 分析并确定竞争对手的市场位置

旅行社在全面掌握了主要竞争对手的各种有关信息后，要运用市场细分的因素对竞争对手的产品加以描述，从而正确地确定竞争对手在特定目标市场上的位置。一般来说，在确定竞争对手的市场位置时，要综合考虑各种细分因素及细分标准，全面评估竞争对手的市场定位。

3. 确定本旅行社的市场位置

旅行社在确定了竞争对手的市场位置后，可以进一步按这些细分因素与细分标准全面分析目标市场中哪些需求还没有得到充分满足，目前哪些产品要素在市场上还存在空白点，然后再确定本旅行社的市场位置。

旅行社是通过市场定位来与竞争对手相区别，并形成旅行社市场形象的，因此，市场定位所选择的定位要素，必须充分符合目标市场群体的利益与需求特点，必须是目标市场旅游者群体十分重视和关注的要素。只有这样，市场定位才能取得较好的效果。

（四）旅行社市场定位策略

旅行社市场定位策略是一种竞争策略，目的是在目标市场谋求产品竞争的优势。旅行社在确定市场定位时，通常有以下三种策略可供选择。

1. 对抗性市场定位（迎头定位策略）

对抗性市场定位就是靠近竞争对手的定位。旅行社采取这种策略的主要目的是争夺竞争对手的旅游需求者，以便扩大本旅行社的市场占有率。一般来说，旅行社采取这种市场定位策略的条件是，本旅行社的实力超出竞争对手的实力，经过努力能达到占有竞争对手目标市场的目的；或者是竞争对手所处的市场位置具有足够的市场客源及客源增量。旅行社采取这种市场定位策略的好处是，可以降低进入目标市场的成本，减少与市场开发相关的各项费用支出；其不足之处是，旅行社难以成为市场领导型的企业。该定位策略一般适用于实力雄厚的大型旅行社或在某方面有所专长的旅行社。

2. 补缺性市场定位（避强定位策略）

补缺性市场定位是旅行社通过选择市场"空白点"的方法进行的。旅行社通过增加产品特色，使自己区别于竞争对手，避开市场竞争形成的经营压力，吸引目标市场的注意力，来达到占有目标市场的目的。旅行社采取这种市场定位策略需具备的条件是，目标市场上确有相当数量的旅游需求没有得到充分满足，也就是说，目标市场具有可充分利用的市场

"空白点",并且旅行社具有一定的产品优势以及应付潜在竞争对手进入目标市场的措施。旅行社采取这种市场定位策略的不足之处是,旅行社进入目标市场的成本增加,一旦定位不当,将会给其经营带来风险;同时,这种策略一旦市场定位成功,旅行社便可以成为市场领导型的企业。该定位策略适用于对市场变化反应灵敏、富有创新精神、开发能力强的旅行社。

3. 侧翼市场定位(跟随定位策略)

侧翼市场定位策略是介于靠近与避开竞争对手的市场定位之间的一种市场定位策略。旅行社采取这种市场定位策略的关键,在于如何正确选择能充分引起目标市场注意,且能与竞争对手形成明显差异的定位要素。此定位策略适应性广,特别适合于中小型旅行社。

案例6-4

一些旅行社由于管理不当等,使得许多游客在旅程中被迫进店消费,同时游览景区(景点)的时间减少。上海春秋国旅借鉴国外的做法,于2002年年初在海南线上率先推出了"No Shopping游",也就是"纯玩团"。原先硬性规定在购物点上的时间全部返还于游客,使游客能在景点得到更宽裕的游玩时间。如游客在沙滩上可以待上三四个小时,晒太阳,看大海,充分放松被都市繁忙的工作压抑许久的神经,而这在有购物安排的团中是不可能做到的。为弥补导游和司机收入减少的损失,旅行社给导游每人每天300元的带团补贴,付给用车单位和司机的费用也是平时的2~3倍。尽管"纯玩团"的旅游报价比同类团高出200元,但仍然吸引了大量游客。2016年1至3月份该社已组"海南纯玩团"80个,出游2863人次,而且游客的满意度要明显高于其他团,很多游客玩下来都表示"'纯玩团'感觉真好""希望在其他线上也开'纯玩团'"。

思考题:1. 上海春秋国旅"纯玩团"的市场定位是什么?
2. "纯玩团"能不能完全取代低价团?

第二节 旅行社产品的价格策略

旅行社产品的价格是指旅游者为满足自身旅游活动的需要而购买的旅游产品的价值形式,它是由生产同类旅游产品的社会必要劳动时间决定的。旅行社产品的价格具有三个特点。一是相关性强。旅行社的产品由不同服务供应商提供,然后再由旅行社加工组合而成,因此,旅行社制定合理的产品价格,不仅是实现旅行社自身价值的方法,也是其他相关企业实现经营目标的途径。二是不易控制。旅行社产品具有较强的综合性,旅游业中其他部门和其他相关行业产品价格的调整都会直接或间接作用于旅行社产品价格,因此,旅行社产品的价格决策是在一定范围内的决策,受到较多的约束。三是时间波动性大。一方面,旅行社的产品具有不可储存性,如果不能在特定时间内销售出去,就无法实现其价值,例如预订了房间,客人达不到预订数,就要承受退房的损失,因此旅行社在需求较少的情况下会降价刺激需求;另一方面,旅游需求的季节性明显,从而造成价格的季节性波动。

一、旅行社产品的价格分类

(一) 旅行社产品的价格按旅游者对旅游产品的需求程度划分

1. 基本旅游价格

基本旅游价格是旅游者在活动过程中必不可少的旅游需求部分的价格,主要包括住宿价格、餐饮价格、交通价格、游览价格等,是旅游者必须进行消费支出的价格。

2. 非基本旅游价格

非基本旅游价格是指旅游者在活动过程中可发生也可不发生的旅游需求部分的价格,如向旅游者提供的日用品价格、医疗美容价格、旅游纪念品价格等,旅游者支付与否、支付多少,都不会影响旅游活动的顺利进行。

划分基本旅游价格和非基本旅游价格,对旅行社具有实际的操作意义,可以帮助旅行社在组合线路产品、编排具体游览行程时,明确哪些项目应当包括在内,并计算其价格;哪些项目可以由旅游者自由决定,不必计算其价格,也不纳入旅游产品的价格构成当中。

(二) 旅行社产品的价格按旅游产品包含的内容划分

旅行社组织游客旅游期间,安排的各类活动项目都是有价格的。对于散客或单项委托服务的游客来说,提供哪种服务,都涉及哪种服务的标准;对于包价旅游的游客来说,服务的内容包括哪些项目,价格也就包括哪些项目。按照档次不同,各类活动项目又分为豪华等、标准等与经济等,各档次根据提供服务的消费水平而收取不同标准的费用。现在比较常见的一般旅游价格分为下面几种。

1. 团体包价

团体包价即团体包价旅游产品的价格,团体包价旅游产品价格构成为客房、一日三餐和饮料、固定的市内游览用车、翻译导游服务、交通集散地接送服务、每人 20 kg 的行李服务、游览场所门票和文娱活动入场券、全陪服务等成本,加上组团社和地接社的利润、管理费用、营销费用等。

2. 散客包价

散客包价是指对 10 人以下的旅游团体,采取一次性预付旅费的方式将各种相关旅游服务全部委托一家旅行社办理,其价格包含的项目与团体包价相同。

3. 半包价

半包价即半包价旅游产品的价格,是与全包价相比较而存在的一种产品价格形态。它是指在全包价的基础上,扣除中、晚餐费用的一种包价形式,既能满足旅游者在用餐方面的不同要求,又能降低产品的价格,提高产品的竞争能力,同时也可更好地满足游客在用餐方面的要求。

4. 小包价

小包价即小包价旅游产品的价格,它的价格主要由非选择部分项目(房费、早餐、接送服务、城市间交通费及手续费等)的成本加上组团社和地接社的利润、管理费用、营销费用等构成。小包价旅游因经济实惠、手续简便等而逐步得以普及。

5. 零包价

零包价即零包价旅游产品的价格，是一种独特的价格形态，它的价格主要由往返交通费的成本加上组团社和地接社的利润、管理费用、营销费用等构成。

目前，国际市场上流行的零包价购买方式经常是临时组合、现场包装，即客人不购买旅行商货架上的产品，而向旅行代理人提出关于目的地和旅行线路的具体要求，代理人据此临时组合成产品，将各单项服务相加，算出价格，当场出售。中国的零包价基本是按包价旅游产品的流程运作，先设计产品、明确价格，然后售出。

6. 单项服务价格

单项服务分两种，一种是旅行社提供导游服务、交通集散地接送服务、行李接送服务等，另一种是代办交通票据和文娱票据、代订客房、代客联系参观游览项目、代办签证、代办旅游保险等。前者由旅行社根据实际情况按项目内容确定价格；后者是收取代办手续费。

（三）旅行社产品的价格按营销角度划分

旅行社产品的价格按营销角度划分，存在产品差价。旅行社产品差价是指同种旅游产品，由于在时间、地点、质量、销售环节等方面的差异而引起的价格差额。同其他商品差价一样，旅行社产品差价是产品价值的实现形式，是价值规律作用于价格的具体表现。旅行社产品差价主要有批零差价、地区差价、季节差价和质量差价四种形式。

1. 旅行社产品批零差价

旅行社产品批零差价，是指同种旅游产品批发价格与零售价格之间的差额。任何产品在销售时，每经过一个中间环节都要耗费一定量的劳动，旅行社产品也不例外。旅行社产品批零差价一般发生在旅游批发商和旅游零售商之间。在旅游经济活动中，批发商主要负责推出旅游产品，即设计和编排旅游线路；而零售商则从批发商手中购进旅游产品，再将旅游产品销售给旅游者。在这个过程当中，零售商需要耗费一定的劳动，支出一定的费用，获得一定的利润，缴纳一定的税金，这些都必须计算到旅游产品的零售价中，由此形成了批发价与零售价之间的差额。

2. 旅行社产品地区差价

旅行社产品地区差价，是指同种旅游产品在不同地区销售所形成的价格差额。地区差价的形成主要与不同地区的旅游需求有关。经济收入高、休闲时间多、出游意愿强的地区，旅游产品价格可以定得高一些；而经济收入低、出游意愿低的地区，旅游产品价格也相对较低，因而产生了旅游产品的地区差价。

3. 旅行社产品季节差价

旅行社产品季节差价，是指同种旅游产品在不同的季节销售所形成的价格差额。旅游者的旅游活动受季节影响大，是旅行社产品季节差价产生的主要原因，使旅行社产品的销售有了淡季和旺季之分。世界上不同的国家和地区，其气候条件和自然条件并不相似，因而出现旅游淡旺季的时间也不相同。但是，不管旅游淡旺季出现在什么时候，旅游经营者都要善于应用旅游季节差价，有效地调节旅游供求关系，使淡季不"淡"，旺季也不至于太过拥挤，促进旅行社经营活动的正常进行。

4. 旅行社产品质量差价

旅行社产品质量差价，是指同类旅游产品由于质量不同而产生的价格差额。市场上的旅游产品，无论是有形的物质部分，还是无形的劳务部分，由于它们耗费的劳动量不同，满足旅游者需求的程度不同，其质量也不相同，反映在价格上，就是旅行社产品质量差价。质优价高、质低价低、按质论价是实行旅行社产品质量差价必须遵循的原则。只有如此，才能维护旅游者的权益，保障旅游生产者和经营者的利益。

二、旅行社产品的定价目标和影响因素

（一）旅行社产品的定价目标

作为一种营销手段，旅行社产品的价格是服务于旅行社的经营目标的。因此，旅行社确定产品价格时首先应当明确定价目标。一般而言，旅行社常见的定价目标有以下六种。

1. 利润最大化

利润最大化是指旅行社在制定产品价格时，力求通过单位产品的高价格或整体产品的薄利多销来获得最大的经营利润。这是最常见的旅行社产品定价目标之一。旅行社之所以以利润最大化作为定价目标，是因为大量的经营利润能够给旅行社带来经营中迫切需要的现金流量，以便进一步扩大经营规模和市场份额。然而，旅行社所追求的最大化利润是指长期利润而非短期利润，是希望通过其产品在旅游市场上的长期销售获得最大的利润总量。因此，在制定具体的某项产品价格时，旅行社并非一味地将价格抬高，而是根据具体情况来制定既能够实现长期利润最大化的定价目标，又能够为市场上所接受的价格。

2. 投资回报最大化

投资回报最大化也是常见的旅行社产品定价目标，其最终目的在于保护投资者的权益。旅行社希望通过经营，在一定的时期内收回所投入的资金，获得预期水平的投资报酬。为了能够实现这个目标，旅行社在为产品定价时往往采用在产品成本的基础上加入预期水平的投资报酬的定价方法。

3. 保持价格稳定

当旅游市场供求关系与旅行社产品价格经常发生波动时，旅行社往往以保持价格稳定为定价目标。为了保证旅游市场的稳定，在当地旅行社行业中具有较高的威信或影响力的大型旅行社往往先制定一个价格，称为领导者价格，其他旅行社则根据这个价格并对照本企业的实际情况制定自己产品的价格，其他旅行社制定的价格一般略低于领导者价格。旅行社行业采用这种定价方法可以在一定时间和范围内使多数旅行社的产品价格稳定在一定的水平上，避免不必要的价格竞争或价格大起大落的风险，保证各家旅行社均能获得比较稳定的利润。

4. 维持企业生存

当旅行社处在因旅游淡季、市场竞争激烈、市场竞争态势不利、宏观经济衰退等而对旅行社产品需求大幅度降低并威胁旅行社生存的困难时刻时，可以将维持企业生存作为产品的定价目标。例如，在旅游淡季，旅行社推出价格低廉的淡季包价旅游产品就是这种定价目标的一种体现。

5. 保持现状

有些旅行社采取保持现状的产品定价目标，主要是为了应付或避免竞争，保持现有的市场份额。采取这种产品定价目标的旅行社一般以对旅游市场有决定影响的竞争对手的同类产品价格为基础，确定自己的产品价格。这类旅行社往往更加重视非价格竞争，强调以产品促销和开拓销售渠道等方式同其他旅行社竞争，而尽量避免与竞争对手展开直接的价格竞争。

6. 扩大产品销售量

这是一种以牺牲眼前利益换取长远利益的定价目标。采取以扩大产品销售量为产品定价目标的旅行社通过扩大产品的销售量来提高旅行社产品在旅游市场上的占有率。旅行社往往以降低产品售价的办法来实现这种定价目标。

（二）影响旅行社产品价格制定的因素

影响旅行社产品价格的因素很多，既有来自旅行社内部的，也有来自旅行社外部的。

1. 内部因素

旅行社在制定产品价格时，首先需要考虑旅行社内部的因素，这些因素包括三类。

（1）固定成本。

固定成本是指在一定范围和一定时间内总额不随经营业务量的增减而变动的产品成本，包括旅行社的房屋租金或房屋折旧、其他固定资产折旧、宣传促销费用、销售费用（电话、传真、往来信函的邮寄费用）、员工工资等。固定成本不能够一次性地分摊到某一件产品里，只能逐步转移到旅行社所销售的全部产品中。固定成本转移到每一个产品中的份额同旅行社产品的销售量是一种反比例关系，产品的销售量越大，分摊到每个产品中的固定成本份额就越小。

（2）变动成本。

变动成本是随着旅行社产品销售量的变化而总额发生正比例变化的成本，一般包括交通费用、餐饮费用、住宿费用、导游费用、门票费用等。变动成本在旅行社产品构成中所占的比重很大，是产品价格的主要决定因素。

（3）利润。

产品的利润是指旅行社通过销售其产品所获得的收入和旅行社为生产和销售这些产品所付出的各项成本费用相抵后的余额，是旅行社经营的财务成果。

2. 外部因素

除了内部因素以外，还有一些存在于产品之外的因素影响旅行社产品的价格，这些因素对旅行社产品价格的制定有相当重要的影响，称为外部因素，主要包括以下六类。

（1）供求关系。

旅游市场的供求关系是旅行社在制定产品价格时必须考虑的重要因素。当旅游市场上对于旅行社的某种产品的需求量呈增加的趋势时，旅行社可以适当地提高该产品的销售价格；当旅游市场上对某种产品的需求量下降时，旅行社往往会降低产品销售价格。

（2）市场竞争状况。

旅行社产品市场的竞争状况对旅行社产品价格的制定具有一定的影响。当市场竞争激烈时，产品的价格很难有较大的提高；而在市场竞争缓和时，产品价格的上涨空间就较大。

(3) 汇率。

汇率主要影响入境旅游产品和出境旅游产品价格的制定。旅行社在制定这些产品的价格时，除了需要考虑上述各种影响价格制定的因素外，还应考虑货币的汇率。汇率是一个国家的货币用另一个国家的货币所表示的价格。两种货币之间的比价发生变化，会对旅行社产品价格的制定产生一定的影响。

案例 6-5

2014 年以来，在欧洲央行为对抗通货紧缩及经济继续下行风险，宣布实施全面量化宽松计划的影响下，欧元兑人民币持续走低。WIND 数据显示，欧元兑人民币自 2014 年 5 月 7 日创下阶段高点 1∶8.69 之后，几乎呈现单边下跌行情，至 2015 年 2 月 27 日跌至 1∶7.02，跌幅高达 18.96%，其间曾于 2015 年 1 月 26 日破 "7" 至低点 1∶6.97，创 13 年来新低。

国内最大旅游集团携程表示，2015 年中国游客春节前往欧洲旅游的人数明显上涨，携程欧洲跟团游人数同比上涨 50%，而自由行人数翻倍。

光大旅行社欧美事业部的朱梦烨预计 2016 年欧洲的购物游会比往年火爆，原因是欧元对人民币贬值，令机票、酒店、地接服务等旅游成本相对降低。往年，欧洲游的价格动辄上万元，现在则下降了一两成。换句话说，在 2014 年 5 月兑换 1 万欧元，大约需要 8.69 万元人民币，目前则只需要 7.02 万元人民币，几乎打了八折。同样多的欧元只需要更少的人民币兑换，意味着去欧洲游玩的成本降低，去欧洲购物的购买力提高。（本案例写于 2015.7.15）

思考题：人民币升值或贬值对出入境旅游有什么影响？

(4) 季节。

旅行社在制定产品价格时，必须将产品销售的季节因素考虑进去。一般情况下，旅行社在旅游旺季时会保持其产品售价不变或将产品售价上调；在旅游淡季时则往往将产品售价适当降低，以吸引更多的旅游者。

(5) 替代产品价格。

替代产品价格也是影响旅行社产品价格制定的重要因素。当替代产品多，且其价格低于本产品时，不利于本产品在旅游市场上的销售。反过来，如果替代产品少，或其产品价格高于本产品，则本产品的销售量往往会增加。因此，旅行社在制定产品价格时，应注意替代产品及其价格，并采取适当的措施，保证本产品的销售和旅行社的收入。

(6) 相关政策。

价格政策是宏观经济政策的重要组成部分，宏观经济政策指导价格政策，并对旅游价格产生不同程度的影响。各个国家和地区在不同的经济发展时期实行的旅游价格策略是不同的，这主要取决于一定时期内国民经济发展的总目标及其对旅游业的态度。例如，20 世纪 50 年代至 70 年代，我国长期将旅游业作为一项事业来看待。在制定价格政策时，不考虑成本和经济效益，一味实行以政治为目的的低价策略，严重违背了价值规律，束缚了旅游业的发展。改革开放以后，国家把旅游业纳入国民经济和社会发展计划之中，明确了旅游业的产业性质和产业地位,在制定旅游价格策略时也开始遵循价值规律,基本做到了按质论价。例如,允许旅行社产品价格自行定价,实行市场价格,从而加快了旅行社的竞争和发展。但是,鉴于近年来我国旅行社产品雷同,许多旅行社盲目削价竞争,出现了损害游客利益的"零团费""负团费"等恶性事件,国务院于2009年公布了《旅行社条例》,其中,第二十七条规定:"旅行社不得以低于旅游成本的报价招徕旅游者。"国家有关部门又对部分旅行社产品价格实行了最低市场参考价,规定了价格浮动的幅度,维护了游客的利益和旅行社行业的整体利益。

案例 6-6

15名北京游客"十一"期间参加了某旅行社组织的"泰国曼谷芭堤亚"旅游线路,每人交纳了3980元团费。在泰国的第三天行程中,导游突然宣布:后三天的行程将增加自费旅游景点,安排"A、B套餐",A套餐每人1800元、B套餐每人1500元。游客马上质疑:旅行社在北京的出团行程中已经安排了后三天的参观活动,缘何还要增加自费项目并捆绑销售?最后经交涉,导游同意将B套餐中减去两项,每人交1280元。由于旅行社只安排一辆车,15名游客只好被迫统一参加B套餐的行程,有些游客回国时所带的钱已所剩无几。

思考题:如何看待出境游中的"境外加价",如何看待"零团费"?

三、旅行社产品的定价方法

旅行社确定产品定价目标后,还应考虑恰当的定价方法。旅行社产品的定价方法主要有三种:成本导向定价法、需求导向定价法和竞争导向定价法。这三种定价方法根据不同情况来实施,但很少有旅行社仅采用一种定价方法,通常旅行社会综合考虑各种情况,采用某几种定价方法,但其中可能会有所侧重。

(一)成本导向定价法

成本导向定价法是最简单的定价方法,即在产品单位成本的基础上,加上预期利润作为产品的销售价格。成本导向定价法根据产品的成本决定销售价格,其主要优点在于:涵盖所有成本,依据事先确定的利润制定,易于理解和使用。其缺点在于:产品的销售价格是基于提前预估的成本制定,如果实际生产发生改变则会直接导致成本改变,制定出的价格就不准确;另外,如果企业成本高于竞争者,使用此方法就会造成企业竞争力不足;它对于某些企业目标,如市场渗透、对抗竞争等行为帮助有限,可能会使定价策略丧失灵活性。成本导向定价法具体有三种方法。

1. 成本加成定价法

这是一种常见的定价方法。成本加成定价法是指旅行社在单位产品成本的基础上加上一定比例的利润作为产品价格的定价方法。该方法下单位产品价格的计算公式为:

$$单位产品价格 = 单位产品成本 \times (1 + 利润率)$$

例如,某旅行社新开发的一条旅游线路,其预估成本和销售额分别为:总固定成本100 000元,单位变动成本500元/人,预计组团总人数200人,旅行社利润率为10%,则该旅行社这条旅游线路的销售价格为多少?

$$旅游线路的单位成本 = 单位固定成本 + 单位变动成本$$
$$= 总固定成本/销售量 + 单位变动成本$$
$$= 100\,000/200 + 500$$
$$= 1\,000（元）$$
$$旅游线路的销售价格 = 单位产品成本 \times (1 + 利润率)$$
$$= 1\,000 \times (1 + 10\%)$$
$$= 1\,100（元）$$

成本加成定价法的主要优点是计算简便，而且在市场环境基本稳定的情况下，能够保证旅行社通过销售产品获得一定比例的利润。然而，这种方法是以成本为中心的定价方法，它只是从保证旅行社本身的利益角度制定产品价格，忽视了市场需求多变的现实。所以，利用这种方法制定出来的产品价格有时不能够被广大的旅游消费者接受，甚至会因此而造成旅行社产品在市场上缺乏竞争力。

2. 目标利润定价法

目标利润定价法又称投资回收定价法，是指旅行社为在一定时期内收回投入企业的资金而采用的一种定价方法。该方法下单位产品价格的计算公式为：

$$单位产品价格 = （总成本 + 目标利润总额）/预期销售总额$$

目标利润定价法的优点是旅行社可以通过这种定价方法保证实现既定的目标利润和目标收益率，在预定的回收期内收回投资，从而保护了投资者的利益。然而，这种方法同成本加成定价法一样，也是一种从保护旅行社的利益角度制定产品价格的方法，没有充分地考虑到市场需求和竞争的实际情况。此外，这种方法是以预测的产品销售量为基础计算产品价格，而旅行社的产品是需求弹性大的产品，其销售量往往取决于产品的价格。因此，用这种方法计算出来的产品价格难以确保预测的销售量得以实现。

3. 边际贡献定价法

边际贡献定价法又称变动成本定价法，是指旅行社所制定的产品价格应包括变动成本（直接成本）及对固定成本的边际贡献的定价方法。这种方法主要适用于同类旅行社产品供过于求、市场上卖方竞争激烈、客源不足的时期。旅行社为了保住市场份额，维持企业的生存，必须采用这种暂时不计固定成本，以较低价格吸引客源的方法，以图在今后逐步扭转局面。该方法下单位产品价格的计算公式为：

$$单位产品价格 = 单位产品变动成本 + 边际贡献$$
$$单位产品价格 \geq 单位产品变动成本$$

边际贡献定价法的优点是使旅行社在市场条件不利的情况下仍能保住市场份额，并随时可根据市场需求和季节的变化对价格进行调整，具有较大的灵活性。边际贡献定价法的缺点是使旅行社蒙受一定的利润损失，只适合在短期内使用。另外，由于产品的变动成本经常因旅游服务供应市场变化而发生变动，旅行社要不断地重新计算和调整产品的价格。

（二）需求导向定价法

需求导向定价法是指旅行社根据市场需求强度和消费者对产品价值的理解来制定产品销售价格。这种定价方法主要是考虑顾客可以接受的价格以及在这一价格水平上的需求数量，而不是产品的成本。按照这种方法，同一产品只要需求不一样，就制定不同的价格。需求导向定价法的优点在于能依据市场情况灵活制定价格，便于被旅游消费者接受；缺点是了解消费者对产品价值的感知要比估计产品的生产成本更为困难和抽象，此外，当消费者对产品的感知价值低于产品的单位成本时，企业不得不以低于成本的价格销售产品。需求导向定价法具体有两种方法。

1. 理解价值定价法

理解价值定价法也称觉察价值定价法，以旅游者对旅行社产品价值的感受及理解程度作为定价的基本依据；把买方的价值判断与卖方的成本费用相比较，定价时更应侧重考虑前者。旅游者购买产品时总会在同类产品之间进行比较，选购既能满足其消费需要，又符合其支付标准的产品。旅游者对商品价值的理解不同，会形成不同的价格限度，这个限度就是消费者宁愿付款而不愿失去这次购买机会的价格；如果价格刚好定在这一限度内，消费者就会顺利购买。如采用这种定价方法，旅行社应进行正确的市场定位，突出产品特征，使旅游者愿意支付较高的价格购买本企业产品。

2. 需求差异定价法

需求差异定价法又称歧视性定价法，是指旅行社针对旅游者对旅游产品购买力的不同，按照两种或两种以上不反映成本费用的比例差异价格销售某种产品。需求差异定价法以不同时间、地点，不同消费者的消费需求强度等差异为定价的基本依据，针对每种差异决定其在基础价格上是加价还是减价。需求差异定价法主要有以下几种形式。

（1）因地点而异，如同一款旅游产品面对发达地区和不发达地区采用不同的销售价格。

（2）因时间而异，如季节不同，实行淡旺季差价；因特殊时间，如 2008 年奥运会期间北京游价格上涨。

（3）因旅游者而异，如因职业、阶层、年龄等，旅行社在定价时给予相应的优惠或提高价格，可获得良好的促销效果。

实行差异定价要具备以下条件：市场能够根据需求强度进行细分；细分后的市场在一定时期内相对独立，互不干扰；高价市场中不能有低价竞争者；价格差异适度，不会引起消费者的反感。

（三）竞争导向定价法

竞争导向定价法是以市场上相互竞争的同类产品的价格为依据的产品定价思路，其目标是促使企业在市场上获得一定的优势地位或谋取一定的生存空间。它是以竞争为中心、以竞争对手的定价为依据的定价方法。旅行社通过研究竞争对手的生产条件、服务状况、价格水平等因素，依据自身的竞争实力，参考成本和供求状况来确定商品价格。该定价方法的优点在于考虑到了产品价格在市场上的竞争力；缺点是过分关注价格上的竞争，容易忽略其他营销组合可能造成产品差异化的竞争优势；容易引起竞争者报复，导致恶性降价竞争，使公司毫无利润可言；实际上竞争者的价格变化并不能被精确地估算。竞争导向定价法具体有两种方法。

1. 随行就市定价法

随行就市定价法是指旅行社通过对市场竞争、市场需求及旅游者的反应的不断监测，以随机的方式对产品价格进行相应调整，以期在可能的范围内获得最大利润的定价方法。这种定价方法充分考虑了市场竞争的因素和旅游者的反应，制定出的产品价格容易为旅游者所接受，并能够使旅行社在市场竞争中取得优势地位。

2. 追随大户定价法

追随大户定价法是当指行业实力雄厚的领先旅行社推出新价格时，其他旅行社追随并仿效其产品价格。追随大户定价法是一种被动的定价方法，具有很强的盲目性。

四、旅行社产品的定价策略

（一）新产品的定价策略

新产品在开发之后，旅行社应制定恰当的定价策略，以便及时打开销路，占领市场并取得满意的效益。旅行社在将新产品投放市场时，一般采用撇脂定价策略或渗透定价策略。

1. 撇脂定价策略

撇脂定价策略又称撇油定价策略或高价策略，是旅行社为新产品制定价格时经常采用的一种定价策略，其主要特点是将产品的销售价格定得很高，力图在较短的时间里将开发这种产品的投资全部收回，并获得可观的投资回报。采用撇脂定价策略的旅行社认为，在新产品投入市场初期，竞争对手尚未推出与之竞争的同类产品，开发出新产品的旅行社在旅游市场上暂时处于产品垄断的地位。由于新产品投放市场的数量有限，容易造成一时的供不应求，一部分迫切需要这种产品的旅游者愿意付出较高的价格，所以开发和生产该产品的旅行社应该乘此机会以较高的价格在市场上销售这种产品，以便在短期内获得较大的经济效益；一旦竞争对手向市场推出类似产品，旅行社就可以迅速将产品价格降低，以保护所占有的市场份额。

撇脂定价策略通常在以下情况中使用：①有足够多的旅游者，且他们对旅游需求的价格弹性小；②产品可观的利润导致了一些"模仿者"的产生，但这些竞争者的出现不会带来过度的竞争，不会造成真正的威胁；③高价格会促使高质产品印象形成。

案例 6-7

2010年4月29日，携程旅行网、台湾易游网、香港"最佳旅行社"永安旅游三方强强联手，首次同时推出顶级旅游团"环游世界60天"，报价50万元。这是国内首次真正意义上的环游世界行程，包括大洋洲、南美洲、欧洲、非洲、亚洲、南极洲、北极洲，遍及最具代表性及可看性的13个国家。该行程成功攻克了行程规划、组织、预订、协调过程中的复杂难题，安排16段国际航线商务舱、15段区域航线经济舱和2段邮轮包机，以及游艇、直升机、登山火车等全方位海陆空交通服务，参观的都是各大洲最具代表性的景点，入住的都是全世界顶级的酒店，还提供专业的管家和专家式游览、管理服务。"环游世界60天"顶级行程开卖后9分钟内，确定出行意向的报名人数就已达到20人。

由于报名情况超过预期，为尽量满足客人的需求，主办方增加了机位，名额由计划的20人增加到29人，分为两个团出行。主办方确认和安排航班、地接等资源，正式启动这个"史上最豪华旅游团"行程。

2011年4月，主办方完成此次"环游世界60天"旅游。这次活动成功地为中国高端旅游消费者提供环游世界服务。而且在行程的范围、顶级程度以及三地组团的形式等方面，都开创了中国旅游市场的新纪录。携程旅游网因此扩大了品牌影响，提升了出境旅游服务水平，彰显了新兴的以创新精神和优质服务为本的在线旅游服务商形象。这个旅游团的顺利成行，标志着携程旅游网成功构建了一个全新的旅游服务体系和全球性服务网络，为旅游者提供优秀的旅游服务。

由于此旅游团涉及许多商业机密，旅游路线的细节部分无法查证。因此，其成本与利润无法计算。但其不失为撇脂定价的典型成功案例。

思考题：什么样的新产品可以采用撇脂定价策略？

2. 渗透定价策略

渗透定价策略又称低价策略，是一种通过将新产品低价投放市场，增加产品销售量和开拓市场，并有效排斥竞争者，以长期占领市场的产品定价策略。这种定价策略与撇脂定价策略相反，采用这种定价策略的旅行社尽量把新产品的价格定得低一些，其目的在于使新产品迅速地被消费者接受，打开和扩大市场，优先取得市场上的领先地位。当旅行社产品具备大批量接待能力或旅游市场上对该产品的需求富有弹性时，旅行社往往采取渗透定价策略。另外，实行非垄断性经营的旅行社也经常采取这种定价策略。

案例6-8

2007年9月28日，"十一"黄金周由宁夏发出的首列旅游专列缓缓驶出银川火车站，800多名宁夏游客带着期待，开始了为期10天的香港全程旅游，这也是2007年以来宁夏赴香港的最大旅游团队。

此次专列由宁夏铁发集团铁道旅行社和宁夏中国国际旅行社共同组织。1 980元的低价，吸引了宁夏及周边地区的游客。宁夏中国国际旅行社陈志新总经理介绍，香港回归祖国10年，宁夏赴香港、澳门旅游的线路也逐渐成熟，适中的价格也被更多的游客接受。此次专列以低价运营，目的正是希望让曾经高价的港澳游真正走入寻常百姓。

众所周知，常规的港澳游，价格为1 800~2 000元（含自费），而港澳纯玩团的价格基本上在4 000元左右。而此次推出的1 980元为什么说是低价呢？这就要考虑到当时的社会环境。因为当时正处于"十一"黄金周期间，而在2007年的"十一"黄金周期间，各地区的港澳游纷纷水涨船高，涨幅近千元。宁夏能推出如此低价的专列旅游团实属不易。

由于此次宁夏首次港澳旅游专列的相关细节没有被披露，其营运状况很难去量化和估计，但其对营运商产生的效益与影响是值得肯定的。

对深居西北的宁夏人来说，赴港澳旅游具有很大的吸引力。港澳游对宁夏旅行社来说有着广阔的市场。港澳游对宁夏旅行社来说最关心的就是价格，加之港澳游的竞争者越来越多，所以本次的营运商在推出宁夏首次港澳游专列时，有针对性地运用了市场渗透定价策略。将新产品以较低的价格投放市场，这样就很容易地迅速占领市场，取得较高的市场份额。经营商最终组织了800人的旅游团，就是最好的证明。

思考题：本案例中产品定价成功的原因是什么？

旅行社推出的新产品，是采用撇脂定价策略还是渗透定价策略制定产品价格，具体还应考虑诸多因素，详见表6-2。

表6-2 旅行社新产品定价策略的选择标准

选择标准	渗透定价策略	撇脂定价策略
市场需求	低	高
与竞争产品的差异性	小	大
价格需求弹性	大	小
生产能力扩大的可能性	大	小
旅游者购买力水平	低	高
仿制难易程度	易	难
市场潜力	大	不大
投资回收方式	逐渐	迅速

（二）心理定价策略

心理定价策略是旅行社利用旅游者对价格的心理反应，刺激旅游者购买产品的产品定价策略。旅行社在制定产品价格时，利用旅游者心理有意识地将产品价格定高或定低，以满足旅游者生理的和心理的、物质的和精神的多方面需求，通过旅游者对旅行社产品的偏爱或忠诚，扩大市场份额，获得最大效益。常见的心理定价策略有以下几种。

1. 吉祥尾数定价策略

吉祥尾数定价策略是指旅行社一方面利用旅游者对某些数字的发音联想和偏好制定价格，满足旅游者者的心理需要，并在无形中提升消费者的满意度；另一方面，吉祥尾数定价策略还可以是利用旅游者喜欢带尾数价格的心理而制定的产品定价策略。例如，某乐岛＋沙雕＋碧螺塔2日游价格为298元、某三亚双飞6日游价格为2 980元。旅游者会认为这个价格经过精确计算，购买不会吃亏，从而产生信任感。同时，价格虽离整数仅相差几元或几十元钱，但给人低很多的感觉，符合旅游者求廉的心理愿望。据报道，一位旅游者陪女友到一家旅行社购买出境游产品，定价16 800元，询问销售人员能否便宜些，销售人员说可以降价为16 000元，最后旅游者说："算了吧，图个吉利，还是16 800元。"可见吉祥数字对顾客有很大吸引力。

案例6-9

东莞一家旅行社首次推出"2008奥运会观战团"系列产品，包括观看田径决赛（110米跨栏）、羽毛球单打决赛、3米跳板决赛、女排决赛、艺术体操全能集体决赛及男子足球决赛等，线路价格都在19 999元以上；而观看奥运会闭幕式、男子足球决赛四天三晚的线路价格为88 888元，该线路还包括参观亚洲最大啤酒生产基地、在顺义水上公园观看皮划艇比赛等活动。

该旅行社陈副总经理介绍，北京奥运会闭幕式普通门票价格为2 000元至4 000元，此线路门票是A类票，价格更高；而所住的五星级酒店每晚需1万元左右；来回机票是头等舱；并且全程有专门的商旅车接送；此外还加上男子足球决赛 A 类门票等。

思考题：1. 该旅游线路的价格运用了什么定价策略？

2. 该旅游线路有好的销路吗？为什么？

2. 整数定价策略

整数定价策略与尾数定价策略正好相反，旅行社有意将产品价格定为整数，以显示产品的高质量。有些旅游者对质量较为重视，往往把价格作为衡量产品质量的标准之一，容易产生"一分钱一分货"的感觉，从而有利于销售。整数定价策略适用于价格较高的旅行社产品，如豪华旅游、团体全包价旅游等。整数定价策略容易使购买这类产品的旅游者产生"货真价实"的感觉，有利于提高产品的形象。

3. 声望定价策略

声望定价策略多见于在旅游市场上享有较高声望的旅行社。采取声望定价策略的旅行社利用其声望，一般将其产品的价格定得高于多数旅行社。旅游者能够接受这种高价格，而且还会产生一种购买到优质产品的感觉。声望定价策略针对旅游者"便宜无好货、价高质必优"的心理，购买这类产品的旅游者往往不太看重产品价格，而关心产品能否彰显其身份和地位，价格越高，心理满足的程度也就越高。

（三）折扣定价策略

折扣定价策略是指旅行社在公布的价格基础上，给予产品购买者一定比例折扣或优惠的价格。折扣定价策略主要有以下几种形式。

1. 数量折扣策略

数量折扣策略是根据旅游者购买旅游产品的数量而实行的优惠，具体又可分为累计数量折扣策略和非累计数量折扣策略两种。累计数量折扣策略是指同一旅游者在规定时间内购买的产品超过确定的基数后，旅行社给予一定的折扣优惠。非累计数量折扣策略是旅游者一次性购买量达到规定的要求后即刻给予的价格折扣。数量折扣策略的目的在于建立和巩固旅行社与客户之间长期的买卖与合作关系，鼓励和刺激旅游者扩大购买量，增加企业利润。

2. 同业折扣

同业折扣是指旅行社对同行消费者给予一定的价格折扣。如旅行社对饭店、航空公司、旅游景区的折扣等。折扣的程度或比例既可自行规定，也可互相商定，目的都是互利互惠、促进合作，保证相关企业之间业务活动的顺利进行。

3. 老客户折扣

老客户折扣是指旅行社对经常有业务联系的单位及老客户给予一定的价格折扣。对老客户实行折扣，是旅行社稳定客源、扩大销售量的重要手段。

4. 季节折扣策略

季节折扣策略（季节差价策略）是指旅行社为刺激淡季市场销售，以淡季为由给予买方一定百分比的价格减让的一种市场营销方案。季节折扣策略只在某个季节内有效。

5. 现金折扣策略

现金折扣是对在规定的时间内提前付款或用现金付款者给予的一种价格折扣，其目的是鼓励顾客尽早付款，加速资金周转，降低销售费用，减少财务风险。采用现金折扣策略一般要考虑三个因素：折扣比例、给予折扣的时间限制、付清全部货款的期限。在西方国家，典型的付款期限折扣表示为"3/20，Net 60"，其含义是在成交后 20 天内付款，买者可以得到 3% 的折扣；超过 20 天、在 60 天内付款不予折扣；超过 60 天付款要加付利息。由于现金折扣的前提是产品的销售方式为赊销或分期付款，因此，为了扩大销售量，分期付款条件下买者支付的货款总额不宜高于现款交易价太多，否则就起不到"折扣"促销的效果。提供现金折扣等于降低价格，所以，旅行社在运用这种手段时要考虑产品是否有足够的需求弹性，保证通过需求量的增加使旅行社获得足够利润。

课堂讨论

一方面，价格竞争永远是市场竞争的一个手段；另一方面，产品质量是旅行社生存与发展的生命线，它决定着一个旅行社的生存与兴衰。旅行社是应该在质量上还是价格上下功夫呢？

本章小结

旅行社市场细分是指旅行社将旅游市场上的旅游者或潜在的旅游者，依据旅游者需求特点、购买行为和消费习惯等方面的差异，将整个旅游市场划分为若干个需求大体相同的旅游者群的过程。旅行社市场细分标准有地理标准、人口统计标准、心理标准和行为标准。旅行社的目标市场就是旅行社准备用其产品与服务来满足的一个或几个特定的旅游者群体。旅行社目标市场的选择策略有三种，即无差异目标市场策略、差异性目标市场策略和密集性目标市场策略。旅行社市场定位策略有对抗性市场定位、补缺性市场定位和侧翼市场定位。旅行社产品的定价目标有利润最大化、投资回报最大化、保持价格稳定、维持企业生存、保持现状和扩大产品销售量。旅行社产品的定价方法主要有成本导向定价法、需求导向定价法和竞争导向定价法三种。旅行社在将新产品投放市场时，一般采用撇脂定价策略或渗透定价策略。

复习思考题

1. 旅行社市场细分的概念是什么？旅行社市场细分的标准有哪些？
2. 旅行社目标市场选择应考虑的因素有哪些？
3. 什么是旅行社市场定位？旅行社市场定位策略有哪几种？
4. 旅行社产品的价格如何进行分类？
5. 旅行社产品的定价目标有哪些？
6. 旅行社产品的定价方法有哪几种？
7. 什么是成本导向定价法？其优缺点是什么？
8. 什么是需求导向定价法？
9. 什么是撇脂定价策略？什么是渗透定价策略？

第七章

旅行社市场推广策略

学习目标

通过本章的学习，了解旅行社产品销售渠道的含义和类型，掌握旅行社产品的销售渠道选择标准和策略，理解中间商的选择依据；了解旅行社促销的含义和类型，掌握促销的具体方法和步骤，理解各种促销方法的实际应用；了解旅行社门市接待的作用、岗位职责和业务流程等。

导入案例

1998—2001年，国内的许多旅行社，特别是长江沿岸的重庆、宜昌、武汉等地的旅行社，联合海外旅行商，在经历了1992年、1996年两次炒作的轰动效应后，推出了"告别三峡游"的海内外旅游产品营销主题。作为一种市场销售主题，这在当时提出，虽然存在着极大的不科学性，但从商业炒作的角度看，确实起到了很好的促销效果，一时间，"告别三峡游"成为不少旅行社的主推产品，市场反应极为强烈，人们在旅行社的宣传攻势下，纷纷加入了"三峡游"的行列，中外游客形成的滚滚人潮源源不断地涌向这一黄金旅游区域。但在大江已经截流的今天看来，当时的做法不可避免地产生了一系列负面效应：一方面，人们对"告别游"产生了歧义，以为大江截流后三峡就没有什么可看的了，甚至到今天，这种观点的影响仍然存在；另一方面，爆发性的轰动效应给长江三峡沿线的接待能力以考验，有限的接待能力导致旅行社产品质量急剧下降，甚至有的旅游团混乱不堪，最终损害了游客的利益和长江三峡的整体形象，长江三峡旅游业出现了大幅度整体下滑，旅游景点门可罗雀，90%的游船停泊港中，旅行社也随之惨淡经营，不少旅行社纷纷反思：难道是我们自己在"告别三峡游"吗？

思考题：旅行社三峡游的产品采取"告别三峡游"的营销方式是否正确？

第一节　旅行社产品销售渠道

旅行社产品销售渠道是指旅行社将产品提供给最终消费者的途径,所以销售渠道又叫销售分配系统或分销渠道。旅行社应当选择最有利的销售渠道并妥善管理这一渠道。旅行社产品销售渠道分为直接销售渠道和间接销售渠道。

任何一个旅行社在具有足够的生产能力时,都希望能尽量扩展销售渠道,一方面,这是因为销售渠道能使旅行社接触到更多的消费者,扩大产品的销售量,增加旅行社的市场份额,实现旅行社的发展壮大,使其具有强大的竞争优势;另一方面,由于旅行社的目标市场与本企业空间距离较远,很多以经营入境旅游业务为主的旅行社,目标市场甚至遍布世界很多地方,旅行社必须借助销售渠道中各中间商的力量,才能接触到目标市场,实现产品的销售。销售渠道作为旅行社产品从生产者到消费者之间转移的通道,克服了时间、地点和所有权等将产品与消费者分离的主要障碍。

一、旅行社产品销售渠道的类型

(一)直接销售渠道

直接销售渠道又称为零环节销售渠道,是指在旅行社和旅游者之间不存在任何中间环节,旅行社将产品直接销售给旅游者的一种销售渠道(见图7-1)。直接销售渠道一般分为两种形式:一是旅行社直接在当地旅游市场上销售其产品;二是旅行社在主要客源地区建立分支机构,通过分支机构向当地旅游需求者销售该旅行社的产品。因此,旅行社的直接销售渠道策略包括了旅行社门市部的设立、销售人员的选择和销售工作的基本规范。

图7-1　旅行社产品直接销售渠道

直接销售渠道是一种产销结合的产品销售方式,其优点有五点:①简便。旅行社直接向旅游者销售其产品,手续简便,易于操作。②灵活。旅行社在销售过程中可以随时根据旅游者的要求对产品进行适当的修改和补充。③及时。旅行社通过直接向旅游者销售产品,可以及时将旅行社开发的最新产品尽快送到旅游者面前,有利于旅行社抢先于其竞争对手占领该产品的市场。④附加值高。旅行社在销售某项产品时可以随机向旅游者推荐旅行社的其他产品(如回程机票、品尝地方风味等),增加产品的附加值。⑤销售成本低。直接销售渠道避开了旅行社和旅游者之间的中间环节,节省了旅游中间商的手续费等销售费用。

直接销售渠道的主要不足之处是覆盖面比较窄和影响力相对差。旅行社受其财力、人力等因素的限制,难以在所有客源地区设立分支机构或销售点,从而在招徕客源方面有不利影响。

(二) 间接销售渠道

间接销售渠道是指旅行社通过旅游客源地旅行社等中间环节将旅行社产品销售给旅游者的途径。按照销售渠道所包含的中间环节数量，间接销售渠道又划分为单环节销售渠道、双环节销售渠道和多环节销售渠道。

1. 单环节销售渠道

单环节销售渠道是指在生产旅游产品的旅行社和购买产品的旅游消费者之间存在一个中间环节的一种销售渠道（见图7－2）。如在入境旅游业务的销售链中，产品的生产者是国内的旅行社，但产品的销售者往往是境外的旅游零售商等，他们是连接国内旅行社和国外旅游消费者的中间环节。

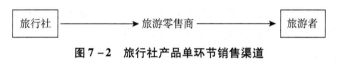

图7－2　旅行社产品单环节销售渠道

2. 双环节销售渠道

双环节销售渠道是指在生产旅游产品的旅行社和购买产品的旅游消费者之间存在两个中间环节的一种销售渠道（见图7－3）。如在入境旅游业务的销售链中，产品的生产者是国内的旅行社，但产品的批发商是境外的旅游批发商或旅游经营商等，他们再把产品出售给客源地的各个旅游零售商，由旅游零售商最终把产品销售给旅游者。

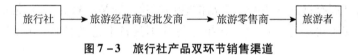

图7－3　旅行社产品双环节销售渠道

3. 多环节销售渠道

多环节销售渠道是包括三个或更多个中间环节的一种销售渠道（见图7－4），主要用于销售量大、差异性小的某些入境旅游产品。

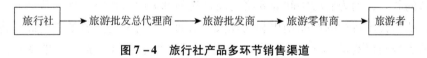

图7－4　旅行社产品多环节销售渠道

间接销售渠道具有许多明显的优点。①影响面广。旅游中间商往往在客源地拥有销售网络或同当地的其他旅游机构保持着广泛的联系，能够对广大的潜在旅游者施加影响。②针对性强。旅游中间商对所在地区旅游者的特点及其需求比较了解，能够有针对性地推销适合旅游者的产品。③销售量大。旅游中间商是以营利为目的、专门经营旅游业务的企业，具有较强的招徕能力，能够成批地购买和销售旅行社的产品。

间接销售渠道的主要缺点是销售成本高。间接销售渠道中存在着一个或多个中间环节，导致旅行社产品的最终价格提高，容易对旅行社产品的销售量造成某些消极影响。

二、旅行社产品销售渠道的选择标准

旅行社在产品销售过程中，选择销售渠道需要从以下四个方面入手。

(一) 与客源市场的距离

与客源市场的距离是指旅行社所在地与目标市场所在地之间的距离。当目标市场距离旅行社较近或者与旅行社同在一个城市或地区时，旅行社应选择直接销售渠道，以达到节省销售费用、准确把握旅游者的需求变化和及时改进产品质量的目的。当目标市场较远时，旅行社应选择间接销售渠道。这是因为：①不熟悉市场。由于生产产品的旅行社远离目标市场，很难十分了解那里的潜在旅游者，而当地的旅行社则因长期与该地区的旅游者打交道，比较熟悉所在地情况，能够根据当地旅游市场的特点进行有的放矢的宣传促销，吸引更多的潜在旅游者购买旅行社的产品。②节省销售费用。旅行社如果派遣销售人员到远离其所在地的旅游客源地直接销售其产品，需要花费包括长途交通费、食宿费、销售人员工资或销售佣金等大量的销售经费，而利用目标市场所在地旅行社作为中间商进行销售，则只需付出一定比例的销售佣金，而销售佣金一般低于直接销售产生的费用。

(二) 客源集中程度

旅行社应该在客源集中的旅游市场上选择直接销售渠道，以获得降低销售成本和直接招徕更多旅游者的效果。对于那些范围广、潜在旅游者非常分散的客源市场，旅行社则应选择间接销售渠道，以广泛招徕旅游者。

(三) 旅行社自身条件

旅行社的自身条件包括旅行社的声誉、资金、管理经验和对销售渠道的控制能力等重要因素。如果旅行社拥有良好的声誉、丰富的管理经验、充裕的资金和较强的销售渠道控制能力，应该选择直接销售渠道；反之，如果旅行社不具备上述的条件，则应该选择间接销售渠道。

(四) 经济效益

旅行社还应该根据不同销售渠道给旅行社带来的经济效益来决定选择哪种销售渠道。一般来说，旅行社通过旅游中间商销售其产品所获得的销售收入要低于由旅行社直接进行产品销售所获得的收入，因为旅游中间商要将产品销售的部分收入留下，作为帮助旅行社销售产品的报酬，从而使旅行社的产品销售利润降低。然而，旅行社通过旅游中间商进行产品销售可以为其节省数目可观的销售费用，从而降低旅行社产品的销售成本，并提高旅行社的利润。因此，旅行社应该对两者经济效益进行对比，以选择经济效益比较好的销售渠道。

课堂讨论

我国旅行社为何以间接销售渠道为主？其原因是什么？

分析：以入境旅游业务为例，旅行社入境旅游业务广泛采用的是间接销售渠道，其原因主要有：

(1) 任何企业都不可能在所有市场设立销售机构。

(2) 并非所有国家和地区都允许外国旅行社进入。

(3) 由我国旅游业的发展现状决定。我国旅游业起步晚，旅行社对主要客源地情况缺乏足够的了解，在此情况下采用直接销售渠道，成本高、效果差。

(4)由旅游中间商所具有的优势和旅游者需求心理所决定。一方面,直接到客源市场上进行招徕,会使旅行社和原来通过国外中间商引进客源的外国旅行商处于竞争的地位,这就必然会引起他们的反感并可能采取报复措施,而最简单的报复就是不再自己输送客源,转而同自己的国内竞争对手即我国的其他旅行社做生意。另一方面,到国外去经营旅行社,要熟悉当地的经营环境,学会当地的商业规则,特别是要建立招徕客源的渠道,这并不是一朝一夕能做到的。

近年来,旅行社不论是开展入境旅游业务还是出境旅游业务,直接销售渠道也有所采用,而且有不断扩大的趋势;而旅行社的国内旅游业务大部分是采用直接销售渠道。

三、旅行社产品间接销售渠道策略

在当今我国的旅行社市场中,无论是国际市场还是国内市场都已经是买方市场,这导致中间商的盈利要远远超过销售旅游产品的旅行社。也就是说,组团社的利润要比地接社的利润高,通过直接销售渠道售出的旅行社产品所产生的利润大大高于通过间接销售产品所获得的利润。有时候直接销售的利润可以是间接销售的2~4倍。在国际旅游市场上,尽管中国旅行社总社、中国青年旅行社总社、中国国际旅行社总社及少数规模较大的地方旅行社在美国、德国、法国、日本等少数客源国家或地区开办有直接销售机构,但因设点太少、对该国国情不熟,直销旅游团在入境旅游团中所占比例很小。对于没有财力开设境外旅游销售机构的旅行社,境外直销更是可望而不可即。

在国内旅游市场,作为中介者的中间商为了保障自己的既得利益,往往联合起来,竭尽全力对当地的外出客源采取排他性的组团垄断措施,当地旅游行政机关也常有组团地方性保护政策。一些城市的中间商会对撇开当地旅行社直接异地组团的外地旅行社实行报复性的封杀惩罚措施,断绝一切业务来往。这就迫使不少旅行社不敢轻易在外地进行组团直销。

旅行社的产品销售在直接销售渠道与间接销售渠道之间的选择应以间接销售渠道为主。直接销售渠道只有在确保符合当地旅游行政法规,同时不会引起重要报复、惩罚的前提下方能选择。当然,鉴于直接销售的利润可观,在可能的情况下,直接销售渠道不但不应放弃,而且应当谨慎地设法开通。

不论是中国旅游市场还是国际旅游市场,旅行社都十分重视销售渠道策略,因为这是影响旅行社产品销售的关键因素之一。除直接向旅游者销售旅行社产品外,旅行社的间接销售渠道策略主要有三种。

(一)广泛性销售渠道策略

广泛性销售渠道策略是指旅行社广泛委托各地旅行社销售产品、招揽客源的一种渠道策略。广泛性销售渠道策略是一种以建立广泛而松散的销售网络为手段,扩大产品销售量的销售渠道策略,其目的是建立一个由大量旅游中间商组成的销售网络。在这个网络里,旅行社与其合作伙伴达成默契,由后者向前者提供客源,并由前者根据销售额给予后者一定的报酬。双方之间不存在严格的相互约束关系,前者可以接待由销售网络以外的旅行社所组织的旅游者,后者也可以向前者的竞争对手提供客源。

广泛性销售渠道策略的优点有两点。①销售范围广。旅行社可以通过客源地较多的旅游中间商推销其产品,方便旅游者购买,有利于扩大产品的销售范围。②联系面大。旅行社通过客源地众多的旅游中间商进行产品销售，有利于加强同广大旅游者及潜在旅游者的联系，逐步树立起旅行社在广大旅游市场上的形象。

广泛性销售渠道策略的缺点最主要的有两点。①销售成本高。旅行社必须同客源地大量的旅游中间商保持联系，无论后者提供多少客源，旅行社都必须经常与他们保持联系，并因此花费大量的通信费用和其他销售费用，提高了产品的销售成本。②合作关系不稳定。广泛性销售渠道策略对旅行社及其合作伙伴均无严格的约束，双方只是根据各自获利的情况来决定是否继续合作，难以保持稳定的合作关系，并导致旅行社产品的销售量不稳定。

（二）专营性销售渠道策略

专营性销售渠道策略是指旅行社在一定时期、某一个客源市场只同当地一家旅行社建立合作关系，双方互为对方在当地的独家代理或总代理。换言之，前者只向后者提供产品，后者则只向前者提供客源，双方均不得在当地同对方的竞争对手进行业务往来。

专营性销售渠道策略的优点有两点。①销售成本低。由于旅行社在一个地区或国家只同一个合作伙伴发生业务往来，通信、业务谈判等产品销售方面的费用比广泛性销售渠道策略节省很多，有利于销售成本的降低。②合作关系稳定。专营性销售渠道策略对双方都具有较强的约束力，同时双方的经济利益比较一致，能更好地相互支持与合作，使合作关系比较稳定。

专营性销售渠道策略的缺点有两点。①市场覆盖面窄。专营性销售渠道策略要求旅行社在一个市场只能选择一个合作伙伴，是一种排他性的销售方式，这样的话，旅行社就无法接触该地区的其他旅游中间商。旅行社产品的销售量受到合作伙伴经营能力的严格限制，不利于扩大产品的销售范围。②风险大。采用专营性策略的旅行社完全依赖其合作伙伴在客源市场上进行产品销售。如果后者经营失误，前者就可能蒙受一定的经济损失。

（三）选择性销售渠道策略

选择性销售渠道策略是指旅行社在一个市场上仅选择少数几个在市场营销、企业实力、信誉和市场声誉等方面具有一定优势的旅游中间商作为合作伙伴的策略。

选择性销售渠道策略的优点有三点。①销售成本低。由于构成销售渠道的合作伙伴数量较少，所以同广泛性销售渠道相比，旅行社用于销售方面的成本较低，有利于增加旅行社的利润。②市场覆盖面宽。同专营性销售渠道相比，选择性销售渠道所接触的旅游者更为广泛，从而使旅行社的产品能够在当地市场上具有较宽的覆盖面。③合作关系稳定。选择性销售渠道的合作伙伴同旅行社的业务往来比较多，双方在产品经营方面有着共同的业务兴趣和经济利益，因而在选择性销售渠道中双方的合作关系比较稳定，很少会发生广泛性销售渠道常见的合作伙伴"跳槽"现象。

选择性销售渠道策略的缺点有两点。①实行难度大。旅行社产品在旅游市场上经常处于买方市场，旅行社寻找理想的合作伙伴难度较大。②具有一定风险。如果旅行社选择的合作伙伴不当，可能对产品销售造成不利影响。

现在，我国旅行社出境旅游业务普遍采用了广泛性销售渠道策略。这种做法除了给采用这种方法的旅行社带来一定益处，同时也会给整个旅行社行业带来一系列弊端。

首先是加剧了竞争。每一个旅行社都希望尽可能和国外市场上所有做中国生意的旅行商建立关系并争取更多客源。国内旅行社采取参加旅游展销会、出国拜访或邀请外国旅行商来华访问等方式,对这些外国旅行商进行"包围"和"进攻",而我国旅行社提供的产品、档次和质量又大体相同,这就使不少外国旅行商感到应接不暇和不胜其烦;同时,又给外国旅行商提供了压价的极好机会。

其次,在外国旅行商把价格作为选择交易伙伴的主要尺度的情况下,双方的合作关系处于极不稳定的状态,今天哪一家旅行社报价低就和谁做生意。如此不稳定的业务伙伴使双方难以相互了解并建立信任关系,谈不上良好的配合,更难以签订契约和制定交易规范等措施。这也是现在我国旅行社和外国旅行商之间纠纷层出不穷的一个原因。

因此,我国旅行社在运用广泛性销售渠道策略时要注意两点。

第一,要在开发新市场和新产品上下功夫,努力把客源市场这块"蛋糕"做大,不要以雷同的产品在已有客户圈里互挖墙脚。

第二,每一个旅行社在建立起自己的客户网以后,要注意发现其中哪些客户送客量多,哪些客户信誉较好或者和自己的关系比较密切,把他们列为自己的重点客户,加强培养,建立相互信任关系,使业务关系不断得到发展和趋向稳定。从外国旅行商的角度来看,如果其认为本旅行社的业务信誉好,服务质量好,双方在操作中配合比较默契,也愿意比较稳定地向本旅行社送客。

四、旅游中间商的管理

(一) 旅游中间商的选择

由于旅游中间商的类别不一,并且旅游中间商在目标市场、经营规模、营销实力、偿付能力和信誉程度以及合作意愿等方面不尽相同,旅行社在选择旅游中间商时,必须首先对旅游中间商的情况进行详细的调查与分析,做到心中有数。旅行社对旅游中间商的选择应考虑以下几个方面的因素。

1. 地理位置

对旅游中间商的选择首先应看其所处的地理位置。即使在同一国家,外出旅游的客源市场也会因各省、各市的富裕程度、旅游思维习惯、开放程度、距旅游目的地远近等因素的差异而大相径庭。旅行社应该选择位于旅游客源比较集中的地区或毗邻地区的旅游中间商作为合作伙伴,因为他们对所在地区的旅游市场更加了解,当地的居民也比较熟悉他们。

2. 目标市场

旅行社应选择目标群体与旅行社目标市场相一致的旅游中间商作为合作伙伴。旅游中间商的目标群体必须与旅行社的目标市场相吻合,而且在地理位置上应接近旅行社客源较为集中的地区。

3. 合作意向

旅行社同旅游中间商之间的合作关系应是一种互利互惠的关系。因为在旅行社选择旅游中间商的同时,旅游中间商也在选择旅行社,这是一个双方相互选择的过程。所以,旅行社在选择旅游中间商时,所选取的对象必须具备合作的诚意,特别是为多家同类旅行社代理零售业务的旅游中间商更是如此。否则,中间商推销产品便会成为问题。旅行社应重点考察和选择具有较强的合作意向,并且在经营业务方面比较依赖本旅行社产品的旅游中间商作为合作伙伴。

4. 组团能力

受规模、人手、宣传经费、经验、关系等因素的影响，不同的旅行社在组团能力方面可能有天壤之别。有的旅行社在节假日可以一天往同一个旅游目的地发送好几个旅游团，可以发送系列团，甚至可以单独或与其他旅行社联合发出旅游专列、进行包机；但也有的旅行社全年业务量是零。所以，在选择旅游中间商时一定要对对方的组团能力进行调查了解、相互比较。

5. 信誉与偿付能力

旅行社应重点考察旅游中间商的经济实力和偿付能力，并设法了解他们在与其他旅行社交往过程中是否守信用，有无长期拖付欠款或无理拒付欠款的历史。旅游中间商应当有良好的信誉和较高的声誉，并具有较强的推销能力和偿付能力。桂林某大型国际旅行社于1996年因美国客户宣布破产，一下损失了200多万元，至今仍难恢复元气。旅行社应选择旅游者比较信任的旅游中间商作为合作伙伴，因为旅游者往往通过旅行社在当地的合作伙伴来判断该旅行社及其产品的质量和可信任程度。

总之，选择旅游中间商是旅行社在开拓销售渠道工作中的一个重要课题，不仅需要有战略眼光，而且需要有务实的精神。旅行社只有做到知己知彼，才有可能获得合乎理想的旅游中间商，建立起高效的销售渠道。

知识拓展 7-1

海外经营中国旅游产品的批发商主要有以下两类。

1. 经营许多旅游目的地或者是兼营输出与输入客源业务的大型旅行社，如美国运通、德国 TUI、法国 ASIA 等。这类旅行社一般经济实力雄厚、经营方法规范、市场信誉较好、销售渠道广阔，但是经营的中国旅游产品只是其经营业务的一小部分而不是主流产品，所以其一般不会花很大的力量去推销中国的旅游产品，对中国旅游业的情况也了解较少，所以这类旅行社对华送客量不大，但与其做生意较少发生欠款不还或关门倒闭等恶性情况。

2. 专营中国旅游业务的海外中小型旅行社，如英国 Study China Tour、美国 Great land、日本日中和平观光公司、马来西亚长江旅行社等。这类旅行社一般与我国旅行社合作紧密，对中国的旅游状况比较了解，对中国旅游产品的推销也很着力，但是这些中小型旅行社往往经济实力不强，销售渠道不够宽，自身抵御风险的能力较差，近年来欠款不还或关门倒闭等恶性情况时有发生，给我国旅行社造成损失的主要就是这类旅行社。

（二）旅游中间商的日常管理

旅游中间商的日常管理包括建立客户档案、及时沟通信息、实施客户评价、采取折扣策略和适当调整客户五项内容。

1. 建立客户档案

旅行社应该建立起完整的客户档案。客户档案应按照旅游中间商的名称建立。旅行社在档案中记录每一个旅游中间商的历史和现状、输送旅游者的人数、频率、档次、欠款情况、付款时间等信息。通过对这些信息的分析和研究，旅行社销售人员能够对不同旅游中间商的能力、信誉、合作程度、合作前景等进行判断和预测，并据此分别采取相应的对策。

2. 及时沟通信息

及时沟通信息是旅行社加强对旅游中间商管理的重要措施之一。旅行社及时向旅游中间商提供各种产品信息，有助于旅游中间商提高产品推销的效果。同时，旅行社也能够根据旅游中间商提供的市场信息改进产品的设计，开发出更多的适销产品。

3. 实施客户评价

旅行社应对客户档案中的信息进行评价，以掌握每一位旅游中间商的现实表现及合作前景。客户评价应包括三部分。①积极性。客户的积极性是配合旅行社销售工作的最好保证。许多旅行社产品是由旅游中间商销售出去的，旅游中间商的积极性直接影响着销售效果。②经营能力。经营能力的强弱标志着旅游中间商销售能力的大小，也直接影响旅行社产品的销售业绩的好坏。旅行社在衡量客户经营能力时应重点考察其经营手段的灵活性、经营管理能力和市场覆盖面等指标。③信誉。旅游中间商的信誉是旅行社与其合作的基础，旅行社必须密切注意客户的信誉状况。

4. 采取折扣策略

折扣策略是以经济手段鼓励旅游中间商多向旅行社输送客源、调节旅游中间商输送旅游者的时间或鼓励旅游中间商及时向旅行社付款的重要方法。折扣策略包括数量折扣策略、季节折扣策略和现金折扣策略三个类型。

（1）数量折扣策略。

数量折扣策略是旅行社为了鼓励旅游中间商多向旅行社输送客源所采取的一种策略。采用这种策略的旅行社以旅行社产品的基本价格为基础，根据旅游中间商销售旅行社产品的销售额给予一定程度的折扣。

（2）季节折扣策略。

季节折扣是旅行社针对旅游淡旺季明显的特点，为了调节旅游中间商向旅行社输送旅游者的时间所采取的一种管理策略。客流量在不同季节的不均衡和旅行社产品不可储存的性质，使得客流量的时高时低现象成为严重影响旅行社经济效益的一个不利因素。为了缓解旅游淡旺季的矛盾，旅行社采用季节性折扣策略来调节旅游中间商向旅行社输送旅游者的时间。当旅游中间商在旅游旺季向旅行社输送旅游者时，旅行社按照产品的基本价格或略高于基本价格的产品价格向中间商收取旅游费用；当旅游中间商在旅游淡季向旅行社输送客源时，则可以享受一定比例的价格折扣。通过这种方法，旅行社可以达到鼓励旅游中间商在旅游淡季多向旅行社输送客源、平衡旅行社全年旅游接待流量的目的。

（3）现金折扣。

现金折扣又称付款期折扣，是旅行社为了鼓励旅游中间商尽快向旅行社付款，避免或减少拖欠款、呆账等不良债权的管理措施。实行现金折扣的旅行社一般规定，如果旅游中间商能够在双方事先商定的付款期限之前偿付欠款，可以享受一定比例的现金折扣优惠。现金折扣一般应略高于旅游中间商所在地的银行利率，以刺激旅游中间商尽早付清所欠旅行社的各种费用。

5. 适当调整客户

旅行社在管理旅游中间商的过程中还可以根据旅游市场、旅游中间商和旅行社的自身发展等因素的变化，对与之合作的旅游中间商进行适当的调整。当出现下列情形之一时，旅行社应该对旅游中间商进行调整。

（1）旅游市场发生变化。

旅行社应根据旅游市场的变化，及时调整与之合作的旅游中间商。例如，在旅游市场上，散客旅游发展迅速，成为一种主要的旅游客源。旅行社根据这一市场动态，选择某些具有一定经营实力并确有合作意向的专营或主营散客旅游业务的旅游中间商作为合作的伙伴。

（2）旅游中间商发生变化。

当同旅行社合作的旅游中间商发生变化时，旅行社应对其进行适当的调整。例如，某旅游中间商在同本旅行社合作期间，出于其自身的原因长期拖欠应付的旅游接待费用。旅行社在发现这一情况后，可相应地减少接待该旅游中间商输送的旅游者，必要时停止与其合作，以避免更大的经济损失。又如，某旅游中间商违反与本旅行社达成的协议，擅自将大量旅游者输送给本旅行社的竞争对手，从而使为本旅行社输送的客源急剧减少。旅行社应针对这一情况，及时采取应对措施，在该旅游中间商所在的旅游市场上积极寻找新的合作伙伴，以逐步取代该旅游中间商。

（3）旅行社自身发生变化。

旅行社自身发生变化的主要原因有旅行社产品的种类和档次发生变化、旅行社开辟新的市场或扩大产品销售范围、旅行社的客源结构发生变化。旅行社在自身发生变化并影响与旅游中间商的合作关系时，应适当调整旅游中间商。例如，由于旅游市场的变化，旅行社将其经营的产品种类从以文化观光型团体旅游产品为主转变为以度假型散客旅游产品为主。根据这一变化，旅行社应选择专营度假旅游产品或散客旅游产品的旅游中间商作为新的合作伙伴，并逐步取代以经营文化观光旅游产品或团体旅游产品为主的旅游中间商。

第二节　旅行社促销

一、旅行社促销的概念、目的和作用

（一）旅行社促销的概念

促销是促进销售的简称，是营销者向消费者传递有关本企业及产品的各种信息，说服或吸引消费者购买其产品，以达到扩大销售量的目的。促销实质上是一种沟通活动，即营销者发出刺激消费的各种信息，把信息传递给一个或更多的目标对象，以影响其态度和行为。

旅行社促销就是旅行社用特定的方式传递旅游产品信息，从而对旅游者和旅游中间商的购买行为产生影响，促使他们了解、信赖并购买旅行社产品，达到扩大销售目的的一系列活动。旅行社促销的根本目的在于激发潜在旅游者的购买欲望，最终产生购买行为。旅行社促销的实质是买卖双方的信息沟通。

由于我国旅游行业发展起步比较晚，企业规模普遍太小，市场机制不很完善，行业管理也欠规范，旅游产品促销特别依赖价格竞争，大部分旅行社恶性削价、微利经营。进入21世纪以后，随着我国旅游行业的不断发展，越来越多的旅行社开始注重研究游客的消费需求心理，对于不同消费者的兴趣、偏好、欲望等特定需求采取多种多样的促销策略，有针对性地与旅游中间商和潜在消费者进行信息沟通。在促销活动中，引入旅游电子商务等新兴营销

方式，既可以减少买卖双方的时间耗费，又可以降低费用、节省开支。在接待服务过程中，也把提高游客满意度作为产品促销的重要竞争手段，营造旅游活动全过程的轻松愉快气氛，努力让消费者产生难忘的经历，留下美好的体验。旅行社促销的对象是旅游者和旅游中间商。

（二）旅行社促销的目的

旅行社在不同时期及不同的市场环境下有不同的、具体的促销目的。促销目的不同，促销的方法就会有差异。例如，在一定时期内，某旅行社的促销目的是在某一特定市场迅速增加销售量，扩大市场份额，此时促销方法应更注重广告和营业推广，强调短期效益。如果旅行社的促销目的是树立本企业在消费者心目中的良好形象，为其产品今后占领市场、赢得有利的竞争地位奠定基础，则促销方法应更注重公共关系，辅之以必要的公益性广告，强调长期效益。

经营国内游、出境游的旅行社直接面对消费者销售旅游产品，因此广大公众是他们的促销对象，其促销的目的是将旅游产品的信息尽可能多地传递给潜在的旅游者，吸引他们的注意并激发他们的购买欲望，这种促销的内容主要是旅游产品和旅行社的信息，如旅游线路的行程、价格、参观游览的景点、文娱节目、住房、膳食和交通工具的情况、旅行社的情况介绍以及订购办法等。促销的方式主要有刊登广告、印刷和散发旅游产品手册、参加旅游展销会或者是由销售人员直接进行推销等。

在我国，经营入境旅游产品的国际旅行社往往并不是直接面对国外普通公众销售旅游产品，也就是说，这类旅行社的销售对象并不是海外的直接消费者，而是客源地的旅游经营商、批发商。也就是说，这类旅行社的产品促销工作主要是通过海外的旅行经营商、批发商间接来进行的。而且，他们销售的产品只是旅行社的部分产品。只有当海外旅行批发商将产品重新整合之后，才会间接地卖给零售商、旅游者。因此，对于国内的国际旅行社来讲，其促销工作主要应包括以下两个方面。

1. 企业形象宣传

为了达到开辟客户关系的目的，应尽可能提高我国旅行社在国际旅游市场上的企业形象和知名度，结识更多对经营中国旅游业务感兴趣的外国旅游经营商、批发商。促销的内容应包括本企业的商业信誉、经营能力、经营方针、经营范围、旅游工作经验、服务水平、办事效率，以及与本国各旅游企业的密切关系等。促销的方式可以采用刊登广告，参加国内外的旅游博览会和展销会，参加国际性的旅游组织及外国旅行商的行业组织召开的有关会议，向国外旅行经营商、批发商分发企业宣传材料，邀请海外旅行经营商、批发商前来考察和洽谈生意等。

2. 产品促销

我国旅行社为了扩大产品销量，就要尽可能使客户了解自己的产品，包括产品的品种、内容、价格、档次、特色等信息，尤其要宣传产品的独特之处及优于竞争对手的长处，对产品开发和改进方面的信息要及时向客户通报。促销的方式主要有印制和分发产品目录，参加客源地旅行经营商、批发商的促销工作，如联合参加面向公众的旅游展销会，参加由我国政府及旅游相关部门组织的推介会、招商会等。

（三）旅行社促销的作用

1. 提供旅游信息，沟通供求关系

信息是旅游者从事旅游活动的前提。只有通过旅行社的信息传递，才能唤起消费者的购买欲望。所以，旅行社促销活动必须以争取旅游消费者为目的，以景区景点推介为中心、以旅游设施为实现条件、以各种服务为必要手段，为潜在的旅游消费者提供全面而又准确的信息资料。

2. 刺激旅游需求，引导旅游消费

旅行社高水平的促销活动，不仅可以使旅游消费者的潜在欲望顺利转化为现实需求，而且能够创造出新的旅游需求，增加旅游消费总量。例如，广东省口岸旅行社以赠送风光录像带、风景图片、旅游海报、景观挂历，举办名山大川明信片展览等方式，深入各个潜在客源单位，激发人们的旅游兴趣，取得了引导消费、创造需求的明显效果。

3. 突出产品特色，强化竞争优势

旅行社同类产品之间可替代性较强，旅游消费者一般难以区分，而促销活动则是借助各种传播工具实现宣传、介绍旅游产品的主要途径。通过对同类旅游产品某些差别信息的强化宣传，对不同具体产品起到聚焦和放大的作用，从而能够更加突出产品特色，并由此使潜在消费者产生偏爱行为，最终强化旅行社自身的竞争优势。

4. 树立良好声誉，巩固市场地位

在竞争日趋激烈的市场环境中，做好旅游产品促销工作，可以使旅行社赢得更多潜在顾客的青睐，有利于其在目标市场上树立良好的声誉和形象，并且能够在残酷的市场竞争中胜出。旅游市场风云变幻，一旦出现环境威胁因素，旅行社可以通过有效的宣传促销手段，改变自身消极的公众形象，重新建立良好声誉，甚至不断扩大其市场份额，并达到取得良好经济效益的目的。

二、旅行社促销的方法

旅行社促销的方法很多，但如果对其分门别类地加以总结，主要包括广告促销、直接促销、营业推广和公共关系四种方法。

（一）广告促销

广告促销就是通过一定的媒体，将旅行社产品介绍给潜在消费者，激发其购买欲望，促进旅行社产品销售，提高旅行社经营效益的宣传推介活动。广告促销具有传播速度快、覆盖范围广、利用手段多、宣传效果好等优点，因此，它是旅行社产品促销中使用最频繁、最广泛的一种促销方法。旅行社产品促销广告根据使用媒体的性质，又可以将其分为自办媒体型广告、大众媒体型广告和联合广告三种基本类型。

1. 自办媒体型广告

自办媒体是旅行社开展广告促销活动的重要工具，其优点是旅行社能够自主选择宣传对象、广告的命中率高。自办媒体型广告主要采用的方法包括以下三种。

（1）建立户外广告牌。

户外广告牌是一种影响力较大的自办媒体型广告，其位置一般选择在飞机场、火车站、长途汽车站以及水运码头等流动人口频繁出入的公共场所、公路侧旁、建筑物顶部等醒目地带。广告牌制作要求文字简洁、语言生动、字体大小适当，并配备相关彩色图片。另外，旅行社应加强对户外广告牌的维护，确保完好无损，否则就会影响视觉效果。

（2）散发广告传单。

广告传单有单页传单、折叠式传单等形式，由旅行社雇人在公共场所散发或在公共广告栏张贴。广告传单具有能够较详细地介绍旅行社及其产品、传单的制作及散发的成本比较低等优点。

（3）印有旅行社产品信息的纪念品。

现在有许多旅行社通过载有企业或产品信息的旅游纪念品进行宣传促销。旅行社可以向消费者赠送印有自己名称、主要产品、通信地址以及电话号码等内容的旅行包、太阳帽以及T恤衫等纪念品。旅游者在日常生活中携带这些纪念品出入各种公共场所时，无疑就为旅行社做了免费的广告宣传。

2. 大众媒体型广告

大众媒体是旅行社开展促销活动中经常利用的广告信息传播渠道，具有形象生动、影响力强和传播范围广的特点。在现代社会生活中，各种类型的大众媒体特别多，主要有电视、报纸、杂志、广播电台、互联网五种。

（1）电视。

在当今的大众媒体中，电视广告促销对潜在旅游者的影响最大。电视作为旅游宣传媒体的优点是视听共存、图文并茂、传送及时、真实生动、覆盖面广、效果明显；不足的地方就是播放时间短，潜在旅游者看到广告多属偶然，而且制作技术难度大、成本高，级别越高的电视台广告收费越贵。所以，一般中小型旅行社是没有能力负担昂贵的广告费用的，目前只有少数大型旅行社在地方电视台的特定旅游频道进行电视广告宣传。

（2）报纸。

报纸是普及率最高的传统大众媒体，一般可分为全国性报纸、地方性报纸和专业性报纸三大类。报纸广告的价格各不相同，旅行社应根据旅游产品的不同目标市场与自身的财力状况来选择不同的报纸。报纸作为旅游广告媒体的优点是传播面广、使用率高、受众对广告内容比较信任，且费用相对较低，大多数旅行社财力可承受；缺点是版面太多、内容繁杂，如果广告刊登不太显眼，较难引起读者注意。

（3）杂志。

杂志广告是一种以一定阶层读者为宣传对象的特殊媒体，具有针对性强、保留时间长、制作质量好、信息量特别大等优点。尤其是旅游专业杂志，旅游者往往对其介绍的产品信息信赖度较高，是旅行社针对具体目标市场开展广告宣传促销的理想工具。但杂志广告的不足之处是出版周期太长，费用较高，并且传播范围有限。

（4）广播电台。

广播电台广告的宣传对象以地方性受众为主，具有信息播送快捷、重复率高、价格低廉等优点；其缺点是播放的声音转瞬即逝，不能产生视觉效果，很难使信息在听众头脑中长久保留。随着其他传播媒体的普及，广播电台的听众越来越少，因而选择广播电台刊登旅游产品广告的旅行社并不多见。

（5）互联网。

随着信息产业的迅速发展，越来越多的旅行社已经认识到互联网的功能和作用，选择在互联网上开展广告促销活动。这些旅行社通过建立自己网站或在著名网站付费建立自己的网页，宣传介绍旅游产品，发布各种优惠信息，以实现产品促销目标。旅游者可以在互联网上查询、购买、定制服务等，实现线下的所有功能。

① 互联网促销的必要性。

A. 互联网促销适应旅游市场的发展趋势。随着旅游者自主意识的增强，散客旅游日益成为潮流。然而，散客旅游者具有居住地相对分散、出行时间的随意性较强和需求多样化的特点，旅行社的传统促销手段往往难以直接对其产生较大的影响，从而加大了旅行社对散客市场的促销难度。互联网促销可以解决这方面的难题。由于每一个计算机网络终端都联系着潜在的散客市场，旅行社可以通过互联网及时将产品信息传递给分散居住的散客旅游者。

B. 互联网促销有利于扩大客源。互联网具有跨时空、覆盖全球，以多媒体形式双向传送信息和信息适时更新等优点。旅行社利用互联网来进行促销，不受时间和地域限制，不仅可以同时对多家旅游中间商进行促销，还可以将产品直接深入客源国或客源地区的居民家庭，通过互联网向他们进行一对一的促销，达成即时购买。由此可见，旅行社通过互联网进行产品促销，有利于扩大客源。

C. 互联网促销有助于降低促销成本。由于网络上的促销活动是非实物化的，其成本构成只包括有关人员的劳务费用和极少的信息发送费用，互联网促销的成本远远低于传统的促销手段。另外，旅行社通过网上促销，可以绕开与旅游者之间的中间环节，与旅游者直接达成交易，从而能够降低交易成本。

D. 互联网促销有助于增强旅行社促销的效果。旅行社在互联网上进行促销不受时间限制，所发送的产品信息即时生效，可以随时接受网络用户的访问。另外，互联网促销，能够使旅行社根据旅游市场供求信息变化及时矫正、补充和定期更换相关的促销信息，有助于旅游者及时了解旅行社最新的产品信息，增强旅行社促销的效果。

② 互联网促销的方法。

A. 精心设置旅游网页。旅行社的网页设置必须以顾客为中心，更多地反映顾客群体的需要，为潜在旅游者提供深层次的产品信息。大量研究表明，旅游者希望能够在旅游活动开始之前，通过互联网观看到旅行社产品所涉及的旅游目的地风情的照片、录像片段等资料，并能够同已经消费过该产品的人相互交流，以获得有关旅行社产品的详细信息。因此，旅行社应在互联网上提供图文并茂、用语生动、丰富及时的产品信息，以激发上网者的出游欲望。

B. 加强网上交流。旅行社进行互联网促销的最终目标，是赢得顾客信任和忠诚，从而获得理想的客源和效益。为了实现这一目标，旅行社应该为散布在世界各地的上网者提供网上交流的平台，使上网者可以相互交谈，互诉旅游心得体会。同时，旅行社应授权其员工通过电子邮件、在线论坛等方式与上网者交流，及时答复上网者的要求和询问。这种交流有助于消除旅行社和上网者的信息交流"屏障"，及时、有效地解决上网者的问题，从而为旅行社赢得更多的忠诚客户。

C. 提高访问量。互联网促销能否成功的最基本因素是旅行社网站或网页的访问者数量和访问次数。因此，旅行社应采取有效的宣传策略，使更多的上网者了解和访问旅行社的网站或者网页。这些宣传策略包括在旅行社发行的小册子、印刷品中印制网址，在电视广告、广播广告中宣传旅行社的站点，向顾客发送电子邮件，在热点网站、旅游相关部门，特别是饭店、旅游交通部门的网站中链接自己的网址。

3. 联合广告

联合广告是许多中小型旅行社或由某种旅行社产品所涉及的各旅游企业为了达到促销的

目的所采取的一种广告形式。联合广告分为旅行社之间联合广告和产品导向联合广告两种形式。

（1）旅行社之间联合广告。

在旅行社行业中绝大多数的旅行社是中小型企业，拥有的资金不多，往往难以在产品促销广告上投入太多。然而，随着旅行社产品在市场上的竞争日趋激烈，旅行社必须设法利用大众传播媒体开展促销活动，以便提高旅行社及其产品在广大旅游者中间的知名度，扩大产品的市场份额，增加经济收益。面对这种困难局面，不少中小型旅行社采取联合广告的方式，即由各家参与的旅行社共同出资在报纸、杂志、电视、广播电台等大众传播媒体上刊登广告，为其产品进行广告宣传。

（2）产品导向联合广告。

产品导向联合广告是指旅行社为了促销某种产品，联合某些与该产品有关的其他旅游企业，如旅游景点、饭店、餐馆、航空公司等共同出资在大众传播媒体上刊登广告，进行宣传促销的一种广告促销方式。这种联合广告既使旅游者了解到有关的产品信息，又使每个参与促销的企业节省了一部分广告费用，取得"少花钱多办事"的良好效果。

（二）直接促销

直接促销就是指旅行社通过直接与旅游中间商或潜在消费者进行接触来推动旅行社产品销售的过程。直接促销是旅行社产品促销的重要方法，具有联系紧密、机动灵活、反馈及时、选择性强等特点，有利于确立同旅游者之间的良好关系。直接促销主要有人员推销、电话促销、直接邮寄促销、文化广场促销、旅游大篷车促销和会展促销等形式。

1. 人员推销

人员推销是指旅行社为达到推销其产品的目的，派出推销人员直接上门拜访潜在旅游者或客户的一种促销方式。推销人员通过与潜在旅游者或客户的直接接触，向他们推荐旅行社的产品，解答他们提出的各种问题，引导消费并设法取得购买旅行社产品的合同。人员推销是旅行社在旅游旺季来临之前或者推出新的旅游线路时经常采用的方法。由于受到推销费用的制约，旅行社在派员出境推销方面一般采取比较慎重稳妥的态度；但在国内，旅行社每年一般需要派出外联人员主动上门向客户推销2～3次。对于新组建的旅行社，更是需要派员到主要客源目标市场进行产品促销。人员推销一般以联络感情、达成合作意向为主要目的。人员推销的方法包括以下三种。

（1）人员接触。

人员接触是指旅行社派出推销人员或推销小组前往客户所在地进行面对面的宣传促销，介绍旅行社的有关产品信息，鼓励客户购买旅行社的产品。

案例 7—1

某旅行社经理与市环保局局长是同学，得知环保局拟于2017年7月赴井冈山举行党团仪式活动，于是派外联人员张小姐去环保局促销。经局长帮忙，张小姐很顺利地将原已内定交市政协旅行社承办的井冈山之旅拿了下来，并与环保局办公室达成销售意向，但张小姐未当场签约，而是准备回社汇报后第二天再去签约。

不料环保局办公室主任将此消息传到了市政协旅行社,结果,市政协主席连夜打电话给环保局局长:"你怎么把给我们的团转给别人了呢?"结果可想而知:当张小姐第二天再去时,谈好的生意"吹"了。

思考题:1. 本案例可吸取什么教训?

2. 张小组有可能再次夺回此单生意吗?为什么?

(2) 会议促销。

会议促销是指旅行社推销人员邀请旅游者或客户代表在某一约定地点开会,由推销人员在会上介绍旅行社的产品并进行促销活动。

(3) 讲座促销。

讲座促销是指由旅行社派遣推销人员前往客户所在地开展关于旅行社最新产品的教学式讲座的促销活动。

2. 电话促销

电话促销是指旅行社的销售人员根据事先选定的促销对象名单逐一打电话,介绍产品信息,征求对产品的意见并询问是否愿意购买这些产品。电话促销的优点是及时方便、针对性强,能够与客户进行直接交流;缺点是无法形成文字或者视觉效果,对交易双方约束力不强,促销成功率不高。电话促销一般用于向国内重点老客户推出新产品,或者通过电话向重点老客户征询对产品与服务的意见,解答客户的各种询问,说服客户大量购买本社产品等。由于电话促销缺乏信任感,并且潜在客户对电话促销一般反应不强烈,故对待新客户不宜采用电话促销方式。电话促销有两种形式:一种是使用自动播音设备向对方介绍产品、联系方法、购买产品的途径,但是不直接回答对方提出的问题;另一种是由推销人员在电话里向旅游者介绍旅行社的产品,同时还回答对方提出的问题,引导对方选购旅行社的某些产品。后一种方式的成本较高,一般只用于重要的客户。

3. 直接邮寄促销

旅行社将旅游产品信息宣传资料通过邮寄方式发送给客户旅行社或者潜在消费者称为直接邮寄促销。旅行社可以将产品线路、价格条件、优惠措施、组织方式、联络方式等详细资料,甚至可以加上景区景点的宣传图片,一并邮寄给潜在客户。假如对方刚好有旅游消费需求意向,那么就会主动联系,然后双方进一步协商,最后促成产品销售。直接邮寄促销受空间和时间的限制较少,能够接触到较多的旅游者和客户。直接邮寄促销的优点是成本费用低廉,存在投入少而收益高的机遇,正是如此,几乎所有旅行社都愿意采用这种促销方式;但其缺点也是显而易见的,绝大多数邮寄资料就像泥牛入海,不见回音,因此促销成功的概率非常低。

4. 文化广场促销

随着城市规模的不断扩大,城市建设和管理的水平也大大加强,一些新型文化娱乐设施大量涌现。近年来,许多城市兴建了大型的中心文化广场,以供人们在工作之余散步、休闲和娱乐。旅行社就可以在文化休闲广场中树立大型电子屏幕,用电子荧屏不间断地播放旅游产品的广告信息,或者在广场举办促销宣传文艺演出,附带散发旅游产品信息资料。这种促销方式的优点是易造声势,且成本费用较低;缺点则是针对性不强,无法选择受众。

案例 7-2

1998年6月成立的广之旅东峻旅游文化广场是全国第一家旅游文化广场，是旅行社人士的一次大胆尝试。广之旅在短短的几个月内，已成功举办了"潮汕旅游宣传周""西藏丝路传奇""韩国旅游宣传周""新加坡旅游宣传周"等活动。每次活动期间，广场以图片展览及户外大屏幕播放风光片的形式，向观众介绍当地的风光、民俗、古迹等，并设线路咨询、有奖问答、现场报名等服务；同时在各大报纸上刊出大幅广告及专版文章；电台、电视台的旅游专栏也播出关于当地风光的节目，而关于旅游周的新闻报道更是见诸广州各大小传媒。

广之旅东峻旅游文化广场活动的效果非常好，"韩国旅游宣传周"开幕后的20多天里，就有500多人到广之旅报名，仅8月底出发的"韩国首游团"就有300多名团员，几乎垄断了广州的韩国游市场，其中广之旅东峻营业处报名的就有70多人。

思考题：1. 文化广场这种促销方法是否可以广泛使用？
2. 广之旅在本案例中都采用了哪些促销方式？

5. 旅游大篷车促销

旅游大篷车促销是近年来兴起的最新联合促销方式，它一般由旅游行政主管部门牵头，各旅游企业参与，乘坐旅游大巴或旅游专列巡游于旅游客源市场，在主要城市通过多种手段大张旗鼓地开展促销活动，散发旅游宣传资料，解答潜在消费者的各种提问。旅行社参加旅游大篷车促销可以节约促销开支，利用政府的高信誉度扩大企业影响。但旅游大篷车往往只能起提高知名度、引起旅游兴趣的作用，很难当场促成交易，所以，旅行社采用这种促销方式的主要着眼点应该放在未来。

6. 会展促销

每年国际与国内都会举办各种形式的旅游展销会，旅行社在旅游展销会上租用展台进行促销是开辟新市场的重要促销方法。由于出席旅游展销会的代表均为业内人士，这种促销方法就节约了大量的外联差旅费用，为旅行社会晤老客户、增进老交情以及广交新朋友、建立新友谊提供了良好平台。

（三）营业推广

在市场营销学中，营业推广又称销售促进。它是指对旅游中间商、潜在消费者以及本企业销售人员提供短期激励，以达到促成购买或努力销售的各种行为活动。对于旅行社产品促销来说，营业推广的作用也是非常明显的，其手段也相当多。在这里，重点介绍价格促销、礼品促销、竞赛促销和踩点促销四种形式。

1. 价格促销

价格促销是指旅行社通过短期内降低产品价格来吸引潜在旅游者和旅游中间商的一种促销方法。营业推广中的价格促销不同于旅行社因市场需求变化而采取的降价行为。价格促销是旅行社采取临时性的价格下调来吸引消费者的注意，并刺激消费者在特定的时间内大量购买某种旅游产品的行为。当消费者对产品产生良好印象之后，旅行社还会将价格恢复。旅行社的价格促销多集中在节假日以及新产品试销等特殊的时间段。

2. 礼品促销

礼品促销是旅行社营业推广中的一种常见形式。旅行社可以赠送消费者各种各样的纪念品和具有当地特色的产品，在这些小礼品上一般都印有旅行社名称、详细地址、联系方式等具体内容。在赠送礼品的时间选择上，既可以在购买活动之前或者旅游消费结束之后顺便赠送，也可以在逢年过节或者重大庆祝活动的时候上门特意赠送。旅行社在礼品选择上要讲究深刻内涵和良好寓意，要具有代表性或纪念意义，千万不能太过庸俗。通过这些礼品赠送活动，旅行社能够收到对其自身及产品进行宣传的良好效果。

3. 竞赛促销

竞赛促销是旅行社经常用到的一种营业推广形式，如针对某项旅游产品开展有奖知识竞赛、关于某个旅游目的地开展有奖知识竞赛等。在举办这种竞赛时，旅行社通常提供具有一定价值的奖品作为奖励。通过参加竞赛，公众对举办竞赛的旅行社及其产品一定会产生深刻印象，并可能因此获得好感，有利于旅行社产品在后续时段的销售。旅行社举办各种竞赛时，需要注意内容和形式的群众性、知识性和趣味性，并且参加的人数越多，影响面就越大，竞赛促销的效果也就越好。

4. 踩点促销

由于旅游中间商对推出的新产品心中没底，一般需要先行踩点。邀请对方前来踩点以达到促销目的，是目前许多旅行社经常采用的做法。踩点一般有两种具体形式：一种是利用旅游目的地的各种节庆活动，邀请所有重要客户统一前来踩点；另一种是当客户旅行社提出踩点要求时，个别邀请客户前来踩点。踩点对于新开辟的旅游线路，扩大影响，增加销售量还是十分有用的。

案例7-3

以往人们对旅游产品的了解往往局限于平面媒体。整版密密麻麻的文字聚集了数十个旅行社的上百条资讯，消费者却无法从中得到完整的信息。当网络成为人们生活中不可或缺的部分时，旅行社开始寻求新的宣传路径——办网站、开网店，而此时，消费者却又不可能花上一段时间去耐心地了解全部产品信息。

2010年，中国互联网进入了"微博时代"。言简意赅的文字表达方式日益被人们热捧，从长篇大论的博客到微博，体现了现今人们对信息获取简明、快捷的需求。许多旅行社也看中了微博迅速而全面的传播影响力，打破以往单一的广告形式，利用微博，结合平面媒体，积极打造线上线下的全方位宣传模式。

这种宣传模式不但能将最新的旅游产品以最简单的方式传递给消费者，而且不需要投入大量的宣传经费，就能取得较好的宣传效果。这让旅行社找到了开源节流的新路子，也打开了立体宣传的新思路。日前，中国国旅（浙江）国际旅行社也开设了专属微博，用于发布最新的产品资讯、旅游动态。

中秋、国庆双节来临之际，前300位"收听"公司微博的网友，会收到中国国旅（浙江）国际旅行社以挂号信方式送出的一份节日大礼——一张价值68元的天下卡。

据悉，天下卡是由中国国旅（浙江）国际旅行社推出的旅游行业的四合一储值卡，集旅游优惠、企业旅游福利、网络功能、信息功能于一身，可反复充值。天下卡持有人可以在中国国旅（浙江）国际旅行社在全省各地的营业部和分公司刷卡消费，消费内容包括参团旅游、购买机票、租车、购买景点景区门票等旅游产品。天下卡也可作会员卡使用，只要注册成为会员，便可享受多重优惠待遇。

思考题：1. 旅游促销宣传的途径有哪些？
2. "微博"宣传促销相对于传统的媒体促销有哪些特点？

（四）公共关系

公共关系是指旅行社通过信息沟通，建立与社会、公众以及消费者之间的良好关系，维护企业及其产品形象，营造有利于企业的经营环境的一系列措施。在目前，我国旅行社经营的社会环境不够理想，旅游质量投诉事件过多，各种负面报道影响较大，因此，采用公共关系十分必要。旅行社公共关系主要有新闻媒体公关和社会公众公关两大类型。

1. 新闻媒体公关

由于社会公众一般认为新闻报道比较客观公正、真实可靠，各种广告所传达的信息可信度较低，如果能撰写一些正面的新闻报道或者旅游线路推介文章，让各大新闻媒体竞相采用，它所产生的价值远比花费数十万甚至上百万的广告产生的价值还要大。诚然，正面的、积极的新闻报道对于宣传推广产品、树立品牌形象作用十分明显。但是，负面的、消极的新闻报道也同样能够摧毁一个品牌、搞垮一家企业。所以，旅行社必须展开新闻媒体公关活动，慎重处理好与各种新闻媒体之间的关系。新闻媒体公关一般有以下两种。

（1）新闻发布会。

旅行社营销公关的最常用方法是向新闻媒体发送消息，通报有关的旅游产品及其他旅游方面的消息。旅行社在开发出新的产品后，可采取新闻发布会的形式向旅游者及客户进行介绍，所发送的消息必须及时、富有新闻价值，且能够吸引听众对产品的注意力，以刺激他们购买这种产品的兴趣。

案例 7-4

2001年8月，浙江省淳安县千岛湖风景旅游管理局为了能成功地举办9月份的千岛湖秀水节，决定在8月份的旅游旺季，和杭州的一家旅行社先在杭州市场联合推出"千岛湖亲子游"的短线产品，目的是利用这个产品来提升千岛湖秀水节这一节庆活动的知名度。因为杭州距离千岛湖只有3个小时的车程，而"千岛湖亲子游"活动的目的是宣传千岛湖秀水节，因此，"千岛湖亲子游"活动的创新性非常重要，只有具备高度的创意，才能引起公众的注意，媒体才有内容可以宣传。在这种情况下，承办的旅行社在产品设计之初，就邀请多家媒体加入。由于产品设计运用了头脑风暴法，设计出的产品非常富有新意；又由于媒体的大力合作，多家报纸、电视台对该产品进行了从头到尾的跟踪报道。结果，活动大大超出主办者的预料，在3个星期的6个双休日，旅行社收客量为1 100多人，很好地达到了预期目的。

思考题：1. 媒体对旅行社产品的策划并不一定在行，但主办者为什么要请他们参与产品设计？
2. 部分业内人士说，当下的媒体对旅行社来说是把"双刃剑"，你怎么理解？

(2) 熟识旅行。

熟识旅行是指旅行社邀请旅游新闻记者或旅游专栏作家免费旅行的一种公关活动，旨在使他们对旅行社的产品产生浓厚的兴趣和深刻的印象，回去后撰写有关旅行社产品的介绍性文章和报道。

2. 社会公众公关

社会公众公关具体可分为针对顾客、针对本企业员工和针对旅游目的地公众的各种公关活动。社会公众公关宣传的内容主要包括注重服务质量，高度重视并妥善处理游客投诉；及时与员工沟通，关心员工生活及其职业发展，增强员工的归属感、自豪感和向心力；赞助各种公益事业，参加各种社会活动，担负一定的社会责任；与政府主管部门、行业团体以及协作单位建立友好关系；在业务开展过程中，做到诚信经营，公平竞争，依法行事，合理盈利等。旅行社可以通过举行专题讲座或赞助学术会议的方式宣传旅行社最新设计和开发的产品，并吸引公众对这些产品的关注。这种方法尤其适用于推销公众不熟悉的产品。

三、旅行社促销的步骤

旅行社促销的目的就是通过与市场进行信息沟通，引起消费者的购买兴趣，树立旅行社自身及其产品或者旅游目的地的良好形象，从而促进销售。可以说，旅行社促销的过程，就是信息沟通的过程。旅行社促销的关键步骤具体可划分为如下几步。

（一）明确促销目标

所谓促销目标，是指旅行社促销活动所要达到的目的。促销目的已在前文介绍过，此处不再赘述。

（二）确定促销目标受众

促销的过程既然是进行信息沟通的过程，就必然要有信息沟通的对象。因而每一次促销活动之前，旅行社需要根据促销目标在一开始就明确促销的目标受众。目标受众可以是旅行社产品的潜在购买者、目前使用者，以及某单位的决策者和影响者；也可以是公众、媒体等。有可能是个人，也可能是组织。只有确定了促销的信息沟通对象，旅行社相关管理人员才能有目标地选择从哪些方面、在什么时间及地点、由哪些促销人员、采用什么方式来进行促销。

（三）设计促销信息

在明确促销目标、目标受众之后，还应设计合适的促销信息。一个有效的信息往往包含四个方面：信息内容、信息形式、信息结构和信息源。信息内容就是通常说的"主题"，也被称作"诉求"；信息形式指信息的表达所采用的形式，例如使用文字或者图画表达信息；信息结构指表达信息内容时的逻辑结构，它和信息形式共同支持着信息内容的有效性和吸引力；信息源是信息的发送者，信息发送者的形象和信誉越好，信息就越有说服力。

（四）选择促销方法

旅行社可以选择的促销方法包括广告促销、直接促销、公共关系和营业推广四种中的一种或多种组合。

(五）建立促销预算

在确定促销对象、目标、信息和促销方法之后，投入多少资金开展促销活动才能取得最满意的效果，也是促销过程中一个极为重要的步骤。既不能因为促销预算过多而影响整个旅行社的利润水平，又不能由于预算过少而致使宣传力度不够影响销售量，从而影响旅行社的利润。同时，由于促销活动的效果事先很难预料，并且存在着很多不定因素，促销预算的决策往往极为困难。从理论上讲，只要旅行社的促销预算投入之后，能够取得比投入的预算资金更高的利润，就应该投入这笔预算。但是事实上，旅行社在确定预算时往往很难估计其结果，因此这一理论也无法实施。目前，在旅行社的实际运营中，制定促销预算的方法主要有以下几种。

1. 目标达成法

在众多的预算方法中，目标达成法是一种相对比较科学的方法。它首先要求旅行社制定出一个详细、明确、具有可行性的促销目标，然后列出要达到这个目标所要开展的促销活动，并分别估算开展这一系列活动所需要的费用，最后将这些费用相加，得出总的促销预算额。例如，某旅行社针对暑期推出了"低价快乐海南游"项目，制定了在两周内使了解该产品的顾客由2%增加到3%的促销目标，并选择了两周在电视台少儿频道每天上6次15秒的电视广告，以及在市内主要报纸刊登平面广告的促销方式。那么按照目标达成法，核算出两周内电视广告和报刊平面广告的费用，就能在此基础上确定这次促销活动的总体预算。

这种预算方法比较科学，得出的预算额也较为准确，并且有详细的促销活动项目和各项目的预算额，因此不但在总的预算额上可以控制，在促销的各个活动的预算经费上也可以控制。但是这种方法比较复杂，运用起来相对较难。

2. 销售额百分比法

销售额百分比法就是旅行社将一定时期的销售额乘以一定的比例来确定促销预算。用这种方法计算销售额简单方便，但是颠倒了销售额与促销预算的因果关系。可以说，促销投入的多少在很大程度上决定了销售额的多少，而销售额百分比法是用销售额的多少来决定促销预算的多少，两者在逻辑关系上发生了错位。因此，这种方法一般应与其他预算方法结合起来使用。

3. 利润额百分比法

利润百分比法的计算原理与销售额百分比法的计算原理完全相同，就是用旅行社一定时期的利润额乘上一定的比例来确定促销预算。同样，该方法也具有和销售额百分比法相同的特点。

4. 竞争对抗法

竞争对抗法是旅行社根据竞争对手的促销预算来计算自身促销预算的方法。这种方法又可分为市场占有率法和增减百分比法。

（1）市场占有率法。

市场占有率法下促销预算的计算公式如下。

促销预算 =（竞争对手一定时期的促销预算/竞争对手的市场占有率）× 本旅行社预计市场占有率

（2）增减百分比法。

增减百分比法下促销预算的计算公式如下。

促销预算 = （1 ± 竞争对手促销预算增减率）× 本旅行社上年度促销预算

竞争对抗法能够根据竞争对手的情况采取相应的针对措施，可以说是把促销作为市场竞争的武器。但是采用这种方法制定预算需要雄厚的资金实力，并且在制定预算时依据的是对手的促销预算而非自身的情况，因此具有一定的盲目性，容易造成不必要的浪费和损失。

5. 支出可能法

支出可能法也称作全力投入法，它是旅行社在自己财力许可的最大范围内，来确定促销预算，并根据市场情况的变化加以调整。

上面介绍的几种促销预算制定方法有各自的优点与局限，因此在实际操作中，旅行社通常应根据实际情况，有选择性地将几种不同的方法结合起来共同制定促销预算。

（六）促销效果的测定

1. 统计法

统计法是旅行社利用统计学原理与运算方法，通过对促销费用与产品销售比率的推算，测定出促销效果的方法。其公式为：

$$促销费用比率 = 促销费用 / 产品销售收入$$

一般情况下，促销费用比率越小，促销效果就越大。

2. 比值法

比值法是旅行社通过对其产品的销售额变化测定促销效果的方法。这种方法简便易行，较为通用。其公式为：

$$R = (S_2 - S_1)/P$$

式中，R = 促销效果；

S_2 = 促销后的平均销售额；

S_1 = 促销前的平均销售额；

P = 促销成本。

第三节 旅行社门市接待业务

这里所说的旅行社门市不是指旅行社的服务网点，而是指旅行社与旅游者第一次面对面接触的地方。门市是旅行社的第一线，是旅游者与旅行社第一次面对面"亲密接触"的地方，是旅行社给旅游者留下第一印象的地方。门市是旅行社的窗口，门市接待的能力对旅行社核心竞争力的形成至关重要。旅行社做好门市接待工作对整个旅行社的经营具有重要意义。

一、旅行社门市接待的作用

（一）门市是旅行社的形象

门市是旅行社的第一线。门市及门市服务对于整个旅行社的经营具有重要意义，发挥着重要的作用。门市服务的质量，直接影响到旅游者对旅行社的评价，旅游者经常通过门市来了解旅行社的整体水平。因此，门市是旅行社的形象代表，是旅行社的窗口，是旅行社的广告。

（二）门市服务可以促进旅行社产品的销售

优质的门市服务，温暖人心、使人感动，是销售的促进剂，可以提高旅行社产品的销售量。《哈佛商业杂志》中一份报告指出："再次光顾的顾客可以为公司带来25%～85%的利润，而吸引他们再次光临的因素中，首先是服务的质量，其次是产品本身的品质，最后才是价格。"

（三）优质的门市服务可以为旅游产品增值

旅游产品作为服务产品，其特点是缺乏所有权性，因此市场上同类产品比比皆是。要对大同小异的旅游产品进行增值，和别的旅行社产品形成差异，有两次机会：一是门市直接面对旅游者时，门市接待人员的销售服务过程；二是旅游开始，导游提供的导游服务。如果门市接待人员为游客提供了高质量的服务，那么旅游者就会带着对旅行社的美好印象开始旅游活动，从而为导游接待工作的顺利开展奠定基础。

二、旅行社门市接待的岗位职责和业务流程

（一）旅行社门市接待的岗位职责

由于旅行社大小不同、业务范围不同、门市员工构成不同等，旅行社门市接待的岗位职责也不相同。这里介绍一般旅行社门市接待的岗位职责。

1. 提供旅游咨询服务

门市接待人员的岗位职责包括向旅游者提供旅游咨询服务。在提供咨询服务时，接待人员应做到：

（1）热情接待，注意倾听旅游者提出的问题；

（2）运用自己所掌握的业务知识，耐心细致地回答旅游者的提问；

（3）根据旅游者的具体情况，因势利导地向旅游者推荐本旅行社的旅游产品；

（4）当旅游者流露出购买某种旅游产品的想法时，要积极引导其做出购买的决定；

（5）如果旅游者未表示购买本旅行社产品，仍要热情为其解答各种问题，不得流露出不满的情绪。

2. 介绍旅游产品

门市接待人员的岗位职责也包括向到访的旅游者介绍旅行社的各种旅游产品。为了做好这项工作，门市接待人员必须掌握：本旅行社的主要旅游产品的种类、价格；办理单项旅游服务的手续、费用；本地区旅游服务设施的基本概况，如客房价格、地方风味餐馆的菜肴特点及其价格、市内交通的主要运输工具种类及票价等；本地区主要旅游景点情况，如坐落地点、开放时间、主要特色、门票价格等；本地区主要娱乐场所、购物商店情况。门市接待人员还需熟悉主要旅游目的地的有关情况，包括主要旅游景点的名称、坐落地点、门票价格、开放时间；饭店、旅馆、餐馆、市内交通等旅游服务设施的类型、价格；抵离目的地的交通工具类型、价格及有关订票、乘坐、行李等方面的规定；旅游目的地国家或地方政府的有关

法律、法规、政策；旅游目的地的民俗风情、当地居民的生活习惯、宗教信仰及其对外来旅游者的态度等。

3. 销售旅游产品

当旅游者决定购买旅行社产品时，门市接待人员应抓住时机，及时为旅游者办理有关手续并借机向旅游者推荐其他相关产品，以扩大旅行社的销售收入。在销售过程中，接待人员应做到：

（1）请旅游者出示身份证件，并进行认真检查；

（2）询问旅游者支付旅游费用的方式，如果旅游者使用信用卡结算，应检查该信用卡是否失效；如果用转账支票付款，应注意检查支票的有效期限；如果旅游者支付现金，则应唱收唱付，当面点清；

（3）及时向有关旅游服务设施办理订房、订餐、订票等手续；

（4）如果旅游者到外地旅游，应及时通知目的地的旅行社做好接待准备；

（5）如果旅游者参加本旅行社的选择性旅游项目，则应通知旅行社有关部门或人员提供接待服务。

4. 处理各种文件

门市接待人员应认真整理业务过程中的各种文件，将这些文件存入相关的档案中，并妥善保存。

此外，不同的旅行社门市接待人员还涉及负责前台服务热线的接听和电话转接；对客户进行跟踪回访；收发公司邮件、报刊、传真和物品，并做好登记管理以及转递工作；机票及火车票的准确预订；负责前台区域的环境维护；保证设备（包括复印机、空调及打卡机等）安全及正常运转等相关工作。

案例 7-5

世界绝大多数的旅行社通过门市直接向旅游者销售旅游和度假产品，如今这一传统方式仍以其亲切、安全的特点被广大旅游者接受。在20世纪90年代末的法国，出现了一家名叫德格利夫的旅行社，它的知名度和营业额位居全法第二，然而，这个旅行社却有一个非常特别的地方——没有门市。

思考题：没有门市，旅行社该如何销售产品？

（二）旅行社门市接待的业务流程

基于旅行社门市的作用和门市接待的主要工作职责可以看出，做好门市接待工作是非常有必要的。对于旅行社门市而言，标准化、规范化的对客服务是其成熟的标志。只有把标准化、规范化的对客服务做好了，门市才能进一步追求个性化服务。在不同的旅行社门市中，门市接待人员的工作职能是大同小异的，旅行社的门市接待流程也大致相同。以下是一些比较标准、规范的旅行社门市的接待流程。

1. 咨询接待

当旅游咨询者到来时，旅行社门市接待人员应当转向旅游咨询者，用和蔼的眼神和亲切的微笑表示关注和欢迎，注目礼的距离以五步为宜；在旅游咨询者距离三步时就要面带微笑，并且热情地向咨询者问候："您好！欢迎光临，请问有什么可以帮助您？"旅行社门市接待人员应热情、耐心地接听、解答旅游咨询者的咨询。

2. 推介产品

当旅游咨询者进门后，若没有走到旅游线路陈列架，而是直接走向旅游咨询台时，门市接待人员应当微笑示意，并用手势引领其就座，并致以问候："您好，请问有什么可以帮助您？"询问旅游咨询者需求，出示旅游产品，简明扼要地介绍旅游产品的热点。在介绍线路时需要直接、快速地切入正题，如"请允许我来帮你介绍一下"。当旅游咨询者对某种旅游产品产生兴趣时，接待员应立即取出该产品的宣传资料递给旅游咨询者，以促进其产生联想，刺激其购买欲望。好的介绍能使接待人员掌握销售的主动权，并能刺激旅游咨询者的购物欲望。

当旅游咨询者进门后，先是走到了旅游线路陈列架，接待人员的做法则要有所不同。此时，接待人员要随时注意找机会同咨询者接触、搭话，即主动接近旅游咨询者，并掌握恰当的时机和善地向其打招呼。打招呼的最佳时机是在旅游咨询者由发现商品到观察了解之间，若搭话太早会引起旅游咨询者的戒心，甚至由于不好意思而离开柜台。

3. 办理手续

当旅游咨询者决定购买产品后，门市接待人员应与旅游咨询者签订旅游合同。签订旅游合同时，旅行社门市接待人员应详尽、如实地向游客说明行程安排、行程标准、注意事项、自费项目等，解释合同条款，提醒其仔细查看行程内所有包含项目、不含项目、自费项目等，确认行程，并填写出游人员信息，详细记录相关人员的联系方式、出游线路、出游日期、旅游人数、特别需求。如果旅游者中有老年人和儿童，则要填写老年旅游者补充协议、未成年旅游者补充协议。同时，接待人员还应提醒旅游咨询者自愿购买游客意外保险。

合同签完后，请旅游咨询者付款，向其开具收据、发票，并交与一式三份的旅游合同（客户联）、旅游告知书、保险单证等。

出行前一天，相关工作人员会通知旅游者出发时间、地点、出游准备、目的地注意事项、自费项目、送机人联系方式、导游联系方式等出团信息。提醒旅游者出发前的准备工作，包括带上个人证件、行程单、出游须知等相关物品。

知识拓展 7-2

旅游者出行前一定要与旅行社签订规范的旅游合同，在旅游合同中要明确游览景点数目、导游服务标准等，明确旅行社应承担的责任和义务。以下几个方面在签订旅游合同时需特别注意。

（一）是否提供规范性的合同文本。

（二）是否加盖单位公章。

（三）是否提供国家正式使用的银钱收据等。

（四）要明确约定合同内容。

1. 旅游合同中应包括旅游行程、旅游价格、保险金额、违约责任等基本内容。

2. 合同应对旅游线路和旅游景点、乘坐的交通工具及标准、用餐及住宿标准做出明确描述。

3. 旅游景点一项，应明确所有景点与参观的起始时间，必要时，可将旅行社广告中约定的日程作为合同附件。

4. 住宿标准一项，应注意"标准间"一词只有在星级饭店里才有具体意义，因而，当住宿的地方是一般的旅馆、招待所时，应明确约定床位数及有无卫生间、电视机、电话等住宿设施及条件。

在旅行中，双方要按合同履行自己的承诺。如果旅行社不按合同办事，如改变酒店星级、降低用餐标准、飞机改火车、卧铺变硬坐等，旅游者要将其违约事实和造成的后果真实地记录下来，尽可能保留物证，以便今后向有关部门投诉。

如果旅游者变更协议，如暂时离团、提前返回等也要事先通知旅行社，并最好达成书面协议。旅游者若擅自变更，则可能遭受旅行社的"反投诉"。

4. 售后服务

旅游结束后，门市接待人员应细心了解游客对本次旅游情况的满意度，如有质量投诉情况应及时调整，尽最大努力为游客提供一个舒适、愉快的旅游环境。

门市接待人员应建立客户档案，定期以电话、短信、登门拜访等形式回访客户，建立良好的客户沟通渠道，认真对待客户的建议，并对建议进行分析、评价、解释。

案例 7-6

2002年农历九月初九，广东飞马旅行社组织了一个夕阳红团到广西贺州玩。该旅程安排是到了贺州之后先去爬姑婆山，然后再到山下的路花温泉泡温泉，时间来回为一天。这个团的游客平均年龄在60岁左右，所以这对于飞马旅行社来说是一项艰巨的旅程。他们不仅要考虑旅客的安全，还要让旅客过上一个愉快的重阳节。在飞马旅行社周密谨慎的旅游计划安排下，这个旅程顺利结束。但这并不意味着飞马旅行社的服务结束了。九月初十，飞马旅行社负责售后服务的工作人员一一给参加旅游的游客打电话，向他们问候。顺便还咨询了游客对他们服务的有关意见，而且还寄去了节日礼物。这让游客非常地满意，觉得没花错钱。

飞马旅行社每年都会举行一次"飞马节"，旨在邀请一些有代表性的游客参加他们免费组织的持续三天的有意义的旅行，而这些游客都曾经参加过飞马旅行社组织的旅游，是飞马旅行社的老顾客。能成为这样的游客的条件是：在一年中参加飞马旅行社的次数不低于4次，且在每次旅行中的表现都是比较好的。飞马旅行社的这一举措实行以来收到了很好的效果，争取了不少的回头客，同时也引来了若干的新顾客。

飞马旅行社的服务宗旨是："顾客满意至上！尽量争取新顾客，不放过任何一位老顾客！"

思考题：飞马旅行社如何让顾客满意？

三、旅行社门市的布置

旅行社在布置门市时，有两个问题必须考虑：一要吸引和方便游客，二要方便自己的工作并提高工作效率。从这两点出发，旅行社门市的布局一般分为门市入口及等候区、接待与咨询服务区以及后勤工作区。

（一）门市入口及等候区

门市入口及等候区如同刚入户的"玄关"，是旅游者走进旅行社门市所见到的第一个区域，这个区域应该让人看上去感到非常舒服，能够让进来的旅游者产生好感并立即被吸引。同时，这个区域又应该具有较强的实用功能，比如可以在门口设立一个小取阅架，放上最新的旅游产品宣传资料以方便过往行人自由取阅；在门口可设置灯箱店招，以便夜晚吸引顾客；在门上或入户处的墙上贴上大幅、漂亮的旅游招贴画以吸引游客；摆放一套沙发或几把舒适的椅子，以供旅游者在等候门市接待人员时就座；提供一张小茶几或小桌子，上面摆放最近的旅游期刊、旅游指南或当地受欢迎的报纸等，供旅游者在等候时浏览和阅读；还应配备纸、笔、废纸篓、烟灰缸等日常办公用具，以利于接待工作；可在角落摆放一个饮水机，以方便等候的游客饮水；如能设置一个雨伞架和老花眼镜，以方便顾客需要时借用，则更显服务的周到和细腻。

在这个区域进行布局设计时，应保证门市进出通道的顺畅，等候区的位置不应设在其他人员过往的通道上，等候区摆放的桌椅不能落在刚进门的旅游者的视线前，以免使他们产生杂乱无章的印象；在入口处可配置一些精心挑选的旅游纪念品、节庆装饰物等，以烘托门市的气氛；另外，在等候区可安装一盏精致的吊灯、摆放几盆绿色植物，甚至设置一个漂亮的金鱼缸，以营造轻松、愉悦的氛围。

（二）接待与咨询服务区

接待与咨询服务区是旅行社门市的核心区域，必须让顾客看上去感到心情愉快，并产生这里的工作效率极高的心理感觉；而且这个区域的布局应考虑如何更好地提高工作人员的效率，使其更方便和愉悦地工作。

该区域的布局可参考以下建议：墙上醒目处悬挂张贴门市部营业执照和门市部管理及业务操作规程等，让游客产生正规、可靠的印象；要为每位接待员提供一小块各自使用的工作区域，工作人员的座位不能过于拥挤，否则无法保证较高的工作效率；如条件允许，可在各个接待员的工作区域之间设置隔断玻璃，既保证他们在工作时不会受到干扰，又能兼顾视线畅通和采光；接待员的办公桌一般都应朝入口及等候区摆放，使接待员面对门市的入口，随时可以看到并及时接待走进来的旅游者；办公桌的前面应摆放一两把舒适的椅子，供旅游者咨询时就座；这个区域内还应配备电脑、直拨电话、收银机、计算器、纸、笔等必要的办公用具，以利于接待工作的开展；还可整齐摆放一些期刊架，上面摆放最近的旅游杂志、旅游目的地介绍、宣传册等；还可在桌上摆放小型绿色植物，用以调节气氛。

（三）后勤工作区

后勤工作区一般不对外开放，除了特殊情况外，不应让旅游者进入这个区域。后勤工作区一般由以下部分构成：部门经理办公室、杂物间和卫生间等。门市应该设立部门经理办公室，在该办公室里，部门经理可以接待特殊顾客（如有特殊要求或提出投诉的旅游者），出纳人员和会计人员可以处理财务，部门后勤人员可以处理复印、打印、文件存档等工作。通常，部门经理办公室内除了有关工作人员的办公桌椅和接待旅游者的椅子外，还应配备电脑、直拨电话、复印机、传真机、保险箱、档案柜等设备。杂物间主要的功能就是用于存放各种资料和暂时不用的设备等,比如旅行社的旅游产品目录、宣传册等各种宣传资料,游客登记表、旅游合同等各种表格,以及存档的相关法律法规文件、旅行社内部的文件等资料,所以这一区域应配置文件架、文件柜等设备。出于消防安全的考虑,还应配备手提灭火器。杂物间平时不常用,可以锁起来的。旅行社门市部应设有卫生间,并注意日常的清扫和消毒,保证其干净、卫生,以方便旅游者和工作人员使用。

四、旅行社门市接待人员的素质

门市布置固然重要,但是旅游者最终是否购买产品,往往取决于门市接待人员的素质。因而,门市接待人员的素质是做好门市接待人工作的最重要部分。门市接待人员应具备以下素质。

(一)予人良好印象的能力

门市接待人员的服务给顾客留下的印象,会成为其选择签约的一个重要因素。门市接待人员可以通过修饰自己的形象、提高业务知识水平和能力,提供真诚的服务,给顾客留下良好的印象。

(二)情绪控制的能力

旅行社行业作为服务行业,需要接待员具备强烈的服务意识,对于每一位进店的顾客无论男女老幼都要热情接待,对于顾客提出的挑衅性问话,要忍耐谦让,让顾客高兴而来满意而归。

(三)沟通表达的能力

与顾客交谈时,清楚地表达自己的意见是门市接待人员开展工作的基础,要能随机应变,当一位好的聆听者。每个门市接待人员都要了解旅游行程及景区,才能像刘兰芳说评书一样,绘声绘色,打动游客的心。

(四)具有高品质的专业能力

要赢得顾客信赖,了解专业知识也是重要方面。一名好的门市接待人员要在导游、计调、外联等岗位全面锻炼,在压力下冷静地思考和回应问题,从而达到以一人抵三人的效果。一个门市与其用五六个一般水平的接待人员,不如用两三个优秀的高水平接待人员,只有这样才能确保门市营运任务的完成。

因此,作为一名优秀的门市接待人员应具有良好的学习能力,记住更多的事情和细节。优秀的门市接待人员应具有的专业能力有下列四点。

1. 精通旅游产品知识

门市接待人员首先应具备的业务素质是精通旅游产品知识,熟悉产品的内容及在什么时间段、以什么价格能够获得这些旅游产品。另外,门市接待人员还应该能够准确地判断各种旅游产品的质量,并能清楚地了解产品的哪些特色能够满足哪些旅游者的需要。

2. 理解旅游者的需求

门市接待人员必须能够深刻地理解旅游者的需求。为了做到这一点,门市接待人员必须具备良好的提问能力和倾听能力,能够从旅游者的回答中抓住问题的实质,发现旅游者的真正旅游需求。

3. 善于推销旅游产品

门市接待人员必须具备较强的产品推销能力，在旅游者的咨询过程中，积极主动地向旅游者介绍本旅行社的旅游产品，并善于抓住稍纵即逝的机会引导旅游者购买。

4. 具有较高的文字水平

在旅行社门市接待过程中，接待人员除了回答旅游者提出的各种问题并提供咨询意见和建议外，还要填写各种表册和起草各种业务文件。因此，门市接待人员应具有较高的文字水平。

五、旅行社门市接待人员销售的一般技巧

（一）旅行社门市面对面销售的技巧

旅行社门市面对面销售时的一般技巧有以下几种。

1. 直接建议法

当顾客对旅游产品没有什么想法时，接待人员可以直接建议顾客购买其产品。例如，"春节黄金周后去海南，最合适不过了。这时候海南的天气比较暖和，黄金周后海南也不拥挤了；节后价格大大跳水了，比黄金周便宜了1 000多元呢！你看我现在帮你报名怎么样？"

2. 二选一法则

二选一法则代表的是一种必胜的信念，一种绝对成交、不达目的誓不罢休的态度。

接待人员不要问"你要不要买"，而是要做一个名副其实的"旅游专家"，帮助潜在的旅游者做决定。这时接待人员就可以采用二选一法则，即以顾客购买为前提，询问顾客买哪种旅游产品，而不是让顾客在买与不买之间进行选择，应该问："你喜欢A旅游线路还是B旅游线路？"

3. 化短为长法

当顾客面对产品的几个缺点犹豫不决时，接待人员应能够将旅游产品的长处列举出来，使顾客感到长处多于短处，这样就能加强顾客对旅游产品的信任。

4. 有限数量或者期限

接待人员一定要明确产品数量的有限性、时间的有限性的意义，即让顾客感到错过机会就很难再买到、让顾客坚定决心购买。顾客知道产品数量有限或者时间有限之后，会担心错过，并进而产生此时不买更待何时的急切心理。例如，节假日期间促销、折扣、特价等。运用此法顾客会感到若不下决心购买，以后不是买不到，就是价格上涨。接待人员通过煽情的语言加大促销力度，就会进一步加强顾客的购买急迫感，从而有助于交易的成功。

5. 印证法

当顾客对旅游产品的个别问题持有疑虑，迟迟不愿做出购买决定时，接待人员可介绍其他旅游者对该旅游产品的评价和满意程度，来印证接待人员的介绍，消除顾客下不了决心购买产品的顾虑。但一定要让顾客感受到接待人员的真诚，而不应感到这是强行推销。

6. 假设式结束法

假设式结束法是指旅行社门市的接待人员直接假定旅游咨询者已经购买了本公司的旅游产品，所做的只是帮助旅游咨询者对旅游产品的介绍。例如，针对一位想去海南避寒的旅游者咨询时，接待人员说："这个季节去海南最适合了，我们这里只有几度，没有暖气，不穿

厚衣没法过。但是海南的白天有二十多度，不用带厚衣服，还可以带泳衣到海边游泳，晒着海边的太阳，舒服多了……"这样的谈话，轻松愉快，似乎不是在做交易，而是像朋友之间在闲聊，相互间的距离也缩短了，增大销售成功的机会。

7. 邀请式结束法

邀请式结束法是指旅行社销售人员不停地询问旅游咨询者关于旅行社旅游产品的意见，并且引导旅游咨询者不断地赞同门市销售人员的意见，从而加强旅游咨询者对旅游产品的认可。采用邀请式结束法常用的表述是先表示肯定，然后再征询旅游咨询者的意见。以下都是属于邀请式结束法的语句：

"这里的景色真的非常值得欣赏，您觉得呢？"

"这条线路真的很适合您，您觉得呢？"

"这条线路现在去真的很合适，您觉得呢？"

旅行社门市面对面销售时应注意以下问题。

首先，礼貌与着装。待客接物的基础就是礼节礼貌，由于接待人员与顾客是面对面地直接沟通，所以应注意自身的言谈举止，注意使用礼貌用语，自觉树立、维护和宣传旅行社的形象。另外，接待人员着装要整齐，男士不得穿背心、短裤、拖鞋；女士应化淡妆，不得穿过透、过短的奇装异服，接待人员应一律配证上岗。

其次，目光与微笑。人与人相见接触往往开始于目光的交流，在两个陌生人相遇的几秒钟之内，肯定都是在打量和寻找对方的"基本语言和行为特点"，由此可以得出彼此的总体印象和感觉。而作为一个接待人员，他的真诚微笑是一种身体语言，应当给顾客传递这样的积极信息：我就是您要找的人！所谓"面带真诚笑，客人跑不掉"，讲的就是这个道理。

再次，自我介绍。接待人员向顾客进行自我介绍将会增加对方的亲切感和信任感。但是要注意方式方法，只有在与顾客目光接触结束之后，并在顾客愿意接受业务咨询的情况下，才可以向顾客进行自我介绍，比较规范的做法是主动向顾客递出名片。递名片时要站起身来，双手递出名片的同时报出自己的单位、姓名、职务、职责等；在接受对方名片时，应该双手接过，并且仔细看过名片后再收入名片夹，以示礼貌和尊重。

最后，签订合同。如果旅游产品能满足顾客的需要，在经过业务洽谈和讨价还价后，在双方同意的情况下，由接待人员与顾客签订旅游合同，顾客按规定交纳旅游费用。这个环节表明交易达成，但要求接待人员熟悉有关法律法规，懂得如何代表旅行社签订合同。

（二）旅行社门市电话销售技巧

在旅行社的营销过程中，旅行社接待人员不可避免地需要主动打业务电话给潜在客户，开展销售工作。电话营销凭借省时、省力、高效的特点，正成为信息时代重要的沟通和营销工具，然而，如何更好地利用这一工具，却是众多旅行社管理人员与接待人员平时未加重视的。

现在的旅行社销售中，电话销售占有一定的比率，因而，旅行社接待人员须掌握一定的电话销售技巧。

1. 旅行社电话销售通话前期准备技巧

打电话之前，接待人员必须对潜在客户有一定的了解，包括单位基本情况、负责人信息、大体需求等，从而确认哪些客户是有可能也有必要争取的，即确定有效潜在客户范围。接待人员开始运用电话营销手段和客户沟通之前，应该先做好一些必要的准备工作。

（1）必须养成及时解决问题的习惯。

销售其实和其他任何事情一样，只要当事者愿意，就可以一直拖下去。电话销售人员总可以告诉自己，等待一个更有利的机会，或者是一段更好的时间。因而，旅行社的接待人员首先必须养成及时解决问题的习惯。

（2）要端正自己的定位。

电话营销的优势之一，在于利用信息渠道，常常能够绕过前台、中层管理者等中间环节，直达客户单位的高层。因而，旅行社电话接待人员在打电话之前，首先要端正自己的定位。一个成熟的旅行社电话接待人员，其在通话中的态度，应是得体而不卑不亢的，要向客户无形中传递这样一个信息：我正代表旅行社和您探讨，给您提供接待方案，因而彼此是平等的。

（3）要有强烈的转折点意识。

旅行社接待人员在每一通电话前都必须认识到，所拨打的这通电话很可能就是自己工作现状的转折点甚至是一生的转折点。有了这种想法之后，旅行社接待人员才可能对所拨打的每一通电话都有一个正确的态度，旅行社接待人员的内心也才会有一种向往成功的积极动力。

（4）要进行良好的心态调节。

成功的电话，其宾主沟通的氛围一定是轻松愉快的，这固然取决于旅行社接待人员和客户的关系，但更多却在于旅行社接待人员打电话时的心态，因而在打电话前应自我调适，带着轻松幽默的心情拨通电话或者接听电话。

（5）要做好硬件方面的准备工作。

旅行社接待人员应该将电话机摆放在自己的左前方，尽管很多人可以用右手握话筒，但是很少人可以用左手写字。通话过程中随时进行记录是很必要的，有时候甚至有必要让客户知道自己是在做记录。旅行社接待人员应至少准备好便笺、两种颜色的笔和一个简单明确的表格。

2. 旅行社呼出电话销售技巧

一个好的旅行社接待人员在呼出电话之前，应该进行的必要准备如下。

（1）准备好一份尽可能同质的呼叫客户名单。

列出若干个没有拜访过的潜在客户或拜访过的有意向客户，并准备相应的资料。列出名单后，旅行社接待人员就应该在一定时间内专注于对这份名单进行电话拜访，中途尽量不要让其他事务干扰自己，如接待客户、寻找资料等。旅行社接待人员必须给自己确定一个计划，如在和 A 中学的校长电话结束后，立即拨通 B 中学总务处主任的电话，再往后是某民办学校负责接待工作的人事助理……不要让自己停下来，因为对于这份名单上的客户，呼出电话中有很多措辞其实是相近的，甚至有可能接待人员向他们介绍的是旅行社的同一条线路和产品。根据生物体自然学习的渐进规律，在 3 个类似措辞的电话之后，再笨拙的人都会变得对答如流。

(2) 每通电话前先把要表达的内容要点准备好。

接待人员应将准备表达的要点先在脑海中过一遍，而且写下来。这样才能在接通电话后不至于因为紧张或者是兴奋而一时忘了自己要讲的内容。另外，和旅行社的客户沟通时，针对客户"命门"的措辞、关键话语，都应该有所准备。必要的话，与旅行社的其他同事提前进行对练，以达到最佳状态。

(3) 一定要争取直达负责人。

电话销售最大的优势，就在于绕过了很多中间环节，直达负责人。这就需要旅行社接待人员在拨通电话后运用一定的技巧尽快和想找的负责人直接通话。

(4) 控制好开场白。

国外心理学家发现，对于电话销售来说，呼出电话的最初15秒是最重要的。在这15秒内，如果旅行社接待人员不能以最有效的方式迅速打动对方，让他判断出这通电话是否值得听下去，就有可能中断这次通话。如果首个电话没有能够引起客户兴趣，下次失败的概率也非常高。因此，接待人员在拨通陌生电话之前都必须经过认真研究，找出该客户可能的突破点。

(5) 让客户认同自己。

有人曾说过，卖产品不如卖自己。一般旅行社接待人员最容易犯的一个错误就是过分夸大本旅行社的优点。在买方经济时代，一味地做"王婆"，已经很难赢得客户了。因而，旅行社接待人员首先需要在客户的心中树立良好的个人形象。

(6) 掌握好报价技巧。

价格是销售能否成功的重要因素，但并不是最重要的因素。接待人员的工作就是向客户解释本旅行社提供的各种服务的价值，接待人员的责任就在于沟通，让客户知道物有所值。在报价上有个小技巧，即尽量先报高价产品及主要产品；在客户提出价格问题后，再提供较低标准的一系列情况，形成对比。

(7) 做一名称职的倾听者。

电话销售的目的就是主动向客人推销，因此接待人员的讲话在通话中占主要地位。优秀的旅行社接待人员总是能十分敏感地倾听对方的语气变化，并随时记录。当客户有反对意见时，千万不要直接否定对方，正确的做法是认真倾听。倾听可以让接待人员更好地掌握客户的情况，倾听后，再针对客户的反对意见，从客户角度实际地加以分析，提供自己的解决建议。

(8) 体现利益共享。

成功的电话销售就是一次成功的合作。在这个合作过程中，重要的绝不仅是接待人员成功地销售出产品，而是让对方也能有所收获，即所谓"双赢"的结局。可以让客户感到接待人员是在为他着想，也能够获得一些收益。旅行社所能提供的服务是多样的，接待人员应自觉地设法推销额外的或附加值高的产品及服务，并形成自己的特色，必要的时候不妨出让一些利益给客户。

3. 旅行社呼入电话销售技巧

呼入电话的主导权在客户手中，再加上旅行社接待人员接听电话时的心情、环境等因素都不可预料，所以呼入电话比呼出电话对旅行社接待人员的要求更高。具体而言，旅行社接待人员在接听呼入电话时应该注意以下准备要点。

(1) 要加强对旅行社产品的了解。

旅行社接待人员应该尽可能熟悉本旅行社的产品，尤其是最近旅行社主推的重点产品，做到对来电中潜在客户提出的每个问题都能马上做出专业的回答，这是在客户心中树立形象的首要条件。另外，对同一城市其他竞争性旅行社的相关产品与价格等，尤其是与本旅行社产品的区别等，也应该有所了解。

(2) 需调整好心态摆正位置。

一句亲切的电话问候语"您好！某某旅行社！"有助于提升客户的第一印象。问候语过后，要尽快弄清客户的来电目的，一般来说，客户致电旅行社时，内心的想法还没有成熟，需要的是一个可以针对他的情况提出建议的旅游专家；甚至还有一种情况，就是电话打过来是想要投诉，因而旅行社接待人员接听电话前必须调整心态和摆正自己的位置，这样才能够对客户做出合适的引导。

(3) 要把握好正确接听电话的时机。

接听电话的最佳时机是在电话铃第二次响完之后。如果在第一声铃响就接电话，会让客户感觉旅行社很想做成这笔生意，从而增加客户讨价还价的砝码；而如果在电话铃响超过三声后再接听电话，又会让人久等，这种情况就应该向对方致歉。

(4) 要时刻做好记录准备。

在接听呼入电话的时候，旅行社接待人员应该不断重复客户的谈话要点，做好记录，给客户更好的引导。在呼入电话结束后，需要马上整理记录内容，录入客户管理资料，为以后的呼出电话做准备。切不可将客户的来电内容概括成一张表格后，就放在一边。譬如，一个客户在晚报上看到了 A 旅行社的"夏日黄金海岸风情"情侣旅游广告，来电咨询后，最后与妻子一起成行；之后，旅行社接待人员利用呼入电话中记录的资料，对该客户进行持续跟进，利用邮寄小纪念品、节日发送短信、每个季度的电话跟进等和客户保持良好的联系，当下一次旅行社推出"亲子旅游"产品时，就极有可能再次合作。

最后必须说明，旅行社的电话销售不能完全替代面对面的销售。电话营销作为一种销售方式，更多的是在扮演这么一个角色——加速引导客户与门市接待人员面谈。

本章小结

旅行社产品的销售渠道可分为直接销售渠道和间接销售渠道。间接销售渠道是旅行社通过中间商将产品销售给旅游者的一种销售方法。间接销售渠道策略有广泛性销售渠道策略、专营性销售渠道策略和选择性销售渠道策略三种。旅行社应按一定标准正确选择旅游中间商，做好旅游中间商的日常管理。旅行社常用的促销方法有广告促销、直接促销、营业推广、旅行社公共关系四种类型。广告是旅行社促销中使用最频繁、最广泛的种促销手段。直接促销是指旅行社通过直接与旅游中间商或潜在消费者进行接触来推动旅行社产品销售的过程。营业推广是为了谋求产品在较短的时间段有较大的销量的一种手段。旅行社公共关系主要有新闻界媒体公关和社会公众公关两大类。旅行社门市接待的业务流程为咨询接待、推介产品、办理手续、售后服务四个环节。旅行社门市面对面销售的一般技巧有直接建议法、二选一法则、化短为长法、有限数量或者期限、印证法、假设式结束法、邀请式结束法等。

复习思考题

1. 什么是旅行社的直接销售渠道？什么是旅行社的间接销售渠道？其优缺点各是什么？
2. 间接销售渠道策略有哪几种？
3. 旅行社如何正确选择旅游中间商？
4. 旅行社如何做好旅游中间商的日常管理？
5. 解释旅行社促销的概念，并说明促销对旅行社经营所起的作用。
6. 旅行社促销的方法有哪几种？其优缺点各是什么？
7. 什么是公共关系？什么是营业推广？
8. 旅行社门市接待的岗位职责是什么？
9. 旅行社门市接待人员应具备哪些素质？

第八章

旅行社人力资源管理

学习目标

通过本章的学习，了解旅行社人力资源管理的内涵和内容，熟悉我国人力资源管理的现状；掌握旅行社人力资源规划的内容和制定程序；理解旅行社员工招聘的途径和招聘的程序；了解旅行社员工培训的意义和内容，掌握员工培训的方式和方法；熟悉旅行社激励机制。

导入案例

2004年4月，上海市新华旅行社华东部总经理上任的第一天，碰到了几件令其措手不及的事。首先，早上刚上班，就收到五份辞职书，是华东部业务经理姜海敏及其直接下属集体辞职。其次，接到来自沈阳一位老朋友（沈阳的一家旅行社经理）的电话，询问为什么发给新华旅行社的团让给虹桥旅行社了。总经理感到诧异，来到业务办公室，发现空无一人，打开电脑，发现所有业务信息已经全部被删除。随后，从另一业务伙伴处得知，原业务部的五名员工全部跳槽虹桥旅行社了。

2008年七八月，中国青年旅行社总社欧美部的10余名业务骨干，未经批准及办理有关手续，便集体跳槽加入了中国旅行社总社，中国旅行社总社将这些人组建成中旅欧美二部，致使中国青年旅行社的国外客户在一周的时间内纷纷以种种理由取消了原定于8月至12月的旅游团队151个，占原定队总数的2/3。此举使中国青年旅行社减少计划收入2 000多万元，并损失经营利润300多万元。继"青旅"和"中旅"纠纷后，2008年后又发生"中远"人员跳到"民间"、"国旅"人员跳到"青旅"等事件。

思考题：旅行社员工为什么辞职或跳槽？旅行社如何留住员工？

第一节　旅行社人力资源管理概述

一、旅行社人力资源概述

随着知识经济时代的到来和新一轮国际竞争的日趋激烈，人才成为企业发展的关键因素，谁拥有高素质的综合性人才，谁就有了对未来经济发展的主动权和竞争力。在现今激烈的旅行社市场竞争中，员工队伍的素质高低决定着旅行社竞争的成败。因此，做好旅行社的人力资源管理，对旅行社的发展起到了决定性的作用。

(一) 旅行社人力资源的概念和特点

1. 旅行社人力资源的概念

人力资源（简称 HR）指在一个国家或地区中，处于劳动年龄、未到劳动年龄和超过劳动年龄但具有劳动能力的人口之和。人力资源也可表述为一个国家或地区的总人口中减去丧失劳动能力的人口之后的人口。人力资源也指一定时期内组织中的人所拥有的能够为企业所用，且对价值创造起贡献作用的教育、能力、技能、经验、体力等的总称。狭义来讲，人力资源就是企事业单位、独立的经营团体所需人员具备的能力。

旅行社人力资源是指能够推动旅行社发展和实现旅行社预期经营目标，具备旅行社需要的劳动能力的旅行社现岗人员和潜在人员的总和。

旅行社的现岗人员主要由管理人员、业务人员两大部门构成。管理人员是由总经理、副总经理、部门经理、主管人员等构成的，负责旅行社的各项管理工作；业务人员是由导游、外联人员、计调人员、财务人员等构成的，他们分别负责实地接待、营销、计调、财务核算等工作。

2. 旅行社人力资源的特点

旅行社的人力资源不仅在其全部资源中所占比重大，而且在其经营中所创造的效益也超过其他资源所创造的效益。与其他旅游企业相比，旅行社的人力资源在推动企业发展和实现企业预期经营目标方面所发挥的作用更为突出。旅行社人力资源的特点为以下几点。

(1) 创造性。

旅行社的业务以旅游者为服务对象，必须针对旅游者追求新、特、异的消费特点，提供具有新颖、奇特创意和功能的产品，才能够满足旅游者不断变化的消费需求，在竞争激烈的市场环境中得以生存和发展。另外，旅行社是一个以人力资源为主要资源的企业，人力资本在其资产构成中所占比重很大，其经营管理人员与业务人员是否具备较强的创造性，对于旅行社的经营和发展具有重要意义。正是这些因素导致了旅行社的人力资源具有明显的创造性。

(2) 主动性。

多数国家或地区的旅行社行业属于零散型行业，即行业内有许多旅行社在竞争，但没有任何一家旅行社占有显著的市场份额，也没有任何一家旅行社对整个行业的发展具有重大的影响。即便在少数旅游发达国家（如德国、美国、英国），尽管一些大型旅行社已经形成了较大的企业集团，但是同其他行业的大型企业集团相比，企业的规模仍然较小，企业的经营实力仍相对较弱。旅行社规模小、实力弱、经营分散的现状,导致旅行社的抗风险能力普遍较差。因此,旅行社必须比其他行业的企业更加积极主动地抢抓市场机遇,在激烈的竞争中发展壮大,从而增强其抗风险的能力,提高企业的经营效果。对于旅行社来说,任何因循守旧、不思进取、盲目乐观和故步自封的经营思想和经营人员都是致命的缺陷,将导致旅行社无法继续生存。然而,旅行社的恶劣生存条件也造就了大批具有较强的主动性和进取意识的经营管理人员和业务人员。

(3) 独立性。

旅行社业务的一个突出特点是独立性,即由某一位员工单独实施和完成某一项产品的销售、旅游服务采购或旅游接待任务。尽管旅行社制定了各种请示汇报的制度,但是,由于旅行社的许多业务活动必须现场完成(如旅行社产品信息的咨询),或者导游需要远离旅行社所在地带领旅游团在外地进行游览观光,所以必须授予从事这些工作的员工一定的现场处置权力,允许他们"先斩后奏",当场决定,事后再向有关领导汇报。旅行社的这种工作性质导致其员工比其他旅游企业的员工(如饭店的服务员)具有更强的独立性。

(4) 流动性。

旅行社行业属于入行门槛和技术要求较低的行业,从而造成行业内的企业数量众多,并产生了对旅行社专业人员的大量需求。旅行社产品同质化现象比较突出,业务流程大同小异,旅行社员工能够相对容易地掌握操作规范,这也造成员工"这家旅行社出,那家旅行社进",流动非常频繁,所以旅行社人力资源的流动性较大。旅行社人力资源流动性大的特点既给旅行社及时招聘所需人才提供了良好机遇,也向旅行社提出了如何保留和吸引优秀人才的严峻挑战。

(5) 知识性。

旅行社是知识密集型企业,不仅导游需要掌握较多的知识和接受较高层次的教育、具有较高的文化修养,而且其他工作人员如产品开发人员、销售人员、财务人员等都必须具备较高层次的知识水平,接受过专业教育。据有关资料显示,各个旅游行业中,旅行社行业的员工平均受教育的程度和知识层次均名列前茅。

(二) 旅行社人力资源的构成

旅行社人力资源构成按不同的标准,可以划分成不同类型。

(1) 按工种的不同,旅行社人力资源由营销人员、接待人员、计调人员、财务人员、车队等构成。

(2) 按岗位的不同,旅行社人力资源由董事长(法人)、总经理、营销员、导游、计调员、会计、出纳、文员、驾驶员等构成。

(3) 按职责和工作对象构建的垂直结构不同,旅行社人力资源由决策层、管理层和作业层三个层面构成。

旅行社人力资源的工种全、岗位多、工作场所变化大,因而旅行社人力资源管理应分级管理、分类考核,努力避免随意性,进行科学管理。

(三) 中国旅行社人力资源现状

在旅游业快速发展的背景下,中国旅行社行业人力资源有了长足发展,目前旅行社人力资源现状如下。

1. 旅行社人力资源总量增加较快且较为充足

截至 2016 年年初，全国旅行社总数为 27 621 家，全国旅行社直接从业人员 334 030 人，其中大专以上学历 244 112 人，签订劳动合同的导游人数 111 903 人，领队人员 45 503 人。

旅行社后备人才充足，全国共有高等旅游院校及开设旅游系（专业）的普通高等院校 1 690 所，在校学生 44.04 万人；中等职业学校 924 所，在校学生 23.2 万人。两项合计，旅游院校总数 2 614 所，在校学生为 67.24 万人。

将旅行社直接从业人员与旅游院校在校生数量加总，目前，我国旅行社人力资源总量已经能够满足旅行社的需要。

2. 旅行社从业人员整体素质偏低

从知识结构看，我国旅行社从业人员的学历偏低，在导游中表现得更为明显。导游队伍中，中专及以下学历者占比超过 40%，大专学历者约占 40%，本科及以上学历者占比不到 20%。外语类导游的学历比中文类导游稍高一些，但大专及以下学历仍占 50% 左右。造成这种现象的原因之一是从高等院校旅游专业本科及本科以上的毕业生很少在旅游行业就业。有研究表明，历年来旅游管理专业本科毕业生在行业内的就业率一般在 10%~20%，两年后仍留在行业内工作的不到 20%。目前全国旅游管理专业每年毕业的本科毕业生有 10 余万人，那么按照上面的就业比例推算，每年进入旅游行业的旅游专业本科毕业生大约 2 万人，两年后，继续在旅游行业工作的只剩下 4 000 人左右，除去星级酒店会留下一部分人才外，能留在旅行社的高学历旅游人才就少之又少。旅行社吸引不到高学历人才，也留不住高学历人才，其原因有：一是在旅行社工作，员工的收入相对比其他行业低；二是旅行社提供的工作多属于技能型岗位，不仅单调，而且工作强度大，工作时间长；三是在旅行社工作，晋升机会少，缺乏成就感和归属感。

随着我国旅游业的发展，旅游者的需求更加个性化，他们从被动的服从者转为主动的参与者，要求享受到更高质量的旅游服务，这种个性需求反映了现代旅游者对传统的模式化旅游方式的厌倦。旅行社从业人员素质偏低，已不能适应旅游者越来越个性化的需求，从业人员队伍素质成为制约产业发展的薄弱环节，因而应采取各种措施提高从业人员素质。

3. 高层次的管理人才和专业技术人才缺乏

总体来看，目前我国旅行社的各类专业技术人员、旅行社职业经理人、旅行社营销人才、人力资源管理人才等远远不能满足旅行社自身及我国旅游业的发展需要。特别是近年来，随着我国入境旅游业务的不断扩展和出境旅游业务的迅猛发展，通晓外语、能够熟练掌握出境游业务的经理人才，以及擅长同外国领事馆打交道、在异国有迅速处理突发事件能力的高端旅游专才难觅是业内不争的事实。而在庞大的导游队伍中，持中级、高级和特级证者所占比例极低，不到 4%，外语导游缺口很大。在旅游旺季，导游就很紧张，特别是多语种、小语种导游缺口很大。很多旅行社只能临时请某些外语人才来应付，但请来的这些"兼职"导游大多数没有导游经验，只能担任随团翻译人员，还需要配备一个真正的导游，两人合作才能完成一个团队的正常行程。

4. 旅行社从业人员服务质量有待提高

旅行社近三分之一的从业人员是导游，而许多导游没有把旅游工作当成是终身的职业，只是想趁年轻时多出去玩玩，顺便赚些钱。一直以来，我国导游队伍年轻化的特点尤为突出，30岁以下的导游占整个导游队伍的70%。年轻的导游业务经验不丰富，知识积累不扎实，又缺乏带团经验和讲解技巧，因而服务质量很难保证。另外，不少旅行社对从业人员只管使用、消费而忽视培训，也造成了从业人员素质长期偏低、服务质量差，再加上低价竞争，致使旅行社行业一直处于盲目、低效、混乱无序的状况，整个旅行社行业不健康发展。

5. 旅行社人才流失严重

对一个旅行社来说，能否吸引并留住人才，将直接影响到旅行社的生存和发展。旅行社行业间的人员流动现象突出。在其他行业，正常的人员流失一般在5%~10%，而旅行社员工的流失率竟高达20%。原国家旅游局人教司曾经对旅行社人力资源调查的统计数据显示，在持证导游中，目前已不再从事导游工作的有65 471人，占33.2%。其中，资格导游的流失率为45.3%，初级导游的流失率为6.4%，中级导游的流失率为14.6%，高级导游的流失率为10.1%，特级导游的流失率为37%。人才流失不仅带走了旅行社的无形资产，对旅行社形象造成重大影响，使客户对旅行社的信任度下降，中断旅行社与某些合作单位的协作关系；而且还会造成旅行社内部混乱，影响其他员工的心理，挫伤团队士气。此外，旅行社人才流失产生的置换成本也很高。

二、旅行社人力资源管理的概念、意义和内容

（一）旅行社人力资源管理的概念

人力资源管理是指根据企业发展战略的要求，有计划地对人力资源进行合理配置，通过对企业中员工的招聘、培训、使用、考核、激励等一系列过程，调动员工的积极性，发挥员工的潜能，为企业创造价值，给企业带来效益。即企业运用现代管理方法，对人力资源的获取（选人）、开发（育人）、保持（留人）和利用（用人）等方面所进行的计划、组织、指挥、控制和协调等一系列活动，最终达到实现企业发展目标的一种管理行为。

将人力资源管理的理论和方法运用到旅行社，则旅行社人力资源管理的概念可以归纳为：根据旅行社发展的要求，有计划地对人力资源进行合理配置，通过对员工的招聘、培训、使用、考核、激励等一系列过程，实现企业利润。为确保企业目标的实现，要有相应的管理活动，这些活动主要包括人力资源工作规划、招聘与配置、培训与开发、绩效管理、薪酬与福利、劳动关系等。

（二）旅行社人力资源管理的意义

一般来讲，旅行社的竞争优势来源于四种资源：资金、物质、人力和组织能力，而其中的人力资源是旅行社所有资源中最具活力、最具创造性的资源。因而，旅行社人力资源管理在旅行社管理中具有十分重要的意义。

第一，加强人力资源管理不仅能使旅行社实现企业目标，也能使员工实现个人目标，即在实现组织目标的同时实现员工个人的全面发展。

第二，加强人力资源管理能保证旅行社对人力资源的需求得到最大限度的满足，能吸引、留住人才，进而保证旅行社的稳定和发展。

第三，加强人力资源管理能调动旅行社员工的积极性，提高劳动生产率。旅行社中的员

工有思想、有感情、有尊严，这就决定了旅行社人力资源管理必须设法为劳动者创造一个适合的劳动环境，使他们乐于工作，并能积极主动地把个人劳动潜力和智慧发挥出来，为旅行社创造出更有效的生产经营成果。不断改进工作，从而达到提高劳动生产率的目的。加强人力资源管理是员工自我价值实现的需要。

第四，加强人力资源管理能建立良好的企业文化。企业文化是旅行社发展的凝聚剂和催化剂，对员工具有导向、凝聚和激励作用。优秀的企业文化可以增进旅行社员工的团结和友爱，减少教育和培训经费，降低管理成本和运营风险，并最终使企业获取巨额利润。

（三）旅行社人力资源管理的内容

旅行社人力资源管理的内容很多，主要包括人力资源规划、招聘、培训、薪酬管理、绩效管理、劳动关系管理等。

1. 旅行社人力资源规划

旅行社人力资源规划是使旅行社稳定地拥有一定质量和必要数量的人力，以实现包括个人利益在内的组织目标而拟订的一套措施，从而求得人员需求量和人员拥有量之间在旅行社未来发展过程中的相互匹配。旅行社应为适应内、外部环境的变化，依据企业总体发展战略，并充分考虑员工的期望而制定旅行社人力资源规划。旅行社人力资源规划是企业人力资源管理活动的重要指南。

2. 旅行社招聘

招聘是人力资源管理核心业务的首要环节，它是旅行社不断从组织外部吸纳人力资源的过程，它能保证组织源源不断的人力资源需求；旅行社招聘要按照旅行社人力资源规划的要求把优秀、合适的人招聘进企业，把合适的人放在合适的岗位。

3. 旅行社培训

培训是旅行社人力资源开发的重要手段，它包括对员工的知识、技能、心理素质等各方面的培训，是旅行社提升员工素质的重要保障。旅行社通过对员工学习、训导的手段，提高员工的工作能力、知识水平和潜能发挥，最大限度地使员工的个人素质与工作需求相匹配，进而促进员工现在和将来的工作绩效的提高。

4. 旅行社薪酬管理

薪酬管理是旅行社人力资源管理的一个极为重要的方面，它主要包括薪酬制度与结构的设计、员工薪酬的计算与水平的调整、薪酬支付等内容，它是旅行社对员工实施物质激励的重要手段。

5. 旅行社绩效管理

旅行社绩效考核是指运用科学的方法和标准对员工完成工作数量、质量、效率及员工行为模式等方面的综合评价，从而进行相应的薪酬激励、人事晋升激励或者岗位调整，绩效考核是实施员工激励的重要基础。从内涵上说，绩效考核就是对人及其工作状况进行评价，通过评价体现人在组织中的相对价值或贡献程度。从外延上来讲，绩效考核就是有目的、有组织地对日常工作中的人进行观察、记录、分析和评价。通过绩效考核来考察员工的工作态度、工作能力、工作业绩等。

6. 旅行社劳动关系管理

员工一旦被组织聘用，就与组织形成了雇用与被雇用、相互依存的劳资关系，为了保护双方的合法权益，有必要就员工的工资、福利、工作条件和环境等事宜达成一定协议，签订劳动合同。员工和旅行社在劳动过程中建立的社会经济关系，应进行劳动关系管理。

三、中国旅行社人力资源管理的现状

近些年来，中国旅行社行业人力资源管理工作已取得一定成效，初步形成了一支与旅游业发展较为适应的、门类较为齐全、结构较为合理的人力资源队伍，为我国旅游业发展提供了一定的动力。但旅行社人力资源管理还存在一定问题。

（一）旅行社人力资源管理观念滞后，机构设置不完善

中国大部分的旅行社人力资源管理意识较为薄弱。在多数旅行社中，没有设立专门的人力资源管理部门，人事事务仅由办公室代为处理；对人力资源管理的认识也仅仅停留在员工招聘、简单培训和工资待遇及劳动合同等方面，很少涉及职业系统培训；有些旅行社口头上说尊重人才，实际上却更加相信经验，对知识和人才缺少强烈的需求。有些旅行社虽然认识到了人才的重要性，但很少在人力资源管理方面下功夫，或只是把重点放在待遇的提高方面，不能把人才管理与旅行社的发展真正联系起来。

（二）旅行社人力资源管理制度简单化

相对于其他类型的企业而言，旅行社规模普遍较小，一人从事多项工作的现象大量存在；员工工作内容较灵活，绩效考核难度大。这在客观上增加了旅行社人力资源管理的难度，因此旅行社更加需要一套科学规范的人力资源管理制度。但目前我国旅行社在招聘、培训、绩效管理、薪酬设计等方面的制度和管理手段相当落后，人力资源部门主管往往并不熟悉本企业的人才现状，更不明白本企业的人才需求，不能有效激发本企业的人才潜能，在使用人才时只凭感觉行事，甚至只是机械被动地例行日常事务，不对本企业的人才状况进行研究、分析，缺乏对人才的长远规划。

（三）薪酬制度和激励机制不完善

从目前很多旅行社的业绩评估和薪酬制度来看，评估体系不规范、评估标准不科学、评估结果不兑现等客观因素制约了员工的积极性，培养不了员工的工作成就感，满足不了员工的尊重和自我实现的需求。因此旅行社要建立积极有效的激励机制，使员工能够从旅行社分享除业绩奖励、年终利润、个人股份等之外，还能从工作本身获得激励，得到职业规划设计、职务晋升、业务培训以及工作选择的机会，使员工有机会参与管理，增加荣誉感、集体感；为一些旅行社紧缺人才和优秀人才建立高质高薪、高风险回报机制，坚持一流人才、一流业绩、一流报酬的原则；采取积极而有效的激励措施，营造有利于旅行社职业经理人队伍成长的机制，允许职业经理人有较高的报酬，可实行以年薪制、配股制、期权制为中心的激励机制。

（四）旅行社培训投入力度不够

旅行社的服务质量是旅行社生存和发展的根本保障，而培训是提高服务质量的需要。我国旅行社普遍存在重业务技能和专业知识培训、轻职业道德培训的情况，培训也大多集中在低层次人员，对管理层重视不够。

我国旅行社应根据企业的经营类型、经营方针和目标、员工工作性质和个人特点，来确

定员工培训计划和培训重点；在培训方法的选择上注重向员工传授服务知识和服务技能的同时，重视培养员工在服务过程中的判断分析能力、沟通能力和处理问题的能力；积极运用市场化、国际化的创新培训机制，引进国外人才培训的先进理念、技术和现代管理机制，切实加大对紧缺急需的应用型、复合型、创新型人才的培训力度。

（五）企业文化建设有一定欠缺

由于近年来的恶性竞争，用"无奈跟随、夹缝中求生存"来形容旅行社的艰辛一点也不为过。这使得旅行社员工缺乏足够的职业安全感和归属感，旅行社的人才外流现象有不断扩大的趋向。

企业文化建设就是通过优秀企业文化的塑造，潜移默化地增强对员工的号召力和吸引力，让员工在共同价值观的约束下，自主管理、自觉工作，增强对企业的归属感和忠诚心。因此，旅行社只有建立具有稳定性、吸引性和包容性的企业文化，营造出一个愉快、和谐的工作环境，才能广招人才、留住人才。

旅行社人力资源管理的现状很大程度上制约着我国旅行社的长远发展，有些旅行社曾投入相当的精力去解决这些问题，但通常的做法是头痛医头、脚痛医脚，虽然在短期内可以收到一定的效果，但从长远的角度来看则收效甚微。因此，旅行社应逐步建立、健全一套既与国际接轨又适合我国旅游业发展需要的旅行社人力资源管理方法。寻找人，培训人，研究人，尊重人，关心人，通过人把事情做成。"一流的企业必须给一流的人才提供一流的机会。"

第二节　旅行社人力资源规划

旅行社作为一个经济组织，要实现自己的经营目标，就必须保证组织机构的有效正常运转。旅行社人力资源规划，则是实现组织机构有效正常运转和实现经营目标的重要保证。人力资源规划又称人力资源计划，必须适应组织总体计划。企业总体规划的目的是使企业的各种资源（人、财、物）彼此协调并实现内部供需平衡，由于人（或人力资源）是企业内最活跃的因素，人力资源规划是企业规划中起决定性作用的规划。

一、旅行社人力资源规划的概念、类型

（一）旅行社人力资源规划的概念

旅行社人力资源规划也称旅行社人力资源计划，是指旅行社从战略规划和发展目标出发，根据其内外部环境的变化，进行人力资源供需预测，并使之平衡的过程。实质上它是旅行社各类人员需求的补充规划。旅行社通过人力资源规划确保旅行社在需要的时间和需要的岗位获得适当的人员，最终获得人力资源的有效配置。旅行社人力资源规划一方面可以满足旅行社随环境变化对各种人力资源的需要，包括数量、质量、层次和结构等；另一方面可以最大限度地开发利用旅行社现在员工的潜力，使旅行社及其员工的需求得到充分满足。

旅行社人力资源规划的目标是得到和保持一定数量具备特定技能、知识结构和能力的人

员，充分利用和发掘现有人力资源，能够预测企业潜在的人员过剩或人力不足；同时，建设一支训练有素、运作灵活的劳动力队伍，增强企业适应未知环境的能力，减少企业在关键技术环节对外部招聘的依赖性。

（二）旅行社人力资源规划的类型

自20世纪70年代起，人力资源规划已成为人力资源管理的重要职能，并且与企业的人事政策融为一体。旅行社人力资源规划按照不同标准，可以划分为不同类型。

1. 按规划的范围分

人力资源规划按规划的范围分为整体人力资源规划和部门人力资源规划。整体人力资源规划一般是指涉及整个旅行社的人力资源管理活动，包括企业的招聘、培训、考核、激励等，具有多个目标和多方面内容的整体计划。整体人力资源规划在整个规划中具有重要的作用。部门人力资源规划是各业务部门的人力资源管理活动，如接待部的人员补充计划、计调部的培训计划等。部门规划是在整体规划的基础上制定的，它的内容专一性强，是整体人力资源规划的一个子计划。

2. 按规划的期限分

人力资源规划按规划的期限分长期人力资源规划、中期人力资源规划和短期人力资源规划。长期人力资源规划是指五年以上的人力资源规划。旅行社为了长远的发展，特别是为了达到企业的战略目标，就必须制定长期规划。中期人力资源规划期限在两年以上、五年以下。短期人力资源规划是指一年及以内的规划，它是旅行社为了目前的发展而制定的规划。大型旅行社在进行人力资源规划时，既要制定短期人力资源规划，又要制定中、长期人力资源规划；而小型旅行社往往只需要制定短期人力资源规划。

3. 按规划的内容分

旅行社人力资源规划按规划的内容可以划分很多种类，主要包括外部人员补充规划、内部人员流动规划、退休解聘规划、职业生涯规划、培训开发规划和薪酬激励规划等。外部人员补充规划指根据组织内外部环境变化和组织发展战略，通过有计划地吸收外部人员，从而对组织中长期可能产生的空缺职位加以补充的规划；内部人员流动规划指根据组织内外部环境变化和组织发展战略，通过有计划地推动组织内部人员流动，实现在未来职位上配置内部人员的规划；退休解聘规划指根据组织内外部环境变化和组织发展战略，通过有计划地让到达退休标准的人员和不合格人员离开组织，从而使组织的人员结构更合理的规划；职业生涯规划指组织根据组织内外部环境变化和组织发展战略引导员工的职业发展方向，员工根据个人能力、兴趣、个性和可能的机会制定个人职业发展计划，从而组织可系统安排内部员工职业发展的规划；培训开发规划指根据组织内外部环境变化和组织发展战略，考虑员工发展需要，通过对员工有计划地培训和开发，提高员工能力、引导员工态度，使员工适应未来岗位的规划；薪酬激励规划指根据组织内外部环境变化和组织发展战略，为了使员工结构保持在一个恰当水平，为了提高员工工作绩效，激发员工工作热情，制定一系列薪酬激励政策的规划。

二、旅行社人力资源规划的程序

旅行社人力资源规划应从旅行社战略出发，详尽分析旅行社行业和地域等外部环境，透彻了解旅行社现有的人力资源基础，结合强大的数据基础，准确预测企业未来发展所需的各类人力资源的数量、质量、结构等方面的要求，结合市场供需确定企业人力资源工作策略，制定切实可行的人力资源规划方案。旅行社人力资源规划的程序一般可分为以下几个步骤。

（一）收集分析相关信息

首先，收集涉及旅行社的相关信息，这些信息主要包括三方面。①外部环境信息，如社会的经济、政治、文化、法律环境等。②内部环境信息。一方面，它包括旅行社环境信息，如旅行社的发展战略、经营规划、产品结构等；另一方面，它包括管理环境信息，如旅行社的组织结构、企业文化、管理风格、管理结构、人力资源管理政策等。③现有人力资源的信息。这主要是对现有的人力资源数量、质量、结构及分布状况进行盘点。收集信息可以采取案头调研法、询问法、观察法等多种方法。

其次，对信息进行分析。从收集到信息中提炼出对于旅行社未来人力资源规划有用的资料，根据旅行社或部门实际情况确定其人力资源规划期限。

（二）对人力资源的需求预测

旅行社应当根据企业的战略目标来预测本旅行社在未来某一时期内对各种人力资源的需求。人力资源需求可以根据实际情况采用经验预测法、现状规划法、模型法、专家讨论法和自下而上法等进行预测。

（三）对人力资源的供给预测

通过对旅行社内部现有各种人力资源的认真测算，并对照旅行社在某一定时期内人员流动的情况，即可预测出旅行社在未来某一时期里可能提供的各种人力资源状况。

1. 分析旅行社现有的各种人力资源的情况

分析旅行社现有的各种人力资源的情况，主要应当掌握旅行社各种人员的年龄、性别、工作经历和教育、技能等方面的资料；旅行社各个工作岗位所需要的知识和技能以及各个时期中人员变动的情况；员工的潜力、个人发展目标以及工作兴趣爱好等方面的情况；有关职工技能，如技术、知识、教育、经验、发明、创造以及发表的学术论文或所获专利等方面的信息资料。

2. 分析旅行社人力资源流动的情况

旅行社现有职工的流动就可能有这样几种情况有：第一，停留在原来的工作岗位上；第二，平行岗位的流动；第三，在组织内的提升或降职变动；第四，辞职或被开除（流出）；第五，退休、工伤或病故。

同时，在对旅行社内部人力资源进行供给预测时，还应预测旅行社外部在未来某一时期里可能的供给状况。因为，在市场经济条件下，人力资源供给及其实现都是通过劳动力市场，主要是在供需力量的对比中完成的。

（四）进行人力资源供需方面的分析比较

进行人力资源供需方面的分析比较是把旅行社人力资源需求的预测数与在同期内旅行社仍可供给的人力资源数进行对比分析，从比较分析中则可测算出对各类人员的净需求数。在对旅行社在未来某一时期内可提供的人员和相应所需人员进行对比分析时，不但可测算出某一时期内人员的短缺或过剩情况，还可以了解到某一具体岗位上员工的余缺情况，从而可以测出需要具有哪一方面知识、哪些技术档次的人，这样就可有针对性地提前物色或培训，并为旅行社制定人力资源规划提供依据。

（五）制定人力资源规划

在经过人力资源供给测算和需求预测比较的基础上，旅行社应制定相应的人力资源规划，并将人力资源规划呈交最高管理层审批。在制定人力资源规划时，重点制定解决人力资源短缺或过剩的政策与措施。

1. 制定解决人力资源短缺的政策与措施

解决人力资源短缺的政策和措施有：培训本组织员工，对受过培训的员工据情况择优提升补缺并相应提高其工资等待遇；进行平行性岗位调动，适当进行岗位培训；延长员工工作时间或增加工作负荷量，给予超时、超工作负荷的奖励；重新设计工作以提高员工的工作效率；雇用全日制临时工或非全日制临时工；制定招聘政策，向组织外进行招聘；采用正确的政策和措施调动现有员工的积极性。

2. 制定解决人力资源过剩的办法与措施

解决人力资源过剩的一般策略有：永久性地裁减或辞退职工；关闭或临时性关闭一些不盈利的分社或服务网点；进行提前退休；重新培训，调往新的岗位，或适当储备一些人员；减少工作时间（随之亦减少相应工资）；由两个或两个以上人员分担一个工作岗位，并相应地减少工资。

（六）实施人力资源规划

人力资源规划的实施实际就是构建或者规范旅行社的整个人力资源管理体系，即按照企业的人力资源规划逐步建立或者完善旅行社现有的人力资源管理体系，把旅行社的人力资源规划中的目标和计划进行分解和落实。实施人力资源规划主要包括旅行社组织机构的设计与优化、旅行社职务分析和评价、旅行社的人员招聘和培训、旅行社的绩效考核设计、员工绩效评估、旅行社激励设计、员工职业生涯规划等内容。实施人力资源规划时要把人力资源供需方面的政策和措施落实下去。

（七）人力资源规划监督与评估

在旅行社人力资源规划的实施执行过程中，需要不断监控人力资源规划的具体落实情况，不断收集人力资源管理方面的资料和信息，对出现的偏差应及时修正。如果未来的实际情况与预测差别很大，应根据旅行社内外部环境的变化来调整人力资源规划的内容以适应旅行社整个发展战略的变化。在旅行社人力资源规划实施后，应对人力资源规划实施情况进行必要的分析和评估，为制定下一阶段人力资源规划提供经验教训。

总之，旅行社人力资源规划的目的是通过制定规划来保证旅行社人力资源符合企业战略。要管理好旅行社的人力资源，就必须制定相应的人力资源规划，并且要按照科学的程序来制定和实施，最终将人力资源规划的内容变成真实的行动，从而不断提升旅行社的人力资源管理水平和旅行社整体管理水平，实现旅行社发展战略目标，提高旅行社经营绩效。

第三节 旅行社员工招聘和培训

一、旅行社员工招聘

(一) 旅行社员工招聘的概念和原则

1. 旅行社员工招聘的概念

员工招聘在人力资源管理工作中具有重要的意义。招聘工作直接关系到企业人力资源的形成，有效的招聘工作不仅可以提高员工素质、改善人员结构，也可以为组织注入新的管理思想，为组织增添新的活力，甚至可能给企业带来技术、管理上的重大革新。招聘是企业整个人力资源管理活动的基础，有效的招聘工作能为以后的培训、考评、工资福利、劳动关系等管理活动打好基础。因此，员工招聘是人力资源管理的基础性工作。

旅行社员工招聘，是指旅行社为满足自身发展的需要，向外部吸收具有劳动能力的个体的过程。员工招聘对企业的意义主要体现在两个方面：一是招聘工作直接关系着人力资源的总量和结构的形成；二是招聘从源头上影响人力资源管理的结果。

旅行社需要招聘员工可能基于以下几种情况：新设立一个旅行社；旅行社新设分社或服务网点；调整不合理的人员结构；员工因故离职而出现职位空缺等。因此，员工招聘也可以分为开业批量新招和空缺补充招聘两类。

2. 旅行社员工招聘的原则

（1）因事择人原则。

所谓因事择人，就是员工的选聘应以实际工作的需要和岗位的空缺情况为出发点，根据岗位对任职者的资格要求选用人员。

（2）公开、公平、公正原则。

公开就是要公示招聘信息、招聘方法，这样既可以将招聘工作置于公开监督之下，防止以权谋私、假公济私的现象，又能吸引大量应聘者。公平、公正就是确保招聘制度给予合格应征者平等的获选机会。

（3）竞争择优原则。

竞争择优原则是指在员工招聘中引入竞争机制，在对应聘者的思想素质、道德品质、业务能力等方面进行全面考察的基础上，按照考查的成绩择优选拔录用员工。

（4）效率优先原则。

效率优先原则就是用尽可能低的招聘成本录用到合适的最佳人选。

(二) 旅行社员工招聘的途径

一般来讲，旅行社员工招聘的途径无非两条，即外部招聘和内部招聘两种。

1. 外部招聘

外部招聘是指旅行社到组织外部寻找符合岗位要求的合适人选的过程。外部招聘往往出现在旅行社没有足够符合要求的内部候选人来满足出现的职位空缺，或出现对任职资格有特殊要求的岗位，或寻求给旅行社带来新思想的时候。外部招聘的招募渠道主要包括招聘广告、职业介绍机构、猎头公司、现职员工推荐、校园招募、网上招募等。外部招聘的优点在于来源广泛、选择空间大，特别是在组织初创和快速发展时期，更需要从外部大量招聘各类员工；可以避免"近亲繁殖"，能给旅行社带来新鲜空气和活力，有利于旅行社创新和管理革新；此外，由于新入职者新近加入旅行社，与其他人没有个人恩怨，从而在工作中可以很少顾及复杂的人情网络；可以要求应聘者有一定的学历和工作经验，因而可节省在培训方面所耗费的时间和费用。外部招聘的缺点是难以准确判断应聘者的实际工作能力；容易造成对内部员工的打击；费用高。

2. 内部招聘

内部招聘是通过旅行社内部员工晋升或调动来弥补出现的职位空缺的过程。内部招聘也就是将招聘信息公布给公司内部员工，员工自己参加应聘，多运用于层次较高职位的空缺。内部招聘的优点在于可以作为对员工过去工作成绩的回报，并鼓舞他们继续努力，同时也给其他员工通过努力工作升级的希望，起到激励组织士气的作用；可避免解雇不胜任现职的员工，体现公司的人性关怀和对有历史贡献的员工的保护。内部招聘的缺点是当一些工作需要特别的培训和工作经验时，组织内部可能因为整体技能和经验缺乏而无法满足岗位要求；过分依赖内部资源可能会引发知识技能和理念态度的"近亲繁殖"及"员工复制"等风险。

案例 8—1

中国国际旅行社总社有限公司（简称国旅总社），前身是中国国际旅行社总社，于1954年在北京成立，是我国第一家接待海外游客的旅行社，是第一批获得国家特许经营出境旅游的旅行社、世界旅游组织在中国的第一家企业会员、北京市5A级旅行社之首。"国旅·CITS"品牌已成为国内领先、亚洲一流、世界知名的中国驰名商标，在世界品牌实验室发布的2017年中国500家最具价值品牌中，"国旅"品牌以605.89亿元的品牌价值，荣登中国500家最具价值品牌排行榜第48名，连续多年在旅游服务类品牌中位居第一，持续领跑中国旅游服务行业。

国旅总社主要经营入境游、出境游、国内游、会奖旅游、签证服务、商旅服务、航空服务、电子商务等，是国内知名旅行社企业集团。

目前，国旅总社在全国范围内拥有全资、控股企业38家，参股企业5家，旅游门市1 800余家，国旅理事会成员社上百家；在全球12个国家和地区设有6家全资、控股的海外旅行社公司和19家海外签证中心，并与100多个国家的1 400多家旅游商建立了长期稳定的合作关系，形成了立足国内、放眼全球的现代化经营网络。

国旅总社拥有经过专业培训、爱岗敬业、经验丰富、锐意进取、开拓创新的高素质员工队伍，从业人员2 300多人。

值此国旅总社实施新的战略规划之际，诚邀希望投身旅游行业、有强烈事业心和责任感，能胜任岗位需要的有志之士加盟。

一、入境旅游部后勤计调（2人）

职位描述：

1. 订餐、订车和安排导游；

2. 预订和核对机、车票；

3. 沟通联络各地接社；

4. 协助外联销售人员结账；

5. 信函、文件的收发与管理；

6. 数据统计和其他服务支持。

任职资格：

1. 全日制本科及以上学历，专业不限，旅游管理专业优先；

2. 诚实可信，踏实肯干；

3. 具有较强的沟通能力及团队协作精神；

4. 熟练操作电脑办公软件。

二、入境旅游部产品研发助理（1人）

职位描述：

1. 负责协助产品研发处经理做好产品处日常工作；

2. 负责协助开发适销对路的新产品，完成下达的产品调研、开发以及推广任务。

任职资格：

1. 全日制本科及以上学历，市场营销、旅游管理、英语等专业；

2. 精通英语；

3. 熟练操作电脑办公软件及图片处理软件；

4. 具备较强的写作能力；

5. 具有良好的语言表达能力和沟通能力；

6. 重视团队合作，责任心强、踏实肯干、做事认真。

三、质量管理岗（1人）

职位描述：

1. 负责制定本岗位工作计划，起草工作安排文件、质量管理类文件；

2. 负责处理旅游团队游客投诉，做好投诉的建档、分析、通报工作；

3. 负责开展各类质量监管活动；

4. 负责组织相关业务培训。

任职资格：

1. 全日制本科及以上学历，法学、旅游管理专业；

2. 熟悉旅游法；

3. 具有优秀的语言表达能力和沟通能力；

4. 有一定的文字功底，文笔流畅。

四、产品业务岗（2人）

职位描述：

1. 熟悉境内外目的地度假产品，与客户联络沟通，答疑解惑，争取订单；

2. 操作机票、酒店票务等预定环节，落实出团通知、机票酒店订单等。

任职资格：

1. 全日制本科及以上学历，专业不限，旅游管理专业优先；

2. 品学兼优、责任心强、才思敏捷；

3. 熟练操作电脑办公软件；

4. 具有良好的语言表达能力和沟通能力；

5. 有旅行社实习经验者优先。

五、预订中心旅游咨询顾问（8人）

职位描述：

1. 基于电商平台，为全国游客提供专业的旅游咨询预订服务，产品范围包括各参股或控股企业的出境游、国内游、签证等公民游产品；

2. 为客户提供专业化、旅游咨询预订一体化的一站式服务；

3. 受理客户通过预订热线、网站、APP、微信、阿里去啊旗舰店等渠道提出的有关业务、产品等方面的咨询及预订；

4. 主动向客户传递相关信息，进行销售活动、产品服务和客户关怀。

任职资格：

1. 全日制本科及以上学历，专业不限，旅游管理专业优先；

2. 责任心强，服务意识强；

3. 学习能力强，业务能力扎实；

4. 电脑操作熟练，普通话标准、清晰，有亲和力；

5. 热情大方，有较强的沟通能力和表达能力；

6. 能够适应在较强压力下工作，可适应倒班制工作（预订中心全年无休，周末及节假日需轮流值班）。

思考题：仔细阅读案例，思考各个岗位应采用什么方式招聘？

（三）旅行社员工招聘的程序

1. 制定用人计划

当旅行社出现需要填补的工作职位时，有必要根据职位的类型、数量、时间等进行职务分析，明确职位要求，制定招聘计划，同时成立相应的选聘工作委员会或小组。选聘工作机构一般是由人事部门负责。

（1）职务分析。

职务分析又称工作分析、岗位分析，是指旅行社人力资源部门全面了解、获取与某职位有关的详细信息的过程，是对旅行社中某个特定职位的工作内容和职务规范的描述和研究过程，即制定职务的说明和职务规范的系统过程。

职务分析包括两部分，一是对旅行社内各职位所要从事的工作内容和承担的工作职责进行清晰的界定；二是确定各职位所要的任职资格，如学历、专业、年龄、技能、工作经验、工作能力以及工作态度等。职务分析的结果一般体现为职位说明书。

（2）职位说明书。

职位说明书（岗位说明书）是旅行社人力资源部门在职务分析的基础上用书面形式详细规定每个职位（岗位）的工作性质、任务、责任、权限、工作条件，以及该职位任职人员所应具备的学历、能力、擅长、相关工作经验等的具体明细要求。

2. 选择应聘者

当应聘者数量很多时，选聘小组需要对每一位应聘者进行筛选。内部候选人的初选可以根据以往的人事考评记录来进行；对外部应聘者则需要通过简历和初步面谈，尽可能多地了解每个申请人的工作及其他情况，观察他们的兴趣、观点、见解、独创性等，及时排除明显不符合基本要求的人。同时，对应聘者进行材料审查和背景调查，并在确认之后进行细致的测试与评估。

3. 录用员工

根据每个候选人的知识、智力和能力等情况，并结合待聘职位的类型和具体要求取舍。对于决定录用的人员，应考虑由主管进行亲自面试，并根据工作的实际与聘用者再做一次双向选择，最后决定选用与否。

4. 评价反馈

最后要对整个选聘工作的程序进行全面的检查和评价，并且对录用的员工进行追踪分析，通过对他们的评价检查原有招聘工作的成效，总结招聘过程中的经验教训，及时反馈到招聘部门，以便改进和修正。

二、旅行社员工培训

旅行社员工培训是指旅行社为开展业务及培育人才的需要，采用各种方式对员工进行有目的、有计划的培养和训练的管理活动。旅行社员工培训，可以直接提高经营管理者能力水平和员工技能，为旅行社提供新的工作思路、知识、信息、技能，增长员工才干。员工培训是比物质资本投资更重要的人力资本投资。

（一）旅行社员工培训的意义

旅行社员工培训的意义体现在以下两个层面。

1. 员工个人层面

（1）提高员工的职业能力。

对于员工个人而言，通过培训所获得的工作能力和创新知识为员工取得好的工作绩效提供了可能，也为员工提供了更多晋升和较高收入的机会。

（2）满足员工实现自我价值的需要。

培训可以不断教给员工新的知识和技能，使其能够适应或接受具有挑战的各项工作任务，实现自我成长和自我价值。这不仅使员工在物质上得到满足，而且使员工得到精神上的成就感。

（3）消除职业枯竭感。

职业枯竭的调节、治理办法是多样的，但是员工培训可以完善员工自身，抓住职业枯竭调理的契机，完成自我超越。具体来看，员工培训可以帮助个体发现自己的不足，与时俱进地掌握新技能、更新观念，重新审视工作的内涵，创造性地运用自身的技能和知识，从而找到新的工作乐趣，突破职业心理极限，使个人的职业生涯产生质的飞跃。

2. 旅行社管理层面

（1）有利于旅行社保持和发展竞争优势。

在知识经济时代，旅行社竞争优势的源泉在于员工的创新能力，使旅行社能够与时俱进，不断更新知识与能力，适应变化的市场环境。员工培训可以帮助旅行社提升人力资源的整体素质，保持学习、吸收新的信息和技术的活力和氛围，是培养进而保持旅行社竞争优势的重要途径。

（2）有利于改善旅行社的工作质量。

工作质量包括业务流程管理质量、产品质量和对客服务质量等。员工培训能改进其工作绩效，降低因失误或能力不足而带来的成本。同时，员工的岗位意识、敬业精神和对旅行社的归属感都会在培训过程中得到强化，对旅行社的质量管理大有裨益。

（3）有利于旅行社团队建设。

旅行社的运转过程是一个团队工作系统，员工在其中分别扮演不同的角色。通过培训，员工可以强化自己的角色意识和彼此之间的合作意识，加强与其他成员共享信息的能力，同时人际交往能力、集体活动能力、沟通协调能力等都可以得到强化。员工培训有助于优化旅行社的工作系统，突出团队合作的优势。

（4）有利于留住优秀人才。

培训一方面提升了员工的个人成长空间；另一方面促进了员工对旅行社的认同感，在实践中往往能留住优秀的人才，减少不必要的员工流动，促进员工队伍的稳定发展。

（二）旅行社员工培训的内容

1. 职业道德培训

职业道德培训是旅行社人力资源培训的一项重要内容，包括：

（1）使员工了解国家发展旅游业的意义和旅行社在旅游业中的作用，帮助员工树立主人翁意识、职业自豪感和荣誉感；

（2）使员工了解本旅行社的经营目标、经营理念，自觉维护旅行社形象；

（3）培养员工正确的劳动态度和敬业精神，树立良好的服务意识，增强职业责任感，自觉养成良好的职业道德；

（4）增强员工的团队意识与合作精神，培养精益求精的工作作风；

（5）提高员工的遵纪守法意识和道德水准，自觉地遵守国家的法律法规，遵守旅行社行业的规章和本旅行社的各种规章制度，坚持诚信原则，树立正确的价值观，培养高尚的道德情操。

2. 知识培训

旅行社应顺应时代，适应宏观和微观经营环境的变化，通过培训使员工掌握工作所需的大量知识，实现旅行社人力资源的现代化和知识化。知识培训的主要内容包括以下五个方面的知识。

（1）专业知识，如旅行社产品知识、旅行社市场知识、旅行社资本运营知识和旅游接待知识。

（2）旅游理论知识，如旅游学知识、旅游经济学知识、旅游心理学知识、管理理论和消费者心理学知识。

（3）相关学科知识，如地理、文化、自然、科技、历史、民俗、政治、经济、社会等相关学科的知识。

（4）旅游法规知识，如旅游法规、经济法律法规、消费者权益法律法规等知识。

(5) 其他相关知识，如礼仪知识、外语知识、旅游电子商务等方面的知识。

3. 能力培训

旅行社通过对员工进行能力培训，使员工掌握完成本职工作所必须具备的各种能力。这些能力包括：

(1) 业务能力。业务能力指旅行社员工为开展相关的业务工作所必须具备的能力，包括旅行社产品设计与开发能力、旅游服务采购能力、导游接待能力、公共关系能力、谈判沟通能力、销售能力和应付突发事件的能力。

(2) 管理能力。管理能力指旅行社管理人员为保障旅行社的正常经营活动而实施有效管理活动的能力，包括决策能力、计划能力、组织能力、协调能力、信息汇集处理能力和财务管理能力。

(3) 经营能力。经营能力指旅行社管理人员为实施经营活动应具备的能力，包括市场开拓能力、创新能力、实践能力、资本运营能力、语言运用能力和创新能力。

(4) 学习能力。学习能力指旅行社员工为胜任工作岗位的要求和实现个人发展所具备的学习各种知识和技能的能力。

(三) 旅行社员工培训的方式

1. 岗前培训

岗前培训是提高旅行社员工素质的重要措施。根据国家旅游局提出的在旅游行业中实行先培训后上岗的制度，新员工进入旅行社应接受岗前培训。岗前培训的内容有旅行社介绍、敬业精神、服务观念、服务意识、操作规范、业务知识、导游知识、外事纪律、旅行社规范、规章制度等。

2. 在职培训

在职培训又称岗位培训，是指对具有一定业务知识和操作实践经验的职工进行有组织的集中教育、不脱产或短期脱产的培训。在职培训的内容重点是岗位的知识、技能等，在职培训基本上贯穿于员工在整个旅行社工作的全过程。开展岗位培训能提高现有员工的业务素质，不断提高现有水平。

3. 脱产培训

脱产培训是指旅行社员工离开工作岗位到有关院校或培训机构接受比较系统的专业教育。脱产培训的内容包括语言、政策法规、旅行社业务知识、导游知识、管理知识、旅游经济学、旅游心理学、旅游市场学等知识。脱产培训的特点是学习的知识比较系统、全面，对于文化层次比较低或希望提高自己学历的员工较为适合。

4. 适应性培训

适应性培训又称应用性培训或转岗培训，是指旅行社针对一些员工因工作需要，从一个岗位转向另一个岗位，工作内容完全变化，因此对转岗人员进行的培训。此种培训要求转岗的员工在短时间内掌握新的工作知识和技能。适应性培训的方法可采用请专家上门讲课、现场观摩等。

5. 专题性培训

专题性培训是指旅行社针对员工在某些知识领域的需求，聘请有关专家或社内工作经验丰富的人员就某一个专题进行培训。专题性培训的内容包括客源国（地区）的相关知识、旅游目的地国家（地区）的相关知识、旅游法律法规知识等。

（四）旅行社员工培训的方法

1. 讲授法

讲授法属于传统的培训方式，优点是运用方便，便于培训者控制整个过程；缺点是单向信息传递，反馈效果差。讲授法常被用于一些理念性知识的培训。

2. 视听技术法

视听技术法即通过现代视听技术（如投影仪、DVD、录像机等工具）对员工进行培训，其优点是运用视觉与听觉的感知方式，直观鲜明；缺点是学员的反馈与实践较差，且制作和购买的成本高，内容易过时。视听技术法多用于企业概况、传授技能等培训内容，也可用于概念性知识的培训。

3. 讨论法

讨论法又可分成一般小组讨论与研讨会两种方式。小组讨论的特点是信息交流的方式为多向传递，员工的参与性高，费用较低，多用于巩固知识，训练员工分析、解决问题的能力与人际交往的能力，但运用时对培训教师的要求较高。研讨会多以专题演讲为主，中途或会后允许员工与演讲者进行交流沟通。研讨会的优点是信息可以多向传递，与讲授法相比反馈效果较好；缺点是费用较高。

4. 案例研讨法

案例研讨法通过向员工提供相关的背景资料，让其寻找合适的解决方法。这一方式使用费用低、反馈效果好，可以有效训练员工分析、解决问题的能力。经研究表明，案例研讨法也可用于知识类的培训，且效果更佳。

案例研讨法的优点在于可以帮助员工学习分析问题和解决问题的技巧，能够帮助员工确认和了解不同解决问题的可行方法；缺点为需要较长的时间，案例研究的结果不易归纳为普通结论，与问题相关的资料有时可能不甚明了，影响分析的结果。

5. 角色扮演法

角色扮演法是员工在培训教师设计的工作情况中扮演某种角色，其他员工与培训教师在员工表演后做适当的点评。由于信息传递多向化、反馈效果好、实践性强、费用低，因而角色扮演法多用于人际关系能力的训练。

角色扮演法的优点是能激发员工解决问题的热情，可增加学习的多样性和趣味性，能够激发热烈的讨论，使员工各抒己见，能够提供在他人立场上设身处地思考问题的机会，可避免可能的危险与尝试错误的痛苦；缺点为观众的数量不宜太多，演出效果可能受限于员工过度羞怯或过深的自我意识。

采用角色扮演法培训时应注意的问题有：要准备好场地与设施，使演出员工与观众保持一段距离；演出前要明确议题所遭遇的情况；谨慎挑选演出员工与角色分配；鼓励员工以轻松的心情演出；可由不同组的员工重复相同的演出。

6. 自学法

这一方式较适合于一般理念性知识的学习，由于员工学习具有偏重经验与理解的特性，让具有一定学习能力与自觉性的员工自学是既经济又实用的方法，但此方法也存在监督性差的缺陷。

7. 互动小组法

互动小组法也称敏感训练法。此法主要适用于管理人员的实践训练与沟通训练，通过员工在培训活动中的亲身体验来提高处理人际关系的能力。互动小组法的优点是可明显提高人际关系与沟通的能力，但其效果在很大程度上依赖于培训教师的水平。

8. 网络培训法

网络培训法是一种新型的计算机网络信息培训方式，投入较大；但由于使用灵活，符合分散式学习的新趋势，可以节省员工集中培训的时间与费用。这种方式信息量大，新知识、新观念传递具有明显的优势，适合所有的旅行社采用，也是培训发展的一个必然趋势。

9. 个别指导法

个别指导法也叫"师傅带徒弟""学徒工制"，是由一个在年龄上或经验上资深的员工，来支持一位资历较浅者进行个人发展或生涯发展的一种方法。师傅的角色包含了教练、顾问以及支持者。身为教练，会帮助资历较浅者发展其技能；身为顾问，会提供支持并帮助他们建立自信；身为支持者，会以保护者的身份积极介入各项事务，让资历较浅者得到更重要的任务，或运用权力让他们升迁、加薪。

个别指导法的优点是在师傅指导下开始工作，可以避免盲目摸索；有利于尽快融入团队；可以消除刚刚进入工作的紧张感；有利于传统的优良工作作风的传递；可以从指导人处获取丰富的经验。

10. 场景还原法

场景还原是一种新型的员工培训方法，它的主要方式就是让新员工有一个途径从项目、任务、客户、同事等多个维度来了解事情发生的前因后果，而这个途径就是场景还原。

案例 8-2

中青旅控股股份有限公司（简称中青旅）于1997年年底改制上市，从旅游产业成功地跨入资本市场，既迎来了不可多得的发展机遇，也面临着严峻的压力。公司决策层深刻地认识到，目前我国旅行社队伍的建设落后于旅游市场发展的要求，较为普遍地存在着重业务、轻队伍，重使用、轻培养的现象，应当引起足够的重视。作为中国旅行社业首家A股上市企业，中青旅必须建立培养人才、促使员工全面发展的机制，只有使员工最全面、最充分地发挥潜能，才能在激烈的市场竞争中立于不败之地，实现可持续发展。为此，必须在加强经营管理、创造优良业绩的同时，加大培训力度，锻炼和造就一支精干高效、素质优良的员工队伍。

为此，中青旅每年提取公司净利润的1%~3%用作培训专项经费。建立了培训档案和培训卡制度，强化了对培训工作各环节的管理和控制，加强了对培训效果的反馈和评估，建立了具有中青旅特色的培训体系。中青旅的培训主要由以下几方面组成。

1. 集中培训：分为管理类培训、业务类培训和特殊类培训三种形式，旨在提高各级管理人员的管理技能和水平以及人事管理人员、市场营销人员、财务会计人员、行政文秘人员、导游人员的操作技能和业务素质，每月安排一次。

2. 专题讲座：聘请总裁顾问、高等院校和科研单位的专家学者、政府部门有关负责人、股份制企业总经理、投资银行有关人士和专职培训顾问主讲,重点促进员工转变观念、补充或更新知识等,每月安排三次。

3. 旅游淡季培训:对旅游销售人员、导游人员进行旅游相关内容的培训,旨在提高旅游从业人员对行业法规政策的掌握和运用水平,导入新观念,改善知识结构,提高旅游从业人员的技能和业务水平。

4. 各部门、分公司、子公司组织的内部培训:根据各单位工作性质和经营管理目标,由各单位制定培训计划,安排相应的课程,对本单位员工在业务操作能力、工作流程和规则等方面进行培训,重点提高本单位员工的工作能力和综合素质。

5. 员工自我开发培训:公司鼓励和支持员工利用业余时间自学,获得国家承认的资格证书,提高自身的综合素质以及适应社会变革和市场竞争的能力。

为完善培训体系,公司还加大了干部交流和员工轮岗的力度,这一措施促使员工不断调整角色,明确定位,多方位、多视角加深对企业和岗位的认识,同时也促使员工充分释放能量去迎接挑战,提高员工的工作能力和综合素质。

思考题:中青旅培训的目的是什么?采用了哪些培训方式?

第四节 旅行社激励机制

激励是旅行社人力资源管理的重要内容,是吸引人才、留住人才的重要手段。

一、旅行社激励机制的含义和原则

(一)旅行社激励机制的含义

激励一般是指通过影响人在追求某些既定目标时的愿意程度或者说是人们朝向某一特定目标行为的倾向,增强或削弱其动机,来调整人们的行为。激励是行为的钥匙,又是行为的键钮,按动什么样的键钮,就会产生什么样的行为。有效的激励会点燃员工的激情,促使他们的工作动机更加强烈,让他们产生超越自我和他人的欲望,并将潜在的巨大内驱力释放出来,为企业的远景奉献自己的热情。

旅行社激励是指旅行社使用各种有效的方法去调动员工的积极性和创造性,使员工努力去完成旅行社的任务,实现旅行社的目标。美国哈佛大学的威廉·詹姆斯教授发现,在缺乏激励的环境中,员工的潜力只能发挥出20%~30%,甚至更低;但如果得到充分有效的激励,同样的员工却能发挥出其潜力的80%~90%,这其中的差距是通过激励带来的。

旅行社激励机制也称旅行社员工激励制度,是指旅行社通过特定的方法与管理体系,将员工对组织及工作的承诺最大化的过程。影响员工行为表现的各种因素,如社会环境、年龄、工作条件等客观因素,教育、知识积累、人的能力和心理等主观因素,在旅行社制定激励机制时应充分考虑。根据研究,员工的工作积极性受到薪酬、工作的成就感、同事间关系融洽程度、领导的信任与器重、晋升机会、表扬激励等因素影响,因而旅行社对员工的激励机制的构建应考虑多方面因素,综合运用各种激励手段使全体员工的积极性、创造性及企业的综合活力达到最佳状态。

(二) 旅行社激励机制制定的原则

1. 满足员工的需要，实施有差别的激励机制

员工到旅行社工作首先是满足个人和家庭的基本生活需要，这是调动员工积极性的着力点。因此旅行社的薪酬应该与其他行业和其他旅行社大体一样。在满足物质需求的同时，还要满足员工精神上的需要。运用教育和同化等措施来引导员工，灌输符合旅行社需要和社会需要的正确人生观和价值观，使正确的价值观扎根于员工的内心深处。只要正确地加以引导，就会使旅行社员工的积极性得到充分发挥。激励的目的是提高员工工作的积极性，影响工作积极性的因素是多方面的，所以旅行社要综合考虑不同因素来制定激励机制，而且在实施激励机制时一定要考虑个体差异，满足员工个体差异的需要。

2. 短期激励和长期激励相结合

激励不是一劳永逸的，因为员工是不断发展变化的。短期激励必须与长期激励保持一致，为长期激励目标服务。另外，员工在激励过程中也在不断成长，应根据旅行社发展和员工不同时期的不同情况来选择不同的激励机制。

3. 适当的竞争和相对的稳定相结合

在现在这个压力较大的社会，员工都渴望有一个稳定的职业，但过分的安全与稳定会使员工对工作的积极性与创造性被束缚。所以旅行社的内部竞争是必需的，员工只有面对竞争，才会在竞争中取胜。竞争机制是现今旅行社保持活力的有效机制。在旅行社人力资源管理中，一定要设立"岗位能上能下，员工能来能去，待遇能高能低"制度，保证真正有能力的人"上"，这在调动员工积极性和创造力方面相当有效。竞争和稳定都不能片面地去做，而应把二者有机地结合起来才能发挥作用。

很多管理者害怕企业内的竞争现象，认为这样会破坏企业的秩序。其实，只要管理者对竞争进行合理引导，竞争就可以起到激励员工的作用。对于企业中的后进员工，管理者要鼓励他们迎头赶上；对于企业里的先进员工，管理者要勉励他们继续领先。在企业内提倡个人竞争，提倡团队竞争，激发员工的工作激情，可以使企业形成良好的竞争氛围。

在企业内创造一个公平的竞争环境，对于竞争来说是必不可少的。竞争的有序性除了靠道德约束外，企业也可以制定一些奖惩措施来规范竞争。

4. 激励机制制定一定要人性化

人性化的管理是以人文关怀为基础的，要以员工需要为出发点，尊重员工。人性化管理是现代化管理的需要，是激励员工的重要手段。在激励机制的建立中，既要认真设计合理的规章制度、行为规范与奖惩措施，更需要以员工需求为中心，满足每名员工的需求。总之，人才是旅行社的核心竞争力，而旅行社员工是"社会人"，会在感情上产生需要，因此旅行社人力资源管理者不仅要用规章制度来管理，更要使用人性化的激励措施让员工乐于工作且积极主动地做好每一项工作，并在工作中不断寻求创新和突破，为旅行社创造更多的效益，促进旅行社又好又快地发展。

5. 激励机制制定要全员参与

现代人力资源管理的实践证明，现代员工都有参与管理的要求和愿望。任何员工都不想只是一个执行者，他们有参与激励机制制定的愿望。参与激励机制的制定，不仅可以激励员工，还有利于企业的长期发展。员工参与激励机制的制定就涉及授权问题，授权一定要恰当。如果授予的权力过大，员工就无法驾驭；权力过小，员工就无法完成工作。只有恰当的授权才有激励作用。授权的过程中还要注意，授权后不要对员工的权力乱加干涉，否则会使员工产生不信任的感觉。授权还要避免重复交叉，一个权力只授予特定的员工。

二、旅行社激励的方法

目前旅行社激励的方法有薪酬激励、绩效激励和建设企业文化等。

（一）薪酬激励

在激励中，物质激励是基础，精神激励是根本。在两者结合的基础上，逐步过渡到以精神激励为主。物质激励主要通过物质刺激的手段，鼓励员工工作。旅行社的物质激励也就是员工的薪酬，是每家旅行社都不可缺少的最基本的激励方式。薪酬是旅行社员工价值的主要体现，应与其对旅行社的贡献相匹配。薪酬不仅仅是满足其基本生活的手段，在一定意义上已经转化为精神激励的一部分，薪酬在一定程度上表达了旅行社对员工的重视与肯定的程度。

1. 旅行社员工薪酬的构成

一般情况下，旅行社员工的薪酬主要包括基本薪金、奖金、福利、津贴等。但是由于旅行社员工工作岗位和工作性质的不同，薪酬构成也有所区别。旅行社管理者的薪酬主要由基本薪金、奖金、年度奖励构成，有的旅行社管理者还可通过入股的形式获得年度分红。旅行社中导游薪酬构成比较特殊，其薪酬构成主要由底薪、带团补贴、回扣构成。很多旅行社的导游没有或只有极少的底薪，大部分收入来自带团补贴和回扣。带团补贴就是旅行社派团给导游带的时候，按照服务天数给导游的额外工资，国内团比国际团的带团补贴少，长线团比短线团的带团补贴少。回扣是导游在导购过程中从商家获得的游客的"人头费"和购物金额一定比例的返还，它要在旅行社、导游、司机之间进行分配。也有一些旅行社不愿自养导游，专招兼职导游，不但不给导游带团补贴，而且反过来向导游收"人头费"。与此相反，有些旅行社则通过提高带团补贴来激励导游的工作热情和服务水平。旅行社的计调、会计等工作岗位的薪酬比较正常，由基本薪金、奖金、福利、津贴等构成。

2. 旅行社制定薪酬时应注意的要点

旅行社制定薪酬时应抓住三个要点，即合理、公平和频率。所谓合理，就是员工付出的劳动能得到相应的薪酬。实践证明，动态结构工资模式可以使旅行社利益的分配合理，即旅行社的员工个人所得与其各自付出的努力与劳动投入大体相当，这种能够调动员工积极性的利益激励机制解决了鞭打快牛、苦乐不均的问题，从而发挥了利益机制对旅行社行为的积极鼓励和约束作用。公平是指工资分配是否公平。员工对自己的工资报酬是否满意，不仅受收入的绝对值影响，也受相对值的影响。每位员工总是把自己付出劳动所得的报酬，同他人做比较。若结果相等，即同等投入获得同等报酬，则认为公平，从而心情舒畅，努力工作；若员工认为不公平，则会影响工作的积极性。频率是指工资增长和调整的频率。由于员工的劳动投入是变化的，与之相适应的工资分配也随之相应变动。巧妙地运用工资额度、级别的调整和升降，可以收到激发员工工作劲头的作用，使员工工作有盼头，这是优秀旅行社的共同经验。

案例 8-3

上海春秋国际旅行（集团）有限公司（简称春秋国际）是全国旅游标准化示范企业，其对导游管理的以下经验值得借鉴。

1. 导游管理的组织机构与分工合作

春秋国旅对导游实行由总公司全面负责的垂直管理体系，具体管理机构与分工合作关系概括如下。

（1）总公司建立了一个导游管理分公司。导游管理分公司负责导游的招聘录用、培训计划制定、薪酬福利管理、考核与成长管理、提供积极的救助等工作。

（2）导游管理分公司建立了一个导游协会。导游协会负责反映导游的意见，协助导游管理分公司实施培训计划，并帮助导游管理分公司处理有关导游违纪问题。导游协会具有建议权，导游管理分公司具有决定权。但是，导游管理分公司在处理导游违纪问题时，都会认真听取导游协会的建议，并且一般都尊重导游协会的意见。

（3）在全国各地每一个全资的分公司中都设立了导游科。导游科具体负责实施总公司有关导游的招聘录用、培训、薪酬福利、考核与成长、提供积极的救助等方面的计划与管理制度。在每一个全资的分公司中，都设有导游协会分会，协助导游科实施好总公司有关导游的招聘录用、培训、薪酬福利、考核与成长、积极救助等方面的工作。

2. 导游的招聘录用管理

春秋国旅依据业务发展需要，及时招聘录用导游。一般招聘的时间安排在每年导游资格考试证颁发后。公司实行公开、公平的招聘制度。被录用的员工，有3个月的试用期。正式录用后，国内导游要交2 000元的服务质量保证金，语种导游要交3 000元的服务质量保证金。被正式录用的导游，公司在为其办理正式导游证手续时，签订为期一年的劳务合同。同时每年在导游年审时续签劳务合同。

3. 导游的教育培训管理

春秋国旅对导游组织不间断的教育培训活动主要包括：

（1）岗前培训。新导游要参加为期7整天30个课时的岗前培训。岗前培训由导游管理分公司负责由培训教育中心实施。岗前培训的主要内容分为两个方面：第一是导游线路知识培训，这部分的讲课老师由在各条线路如华东线、绍兴线、宁波线、安吉线、临安线、千岛湖线、桐庐线等常规线路上的资深导游担任；第二是学习接团规范和礼仪、仪表教育。在此基础上，必须通过参加接待一个旅游团游览一条旅游线的实际讲解的考核。

（2）每月一会。事先计划和确定会议时间、地点、人员与内容。一般安排在每月20日，会议的内容有公司最新动态、团队质量及案例分析、老师讲课等。

（3）每两周一次导游沙龙交流，内容有导游心得和参观访问等。

（4）教育培训计划制定与实施方式。首先，由导游管理分公司制定每月的教育培训计划。例如2006年计划学习全国导游基础知识，教材有10章，分12个月学习。另外，计划学习有关的法律、法规知识，学习春秋国旅的规章制度、重大事故处理的案例，还要配合春秋航空公司飞行的旅游线路，学习旅游目的地的知识，如2006年1月学习海南的旅游知识，2006年2月学习昆明的旅游知识。一个季度实施全员考试，检验学习结果。由分公司的导游科与导游协会负责实施教育培训计划。导游教育培训活动的经费源于各部门的支持,导游每年交纳的导游协会会费为一天的导游费,用于平时的考察学习、福利支出等。

4. 导游薪酬福利管理

春秋国旅对导游的薪酬福利管理的内容主要包括:

(1) 导游的收入构成。导游的收入构成可以用下列公式来表示。

导游收入 = 带一个团每天可获得的津贴 + 定点购物商店所给佣金 + 自费活动的分成

带一个团每天的津贴:新导游为50元,3级导游为100元,2级导游为150元,1级导游(标兵导游)为200元。

春秋国旅与定点购物商店达成协议:如果旅游团人均购买珠宝金额达到1万元,支付佣金率为3%,公司获得其中的70%,导游获得其中的30%;如果旅游团人均购买珠宝金额达到2万元,支付佣金率为5%,公司获得其中的70%,导游获得其中的30%。

(2) 导游收入水平及其调节方式。春秋国旅导游的收入水平,从带一个旅游团的收入考察,可能在上海不是最高的。因为有些上海旅行社采用的经营方式是:不给导游带团的津贴,要求导游交给旅行社所带团旅游者的"人头费",当然,规定定点购物商店的佣金全部给导游,小费也全部给导游。这样做的结果是,一位导游单次带团收入水平可能会高于春秋国旅,可是由于这些旅行社不能保证为导游提供稳定的带团量,总收入可能要比春秋国旅的低。由于春秋国旅能保证为导游提供稳定的带团量,导游的收入水平一般要比其他旅行社高而且稳定。

导游带团的工作量分配是由总公司统一安排的。为了保证工作量分配尽可能公平,公司会对带了一个人数少的团的导游,在以后找机会分配给他一个人数多的团,这样就可以增加这位导游的收入。另外,在每年12月到次年2月的国内旅游淡季期间,会适当安排国内导游作为领队带出境团,提高他们的收入水平。由于导游一般是兼职的,公司还会依据导游投入公司工作的时间,适当分配相应的带团量。例如,有的导游就带星期六与星期天的团,有的导游可以整个月都带团,当然公司会对后者安排更多的带团工作量。

(3) 导游薪酬评审制度。春秋国旅对导游薪酬实施年评审制度。新导游带团津贴每天是50元。工作一年以上可以申请评级,最高为1级。

(4) 导游的奖励制度。春秋国旅对导游的奖励主要表现在两个方面。

第一,吸收优秀的导游为春秋国旅的正式员工,公司为他们交"四金"。这类导游要占总导游数量的15%。预计随着公司业务发展,这一比例还可能会提高。

第二,每年评选先进,当选者将享有3万元的干股,可以享受这3万元干股的终生股息分配。例如,2005年春秋国旅在3 000名员工中,评选出29名先进员工,其中有9名导游当选,占先进员工数量的31%。2005年3万元干股的股息率为14%,即3万元可以分得股息4 200元。

5. 导游的考核与成长管理

春秋国旅对导游的考核与成长管理主要分为两个方面。

第一,对每一位导游所带的每一个团都进行质量调查回访。公司的质量调查科至少在每一团随机抽取2名旅游者,按照事先设计好的调查表进行深入调查与评分,每周在管理层通报调查与评分结果,并编制质量周报。对评价为差、主要原因在于导游本人的行为,进行教育与罚款处理，罚款金额为800~1 000元。当然，公司在进行处理时会与代表导游利益的导游协会进行商议，努力做到使导游口服与心服。

第二，为导游提供各种成长机会。主要提供以下六种机会：①在1994年春秋国际旅行社全国联合体成立时，安排了20多个导游到外地担任分社的总经理；②优秀的导游可以被吸收为公司的正式员工，从事计划调度和业务工作，计划调度业务员的收入与优秀的导游收入差不多，但他们的工作与收入要比导游稳定得多；③提拔优秀导游担任导游管理工作；④让导游参加干部培训班，让导游像公司的正式员工一样，分享公司的发展机会，可以进入管理层；⑤公司内部岗位实行公开竞聘上岗制度，导游也可以竞聘上岗。

春秋国旅导游队伍的年龄结构为：50岁以上的占10%，40岁以上的占20%~30%，40岁及以下的占60%。

此外，春秋国旅对导游提供集体的关爱与救助，如在每位导游生日时赠送生日蛋糕；在每位导游结婚时赠送鲜花和礼品；在每位导游产假期间，工会为她提供帮助；为导游购买意外险等。

思考题：1. 春秋国旅的导游管理措施有哪些？
2. 你认为导游的薪酬构成是否合理？

（二）绩效激励

1. 绩效激励的含义

旅行社绩效是指旅行社员工在其工作岗位上所完成的工作数量、质量及效率状况。绩效激励也可以称为绩效管理，是指旅行社为实现组织发展战略和目标，采用科学的方法，通过对员工个人或群体的行为表现、劳动态度和工作业绩以及综合素质的全面检测考核、分析和评价，充分调动员工的积极性、主动性和创造性的活动过程。简言之，绩效激励就是旅行社运用某种管理方式来激励员工为实现包括员工个人目标在内的组织目标而奋斗。

旅行社如何建立一套有效的绩效激励制度，对内激励员工、对外树立企业的形象，扩大企业人才的吸引力，已成为旅行社在激烈市场竞争中获取优势的根本保证。

2. 绩效考核的内容

旅行社做好绩效激励工作主要在于做好绩效考核工作。绩效考核是旅行社绩效管理中的一个环节，是指考核主体对照工作目标和绩效标准，采用科学的考核方式，评定员工的工作任务完成情况、员工的工作职责履行程度和员工的发展情况，并且将评定结果反馈给员工的过程。绩效考核对管理人员、外联人员、旅游接待人员、旅游服务采购人员、人力资源管理人员、财务人员等类型人员考核的侧重点不同，但大体上主要从德、能、勤、绩四个方面考虑。德是指思想、作风、道德水平；能是指能力；勤是指工作表现，具体为出勤率、纪律性、干劲、责任心、主动性等；绩是指效率及效果。现在许多旅行社都根据不同的岗位制定不同的考核内容。对旅行社管理人员考核的内容主要是员工的个人特质，如诚实度、合作性、沟通能力等；对接待人员考核的内容主要是员工的工作方式和工作行为，如微笑和态度、待人接物的方法等，即对工作过程的考量；对外联人员考核的内容主要是员工完成的工作任务量。

绩效考核按考核时间分为日常考评和定期考评；按考核主体分为主管考评、自我考评、同事考评和下属考评等；按考核形式分为定性考评和定量考评。

（三）建设企业文化

企业文化的建设已经成为现代化企业精神激励的重要手段。实践表明，有着良好文化的企业，人才的流失率明显低于那些不重视企业文化建设的企业。当企业文化和员工的价值观一致时，员工会与企业融为一体。员工会为自己的企业感到骄傲，愿意为企业奉献自己的智慧。旅行社应当建设良好的企业文化。

1. 旅行社企业文化的概念

旅行社企业文化是指旅行社在长期的生产经营中形成的管理思想、管理方式、能够长期推动本旅行社发展壮大的群体意识和行为规范。旅行社企业文化是旅行社个性化的根本体现，是旅行社生存、竞争和发展的灵魂。企业文化对旅行社的生存和发展有着不可替代的重要作用。一个企业的所有动力及凝聚力不是来自资源和技术，而是企业文化。综观世界500强企业，每一家企业都有自己优秀、独特的企业文化。

2. 旅行社企业文化的结构

旅行社企业文化由三个层次构成：表面层的物质文化、中间层的制度文化、核心层的精神文化（企业软文化）。

（1）旅行社的物质文化。

①旅行社环境。旅行社环境是指旅行社企业文化的外在象征，体现了旅行社文化的个性特点。旅行社环境包括工作环境和生活环境。旅行社的工作环境是指为员工提供的工作氛围，体现了旅行社对员工情绪、需求、激励的重视程度；旅行社的生活环境包括旅行社为员工提供的居住、休息、娱乐等生活服务设施和为员工及其子女提供的学习条件。

② 旅行社标识。旅行社标识是旅行社文化的可视象征之一，主要包括旅行社的名称、标志等方面的内容，是旅行社文化个性化的标识。

（2）旅行社的制度文化。

①旅行社目标。旅行社目标是旅行社以经营目标形式表达的一种旅行社观念形态的文化。将旅行社目标作为一种意念和信号传达给员工，可以引导员工的行为。

② 旅行社制度。旅行社制度是指旅行社的行为规范，是旅行社正常运转必不可少的重要因素。旅行社制度的基本功能包括旅行社价值观的导向，实现旅行社目标的保障，调节旅行社内人际关系的基本准则，组织旅行社生产经营、规范旅行社行为的基本程序和方法，旅行社的基本存在和功能发挥的实际根据。

③旅行社民主。旅行社民主是旅行社制度文化的一个重要方面，包括员工的民主意识、民主权利、民主义务等一系列参与旅行社经营管理的措施和活动，其核心是"以人为本"的价值观和行为规范。旅行社民主有利于确定员工的主人翁地位，改善管理者与被管理者之间的关系，提高旅行社在市场竞争中的应变能力。

④旅行社文化活动。旅行社文化活动包括四种类型：文体娱乐性活动、福利性活动、技术性活动、思想性活动。旅行社文化活动具有功能性、开发性和社会性的特点。

⑤旅行社人际关系。人际关系是指人们在社会生活中发生的交往关系，体现了双方的互动行为。旅行社人际关系具有两种基本形式：纵向关系，即旅行社的管理者与被管理者之间

的上下级关系；横向关系，即旅行社员工之间的相互关系。

(3) 旅行社的精神文化。

① 旅行社哲学。旅行社哲学是指旅行社的经营哲学，是对旅行社全部行为的根本指导。旅行社哲学要解决的根本问题是旅行社的人与物、人与经济规律的关系问题。

② 旅行社价值观。旅行社价值观是指旅行社的管理者及其员工据以判断是非的标准。旅行社价值观指导旅行社的管理者及其员工有意识、有目的地选择某种行为去实现物质产品和精神产品的满足。旅行社价值观是旅行社文化的核心，为旅行社的生存与发展提供了基本方向和行动指南。

③ 旅行社精神。旅行社精神是指现代意识与旅行社个性结合的一种群体意识。现代意识是现代社会意识、市场意识、质量意识、信念意识、效益意识、文明意识、道德意识等汇集而成的一种综合意识。

旅行社精神是旅行社全体员工经过长期培育，并且为他们所认同的一系列群体意识的信念和座右铭，也是旅行社在谋求生存与发展、实现自身的价值和社会责任的过程中，所形成的一种人格化的群体心理状态的外化。

④ 旅行社道德。旅行社道德是指旅行社调整内外关系的职业行为规范的总和。旅行社道德是旅行社经营管理理论与实践的一种必然产物，也是旅行社在实践中求生存、求发展的主体性的强烈表现。

案例 8-4

随着中青旅江苏国际旅行社的发展，公司员工越来越多，规模也越来越大。为了提高新老员工的团队协作能力，增加相互之间的感情，2013年9月5日，公司组织了新老员工"奔跑吧，中青旅"的户外拓展训练活动。

全体员工分组组成团队，通过猜姓名、猜成语、猜短语和对歌等活动，打破了人与人之间的隔阂，营造了氛围和谐、思考合理的工作方式与行为模式。通过团队的生成、展示、整合，加强了员工的理解和沟通能力。在体验了奉献、协作、勇气带来的成功喜悦后，员工深刻感受到"团队无间"的精髓，形成了良好的企业文化。

思考题：本案例中，中青旅江苏国际旅行社形成的企业文化属于企业文化的哪个层次？

3. 旅行社企业文化建设的策略

(1) 提高旅行社的物质文化。

旅行社在建设企业文化的过程中，应增加对旅行社物质文化的投入，改善旅行社的工作环境。旅行社应努力做到：①整顿旅行社的社容、社貌、社风；②加强员工教育，注重智力投资和人才培养，丰富员工的业余文化生活，营造活跃的思想氛围；③提升旅行社产品与服务的美誉度，树立旅行社良好的社会形象。

(2) 加强旅行社的制度文化。

旅行社的管理者应该加强旅行社的规章制度建设，切实弄清旅行社的家底，了解员工的心态，把握旅行社运行的脉搏。同时，旅行社的管理者还应该正确审视国家的政治、经济环境，把握政府的政策，掌握并预见市场动态，与外界的变化保持动态调适，为旅行社创造一个良好的制度环境。

(3) 丰富旅行社的精神文化。

旅行社的管理者应努力促进旅行社精神文化的不断演进，建立起本旅行社的价值观，构筑出能反映旅行社特点并被员工普遍认可的理念。另外，旅行社的管理者必须树立起能够真正鼓舞员工斗志、激发员工热情、激励员工为旅行社的目标而拼搏的旅行社精神，从而促使旅行社管理体制步入更高境界。

目前，一些大型知名旅行社都有自己成熟的企业文化，比如"国旅"的企业文化是"诚信为本、服务至上、拼搏奉献、永争第一"，口号是"中国国旅天下一家"；其发展目标是"中国旅游产业领域中拥有旗舰地位的企业集团""全球最为著名的旅游业品牌之一"等。这些口号、目标会时刻激励旅行社的各类员工为共同价值观而努力。旅行社建立自己的企业文化，可以先从外在的统一的服务技巧、服务流程和服饰礼仪等方面努力，形成鲜明的企业形象，增强员工的归属感；之后在不断经营发展中形成精神层面的共同价值体系。

案例 8—5

罗森柏斯国际集团（简称罗森柏斯）是一家私人持股公司，是美国十大最佳服务公司之一，也是世界上第三大旅游管理公司。该集团拥有 5 300 多名员工，近 1 000 家分支机构，分布在全美 50 个州以及六大洲的 53 个国家，年收入超过了 60 亿美元。罗森柏斯国际集团主要为商务旅行者提供服务，其客户 92% 是商务旅行社。罗森柏斯国际集团成功的关键在于拥有优秀的企业文化。

罗森柏斯国际集团的企业文化是"员工第一，顾客第二"。罗森柏斯认为，服务是发自内心的，不愉快的人提供的只能是不愉快的服务，创造的只能是不断下降的利润。从本性上来说，员工不会把顾客放在第一位；并且员工也不会因为公司要求他们把顾客放在第一位就真的把顾客放在第一位；只有当员工从自己的角度出发，觉得应该把顾客放在第一位时，他们才会这样做。如果员工感觉公司不关心自己，对他们说"关心和照顾你们的顾客"就没有任何意义。关心是一种情感，领导是不可能就某一种情感进行授权或者委派的。公司必须先关心员工，然后才有可能通过自己的员工将这种关心辐射到顾客身上。而且，确实也只有受到关怀的员工才可能更多地关心他人。

"员工第一"并不是要把员工凌驾于顾客之上；"顾客第二"也绝不是说可以不重视顾客。罗森柏斯的成绩告诉我们，一个管理者必须明白如何做到顾客满意：为了顾客的利益，必须把注意力放在员工的身上，这才是真正能够多赢的方式。

罗森柏斯用优秀的企业文化扛过裁员风暴，"9·11"后罗森柏斯的董事会主席兼 CEO 豪尔·罗森柏斯发出了最值得纪念的 6 封邮件。

在第一封邮件中，豪尔·罗森柏斯对公司的所有员工在"9·11"中的努力做了极高的赞誉，并鼓励他们面对困难：

……昨天，整个公司还涌现了数千位默默无闻的英雄，来自全球的同事会因为你们为顾客所做出的努力而深表感激。总而言之，罗森柏斯的员工在最困难的时候做出了最好的表现……无论你的家在哪里，无论你在哪里出生，无论你的宗教信仰是什么，我为你们所有人祈祷。我们是"一个世界，一家公司"，我们要互相鼓励，互相照顾，无论什么时候，只要需要，我们要满怀爱心地去慰藉那些需要慰藉的人……

随着形式的恶化，罗森柏斯的高层紧急会议认为在这时必须进行工资的临时性缩减和其他一些行动。豪尔·罗森柏斯于是写了第二封邮件：

……领导层的薪酬削减对于弥补袭击所造成的后果、实现公司今年的预定目标是远远不够的。因此我们决定，公司领导和员工都必须进一步做出牺牲，以保存公司的实力，确保公司在未来发展和繁荣中保持原有的地位，这是有利于我们大家的……因此，除了在年终减少公司领导和员工10%的薪酬之外，我们别无选择。这个减少量总计达到工资年度减少量的近3%。如果能有一些奇迹出现，旅游业务能超出我们的预期和公司的要求，能够回到原来的水平，我们会立刻废除这个决定。高级职员和高层领导为降低成本做出了进一步的贡献，我减少了自己近20%的年薪，并取消奖金，其他高层管理人员的薪酬也大大降低。同时我们还采取了其他的措施尽量削减成本，在全公司范围内暂停雇佣政策，公司的高级领导在国内出差时乘坐经济舱……在这封信即将结束的时候，我要向你们为公司和同事的利益所做出的个人牺牲表示感谢……

接下来的3天中，罗森柏斯的高级管理层痛苦地意识到，临时性解雇是不可避免的。于是，豪尔·罗森柏斯写了第三封邮件：

……在接下来的48小时，当全公司范围内的员工临时解雇变得不可避免时，许多专注、忠诚，而且业务能力强的朋友会感到非常伤心……今天，暂时的乌云笼罩在一个优秀而又富有同情心的公司上空。我们公司以给予而不是索取著称。公司从来不会忘记，它最重要的资产就是我们骄傲地称为同事的优秀员工。我们也已经做出了这样的决定，以便我们的员工随着境况的改善能重返工作岗位……

之后罗森柏斯临时解雇了300名员工。在新的一个工作周，豪尔·罗森柏斯给他的员工写了第四封邮件：

……就在上周，在我们同事之间流露出来的关爱和同情是别人难以想象的。领导要求解雇自己，而不是他们的员工。同事们说："解雇我吧，我承受得起，但我的朋友却不能。"许多同事自愿为公司免薪工作，以留住那些要被解雇的同事，我们被感动得泪流满面。被解雇的同事还要安慰那些因为带给他们坏消息而精神崩溃的领导……我们是一个多么出色的群体啊，我们必须努力工作，让那些出色的员工重新回到我们的群体中。我对你们的喜爱和依恋是无法估量的……许多梦想被暂时搁置了，我们必须团结一致，共同努力，以便尽快实现那些离开了公司的员工的梦想……

随着旅游行业的好转，罗森柏斯的境况也在好转，已经有能力召回100多位员工。豪尔·罗森柏斯欣喜地写了第五封邮件：

……我很想告诉你们，对于你们能重返公司，我们是多么高兴。朋友们非常想念你们，他们和我一道欣喜地欢迎你们的归来……当你们不在公司时，你们的朋友非常努力地工作，我知道，在他们的心里装着这样一个信念，他们要努力工作使你们能尽早回到公司。我们要集中精力发展公司，你们的归来会更进一步推动公司的发展……

4周后，罗森柏斯的境况大为好转，豪尔·罗森柏斯写下了第六封邮件：

第八章 旅行社人力资源管理

……我非常高兴地宣布，我们已经成功地让 200 多名被临时解雇的员工重返公司，而且随着对我们服务需求的逐步恢复，我们有望继续让更多的员工回来。我也很高兴地告诉你们，在未来 6 周里，如果我们行业没有遭受其他重大变故，我们计划恢复薪资到 2001 年 9 月之前的水平，这项措施将从 2002 年 1 月开始实施……据我所知，我们是旅游业第一家着手将薪酬恢复到原来水平的公司。这是一个风险非常大的决策……你们所有人都在非常努力地工作，公司非常感谢你们。罗森柏斯会不断努力，尽其所能让你们的生活恢复正常……

事实上，2001 年被豪尔·罗森柏斯认为是罗森柏斯的丰收年。进入 2002 年后，该公司的薪酬恢复到了"9·11"事件之前的水平，70% 被临时解雇的员工回到了公司。

如果没有"9·11"事件，也许很多中国人还不会知道罗森柏斯这家公司，它的业务主要还集中在美国本土。但正是这次给美国甚至全球诸多行业带来的巨大冲击，尤其是给罗森柏斯带来毁灭性打击的"9·11"事件，让人们忽然发现，由年收入 60 亿美元立刻变成几乎"分文皆无"的罗森柏斯，不但没有被毁灭，反而很快又焕发了生机。

作为公司的董事会主席兼 CEO，豪尔·罗森柏斯在"9·11"事件发生后给他的员工写了 6 封电子邮件，这 6 封充分显示决策层对员工关心的电子邮件，也许是"9·11"事件之后对全球商业界来说最值得纪念的一份财富。

罗森柏斯以最鲜活的例子向我们证明，员工的确是一个组织所能拥有的最优质的资产。没有员工，其他东西都没有意义。没有员工的忠诚、动力以及不懈的努力，最好的结果也就是平庸。

思考题：罗森柏斯国际集团的企业文化是什么？该企业采取哪些措施塑造企业文化？

总之，旅行社激励方法很多，除了上述三种之外，还有目标激励、信任激励、情感激励、行为激励、奖罚激励、竞争激励、危机激励等。随着旅游业的发展，市场竞争加剧，人才已成为旅行社确立竞争优势、把握发展机遇的关键。"重视人才，以人为本"的观念颇受关注。因此，旅行社应该合理地运用激励机制，根据内外部环境的实际情况，不断地改进、完善和调整激励机制，使企业在一个良好的轨道内运行。

本章小结

旅行社人力资源是指能够推动旅行社发展和实现预期经营目标，具备旅行社需要的劳动能力的旅行社现岗人员和潜在人员的总和。旅行社人力资源具有创造性、主动性、独立性、流动性和知识性的特点。旅行社人力资源管理是指根据旅行社发展的要求，有计划地对人力资源进行合理配置，通过对员工的招聘、培训、使用、考核、激励等一系列过程，实现企业利润。旅行社人力资源规划的主要内容包括外部人员补充规划、内部人员流动规划、退休解聘规划、职业生涯规划、培训开发规划和薪酬激励规划等。旅行社员工招聘有外部招聘和内部招聘两种。旅行社员工培训方式有岗前培训、在职培训、脱产培训、适应性培训和专题性培训等。激励是旅行社管理的重要内容，是吸引人才、留住人才的重要手段，旅行社激励的方法有很多，主要有薪酬激励、绩效激励和建设企业文化等。

复习思考题

1. 旅行社人力资源的概念是什么？其特点有哪些？
2. 旅行社人力资源管理的概念和作用是什么？
3. 简述我国旅行社人力资源管理的现状。
4. 旅行社应如何开展人力资源规划工作？
5. 旅行社员工招聘的途径有哪些？其优缺点是什么？
6. 旅行社员工培训的方式和方法有哪些？
7. 什么是旅行社的激励机制？旅行社激励的方法有哪些？
8. 旅行社企业文化的含义是什么？其构成有几部分？
9. 旅行社建设企业文化的策略有哪些？

第九章

旅行社财务管理

学习目标

通过本章的学习，了解旅行社财务管理的概念和任务，熟悉旅行社资产的构成，掌握旅行社资产管理方法；熟悉旅行社成本费用的内容，能对旅行社成本费用进行严格的核算与控制；熟悉旅行社营业收入和利润的构成，掌握营业收入和利润的核算方法；掌握旅行社财务报表的分析。

导入案例

山东乳山市多福山旅行社有限公司成立于2010年，其经营理念为"客户第一，诚信至上"，主营业务有国内旅游和入境旅游、票务代理等。为了规范管理，该公司制定了团队账目审批制度。

1. 所有团队、散客合同一经签订，应及时把所收团款交到财务部，不得个人保留团款，一经发现处以100~1 000元的罚款。

2. 原则上团款专款专用，导游外出带团需从财务部借款时，现金会计必须查看该团团款回收情况，以计调部出具的预算单上所需金额为准借出费用。如需垫款必须经总经理同意签字，以保持公司正常的现金流量。

3. 所有团队的支出一律由计调部出具团队预算单，经签字后报给财务部，财务部要严格审核各项开支是否在预算内，各种票据数字是否吻合，审核无误后方可予以报账。

4. 所有团队团款出团前付80%，余款在团队返回后三日之内必须全部结清，出现呆账、坏账追究责任，谁造成的损失谁负责；散客出团前必须全部交清费用，否则不予发团，特殊情况须经总经理批准。

5. 所有团队在报账时必须有合同、计调部预算单、行程单、报销清单、意见反馈表、导游日志，缺一不可，否则不予报账。

思考题：山东乳山市多福山旅行社有限公司团队账目审批制度有什么作用？

第一节 旅行社的资产管理

一、旅行社财务管理的概念和任务

（一）旅行社财务管理的概念

随着旅行社经营活动规模的扩大和竞争日益加剧，理财已经成为旅行社生存和发展的重要环节。旅行社财务管理是旅行社经营管理的一部分，是指旅行社按照国家政策和企业决策的需要，根据资金运动规律，通过资金筹措、资金分配等过程实现旅行社利润最大化和所有者权益最大化的过程。具体来说，旅行社财务管理就是指旅行社按照国家方针、政策和企业决策要求，根据资金运动的客观规律，通过对资金筹集、资金运用、资产管理和资金分配等管理，实现旅行社利润最大化和所有者权益最大化的目标，使旅行社财务状况处于最优状态，并利用货币形式对旅行社经营活动进行的全过程综合性管理。财务管理区别于其他管理的特点，在于它是一种价值管理。旅行社财务管理的内容可以概括为两个方面的内容：一方面是旅行社财务活动的管理，另一方面是旅行社财务关系的管理。

（二）旅行社财务管理的任务

1. 积极筹集资金，组织资金供应

旅行社经营活动的正常开展，必须以一定量的资金投入为前提。因此，旅行社财务管理的首要任务就是通过各种渠道积极筹集经营所需的资金，及时组织资金供应，并努力降低资金成本，在保证旅行社经营活动顺利进行的同时，提高资金的利用效率。

2. 合理使用资金，增加企业盈利

在一定条件下，一定的资金投入必须获得相应的经济效益，这是企业财务管理的基本要求。因此，旅行社财务管理必须将筹集的资金进行合理分配，并努力挖掘潜力、降低各种耗费，力争以尽可能少的消耗实现尽可能多的经营成果，以增加旅行社的盈利。

3. 妥善分配利润，协调各方关系

利润是企业经营的最终成果，它与国家、企业和职工的切身利益有着直接的关系。因此，在对旅行社利润进行分配时，必须注意协调好企业与各方面的关系。旅行社应按国家有关规定，正确核算经营所耗，及时上缴各种税金，然后依据规定程序对旅行社利润进行合理、妥善的分配，以便更好地协调旅行社与各方的利益关系。

4. 实行财务监督，提供经济信息

在正常情况下，企业的各项经营活动都会反映于企业的财务收支上。对财务收支进行控制，并用财务指标对其进行分析核算，即为财务监督。旅行社必须建立财务核算制度，正确实行财务监督，发挥财务综合管理的作用，以便为旅行社经营决策的制定和正常业务的开展提供准确的价值依据及有效的经济信息。

旅行社财务管理主要包括旅行社资产管理、旅行社成本费用管理、旅行社营业收入与利润管理、旅行社结算管理和旅行社财务分析。

二、旅行社流动资产管理

资产管理是旅行社财务管理的一项重要内容，旅行社的资产构成与其他企业区别较大，因而其资产管理具有自己的特点。旅行社的资产管理主要分为流动资产管理和固定资产管理两部分。

旅行社流动资产是指旅行社可以在一年或者超过一年的一个营业周期内将其转变成现金或者耗用的一种资产，是旅行社资产中必不可少的组成部分。流动资产在周转过程中，从货币形态开始，最后又回到货币形态，各种形态的资金与生产流通紧密结合。旅行社流动资产构成比例比其他旅游企业高。因此，控制流动资产规模与结构、加速流动资产的周转便成为旅行社财务管理的重要内容。

旅行社的流动资产管理主要是对货币资产、生息资产、应收账款的管理。

（一）货币资产管理

旅行社的货币资产主要包括现金和银行存款，它是旅行社流动性最强的资产。现金的支付能力强，但在未使用前不能为旅行社带来任何利润，银行存款的利率也很低。因此，在保证旅行社正常经营活动的前提下，旅行社货币资产管理的主要任务是尽量缩短货币资产在周转过程中占用的时间，减少实际占用现金总量。具体管理措施有以下五种。

1. 确定旅行社的现金库存限制

随着社会主义市场经济的逐步确立，许多银行已经不再为旅行社核定库存现金的限额。因此，旅行社必须根据本企业在日常经营活动中的需要，确定库存现金的数量。旅行社日常开支所需的现金数量要适宜，既不能出现经营中现金短缺的现象，也不能造成资金的闲置和浪费。

2. 严格控制现金使用范围

除以下各项款项可用现金支付以外，旅行社不能随意扩大现金的使用范围。

（1）职工工资、各种工资性津贴和支付给个人的各种奖金。

（2）各种劳保、福利费用以及国家规定的对个人的其他现金支出。

（3）个人劳动报酬，包括稿费、讲课费及其他专门工作报酬。

（4）出差人员必须随身携带的差旅费。

（5）结算起点以下的零星支出。

（6）确定需要现金支付的其他支出。

3. 严格现金收支管理

旅行社应将现金收入于当日送存开户银行；旅行社现金支出不得坐支，即不得从本企业的现金收入中直接支付，如因特殊情况需要坐支现金的，须报开户银行审核批准。

4. 加强银行存款管理

按照国家有关规定，旅行社作为经营企业必须在所在地的银行开立账户（分为人民币存款和外汇存款）。为保证银行存款与旅行社日记账所记业务及金额的一致性，旅行社财务人员应定期与银行对账。银行则应定期编制对账单，列明旅行社在一个会计期内通过银行实际收付的资金。旅行社应将日记账与对账单进行认真的核对，如发现不符，要查明调整。旅行社对其银行存款要加强管理，不准出租、出借账户，不准套取银行信用，不准签发空头支票或远期支票。

5. 严格控制现金支出

旅行社应充分利用商业信用所提供的便利，减少现金的占用时间，从而达到节约现金的目的。旅行社应严格控制现金支出，尽量避免在应付账款到期日之前支付现金，并设法减少某些不十分必要的开支或推迟支付的时间。

（二）生息资产管理

生息资产亦称短期有价证券或者金融资产，主要包括期限在一年以下（含一年）的国库券、商业票据、银行承兑汇票和可转让定期存款单等。生息资产的利息比银行存款产生的利息多，且能在短期内变成现金，因此常常被看作"准现金"。但生息资产的风险也比银行存款的风险大，个别情况下，某些票据可能存在违约风险。为了减少应在企业内保存超出日常开支的货币资金而蒙受的利润损失，旅行社应将暂时闲置的货币资金投资于生息资产。

（三）应收账款管理

旅行社的应收账款是旅游市场竞争的产物，是供大于求的买方市场竞争压力所致。旅行社应从应收账款的信用标准、信用条件、收账政策、账龄分析、坏账准备等方面着手，强化应收账款的日常管理，加速周转，避免或减少损失的发生。

1. 应收账款的概念

应收账款是指旅行社在正常的经营过程中因提供旅游产品和服务等业务，应向购买单位收取的款项。应收账款在旅行社经营中占的比例很大，这是因为在旅游客源呈买方市场的条件下，多数旅行社难以坚持"先收费，后接待"原则，在接待后难以马上收回现金，要经过一系列的结算过程才能收回。在接待发生后到收到现金的这段时间，旅行社被占用的资金被称为应收账款。无论是对组团社还是地接社，应收账款的数量都很大，因此旅行社应加强应收账款管理。

2. 应收账款管理的措施

（1）制定和执行正确的信用政策。

①制定信用政策。旅行社制定信用政策主要包括根据不同的客户规定出相应的赊账信用标准、赊销的条件及收取账款的程序。客户的信用资信程度通常取决于客户的信用品质（首要因素）、偿付能力、资本、经济状况等。对新客户，应该先进行充分的资信调查，设法了解其财务状况，以便决定是否向其提供信用。对已经同旅行社建立了良好的信用关系而且向旅行社输送过大量旅游者的老客户，只要没有大幅度地增加赊欠的账款，旅行社就可以继续为其提供信用。

②规定赊销的条件。在目前我国旅游市场条件下，旅行社为了扩大市场占有量，吸引更多的客户从而获得更大的利润，应该采用国际上通用的方法，允许对部分客户在一定的条件下先送客人后收费。然而，这种赊销信用经常是无担保的，而且多数客户不在旅行社的所在地。当客户无力偿付欠款时，旅行社虽有权索取账款，但因没有担保物，承担了更大的风险。所以，旅行社在允许客户欠款时，应该规定赊销的条件，如为了鼓励客户尽快付款，可规定在一定期限内付款则能够享受现金折扣；规定赊欠账款的最长期限；给不同的客户规定

不同的赊欠最高限额等,以减少可能发生的坏账损失。

所谓赊销条件,是指旅行社接受客户信用订单时所提出的付款要求,在财务管理上基本表现方式如"2/10,N/45",其意思是:若客户能够在发票开出后的10日内付款,可以享受2%的现金折扣;如果放弃折扣,则全部款项必须在45日内付清。在此,45天为信用期限,10天为折扣期限,2%为现金折扣率。但由于旅游线路的长短不一,旅游毛利多少也不等,旅行社不可能也不会向毛利只有几百元的零星客户提供商业信用。因此,在实际工作中,旅行社很难将统一的信用条件应用于不同的客户。

③规定收取应收账款的程序。为了减少坏账损失,旅行社应该规定一套收取应收账款的程序。例如,旅行社应在一笔应收账款刚过偿付期时,立即给客户发函或电话催收欠款,如经过数次催收后客户仍继续拖欠,旅行社可以停止向其提供赊销信用直至诉诸法律以求解决。催收客户欠款须支付一定的费用,旅行社应对这种费用的发生规定适当的标准,当继续催收账款已经得不偿失时,旅行社应该停止对其催收,将这笔账款上报,经批准后作为坏账损失注销。

从理论上讲,履约付款是客户的责任和义务,是旅行社合法权益的要求。但如果旅行社对所有客户拖欠或拒付账款的行为都付诸法律,就不是最有效的办法,因为解决与客户账款纠纷的目的,主要不在于争论孰是孰非,而在于怎样最有效地将账款收回,通过法院强行收回账款不仅需要花费相当数额的诉讼费,而且要支付大量的差旅费、通信费。基于这种考虑,旅行社如果能够同客户商量一个折中的方案,也许能够将大部分账款收回。通常的步骤是:当账款被拖欠或拒付时,企业应当首先分析现有的信用标准及信用审批制度是否存在纰漏;然后重新对违约客户的资信等级进行调查、评价,对于信用品质恶劣的客户,应当从信用名单中删除,对其所拖欠的款项可以通过信函、电讯或者派员前往等方式进行催收,态度可以更加强硬,并提出警告;最后向对方发出律师信。当这些措施均无效时,可以通过法院裁决。对于信用记录一向正常的客户,在去电、去函的基础上,不妨派人与客户进行协商、沟通意见,达成谅解妥协,既可密切相互间的关系,又有助于较为理想地解决账款拖欠问题。在日常经营管理中,旅行社应特别注意欠款方出现的下列现象:办公地点由高档向低档搬迁;财务人员经常回避;经常找不到单位负责人;不正常的不回复电话;频繁更换管理人员、业务人员,单位员工跳槽过于频繁;决策层存在严重的内部矛盾;受到其他公司的法律诉讼。

(2) 应收账款的管理方法。

①比较应收账款的回收期。旅行社将应收账款的实际回收期同规定的回收期进行对比,找出差距,分析出问题的所在,以便采取相应的纠正措施。比较二者差距的计算公式为:

实际回收期同规定回收期的差距 = 实际回收期 − 规定回收期

应收账款实际回收期 = 应收账款平均余额/平均日赊销额

应收账款平均余额 = (期初应收账款余额 + 期末应收账款余额)/2

②分析账龄。旅行社的应收账款时间长短不一,有的未超过信用期,有的则已逾期拖欠,一般来讲,逾期拖欠时间越长,账款催收的难度越大,成为坏账的可能性也就越高。因此,进行账龄分析时应密切注意应收账款的回收情况。账龄分析是对应收账款账龄的结构分析,它是一种筛选活动,用以确定应收账款管理的重点,是提高应收账款收现效益的重要环

节。财务人员应当经常核对账目，确定超过合同或信用政策规定的应收账款的时间，分析其原因，并编制应收账款催收计划；对账龄时间长、金额比较大的，财务人员应提请单位领导安排时间或组织人员催收；对尚未过期的应收账款，也不能放松管理、监督，以防止发生新的拖欠。旅行社可将所有赊销客户所欠应收账款按时间长短顺序编制成报表，分析其中拖欠时间超过规定回收期的客户的拖欠原因，确定客户的信用程度。旅行社可以根据所分析的结果采取相应的措施，以避免可能发生的坏账损失。

③定期检查客户的应收账款偿付情况。旅行社在应收账款的管理中，可以定期检查客户应收账款偿付情况，检查的主要内容包括客户对本旅行社招徕客源的重要程度及其占旅行社总接待量的比重；应收账款的支付情况；客户未能偿付欠款的原因。通过检查，旅行社可以对客户进行信用评价，判断发生坏账的可能性，并根据客户的信用程度重新确定向其提供的信用条件。

随着人们物质文化水平的日益提高，旅行社要做大做强，必须扩大其市场份额，增加销售量，也就必然会产生应收账款。这是因为，债务方在归还应付账款之前，无偿占用着这笔资金，相当于在使用无息贷款，因而从主观上不愿归还。应收账款的大量存在，增加了债权方应收账款的管理成本和回收成本，降低了企业的资金使用效率。

三、旅行社固定资产管理

根据《企业会计准则》，固定资产是指为生产商品、提供劳务、出租或经营管理而持有的、使用年限在一年以上的资产，包括房屋、机器设备、建筑物、运输工具以及其他与生产、经营有关的设备、工具、器具等。旅行社的固定资产主要包括营业用房、办公设备、通信设备和少量的运输工具等。对旅行社固定资产的管理可以从以下几个方面入手。

(一) 固定资产折旧的计提

1. 计提折旧的固定资产

根据国家的有关规定，旅行社可以对下列固定资产计提折旧：房屋和建筑物；在用的机器设备、运输车辆；季节性停用、修理停用的设备；融资租入的设备；以经营租赁方式租出的固定资产。

2. 不计提折旧的固定资产

根据国家的有关规定，下列固定资产不计提折旧：房屋、建筑物以外的未使用、不需用的机器设备；以经营租赁方式租入的固定资产；已提足折旧仍继续使用的固定资产和未提足折旧提前报废的固定资产；国家规定不提折旧的其他固定资产（如土地等）。

(二) 固定资产计提折旧的方法

1. 年限平均法

年限平均法又称为直线法，是我国目前最常用的计提折旧方法。旅行社采用年限平均法计提固定资产折旧时，先以固定资产的原始成本扣除净残值，然后按照固定资产的预计使用年限计算每年或每月的折旧额和折旧率。这是一种较为简易的折旧计提方法，通常用于房屋等建筑物和贵重办公设备的折旧计提。

①年限平均法的计算公式为：

$$年折旧率 = (1 - 预计净残值率)/固定资产的预计使用年限 \times 100\%$$
$$年折旧额 = 固定资产原始价值 \times 年折旧率$$
$$月折旧率 = 年折旧率/12$$
$$月折旧额 = 固定资产原始价值 \times 月折旧率$$

②固定资产净残值率：一般按照固定资产原值的3%~5%确定。

③折旧年限（或总工作量）：营业用房20~40年，非营业用房35~45年，简易房5~10年，建筑物10~25年；大型客车（33座以上）5~10年（或30万公里），中型客车（32座以下）7~8年（或30万公里），小轿车5~7年（或20万公里），行李车7~8年（或30万公里），货车12年（或50万公里），摩托车5年（或15万公里）。

2. 工作量法

有些固定资产（如旅游大客车）在不同的经营期间使用的程度不均衡，发生的磨损程度也相差较大，难以用年限平均法确定其每年的折旧额。对于这类固定资产，旅行社可以采用工作量法来计提折旧。工作量法是一种以固定资产的具体使用时间或使用量为自变量，且与年限无绝对直接依存关系的折旧方法。这种折旧计提方法适用于汽车等固定资产。工作量法的计算公式为：

$$单位工作量折旧额 = 固定资产原始价值 \times (1 - 预计净残值率)/预计使用年限可以完成的工作量$$

例：某旅行社出资60万元购买一辆33人座的大客车，预计该车的使用里程为30万公里。2018年该车共行驶4.8万公里，请运用工作量法计算应该提取的折旧费用。（净残值率为5%）

$$单位工作量折旧额 = 60 \times (1 - 5\%)/30 = 1.9（万元/万公里）$$
$$提取的折旧费用 = 1.9 \times 4.8 = 9.12（万元）$$

（三）固定资产的处理

1. 提取修理费用

旅行社发生的固定资产修理费用，计入当期成本费用。对数额较大、发生不均衡的修理费用，可以分期摊入成本费用，也可以根据修理计划分期从成本中预提。

2. 处理盘亏、盘盈及报废的固定资产

（1）盘亏及毁损固定资产的处理。

旅行社在处理盘亏或毁损的固定资产时，应按该项固定资产的原价扣除累计折旧、过失人及保险公司赔款后的差额，计入营业外支出。

（2）盘盈固定资产的处理。

旅行社应按固定资产的原价减去估计折旧后的差额，计入营业外收入。

（3）出售或清理报废固定资产的处理。

旅行社应将固定资产的变价净收入（变价收入、残料价值减清理费用后的净额）与其净值（原价减累计折旧）的差额，计入营业外收入、营业外支出或资产处置损益。

第二节 旅行社成本费用管理

旅行社在经营过程中，为获取营业收入，必然要发生各种成本费用，成本费用的发生，直接关系到旅行社的经营利润。据有关资料统计,在许多旅行社的营业收入中,用于支付各种成本和费用的款项占全部营业收入的 80%~90%。可以说,成本费用管理是旅行社财务管理的一项重要内容。旅行社经营管理者必须高度重视对成本费用的管理,不断降低旅行社的经营成本,提高经济效益。旅行社成本费用管理主要通过成本费用核算、分析和控制来实现。

一、旅行社成本费用的构成和分类

旅行社成本费用管理应遵循利润中心原则、薄利多销原则、分级定额原则、计划预估原则和款到计利原则,实行全员管理、全过程管理,这样才能降低成本费用,不断提高经济效益。

（一）旅行社成本费用的构成

1. 旅行社的营业成本

旅行社的营业成本指为组织接待旅游者而发生的直接费用,包括已计入营业收入总额的房费、餐费、交通费、文娱费、行李托运费、票务费、门票费、专业活动费、签证费、陪同费、劳务费、宣传费、保险费和机场费等代收费用。

2. 旅行社的营业费用

旅行社的营业费用是指旅行社各营业部门为组织经营活动而发生的各项费用,包括广告宣传费、展览费、邮电费、差旅费、保险费、燃料费、水电费、运输费、装卸费、清洁卫生费、低值易耗品摊销、物料消耗、经营人员的薪酬、服装费和其他营业费用。

3. 旅行社的管理费用

旅行社的管理费用是旅行社为组织和管理经营活动而发生的费用以及由企业统一负担的费用,主要包括企业管理部门的工资、工会经费、员工教育经费、劳动保险费、董事会费、外事费、咨询费、诉讼费、业务招待费、办公费、无形资产摊销、绿化费等。

4. 旅行社的财务费用

旅行社的财务费用是指旅行社因筹集资金而发生的费用,包括旅行社在经营期间发生的利息净支出、汇兑净损失、金融机构手续费,以及筹资发生的其他财务费用等。

旅行社发生的下列支出,不得计入成本和费用:为购置和建造固定资产、购入无形资产和其他资产发生的支出;对外投资支出和分配给投资者的利润;被没收财物的损失;支付的各项赔偿金、违约金、滞纳金、罚款、赞助、捐赠支出等;国家规定不得列入成本、费用的其他开支。

（二）旅行社成本费用的分类

1. 按成本费用的功能分类

旅行社的成本费用按成本费用的功能,可分为代收代付成本和费用成本。代收代付成本是旅行社不进行任何加工的一手进一手出的成本费用,如旅行社代收、代付的机、船、车票费用,酒店的房费,景区景点的门票费用等。费用成本是旅行社在业务运转过程中日常开支的费用,如办公费、水电费、工资等。

2. 按成本费用与业务量的关系分类

旅行社的成本费用按成本费用与业务量的关系,可分为固定成本和变动成本。固定成本是在一定时期和一定业务范围内，不受业务量增减变动影响而固定不变的成本费用，如折旧费、劳务费、管理人员工资、租赁费等。变动成本是在一定时期和一定业务范围前提下，随着业务量增减变动而变化的成本费用，如水电费、物料消耗、导游带团补贴等。

（三）旅行社成本费用管理的作用

第一，成本费用是补偿生产经营耗费的尺度。这是企业维持简单再生产的基本条件和扩大再生产的出发点。

第二，成本费用是制定价格的经济依据。商品出售价格的最低界限，是由商品的成本决定的。

第三，成本费用是衡量企业管理水平的重要标志。成本费用是一项综合指标，通过同类企业成本费用指标的对比与分析，可以揭露企业业务经营中的问题，从而积极推动企业充分挖掘内部潜力，努力提高经营管理水平。

旅行社成本费用管理的任务是降低成本、减少费用。旅行社成本费用管理的原则是遵守成本开支范围；处理降低成本与提高服务质量的关系；实现目标成本管理。

（四）旅行社成本费用管理的要求

第一，努力降低消耗，提高经济效益。

第二，实行全员成本管理。要把降低成本费用的任务指标和要求落实到企业内部各职能部门，充分发挥各职能部门在加强成本费用管理中的积极性。

第三，划清费用界限，正确计算成本。

第四，加强成本费用的考核工作。

二、旅行社成本费用的核算

旅行社成本费用的核算通常根据经营规模和业务范围的情况由旅行社自行决定。目前，我国旅行社采用的成本费用核算方法主要有三种类型。

（一）单团核算

单团核算是指旅行社以接待的每一个旅游团（者）为核算对象进行经营盈亏的核算。单团核算有利于考核每个旅游团的经济效益，有利于各项费用的清算和考核，有利于降低成本。但是单团核算工作量较大，一般适用于业务量较小的旅行社。

（二）部门批量核算

部门批量核算是以旅行社的业务部门为核算单位，以业务部门每月接待的旅游团的批量为对象进行经营盈亏的核算。按部门批量核算有利于考核各业务部门完成经济任务指标的情况。这种核算方法适用于业务量较大的旅行社。

采用部门批量核算有利于提高各部门的工作积极性，增强职工的积极性，提高旅行社经济效益。但此种方法不利于单位成本的考核与横向比较，因此，在实际工作中，部门批量核算可以和单团核算或等级核算相结合。

（三）等级核算

等级核算是以接待的旅游团（者）的不同等级为核算对象进行经营盈亏的核算，如豪华型、标准型、经济型。等级核算可以提供不同等级的旅游团的盈亏状况。

等级核算能综合反映旅行社的经营成果，工作量也较单团核算小，但不能直接揭示成本升降的原因，不利于同等级中各团之间经营成果的比较，因此在实际工作中，常将等级核算与单团核算结合使用。

从我国旅行社成本费用管理的实际情况来看，还没有建立一套完整的行之有效的事先控制成本费用的机制。从以上三种核算方式的实际运行情况来看，共同的缺点是在旅游团结束后，根据旅游团的实际支出进行成本费用核算。虽然都能核算出旅游团的盈亏结果，但是对旅游团的成本费用开支都做不到事先有效的严格控制。旅游团的操作运行一般情况下是由旅行社的专职计调人员掌控的，旅行社的陪同或导游因不了解自己所接待的旅游团的收费情况和各项开支费用标准，以及该团的利润情况，在接待旅游团中不能有意识地控制该团的各项开支；旅行社的领导对旅游团的各项开支费用不能做到心中有数；旅行社的财务部门事先也不知道各个旅游团的各项开支费用和利润情况。实际上旅游团的有些开支处于无控制状态。这就造成了旅行社的营业成本开支不能得到事先有效的控制，使旅行社的营业成本不能降低，旅行社的经济效益不能提高。

三、旅行社成本费用的分析

在旅行社成本费用的管理中，成本是影响旅行社经济效益的一个重要因素。在营业额一定的前提下，营业成本越低，经济效益就越高；反之，营业成本越高，经济效益就越低，甚至会造成直接的亏损。不管是采用哪一种方法核算成本费用，对旅行社成本费用分析都要做到事前有计划、事后有分析、分析结果有反馈。分析旅行社成本费用的构成和成本费用核算的全部过程，可以清楚地看到，旅游团单团利润是构成旅行社利润的核心，旅游团单团成本是构成旅行社成本费用的核心。因此，加强旅行社成本费用管理的核心环节，就是要加强对旅游团单团利润和成本费用的管理。加强旅游团单团利润和成本费用管理的首要问题是控制旅游团的成本费用。

（一）单团成本分析

单团成本分析的前提是实行单团成本核算。为了达到控制成本、提高旅行社经济效益的目的，应采取以下几个步骤：

第一，在综合分析市场状况和旅行社自身经营状况的基础上编制成本计划，制定出一套分等级的计划成本并以此作为衡量旅行社经济效益的标准；

第二，将单团的实际成本与计划成本进行对比，找出差异，对于差异较大的旅游团要逐项进行分析，找出导致成本上升或下降的原因并加以改进；

第三，加强信息反馈，把在成本分析中发现的差异及其原因及时反馈给有关领导和部门，以便加强对成本的控制。

（二）部门批量成本分析

接待业务量较大的旅行社应实行部门批量成本核算和分析，将不同部门接待的旅游团作为成本核算的对象，进行成本的归集和分配，核算出各个部门接待一定批量旅游者的成本水平和经济效益。旅行社在进行成本分析和核算时应采取以下几个步骤：

第一,编制各部门接待一定批量旅游者的计划成本及计划成本降低额(率),核算出实际成本及实际成本降低额(率);

第二,按照部门接待旅游者数量变动、产品结构变动、成本变动三方面进行因素替代分析,找出各因素的影响程度;

第三,将信息反馈给有关部门,采取措施,改善不利因素影响。

(三)等级成本分析

在采用等级成本分析时,一般应采取以下几个步骤:

第一,在综合分析市场状况和旅行社自身经营状况的基础上编制成本计划,制定出一套分等级的成本计划和计划成本降低率,以此作为考核各等级旅游团经营效益的标准;

第二,计算各等级旅游团的实际成本,并与计划成本进行比较,计算出实际成本降低额;

第三,采用因素替代法进行成本分析,按照等级数量变动、产品品种结构变动、成本变动三个方面进行因素替代分析,找出各因素的影响程度;

第四,加强信息的反馈,把在成本分析中发现的差异及其原因及时反馈给有关领导和部门,采取措施,改善不利因素的影响,加强对成本的控制。

四、旅行社成本费用的控制

旅行社对成本费用进行控制就是对成本费用形成的各种因素,按照事先拟定的标准严格加以监督,发现偏差就及时采取措施加以纠正,从而使各项资源的消耗和费用开支限定在规定的范围之内。旅行社成本费用的控制程序如下。

(一)制定成本费用的标准

制定成本费用的标准是旅行社成本费用控制的第一步。旅行社在经营过程中需要付出大量的成本费用,获得预期的经营收入。如果成本费用过高,就会使旅行社的利润大幅度下降,甚至会亏损。因此,旅行社经营管理者必须根据本旅行社的实际情况,制定出本旅行社的成本费用标准。常用的制定成本费用标准的方法有三种。

1. 分解法

分解法是将目标成本费用和成本费用降低的目标,按成本费用使用项目进行分解的方法。第一,明确各项成本费用项目应达到的目标和需降低的幅度;第二,把各成本费用项目指标按部门进行归口分解;第三,各部门再把成本费用指标落实到各个岗位或个人;第四,由各个岗位或个人分别制定各项成本费用支出的目标和措施,对分解指标进行修订;第五,以实现目标成本费用为标准对修订后的指标进行综合平衡;第六,形成各项成本费用开支的标准。

2. 预算法

预算法就是旅行社用制定预算的办法来制定控制标准,即旅行社在把成本费用划分同销售收入成比例增加的变动成本费用、不成比例增加的半变动成本费用及与销售收入增减无关的成本费用的基础上,按各部门的业务量分别制定预算。采用这种方法特别要注意从实际出发来制定预算。

3. 定额法

定额法就是旅行社首先确定各种成本费用的合理定额，将这些定额作为控制标准来进行控制。在旅行社里，凡是能直接确定定额标准的成本费用，都应制定定额标准；不能直接确定定额标准的成本费用，可以按照行业平均水平或竞争对手水平确定定额标准。

（二）日常控制

旅行社在制定成本费用标准后，对成本费用形成的各个项目，要经常进行检查和监督。按照预先制定的成本费用标准，严格控制各项消耗和支出，并根据已发生的误差，及时进行调整。旅行社成本费用的日常控制主要包括建立成本费用控制信息系统、实行责任制和进行重点控制三项措施。

1. 建立成本费用控制信息系统

旅行社应当通过建立成本费用控制信息系统对经营活动过程中产生的成本费用进行控制。成本费用控制信息系统主要包括三个部分：成本费用指标、标准、定额等输入系统，核算、控制、反馈系统，分析预测系统。三个系统构成一个整体，发挥提供传递与反馈成本费用信息的作用，是旅行社成本控制的有效手段。

2. 实行责任制

旅行社实行责任制就是把负有成本费用责任的部门作为成本费用责任中心，使其对可控成本费用负完全责任。通过责任制，可以把经济责任落实到旅行社内部各个部门，推动各部门控制好所负责的成本费用。

3. 进行重点控制

旅行社管理者应在日常成本费用控制中对占成本费用比重较大的部门或岗位、成本费用降低目标较大的部门或岗位和目标成本费用实现较难的部门或岗位进行重点控制。

总之，通过这些措施对旅行社经营管理的成本费用实现全过程、全方位和全员的控制。在日常控制中，如果发现偏差应及时纠正偏差；针对差异发生的原因，查明责任者，分清情况，厘清轻重缓急，提出改进措施，加以贯彻执行。

（三）检查与考核

旅行社管理者应定期对各部门成本费用控制情况及整个旅行社的成本费用控制情况进行检查和考核，具体要做好以下几项工作：首先，检查成本费用计划的完成情况，查明产生差异的原因；其次，评价部门及个人完成成本费用计划目标的情况，给予应有的奖励和惩罚；最后，总结经验，发现问题，提出办法，为进一步降低经营成本费用提供资料。

成本费用控制的三个步骤是紧密联系、循环往复的。每次循环，成本费用控制标准都应有所改善，成本费用控制手段都应更加科学。

第三节　旅行社营业收入与利润管理

旅行社通过向旅游者提供各种旅游服务获得营业收入和利润。在成本费用一定的条件下，只有营业收入增加了，利润才会增加。利润的多寡反映了旅行社经营水平的高低，因此，旅行社必须重视对营业收入和利润的管理。

一、旅行社营业收入管理

旅行社存在的目的在于向旅游消费者提供旅行社产品的同时取得自身效益，通过向旅游消费者提供旅游服务得到预期的营业收入和利润。营业收入是旅行社经营成果的重要表现，体现了旅行社在市场中的认知度。同时，旅行社在经营活动中，为获取营业收入必须投入较大的人力、财力、物力，这些人力、财力、物力的消耗构成了旅行社的营业成本和营业费用，为保证旅行社再生产过程的正常开展，营业成本和营业费用要通过取得营业收入来得到补偿。另一方面，在旅行社的经营过程中，旅行社必须持有适量现金以备采购产品、支付费用、缴纳税金等，而营业收入的取得是旅行社保持适当现金量的主要来源。因此，旅行社只有不断增加客源，减少资金拖欠现象，在正常情况下，其现金流入才会得到保证，旅行社的财务状况才能处于正常状况。旅行社所获取的营业收入在扣除营业成本、营业费用和其他开支后，剩下的就是利润。

（一）旅行社营业收入的构成

旅行社营业收入是指旅行社在一定时期内，由于向旅游者提供服务而获得的全部收入。旅行社的营业收入主要由以下五个部分构成。

1. 综合服务费收入

综合服务费收入是指旅行社为旅游团（者）提供产品和服务所获得的收入，包括向旅游团（者）收取的导游费、餐饮费、旅游交通费、全程陪同费、组团费和接团手续费等。

2. 房费收入

房费收入是指旅行社为旅游团（者）代订饭店客房后，按照旅游团（者）实际住房的天数、客房等级等收取的住宿费用所形成的收入。

3. 城市间交通费收入

城市间交通费收入是指旅行社因旅游团（者）在旅游期间从旅游客源地至旅游目的地，及在旅游目的地的各城市或地区之间，乘坐各种交通工具所付出费用而形成的收入。

4. 专项附加费收入

专项附加费收入是指旅行社向旅游团（者）收取的汽车超公里费、文娱费、专业活动费、风味餐费、特殊游览点门票费、保险费、不可预见费等形成的收入。

5. 单项服务收入

单项服务收入是指旅行社接待散客和为旅游者委托代办事项所收取的服务收入，以及代理代售国际联运客票和国内客票的手续费收入、代办签证收费等形成的收入。

（二）旅行社营业收入的管理

旅行社营业收入具有一个明显的特点，即营业收入中代收代支部分占相当比例，这也是旅行社在业务经营方面区别于其他旅游企业的一个重要特点。旅行社在对营业收入进行核算时，应根据其营业收入的明显特点，加强管理，正确地进行时间和金额上的确认。

1. 确认营业收入的原则

按照国家的有关规定，旅行社在确认营业收入时应实行权责发生制。根据权责发生制原则，旅行社在符合以下条件时，可确认其获得了营业收入：

（1）旅行社已经向旅游者提供了合同上所规定的服务；

（2）旅行社已经从旅游者或者组团旅行社处收到价款或取得了收取价款权利的证据。

2. 界定营业收入实现时间的原则

（1）入境旅游。

旅行社组织境外旅游者到境内旅游，以旅游者离境或离开本地时作为营业收入实现的时间。

（2）国内旅游。

旅行社组织国内旅游者在国内旅游，接团旅行社应以旅游者离开本地时、组团旅行社应以旅游者旅行结束返回原出发地时作为营业收入实现的时间。

（3）出境旅游。

旅行社组织中国公民到境外旅游，以旅游者旅行结束返回原出发地时作为营业收入实现的时间。

旅行社营业收入中有一部分是应收账款，而应收账款的发生会使旅行社的资金被占用，同时存在潜在的坏账风险和管理成本。因此旅行社应采用适当的结算方式，减少应收账款，加速应收账款的回收；减少旅行社的资金占用，加速资金周转；减少风险，避免坏账损失，提高旅行社的资金收益率。故旅行社在日常经营活动中，可以考虑采用预收包价旅游费、预收定金、直接使用现金收款等方式。

二、旅行社利润管理

利润是旅行社在一定期间实现的最终财务成果，是反映旅行社经营成果的最重要指标，是旅行社经营活动的效果和效益的最终体现。从整个社会来看，利润是社会再生产的重要资金来源；从企业来看，取得利润是企业生存与发展的必要，也是评价企业生产经营成果的重要指标。

（一）旅行社利润的构成

旅行社的利润总额由营业利润、投资净收益、营业外收支净额等部分组成，是一定期间内营业收入扣除成本、税金及其他支出后的余额。其公式是：

$$旅行社利润 = 营业利润 + 投资净收益 + 营业外收支净额$$

旅行社实现的利润越多，说明其经济效益越好，对社会的贡献越大。

1. 营业利润

旅行社的营业利润是指营业收入扣除营业成本、营业费用、营业税金、管理费用和财务费用后的净额。

2. 投资净收益

旅行社的投资净收益是指投资收益扣除投资损失后的数额。投资收益包括对外投资分得的利润、取得的股利、获得的债券利息、投资到期收回或中途转让取得的款项高于账面净值的差额。投资损失是指由于投资不当而产生的投资亏损、投资到期收回或中途转让取得的款项低于投出资产账面净值的差额。

3. 营业外收支净额

旅行社的营业外收支净额是指营业外收入扣除营业外支出后的净额。营业外收入包括固定资产盘盈和变卖的净收益、罚款净收入、确实无法支付而按照规定程序批准后转作营业外收入的应付账款、礼品折价收入和其他收入等。营业外支出包括固定资产盘亏和毁损、报废的净损失，非常损失，赔偿费，违约金和公益性捐赠支出等。

旅行社利润不仅是反映旅行社经营成果的一个基本指标，也是考核、衡量旅行社经营成果与经济效益最重要的标准。旅行社通过对利润指标的考核和比较，能够综合地反映出在某段时期内取得的经济效益。

（二）旅行社利润的分析

利润是评价旅行社经营效果与经营效益的一个重要指标。利润是企业生存和发展的资金来源，分析利润在旅行社经营管理中具有重要意义。旅行社的利润分析是指根据旅行社的利润计划对本期内实现的利润进行初步评价，发现差异，采取措施，为下一个经营期间获取更高利润奠定基础。对旅行社利润的分析包括利润总额分析、营业利润分析及利润率分析。

1. 利润总额分析

旅行社可以运用比较分析法将本期利润总额同上期利润总额或本期计划利润总额进行比较，对利润总额的增减变动情况进行比较分析。利润总额的变动情况可采用以下公式进行分析：

本期利润总额比上期增长（降低）额 = 本期实际利润总额 − 上期实际利润总额

$$本期利润总额增长（降低）率 = \frac{本期利润总额比上期增长（减少）额}{上期实际利润总额} \times 100\%$$

将本期实际利润总额与本期计划利润总额进行比较，可得出本期利润计划完成率，从而得出计划超额完成率（或未完率）。相关计算公式如下：

本期利润计划完成率 = 本期实际利润总额/本期计划利润总额 × 100%

计划超额完成率（或未完成率）= 本期利润计划完成率 − 100%

本期利润总额比上期增长额（率）高很多，说明本期实际利润总额比上期实际利润总额有较大幅度的增长；该指标越大说明旅行社本期效益越好。采用本期计划利润总额进行分析时，计划超额完成率（或未完成率）是正数时，说明本期利润总额超过本期计划利润总额，且该指标越大，表明旅行社实际运营情况比计划的越好；计划超额完成率（或未完成率）是负数时，说明本期计划利润总额在本期没有得到实现，该指标越大，说明本期实际利润完成额较计划额相差越大。当然，若实际利润完成情况与计划指标相差较大，也可考虑是否本期计划利润的制定存在问题。

2. 营业利润分析

旅行社的营业利润分析是通过将营业利润计划指标与本期实际结果进行对比，运用因素分析法，找出影响营业利润实现的因素，并采取相应的措施加强对利润的管理，进一步增加旅行社利润。在采用因素分析法对旅行社营业利润进行分析时，分析因素包括营业成本、营业税金、管理费用和财务费用等，旅行社应尽可能降低成本、严格控制各项费用开支，增加旅行社利润。

3. 利润率分析

利润是企业的重要经营目标，是企业生存和发展的物质基础，它不仅关系到企业所有者的利益，也是企业偿还债务的一个重要来源，因此企业的债权人、所有者以及管理者都十分关心企业的获利能力。获利能力分析是企业财务分析的重要组成部分，也是评价企业经营管理水平的重要依据。对旅行社获利能力分析的比率主要有资产利润率、营业利润率、成本费用利润率和人天利润率等。对于股份有限公司，还应分析股东权益利润率、每股利润、每股现金流量、每股股利、股利发放率、每股净资产、市盈率等。

（1）资产利润率。

资产利润率的计算公式如下：

$$资产利润率 = 利润总额/资产总额 \times 100\%$$

资产利润率主要用来衡量旅行社利用资产获取利润的能力，反映了旅行社总资产的利用效率。这一比率越高，说明旅行社的获利能力越强。

（2）营业利润率。

营业利润率的计算公式如下：

$$营业利润率 = 利润总额/营业收入总额 \times 100\%$$

营业利润率说明了旅行社利润总额占营业收入的比例，反映了旅行社通过营业活动获取利润的能力。营业利润率表明旅行社每一元营业收入可实现的利润总额。该比率越高，说明旅行社通过扩大营业收入获取收益的能力越强。

（3）成本费用利润率。

成本费用利润率的计算公式如下：

$$成本费用利润率 = 利润总额/成本费用总额 \times 100\%$$

成本费用利润率是旅行社利润与成本费用总额的比率，反映旅行社经营活动过程中发生的耗费与收益的关系。成本费用是旅行社为了取得利润而付出的代价，主要包括营业成本、营业费用、管理费用和财务费用等。这一比率越高，说明旅行社为了获取收益而付出的代价越小，获利能力越强。通过这个比率不仅可以评价旅行社获得利润的效率，也可以评价旅行社对成本费用的控制管理水平。

（4）人天利润率。

人天利润率的计算公式如下：

$$人天利润率 = 利润总额/人天总数 \times 100\%$$

公式中，人天总数是旅行社在一定期间内接待所有旅游者的天数的总和。人天利润率反映了旅行社接待旅游者的人天总数和旅行社利润总额的关系。这一比率越高，说明旅行社每人天数获取利润的能力越强。

（三）旅行社的利润管理

获取利润是旅行社经营的主要目的，利润管理是旅行社经营管理的重要组成部分。旅行社对利润的管理主要有三方面。

1. 制定目标利润

为考核每个期间旅行社经营活动的效益，评价旅行社工作，每个经营期初期，旅行社应在参考历史利润、本期可预见的经营状况和存在的问题基础之上，制定目标利润。通过层层落实，把目标利润分解到各部门、各单位，作为旅行社各部门努力的方向和目标，也作为期末对各部门考核的标准。

旅行社计算目标利润的公式为：

目标利润＝预期营业收入－预期营业成本－预期营业税金－预期费用

2. 进行成本费用核算

旅行社在确定了目标利润之后，可以运用各种方法来测算出为实现目标利润所应完成的销售量及所产生的各种成本费用。量本利分析法是进行这种测算的一种有效方法。量本利分析法将成本分解为固定成本和变动资本，并根据由此获得的信息，预测出旅行社的保本销售量和为完成目标利润而需要增加的销售量。其计算公式为：

保本销售量＝固定成本费用总额/（单位产品销售价格－单位变动成本）

实现目标利润的销售量＝（固定成本费用总额＋目标利润）/（单位产品销售价格－单位变动成本）

实现目标利润的销售收入＝实现目标利润的销售量×单位产品销售价格

对于产品单一、售价和成本稳定的旅行社，使用量本利分析法能够进行比较准确的预测；对于产品、成本和售价受市场供求关系、同行之间的竞争激烈程度以及其产品的规格、内容和档次等因素影响变化大的旅行社，可以参考上期的平均成本和营业收入按照上述公式进行估算。

3. 正确分配利润

旅行社取得的利润，应当按照国家规定和企业有关权力机构的决议进行利润分配。由于利润分配涉及国家、旅行社和企业职工的利益，因此利润分配也是旅行社管理的一个重要组成部分。

由于旅行社的经营体制不同，利润分配的方式也存在一定的差异。目前，我国的旅行社主要分为股份制和非股份制旅行社两种类型。

按照《公司法》的有关规定，股份制旅行社税后利润按照以下顺序进行分配。①弥补企业以前年度亏损。公司的法定公积金不足以弥补以前年度亏损的，在提取法定公积金之前，应当先用当年利润弥补亏损。②提取法定盈余公积金。根据《公司法》的规定，法定盈余公积金的提取比例为当年税后利润（弥补亏损后）的10%。法定盈余公积金已达到注册资本的50%时可不再提取。法定盈余公积金可用于弥补亏损、扩大公司生产经营或转增资本，但企业用法定盈余公积金转增资本后，法定盈余公积金的余额不得低于转增前公司注册资本的25%。③提取任意盈余公积金。根据《公司法》的规定，公司从税后利润中提取法定公积金后，经股东会或者股东大会决议，还可以从税后利润中提取任意公积金。④向股东（投资者）分配股利（利润）。

非股份制旅行社的税后利润分配的顺序是：①支付被没收的财物损失，支付各项税收的滞纳金和罚款；②弥补企业以前年度亏损；③提取法定盈余公积金，法定盈余公积金已达到注册资本50%时不再提取；④提取公益金；⑤向投资者分配利润，企业以前年度未分配的利润，可以并入本年度向投资者分配。

第四节　旅行社结算管理

一、旅行社一般情况的结算业务

旅行社一般情况的结算业务分为综合服务费的结算和其他旅游费用的结算两部分。

(一) 综合服务费的结算

综合服务费的结算业务包括审核结算内容和方法、确定结算方式两个方面的内容。

1. 审核结算内容和方法

旅行社财务人员在审核综合服务费结算内容时，应对照旅游计划和陪同该旅游团的导游所填写的结算通知单，对所需结算的各种费用进行认真审查。旅行社之间结算所涉及的综合服务费一般包括市内交通费、杂费、领队减免费、地方导游费、接待手续费和接待宣传费。

（1）计算公式。

综合服务费 = 实际接待旅游者人数 × 实际接待天数 × 人天综合服务费价格

（2）具体做法。

①旅游团内成年旅游者的人数达到16人时，应免收1人的综合服务费。

②旅游者所携带的2~12周岁（不含12周岁）的儿童，应按照成年旅游者标准的50%收取综合服务费。

③12周岁（含12周岁）以上的儿童、少年旅游者按照成年旅游者标准收取综合服务费。

④2周岁以下的儿童在未发生费用的情况下，不收取综合服务费；如果发生费用，由携带儿童的旅游者现付。

2. 确定结算方式

旅游者在一地停留时间满24小时的，按一天的综合服务费结算；停留时间超过24小时、未满48小时的部分和停留时间未满24小时的，按照有关标准结算。目前，我国旅行社主要采用的结算方式有中国国际旅行社的结算标准（简称国旅标准）、中国旅行社的结算标准（简称中旅标准）和中国青年旅行社的结算标准（简称青旅标准）三种。

知识拓展9-1

国旅标准是按旅游者的用餐地点划分综合服务费结算比例的结算办法（见表9-1）；青旅标准是按照旅游者停留小时划分综合服务费结算比例的结算办法（见表9-2）；中旅标准是按抵离时间分段划分综合服务费的结算办法（见表9-3）。

表9-1 国旅综合服务费结算标准

地点	综合服务费结算比例
用早餐（7时）地点	33%
用午餐（12时）地点	34%
用晚餐（18时）地点	33%

表 9-2　青旅综合服务费结算标准

停留小时数	综合服务费（扣除餐费）结算
4 小时以内	按 10 小时结算
4～10 小时	按 15 小时结算
10～18 小时	按 18 小时结算
18 小时以上	按实际停留小时结算
去外地一日游当日返回驻地的外地接待旅行社	按 16 小时结算

表 9-3　中旅综合服务费结算标准

抵达当地时间	综合服务费结算比例	离开当地时间	综合服务费结算比例
0:01—9:00	100%	0:01—9:00	20%
9:01—11:00	85%	9:01—11:00	30%
11:01—13:30	70%	11:01—13:30	60%
13:31—17:00	45%	13:31—17:00	80%
17:01—19:00	35%	17:01—24:00	100%
19:01—24:00	15%		

（二）其他旅游费用的结算

一般情况下，其他旅游费用包括旅游者的房费、餐费和其他费用（城市间交通费、门票费和专项附加费）。

1. 房费的结算

房费分为自订房和代订房两种。自订房房费由订房单位或旅游者本人直接向饭店结算；代订房房费由接待旅行社结算。其公式为：

$$房费 = 实际房间数 \times 实际过夜数 \times 房价$$

在实际经营中，旅行社一般为旅游团队安排双人间。有时旅游团队因人数或性别原因可能出现自然单间，由此而产生的房费差额可根据事先达成的协议由组团旅行社或接待旅行社承担。旅行社应按照饭店的规定在旅游团队离开本地当天 12 时以前办理退房手续。凡因接待旅行社退房延误造成的损失，由接待旅行社承担。如果旅游者要求延迟退房，则由旅游者直接向饭店现付房差费用。

2. 餐费的结算

餐费结算有两种形式：一种是将餐费（午餐、晚餐）纳入综合服务费一起结算；另一种是将餐费单列，根据用餐人数、次数和用餐标准结算。第二种形式的公式为：

$$餐费 = 用餐人数 \times 用餐次数 \times 用餐标准$$

3. 其他费用的结算

旅行社应根据与旅游者事先达成的协议及有关旅游服务供应单位和接待旅行社的收费标

准对其他费用进行结算处理。

二、旅行社特殊情况的结算业务

(一) 跨季节的结算

我国的旅行社多将每年的 12 月初至第二年的 3 月底作为旅游淡季，其余的月份作为旅游旺季或平季。旅游者在一地停留的时间恰逢旅游淡季与旺季交替时，旅行社应按照旅游者在该地实际停留日期的季节价格标准分段结算。

(二) 等级变化的结算

1. 分团活动导致等级变化

旅游团在成行后因某种特殊原因要求分团活动并导致旅游团等级发生变化时，应按分团后的等级收费或结算。结算的方式有两种：一种是由旅游者现付分团后新等级费用标准和原等级费用标准的差额；另一种是接待旅行社征得组团旅行社同意后按新等级标准向组团旅行社结算。

2. 部分旅游者中途退团造成等级变化

参加包价旅游团的旅游者在旅行途中因特殊原因退团，造成旅游团人数不足 10 人而发生等级变化时，原则上仍按旅游团的人数和等级标准收费和结算，退团的旅游者离团后的费用由旅游者自理。

3. 晚间抵达或清晨离开的旅游团结算

包价旅游团在晚餐后抵达或早餐前离开某地时，接待旅行社按照人数和等级标准向组团旅行社结算接送费用。其计算公式为：

$$接送费用 = 人数 × 计价标准$$

例如，T 市一家旅行社接待一个新加坡旅游团，全团共有成年旅游者 15 人，于 2015 年 7 月 16 日晚 21:30 抵达 T 市机场。该团在 T 市游览 1 天后，于 7 月 18 日清晨 5:25 未用早餐即乘飞机离开 T 市前往 S 市。该旅行社到机场接送费为每人次 5 元，那么这家旅行社接送费收入 = 5 元 × 2 次 × 15 人 = 150 元。如果该团综合服务费收取标准为每人每天 105 元，那么这家旅行社综合服务费和接送费收入 = 105 元/人天 × 15 人 + 150 元 = 1 575 元 + 150 元 = 1 725 元。

一般情况下，旅行社业务结算方式多种多样。现金、信用卡、网上支付、银行转账、上门收款、邮局汇款等，都是旅行社常用的、便捷的结算方法。

第五节　旅行社财务分析

一、旅行社的财务报表

(一) 旅行社资产负债表

资产负债表是反映旅行社在某一特定日期财务状况的报表。它以"资产 = 负债 + 所有者权益"这一会计基本等式为依据,按照一定的分类标准和次序反映旅行社在某一个时间点上资产、负债和所有者权益的基本状况。

资产负债表包括三大类项目:资产、负债和所有者权益。报表的左方为资产类部分,反映旅行社的资产状况;资产分为流动资产和非流动资产,长期股权投资、固定资产、无形资产及递延所得税资产等属于非资产。报表的右方上半部分是负债类部分,负债分为流动负债和非流动负债,长期借款和递延所得税负债等属于非流动负债;下半部分是所有者权益部分。负债和所有者权益部分反映了旅行社资金的来源情况(见表9-4)。

表9-4 某旅行社资产负债表(简化)

2016年12月31日　　　　　　　　　　　　　　　　　　　　　　万元

资产	年末数	年初数	负债与所有者权益	年末数	年初数
流动资产:			流动负债:		
货币资金	390	210	短期借款	200	170
交易性金融资产	20	10	应付账款	1 900	2 000
应收账款	1 500	1 480	预收款项	400	300
预付款项	170	140	其他应付款	100	100
存货	2 000	1 900	流动负债合计	2 600	2 570
其他流动资产	80	60	非流动负债:		
流动资产合计	4 160	3 800	长期借款	900	1 200
非流动负债:			负债合计	3 500	3 770
长期股权投资	400	400	所有者权益:		
固定资产	1 800	2 100	实收资本	2 500	2 500
无形资产	550	500	盈余公积	230	230
非流动资产合计	2 750	3 000	未分配利润	680	300
			所有者权益合计	3 410	3 030
资产合计	6 910	6 800	负债及所有者权益合计	6 910	6 800

资产负债表揭示了旅行社资产的结构、流动性,资金来源,负债的水平、结构等方面的状况,反映了旅行社的资金变现能力、偿债能力和资产管理水平,为旅行社的投资者和管理者提供了重要的决策依据。

(二)旅行社损益表

损益表又称利润表,是反映旅行社在一定期间的经营成果的财务报表。其基本等式为:

$$利润(亏损) = 收入 - 费用(成本)$$

损益表分为四个主要部分:营业收入、营业利润、利润总额、净利润(见表9-5)。

表 9-5　某旅行社损益表（简化）

2016 年 12 月　　　　　　　　　　　　　　　　　　　　　　万元

项目	本年数	上年数
一、营业收入	7 960	6 950
减：营业成本	5 510	4 930
税金及附加	470	410
销售费用	200	150
管理费用	880	680
财务费用	160	120
二、营业利润	740	660
加：营业外收入	10	30
减：营业外支出	30	40
三、利润总额	720	650
减：所得税	300	268
四、净利润	420	382

旅行社损益表为旅行社的投资者和管理者提供了有关旅行社的获利能力、企业利润发展趋势等方面的信息，是考核旅行社利润计划完成情况和经营水平的重要依据。

（三）旅行社现金流量表

在旅行社经营活动中，现金所起的作用非常重要，旅行社在偿还到期的各种债务、向旅游服务供应部门和企业支付其所采购的旅游服务及向员工支付工资时，都需要使用现金。如果旅行社未能及时获得其经营活动所必需的现金，就会给经营活动带来严重困难。

除了经营活动以外，旅行社所从事的投资和筹资活动同样影响着现金流量，从而影响其财务状况。如果旅行社进行投资，而没有取得相应的现金回报，就会对财务状况（如资金流动性、偿债能力）产生不良影响。通过对旅行社现金流量的分析，可以大致判断其经营周转是否顺畅。

旅行社现金流量表有六个主要部分：经营活动产生的现金流量、投资活动产生的现金流量、筹资活动产生的现金流量、汇率变动对现金及现金等价物的影响、现金及现金等价物净增加额、期末现金及现金等价物余额（见表 9-6）。

表 9-6 西安旅游现金流量表（简化）

2016 年　　　　　　　　　　　　　　　　　　　　　　　　　　　　万元

项　　目	本期数	上期数
一、经营活动产生的现金流量		
销售商品、提供劳务收到的现金	8 1970	7 3534
收到的其他与经营活动有关的现金	5 657	2 412
经营活动现金流入小计	87 627	75 946
购买商品、接受劳务支付的现金	81 645	77 086
支付给职工以及为职工支付的现金	5 708	5 871
支付的各项税费	1 741	1 813
支付的其他与经营活动有关的现金	3 566	5 234
经营活动现金流出小计	92 660	90 004
经营活动产生的现金流量净额	-5 033	-14 058
二、投资活动产生的现金流量		
收回投资收到的现金	89 000	80 000
取得投资收益收到的现金	4 114	2 438
处置固定资产、无形资产和其他长期资产收到的现金	800	
投资活动现金流入小计	93 914	82 438
购置固定资产、无形资产和其他长期资产支付的现金	2 549	13 274
投资支付的现金	104 000	36 000
投资活动现金流出小计	106 549	49 274
投资活动产生的现金流量净额	-12 635	33 164
三、筹资活动产生的现金流量		
吸收投资收到的现金	75	
取得借款收到的现金	33 000	38 000
筹资活动现金流入小计	33 075	38 000
偿还债务支付的现金	21 000	35 000
分配股利、利润或偿付利息支付的现金	1 301	2 200
筹资活动现金流出小计	22 301	37 200
筹资活动产生的现金流量净额	10 744	800
四、汇率变动对现金及现金等价物的影响		
五、现金及现金等价物净增加额	-6 924	19 906
加：期初现金及现金等价物余额	10 902	4 009
六、期末现金及现金等价物净额	3 978	23 915

现金流量表向旅行社管理者及其他有关单位和部门提供旅行社在一定会计期间内现金和现金等价物流入和流出的信息,以便了解和评价旅行社获取现金和现金等价物的能力,并据以预测旅行社未来的现金流量。

二、旅行社的财务分析

财务分析是在财务报表的基础上对旅行社财务状况和经验成果进行的评价。通过对财务报表的分析,旅行社管理者可以判断企业财务状况是否良好,企业的经营管理是否健全,企业业务前景是否光明,同时,还可以通过分析,找出企业经营管理的症结,提出解决问题的办法。旅行社常用的财务分析方法有两种。

(一)增减分析法

增减分析法是通过对比两期或连续数期财务报告中的相同指标,确定其增减变动的方向、数额和幅度,来说明企业财务状况或经营成果变动趋势的一种方法。增减分析法可分为资产负债表增减分析和损益表增减分析。

1. 资产负债表增减分析

旅行社对资产负债表进行增减分析的目的是了解旅行社资产、负债和所有者权益等方面的发展趋势及所存在的问题。在分析前,旅行社财务人员先把连续两期或数期的资产负债表编制成一份工作底表或比较资产负债表,然后对不同时期的资产、负债和所有者权益等的差异进行比较和分析,从中发现存在的问题和变动趋势,从而把握旅行社的经营状况,预测旅行社今后的发展趋势。

2. 损益表增减分析

损益表增减分析是指通过对旅行社在不同时期的经营情况进行比较分析,找出经营中存在的问题,分析产生问题的原因,并提出解决问题的措施的一种财务分析方法。对损益表进行增减分析的步骤与对资产负债表进行的增减分析类似。

(二)比率分析法

比率分析法是利用财务报表中两项相关数据的比率来揭示企业财务状况和经营成果的一种分析方法。

1. 流动比率

流动比率是反映旅行社短期偿债能力的一项指标,表明旅行社偿还流动负债的保障程度。其计算公式为:

$$流动比率 = 流动资产/流动负债 \times 100\%$$

该比率表明每一元流动负债中有多少流动资产作为后盾。一般来说,旅行社流动比率越大,偿还流动负债的能力越强,债权人越有保障。但过大的流动比率对企业来说也并非好现象,可能是企业滞留在流动资产上的资金过多(如应收账款、存货),未能有效地加以利用,可能会影响企业的获利能力。根据西方企业的长期经验,一般认为流动比率保持在2∶1比较好。但这一比例究竟应保持多高水平,主要视企业自身的特点及其现金流量的可预测程度来确定。

2. 速动比率

速动比率是企业的速动资产与流动负债的比率。所谓速动资产是流动资产扣除变现能力较差且不稳定的存货等后的余额。所以，速动比率较流动比率能更加准确、可靠地评价企业的短期偿债能力。其计算公式为：

$$速动比率 = 速动资产/流动负债 \times 100\%$$

通常情况下，速动比率为1:1是比较安全的。若该比率过低，会使企业面临很大的偿债风险；若该比率过高，虽然短期债务的安全性很高，但同时会使企业闲置资金过多，影响企业的收益水平。

3. 应收账款周转率

应收账款周转率是旅行社赊销收入净额与应收账款平均余额的比率，反映了应收账款的周转速度。目前，我国旅行社行业已进入市场经济，商业信用的使用日趋广泛，应收账款成了旅行社的重要流动资产。旅行社的管理者应该运用应收账款周转率这个指标对企业应收账款的变现速度和管理效率进行了解和分析。应收账款的周转率越高，则旅行社在应收账款上冻结的资金越少，发生坏账的风险越小，管理效率越高。应收账款周转率的计算公式为：

$$应收账款周转率 = 赊销收入净额/应收账款平均余额$$

$$赊销收入净额 = 营业收入 - 现金销售收入$$

$$应收账款平均余额 = (期初应收账款余额 + 期末应收账款余额)/2$$

4. 资产负债率

资产负债率又称举债经营比率，是旅行社负债总额与其资产总额之间的比例关系。资产负债率是反映旅行社偿债能力的一个标志，揭示出负债在全部资产中所占的比重及资产对负债的保障程度。一般来说，资产负债率越高，旅行社偿还债务的能力就越差；资产负债率越低，偿还债务的能力就越强。其计算公式为：

$$资产负债率 = 负债总额/资产总额 \times 100\%$$

5. 资本金利润率

资本金利润率是指旅行社利润总额与资本金总额的比率，用以衡量投资者投入旅行社资本金的获利能力。其计算公式为：

$$资本金利润率 = 利润总额/资本金总额 \times 100\%$$

资本金利润率越高，说明旅行社的资本金获利水平越高。当资本金利润率高于同期银行贷款利率时，旅行社可适度运用举债经营的策略，适当增加负债比例，优化资金来源结构。如果资本金利润率低于同期银行贷款利率，则说明举债经营的风险大，应适度减少负债以提高资本金利润率，保护投资者的权益。

6. 营业利润率

营业利润率是旅行社利润总额与营业收入总额之间的比率。它是衡量旅行社盈利水平的重要指标，表明在一定时期内旅行社每元的营业收入能够产生多少利润。其计算公式为：

$$营业利润率 = 利润总额/营业收入总额 \times 100\%$$

通过对旅行社营业利润率的分析，可以了解旅行社在经营中赚取利润的能力。该比率越高，旅行社通过扩大销售额获得利润的能力越强。

7. 成本费用利润率

成本费用利润率反映的是旅行社在营业过程中为取得利润而消耗的成本费用情况。它是利润总额与成本费用总额之间的比率。该比率可以用下列公式表示：

成本费用利润率＝利润总额/成本费用总额×100%

成本费用是旅行社为了获取利润而付出的代价。成本费用利润率越高，说明旅行社付出的代价越小，获利能力越强。旅行社管理者运用这一比率能够比较客观地评价旅行社的获利能力、对成本费用的控制能力和经营管理水平。

本章小结

旅行社财务管理是利用货币形式对旅行社资金运用和业务收支活动进行的全过程综合管理，从而实现旅行社利润最大化。旅行社的资产管理主要包括流动资产管理和固定资产管理两部分，旅行社流动资产管理具体有货币资产管理、生息资产管理和应收账款管理；旅行社固定资产管理主要应当掌握固定资产折旧的计提、固定资产计提折旧的方法和固定资产的处理。旅行社成本费用的构成有营业成本、营业费用、管理费用、财务费用等，旅行社现行的成本费用核算有单团核算、部门批量核算、等级核算三种。旅行社营业收入由综合服务费收入、房费收入、城市间交通费收入、专项附加费收入、单项服务收入等构成。旅行社的利润由营业利润、投资净收益、营业外收支净额等部分组成；对旅行社利润的分析包括利润总额分析、营业利润分析及利润率分析。旅行社的财务报表包括旅行社资产负债表、旅行社损益表、旅行社现金流量表，这些报表是对旅行社经营状况进行分析、管理的基础。旅行社常用的财务分析方法有两种：增减分析法和比率分析法。

复习思考题

1. 旅行社财务管理的概念和作用是什么？
2. 旅行社应如何对货币资产进行管理？
3. 旅行社应如何对应收账款进行管理？
4. 旅行社应如何计提固定资产的折旧？
5. 旅行社应如何处理固定资产？
6. 旅行社成本费用核算方法有哪几种？
7. 旅行社营业收入由哪几部分构成？
8. 旅行社成本费用控制的内容有哪些？
9. 旅行社应如何进行利润分析与管理？
10. 资产负债表反映了旅行社的哪些财务情况？
11. 损益表反映了旅行社的哪些财务情况？
12. 现金流量表提供了旅行社的哪些财务信息？
13. 旅行社常用的财务分析方法有哪几种？
14. 某旅游团一行20人于2013年11月30日16:05抵达H城游览，并于12月2日8:33离开该市前往S市。该旅行社淡季团体包价旅游的综合服务费标准为90元/人天，平季和旺季综合服务费为100元/人天。那么H城的接待旅行社在计算综合服务费时，11月30日按淡季标准90元/人天计算，12月1日的综合服务费按照平季或旺季的标准100元/人天计算。请说明这是哪种情况的结算业务。按国旅标准计算，H城接待旅行社应收的综合服务费是多少？

参 考 文 献

[1] 陈建斌. 旅行社经营管理 [M]. 广州：中山大学出版社，2007.
[2] 姚延波. 旅行社经营管理 [M]. 北京：北京师范大学出版社，2010.
[3] 王宁. 旅行社经营管理 [M]. 北京：清华大学出版社，2015.
[4] 梁智. 旅行社运行与管理 [M]. 大连：东北财经大学出版社，2006.
[5] 戴斌. 旅行社管理 [M]. 北京：高等教育出版社，2005.
[6] 蔡海燕. 旅行社计调 [M]. 上海：复旦大学出版社，2011.
[7] 周晓梅. 计调部操作实务 [M]. 北京：旅游教育出版社，2008.
[8] 吴国清. 旅游线路设计 [M]. 北京：旅游教育出版社，2006.
[9] 梁智，刘春梅. 旅行社经营管理精选案例解析 [M]. 北京：旅游教育出版社，2007.
[10] 刘敢生. 旅游服务纠纷精选案例分析 [M]. 北京：中国旅游出版社，2004.
[11] 郭春慧. 旅行社计调实务 [M]. 上海：复旦大学出版社，2010.
[12] 范贞. 旅行社计调业务 [M]. 北京：清华大学出版社，2014.
[13] 徐云松. 旅行社经营管理 [M]. 杭州：浙江大学出版社，2011.
[14] 国家旅游局人事劳动教育司. 旅行社经营管理（第2版）[M]. 北京：旅游教育出版社，2003.
[15] 张红，李天顺. 旅行社经营管理实例评析 [M]. 天津：南开大学出版社，2000.
[16] 贾玉铭. 旅行社经营管理实务 [M]. 成都：西南财经大学出版社，2007.
[17] 杨絮飞. 旅行社经营管理 [M]. 北京：中国人民大学出版社，2011.
[18] 陈永发. 旅行社实务与管理 [M]. 上海：上海交通大学出版社，2002.
[19] 陈乾康. 旅行社计调与外联实务 [M]. 北京：中国人民大学出版社，2006.
[20] 国家旅游局人事劳动教育司. 旅行社计调部的业务与管理 [M]. 北京：中国旅游出版社，1992.
[21] 国家旅游局人事劳动教育司. 旅行社接待部的业务与管理 [M]. 北京：中国旅游出版社，1992.
[22] 梁雪松，张健融. 旅行社门市管理实务 [M]. 北京：北京大学出版社，2011.
[23] 国家旅游局人事劳动教育司. 导游业务 [M]. 北京：旅游教育出版社，2005.
[24] 姚延波. 我国旅行社业发展历程回顾与展望 [N]. 中国旅游报，2017-09-05.
[25] 师萍. 旅游企业财务管理 [M]. 北京：旅游教育出版社，2004.
[26] 魏卫. 旅游人力资源开发与管理 [M]. 北京：高等教育出版社，2004.

［27］赵西萍. 旅游企业人力资源管理［M］. 天津：南开大学出版社，2001.

［28］魏敏. 旅游市场营销［M］. 长沙：中南大学出版社，2008.

［29］薛莹，廖邦固，秦坤，等. 大型旅行社空间扩张的区位选择——"上海春秋"案例［J］. 旅游科学，2005，2.

［30］郑晶. 旅行社质量保证金赔偿问题研究［J］. 旅游学刊，2010，1.

［31］国家旅游局. 旅行社条例实施细则. 2016.

［32］国家旅游局. 旅行社服务质量赔偿标准. 2011.

［33］国家旅游局. 旅行社条例. 2006.

［34］中华人民共和国文化和旅游部网站. http：//www.mct.gov.cn/.

［35］国旅在线网站. http：//www.cits.cn/.

［36］上海春秋旅行社网站. http：//www.springtour.com/.

［37］中华人民共和国国家统计局网站. http：//www.stats.gov.cn/.

［38］中国旅游报网站. http：//news.ctnews.com.cn/.

［39］中国旅行社协会网站. http：//cats.org.cn/.

［40］国家旅游局. 2016年中国旅游业统计公报［R］. 北京：国家旅游局，2017.

［41］国家旅游局. 2015年第四季度全国旅行社统计调查情况的公报［R］. 北京：国家旅游局，2016.